구한국외교문서 법안(法案)

-전라도 교안(教案)-

구한국외교문서 법안
전라도 교안

초판 1쇄 인쇄_ 2017년 3월 25일
초판 1쇄 발행_ 2017년 3월 30일

역자_ 변주승 조윤선 오항녕 김우철 이상식 이선아 문용식
펴낸이_ 한명수
펴낸곳_ 흐름출판사
책임편집_ 이향란
전산편집_ 이선정 박미란
주소_ 전북 전주시 덕진구 정언신로59
전화_ 063-287-1231
전송_ 063-287-1232
홈페이지_ www.heureum.com
등록_ 제2002-8호

ⓒ 전주대 한국고전학연구소, 2017
ISBN 979-11-5522-124-2 93910

25,000원

이 책 내용 전부 또는 일부를 재사용하려면 반드시 저작권자의 동의를 받아야 합니다.
이 도서는 2014년 정부(교육부)의 재원으로 한국연구재단의 지원을 받아 수행된 연구임
(NRF-2014S1A5B8063617).

전주대학교
한국고전학연구소
번역총서01

구한국외교문서 법안
전라도 교안

舊韓國外交文書法案 全羅道敎案

흐름

일러두기

1. 이 책은 고려대학교 아세아문제연구소에서 1969년에 편찬하여 간행한 『구한국외교문서』 제19·20권의 「법안」 중에서 전라도 교안에 관한 기록들을 발췌하여 번역한 것이다.
2. 원문을 확인할 수 있도록 제목 옆에 영인본 페이지를 표기하였다.
3. 맞춤법과 띄어쓰기는 한글 맞춤법과 표준어 규정을 따랐다.

목차

일러두기 _4

해제 _21

제1편 강경포 교안

1046. 1899.4.6. 강경포에 사는 최성진 등이 베르모렐 신부를 붙잡아 간 사건의 통고와 구출을 요망하는 안건(블랑시 공사 → 이도재 외부대신 서리)(原 3책) ·· 31

1047. 1899.4.6. 위와 같은 베르모렐 신부를 구조하는 지시에 관한 안건(이도재 외부대신 서리 → 블랑시 공사)(謄 13책) ·························· 33

1049. 1899.4.8. 강경포의 베르모렐 신부 구출에 관한 안건(이도재 외부대신 서리 → 블랑시 공사)(謄 13책) ·· 35

1053. 1899.4.14. 강경포 베르모렐 신부 사건의 관련자 처벌에 관한 안건(박제순 외부대신 → 블랑시 공사)(謄 13책) ·· 37

1054. 1899.4.15. 위와 같은 강경포의 베르모렐 신부 사건에 대한 기록물 첨부에 관한 안건(블랑시 공사 → 박제순 외부대신)(原 3책) ·· 41

1063. 1899.4.25. 강경포 베르모렐 신부 사건의 범인에 대한 처벌 촉구 (블랑시 공사 → 박제순 외부대신)(原 3책) ························· 46

1065. 1899.4.27. 강경포 베르모렐 신부 사건 관련자 처벌 요구에 대해 법에 따라 심사 처리한 사안에 대한 회답 공문(박제순 외부대신 → 블랑시 공사)(謄 13책) ·· 51

1068. 1899.5.2. 강경포 베르모렐 신부 사건을 서울법원에서 심리해 줄 것을 요청한 안건(블랑시 공사 → 박제순 외부대신)(原 3책) ··· 53

1076. 1899.5.17. 강경포 베르모렐 신부 사건 관련자에 대한 서울에서의 심판 통고에 관한 안건(박제순 외부대신 → 블랑시 공사)(謄 13책) ·· 57

1077. 1899.5.19. 위와 같은 사건으로 관찰사에게 내린 훈시 내용 한 통을 기록하여 보내는 안건(박제순 외부대신 → 블랑시 공사)(謄 13책) ·· 59

1080. 1899.5.20. 강경포 베르모렐 신부 사건에 관련된 포고문의 내용 불허에 관한 안건(블랑시 공사 → 박제순 외부대신)(謄 13책·原 3책) ·· 60

1090. 1899.5.27. 강경포 베르모렐 신부 사건에 관한 훈시 내용을 삼가 읽어 본 안건(블랑시 공사 → 박제순 외부대신)(謄 13책·原 3책) ·· 61

1096. 1899.6.3. 강경포 베르모렐 신부 사건에 관한 재판 날짜 통고에 관한 안건(박제순 외부대신 → 블랑시 공사)(謄 14책) ·············· 62

1099. 1899.6.6. 강경포 베르모렐 신부 사건 공판 날짜 연기 통고(박제순 외부대신 → 블랑시 공사)(謄 14책) ································· 63

1100. 1899.6.7. 위와 같은 강경포 베르모렐 신부 사건의 재판 연기에 대한 반박(블랑시 공사 → 박제순 외부대신)(原 3책) ············· 64

1114. 1899.6.30. 강경포 베르모렐 신부 사건의 심판 날짜를 결정해 주기를 요청하는 안건(블랑시 공사 → 박제순 외부대신)(謄 14책·原 3책) ·· 69

1119. 1899.7.8. 강경포 사건의 처리 과정에 대해 문의하는 안건(블랑시 공사 → 박제순 외부대신)(原 3책) ····································· 70

1120. 1899.7.10. 위와 같은 강경포 베르모렐 신부 사건에 대해 법정을 열어 다시 심사하는데 인원을 파견하여 심리해 줄 것을 바라는 안건(박제순 외부대신 → 블랑시 공사)(謄 14책) ························ 71

1122. 1899.7.11. 강경포 사건에 관련된 자들의 석방에 대한 처분의 문서를 보내는 안건(박제순 외부대신 → 블랑시 공사)(謄 14책) ··· 72

1123. 1899.7.12. 위와 같은 강경포 사건에 관련된 자들 중 석방한 천장옥·최일언에 대해 재심을 요망하는 안건(블랑시 공사 → 박제순 외부대신)(原 3책) ·· 73

1133. 1899.8.11. 강경포 사건의 판결선고서를 초록하여 보내는 안건(박제순 외부대신 → 블랑시 공사)(謄 14책) ·· 74

1134. 1899.8.12. 위 사건의 재심의를 요망하는 안건(블랑시 공사 → 박제순 외부대신)(原 3책) ·· 76

1136. 1899.8.18. 강경포 사건을 재판하는 날짜를 통고하는 안건(박제순 외부대신 → 블랑시 공사)(謄 14책) ·· 77

1137. 1899.8.23. 위와 같은 재판을 열 때 재판에 참여하는 일을 통고하는 안건(블랑시 공사 → 박제순 외부대신)(原 3책) ············· 78

1142. 1899.9.2. 강경포 사건의 베르모렐 신부에 대한 처리 대책을 분명히 알려 줄 것을 요망하는 안건(박제순 외부대신 → 블랑시 공사)(謄 14책) ·· 79

1146. 1899.9.6. 강경포 사건에 대해 현지에서 합동으로 심판할 것을 요망하는 안건(블랑시 공사 → 박제순 외부대신)(原 3책) ········· 80

1165. 1899.10.5. 강경포 백성 윤성여 등에 대한 평리원 판결을 조회하는 안건(박제순 외부대신 → 블랑시 공사)(謄 14책) ····················· 83

제2편 지도 교안

1484. 1901.9.6. 지도 교인 피해 사건에 관한 조회(블랑시 공사 → 박제순 외부대신)(謄 18책) ·· 89

1486. 1901.9.11. 지도 교인 피해 사건의 조사 지시에 관한 안건(박제순 외부대신 → 블랑시 공사)(謄 18책) ·· 90

1490. 1901.9.24. 지도 교인 피해 사건의 조사 결과 통보(박제순 외부대신 → 블랑시 공사)(謄 18책) ·· 91

1492. 1901.9.28. 지도 교인 피해 사건에 대한 재판 요청 및 사건의 피해 전말에 관한 문서(블랑시 공사→박제순 외부대신)(謄 18책) ······ 92

1495. 1901.10.4. 지도 교인 피해 사건 범인의 수감 심판 요망(블랑시 공사→박제순 외부대신)(謄 18책·原 5책) ······ 97

1498. 1901.10.16. 지도 교인 피해 사건을 광주 관찰사에게 이관하는 데 대해 반대하는 안건(박제순 외부대신→블랑시 공사)(謄 18책) ······ 98

1509. 1901.11.11. 지도 교인 피해 사건의 처리를 촉구하는 안건(블랑시 공사→민종묵 외부대신 서리)(原 5책) ······ 98

1510. 1901.11.12. 위와 같은 지도 교인 피해 사건의 처리 촉구에 대한 회신(민종묵 외부대신 서리→블랑시 공사)(謄 18책) ······ 103

1514. 1901.11.6. 지도 교인 피해 사건의 처리를 촉구하는 안건(블랑시 공사→민종묵 외부대신 서리)(謄 18책·原 5책) ······ 104

1515. 1901.11.19. 위와 같은 지도 교인 피해 사건의 공정한 처리를 훈령으로 타이른 일에 대한 회답(민종묵 외부대신 서리→블랑시 공사)(謄 18책) ······ 105

1574. 1902.4.22. 지도 사건에 대한 조속한 판결을 요망함(블랑시 공사→유기환 외부대신 서리)(原 6책) ······ 105

1633. 1902.9.1. 제주·지도·함창·아산 사건의 조속한 해결과 프랑스인 배상금 지불 요청(블랑시 공사→최영하 외부대신 서리)(原 6책) ······ 107

1647. 1902.10.11. 지도 드예 신부의 손해배상 청구 건(블랑시 공사→최영하 외부대신 서리)(原 6책) ······ 108

1654. 1902.10.22. 지도 사건 피해자 드예 신부와 현지 관리와 면담하여 처결하라고 지시하는 건(조병식 외부대신 서리→블랑시 공사)(謄 19책) ······ 114

제3편 기타 교안

261. 1890.4.26. 프랑스 유람인의 도난 사고 통고 및 도난물 수사 의뢰의 건(블랑시 공사 → 민종묵 독판교섭통상사무)(滕 4책) ………… 123

262. 1890.4.29. 위의 건에 대한 회신(민종묵 독판교섭통상사무 → 블랑시 공사)(滕 4책) ……………………………………………… 125

273. 1890.6.1. 프랑스 여행자의 도난물 수사가 부진한 건(민종묵 독판교섭통상사무 → 블랑시 공사)(滕 4책) …………………… 126

286. 1890.8.13. 프랑스인을 구타한 최봉석 등에 대한 처벌 요청(블랑시 공사 → 민종묵 독판교섭통상사무)(滕 4책) …………… 127

311. 1891.1.13. 전주 성내의 학방 건립을 위한 협조 요망 건(블랑시 공사 → 민종묵 독판교섭통상사무)(滕 4책) ……………… 128

379. 1891.8. . 장성 탑정리 주민을 폐농하고 흩어지게 한 박수성 일당을 엄히 징치하기를 요망하는 건(미락석 공사 서리 → 민종묵 독판교섭통상사무)(滕 5책) ……………………………………… 129

380. 1891.8. . 위의 사건에 대한 회신(민종묵 독판교섭통상사무→ 미락석 공사 서리)(滕 5책) …………………………………… 130

381. 1891.8.31. 조약책 3질을 보내달라는 건(민종묵 독판교섭통상사무→ 미락석 공사 서리)(滕 5책) ……………………………… 131

382. 1891.9.1. 전라도 관칙 문서 및 조약책을 부쳐 준 데 대해 감사하는 회신(미락석 공사 서리 → 민종묵 독판교섭통상사무)(滕 5책) · 132

392. 1891.10.24. 장성 사람 박수성 등의 외양인 교섭 방해 사건에 대한 엄징 요구 건(미락석 공사 서리 → 민종묵 독판교섭통상사무)(滕 5책) ………………………………………………………… 133

393. 1891.11.3. 전라도에 관칙한 문서의 열람 및 감사에 대한 건(미락석 공사 서리 → 민종묵 독판교섭통상사무)(滕 5책) ………… 133

394. 1891.11.9. 위의 전라도에 관칙한 문서의 전달 및 타전 요망 건(미락석 공사 서리 → 민종묵 독판교섭통상사무)(滕 5책) …… 134

459. 1892.12.28. 프랑스인 보두네 신부의 은량 배상 및 그의 가택을 침입한 영리의 엄한 징계를 요구하는 건(프랑뎅 공사→조병직 독판교섭통상사무)(滕 5책) ··· 135

460. 1892.12. . 위의 사안에 대한 회신(조병직 독판교섭통상사무→프랑뎅 공사)(滕 5책) ·· 138

545. 1894.5.9. 동학당(東學黨)의 소요로 인한 지방 여행 프랑스인 소환 요청 건(김학진 독판교섭통상사무→르페브르 공사 서리)(滕 7책) ··· 140

546. 1894.5.12. 위의 사안에 대한 회신(르페브르 공사 서리→김학진 독판교섭통상사무)(滕 7책) ·· 141

554. 1894.6.12. 동학당에게서 전주를 수복했다는 통고(조병직 독판교섭통상사무→르페브르 공사 서리)(滕 7책) ······················· 142

557. 1894.6.18. 동학당 진압 통고(조병직 독판교섭통상사무→르페브르 공사 서리)(滕 7책) ··· 143

568. 1894.8.17. 청국군의 프랑스인 살해 건(김윤식 독판교섭통상사무→르페브르 공사 서리)(滕 7책) ··· 144

572. 1894.8.23. 전주에 있는 프랑스 신부 보호 의뢰의 건(르페브르 공사 서리→김윤식 외무대신)(滕 7책) ······························· 146

574. 1894.8.25. 전주에 있는 프랑스인 신부 보호를 지시한 건(김윤식 외무대신→르페브르 공사 서리)(滕 7책) ··················· 147

576. 1894.9.19. 프랑스인 신부의 금강 변(錦江邊) 피해 사건에 대한 전말 조회(김윤식 외무대신→르페브르 공사 서리)(滕 7책) ········· 148

577. 1894.9.19. 동상 프랑스인 조조 신부 취초 때 참가하여 들었던 영장 및 중군의 초문 요청 건(르페브르 공사 서리→김윤식 외무대신)(滕 7책) ·· 150

578. 1894.9.20. 동상 회신(김윤식 외무대신→르페브르 공사 서리)(滕 7책) ·· 151

584. 1894.10.19. 프랑스 신부 호송 장교 이덕화에 대한 시상을 희망하는 건(르페브르 공사 서리 → 김윤식 외무대신)(朦 7책) ············ 153

585. 1894.10.19. 위의 사안을 해당 감사에 시달했다는 회신(김윤식 외무대신 → 르페브르 공사 서리)(朦 7책) ······································· 153

588. 1895.1.7. 프랑스 보두네 신부의 신변 보호 및 잃어버린 물건 값 2천 원 배상 요청에 대한 안건(르페브르 공사 서리 → 김윤식 외무대신)(朦 7책) ··· 157

594. 1895.1.9. 프랑스인 보두네 신부 보호 지시 및 잃어버린 물건의 내용 제시 요청에 대한 안건(김윤식 외무대신 → 르페브르 공사 서리)(朦 7책) ··· 158

595. 1895.1.9. 위와 같은 보두네 신부가 잃어버린 물건에 대한 기록 제시에 대한 안건(르페브르 공사 서리 → 김윤식 외무대신)(朦 7책) ··· 159

607. 1895.3.26. 프랑스인 신부 보두네가 잃어버린 물건에 대한 추가 배상 안건(르페브르 공사 서리 → 김윤식 외무대신)(朦 8책) ····· 160

608. 1895.3.29. 위와 같은 보두네 신부가 잃어버린 물건을 배상하라는 요구 안건에 대한 이의 제기의 안건(김윤식 외무대신 → 르페브르 공사 서리)(朦 8책) ··· 162

609. 1895.3.31. 위와 같은 보두네 신부가 가옥을 약탈당한 전말에 대한 해명 안건(르페브르 공사 서리 → 김윤식 외무대신)(朦 7책) ··· 165

610. 1895.4.3. 위와 같은 문건에 대한 조복(김윤식 외무대신 → 르페브르 공사 서리)(朦 8책) ··· 167

615. 1895.4.25. 보두네 신부 배상 요구에 대해 보상을 거부하는 안건(김윤식 외무대신 → 르페브르 공사 서리)(朦 8책) ············· 168

616. 1895.4.26. 위와 같은 보두네 신부 안건에 대한 영문 번역 첨부 문건을 돌려보내는 안건(르페브르 공사 서리 → 김윤식 외무대신)(朦 8책) ··· 174

639. 1895.6.26. 보두네 신부가 겪은 피해에 대한 위로금을 지급하는 안건(김윤식 외부대신 → 르페브르 공사 서리)(謄 8책) ·················· 175

640. 1895.7.5. 전라도 고산 사또가 내린 하첩의 폐기를 요청하는 안건(르페브르 공사 서리 → 김윤식 외무대신)(謄 8책) ···················· 176

641. 1895.7.6. 위와 같은 하첩의 폐기를 지시한 안건(김윤식 외부대신 → 르페브르 공사 서리)(謄 8책) ····························· 177

644. 1895.7.23. 보두네 신부에 대한 위로금 전달의 안건(르페브르 공사 서리 → 김윤식 외무대신)(謄 8책) ····························· 178

918. 1898.6.23. 폐단을 일으키는 교도에 대한 프랑스 사람의 비호 금지를 요망하는 안건(유기환 외부대신 서리 → 블랑시 공사)(謄 12책) ·· 179

932. 1898.8.17. 장성에 오래 갇힌 교도 윤씨에 대한 석방을 요망하는 안건(블랑시 공사 → 이도재 외부대신 서리)(原 2책) ·············· 182

983. 1898.11.28. 천주교 입교 금지한 진산 군수의 책임 추궁 요망 및 신부 서한의 녹정(블랑시 공사 → 민상호 외부대신 서리)(原 2책) ··· 189

984. 1898.11.29. 위 사건에 대해 진산 군수에 훈령으로 타이를 건(민상호 외부대신 서리 → 블랑시 공사)(謄 12책) ················· 192

999. 1899.1.4. 진산 군수의 교인에 대한 처사 회보(박제순 외부대신 → 블랑시 공사)(謄 13책) ····························· 194

1000. 1899.1.10. 위 사건에 대한 반론 및 진산 군수 억제 방법 명시 요망 건(블랑시 공사 → 박제순 외부대신)(原 3책) ·············· 196

1038. 1899.3.20. 프랑스 신부 드예의 산지 매수에 관한 건(블랑시 공사 → 박제순 외부대신)(謄 13책・原 3책) ··················· 197

1081. 1899.5.20. 프랑스인 드예의 산지 매수에 대한 무안 감리의 증명서 발급 불허 건(블랑시 공사 → 박제순 외부대신)(原 3책) ··· 198

1086. 1899.5.25. 프랑스인 드예에게 산지 매수 원가를 되찾도록 지시 요망 건(박제순 외부대신 → 블랑시 공사)(謄 13책) ············ 201

1088. 1899.5.26. 프랑스인 드예가 매수한 산지 원주인의 석방 요청 건
(블랑시 공사→박제순 외부대신)(原 3책) ·················· 202

1097. 1899.6.3. 전라도 지방의 민란으로 인한 여행자 소환 권고의 건
(박제순 외부대신→블랑시 공사)(膳 14책) ··············· 203

1102. 1899.6.14. 프랑스인 드예가 매수한 산지 원주인의 석방 지연에
대한 이유 제시 요망 건(블랑시 공사→박제순 외부대신)(原 3책)
·· 204

1103. 1899.6.15. 위 사건에 대한 답신(박제순 외부대신→블랑시 공사)
(膳 13책) ·· 205

1127. 1899.7.28. 전라도 민란 평정 여부 회시 요망 건(블랑시 공사→
박제순 외부대신)(膳 14책·原 3책) ······················· 206

1128. 1899.7.29. 위에 대한 회답(박제순 외부대신→블랑시 공사)(膳
14책) ··· 207

1318. 1900.10.27. 프랑스 신부 집에 난입하여 교인을 붙잡아 간 순검에
대한 처벌 요망 건(르페브르 공사 서리→박제순 외부대신)(膳 16
책·原 4책) ··· 208

1329. 1900.12.13. 프랑스 신부 집에서 교인을 붙잡아 간 순검의 처벌
요망 건에 대한 회신(박제순 외부대신→르페브르 공사 서리)(膳
16책) ··· 209

1638. 1902.9.22. 프랑스 신부 서한의 진위를 조사해 밝히도록 의뢰하는
건(최영하 외부대신 서리→블랑시 공사)(膳 19책) ············ 210

1640. 1902.9.26. 프랑스 신부 서한의 위조 사건에 대한 조복(블랑시 공사
→최영하 외부대신 서리)(膳 19책·原 6책) ·················· 211

1828. 1903.11.24. 고산 지방에서의 적당 출몰로 인한 프랑스 신부 보호
요청(퐁트네이 공사 서리→이하영 외부대신 서리)(原 7책)· 212

2026. 1905.3.1. 프랑스인 페네 신부가 보낸 전북 관찰사의 소송 서류
사본 건(블랑시 공사→이하영 외부대신)(膳 22책·原 9책)· 213

2030. 1905.3.3. 프랑스인 페네 신부의 기소 사건에 대한 전말 보고 지시 건(이하영 외부대신 → 블랑시 공사)(謄 22책) ·················· 215

2044. 1905.3.31. 프랑스인 페네 신부의 기소에 대한 전북 관찰사의 보고서 사본(이하영 외부대신 → 블랑시 공사)(謄 22책) ············ 215

제4편 전라선 철도 부설과 군산·목포 개항

737. 1896.9.30. 호남·경원·함경선 부설 공사에 대한 프랑스 회사에의 허가 의뢰 건(블랑시 공사 → 고영희 외부대신 서리)(原 1책)· 223

741. 1896.10.13. 호남·경원·함경선 부설권 요구에 대한 회신(이완용 외부대신 → 블랑시 공사)(謄 9책) ································ 226

775. 1897.7.4. 목포 및 증남포의 개항에 관한 건(민종묵 외부대신 서리 → 블랑시 공사)(謄 10책) ······································ 227

776. 1897.7.12. 위의 안건에 대한 회신(블랑시 공사 → 민종묵 외부대신 서리)(謄 10책) ·· 228

786. 1897.8.27. 목포 및 증남포의 개항 장정 교부에 대한 안건(민종묵 외부대신 → 블랑시 공사)(謄 10책) ······················ 229

789. 1897.8.28. 목포, 증남포 개항 장정을 한문 및 국문본으로 교체하여 송부하기를 요망하는 안건(블랑시 공사 → 민종묵 외부대신)(謄 10책) ·· 230

790. 1897.8.29. 위 안건에 대한 답신(민종묵 외부대신 → 블랑시 공사)(謄 10책) ·· 231

793. 1897.9.6. 목포, 증남포 개항 장정 공의에 관한 회신(블랑시 공사 → 민종묵 외부대신)(原 1책) ·································· 232

802. 1897.9.29. 목포, 증남포 개항 장정 중 개정할 곳을 보내 열람케 하는 안건(블랑시 공사 → 민종묵 외부대신)(原 1책) ·············· 233

803. 1897.10.6. 위의 목포, 증남포 개항 장정 개정에 관한 회신(민종묵 외부대신 → 블랑시 공사)(謄 10책) ·· 234

804. 1897.10.9. 위의 목포, 증남포 두 항구의 도본 송부에 대한 안건(민종묵 외부대신 → 블랑시 공사)(謄 10책) ································· 235

805. 1897.10.11. 위의 목포, 증남포 개항 장정에서 개증할 곳 한 구절의 삭제에 대한 동의 및 회압(會押) 일자 수정에 대한 안건(블랑시 공사 → 민종묵 외부대신)(原 1책) ································· 236

809. 1897.10.13. 목포, 증남포 두 개 항 장정의 회압 날짜를 물리는 안건 (민종묵 외부대신 → 블랑시 공사)(謄 10책) ·················· 237

811. 1897.10.15. 목포, 증남포 두 개 항 장정의 회압 날짜를 수정하여 올린 안건(민종묵 외부대신 → 블랑시 공사)(謄 10책) ··········· 238

825. 1897.11.12. 목포, 증남포 두 개 항 조계 장정의 영문·한문본을 제출하는 안건(조병식 외부대신 → 블랑시 공사)(謄 10책) ············ 239

830. 1897.11.27. 삼화·무안 두 개항장의 각국 조계 도본(圖本)을 제출하는 안건(조병식 외부대신 → 블랑시 공사)(謄 10책) ············ 239

854. 1898.2.12. 무안·삼화 두 항구의 조계 장정 및 동래·덕원의 조계 획정을 위한 회동 요망 안건(이도재 외부대신 → 블랑시 공사)(謄 11책) ··· 240

855. 1898.2.14. 위의 회상(會商) 요청에 대한 답신(블랑시 공사 → 이도재 외부대신)(謄 11책) ································· 241

874. 1898.3.18. 무안의 구입 요청 지역 원호를 고쳐 송부하는 안건(민종묵 외부대신 → 블랑시 공사)(謄 11책) ························· 242

875. 1898.3.24. 위의 무안의 구입 요청 지역 원호를 고친 보고에 대한 회신 (블랑시 공사 → 민종묵 외부대신)(謄 11책·原 2책) ··········· 243

895. 1898.5.29. 성진·군산·마산 등 항구의 개항 및 평양의 개시 통고 건(조병직 외부대신 → 블랑시 공사)(謄 11책) ················· 247

933. 1898.8.19. 철로 부설 문제를 상기시키는 건(블랑시 공사 → 이도재

외부대신 서리)(謄 12책) ·· 248

934. 1898.8.20. 위 철도 문제를 상기시키는 것에 대한 회신(이도재 외부대신 서리 → 블랑시 공사)(謄 12책) ······························· 249

978. 1898.11.14. 성진·마산·군산 개항 및 평양 개시 건에 대한 시행 방법 회답 요구 건(블랑시 공사 → 박제순 외부대신)(原 2책) · 250

1025. 1899.2.27. 군산·마산·성진·평양 등지에 있어서 외국인의 조계지의 가옥 구입 및 사립(私立) 계약 등을 불허하는 통고의 건(박제순 외부대신 → 블랑시 공사)(謄 13책) ··························· 251

1026. 1899.3.6. 군산·마산·성진·평양 등지의 외국인 조계지 불허 통고에 대한 답신(블랑시 공사 → 박제순 외부대신)(原 3책) ···· 252

1037. 1899.3.20. 군산·마산·성진·평양 등 개항 장시의 설립을 위한 장정 협정의 건(박제순 외부대신 → 블랑시 공사)(謄 13책) ··· 254

1059. 1899.4.24. 군산·마산·성진 등 조계 장정의 검토 및 함께 서명하는 건(박제순 외부대신 → 블랑시 공사)(謄 13책) ············ 255

1064. 1899.4.27. 군산·마산·성진 등의 개항 장정 초안에 대한 문구 첨입의 건(박제순 외부대신 → 블랑시 공사)(謄 13책) ········ 256

1067. 1899.5.2. 군산·마산·성진 등 항구 조계 장정에 서명할 날짜 명시를 요망하는 건(블랑시 공사 → 박제순 외부대신)(原 3책) ··· 257

1070. 1899.5.9. 군산·마산·성진 등 항구의 개항 장정 초안 문구 수정에 동의하는 건(블랑시 공사 → 박제순 외부대신)(原 3책) ··· 258

1094. 1899.5.31. 군산·마산·성진의 개항 장정 서명 일자 통고 건(박제순 외부대신 → 블랑시 공사)(謄 13책) ································ 259

1167. 1899.10.6. 군산·마산·성진 세 항구의 조계도(租界圖)에 함께 서명하는 건(박제순 외부대신 → 블랑시 공사)(謄 14책) ········ 260

1561. 1902.3.26. 등탑·등간 건립처의 선정 통지 건(유기환 외부대신 서리 → 블랑시 공사)(謄 19책·原 6책) ···························· 261

1573. 1902.4.22. 등탑·등간·부장 건립 계획서 검토에 관한 건(블랑시 공사→ 유기환 외부대신)(原 6책) ·· 264

제5편 호조 발급

28. 1888.6.16. 호조 발급에 대한 안건(블랑시 공사→ 조병식 독판교섭통상사무)(謄 1책) ··· 271

39. 1888.7.2. 호조 발급에 대한 안건(조병식 독판교섭통상사무→ 블랑시 공사)(謄 1책) ··· 272

59. 1888.8.21. 호조 반송에 대한 안건(블랑시 공사→ 조병식 독판교섭통상사무)(謄 2책) ··· 272

132. 1889.4.14. 프랑스인 로베르 및 드게트의 호조에 관인을 찍어 주기를 요청하는 안건(블랑시 공사→ 조병직 독판교섭통상사무 서리)(謄 2책) ·· 273

133. 1889.4.15. 프랑스인 로베르 및 드게트의 여행 목적 명시 요청에 대한 안건(조병직 독판교섭통상사무 서리→ 블랑시 공사)(謄 2책) ·· 275

134. 1889.4.15. 위에 대한 회신(블랑시 공사→ 조병직 독판교섭통상사무 서리)(謄 2책) ·· 275

136. 1889.4.16. 굶주린 백성을 사적으로 구휼하는 일을 허락할 수 없기 때문에 발급이 거부된 호조에 대한 안건(조병직 독판교섭통상사무 서리→ 블랑시 공사)(謄 2책) ··· 276

202. 1989.10.1. 프랑스인 보두네 및 르메르의 호조 발급 의뢰에 대한 안건(블랑시 공사→ 민종묵 독판교섭통상사무)(謄 3책) ············· 277

203. 1889.10.2. 위의 호조 발급에 대한 안건(민종묵 독판교섭통상사무→ 블랑시 공사)(謄 3책) ·· 278

263. 1890.5.2. 프랑스인 등의 호조 발급 의뢰에 대한 안건(블랑시 공사
→ 민종묵 독판교섭통상사무)(謄 4책) ················· 279

264. 1890.5.2. 위 호조 발급에 대한 안건(민종묵 독판교섭통상사무 →
블랑시 공사)(謄 4책) ················· 281

386. 1891.9.5. 여행하는 프랑스인의 호조 발급 의뢰에 대한 안건(미락석
공사 서리 → 민종묵 독판교섭통상사무)(謄 5책) ················· 282

387. 1891.9.6. 위 호조 발급에 대한 안건(민종묵 독판교섭통상사무 →
미락석 공사 서리)(謄 5책) ················· 283

390. 1891.9.24. 여행하는 프랑스인의 호조 발급 의뢰에 대한 안건(미락
석 공사 서리 → 민종묵 독판교섭통상사무)(謄 5책) ················· 284

391. 1891.9.24. 위 호조 교부(交付)에 대한 안건(민종묵 독판교섭통상사
무 → 미락석 공사 서리)(謄 5책) ················· 285

623. 1895.5.6. 프랑스 신부 쿠데르와 드비즈의 호조 발급 의뢰에 대한 안건
(르페브르 공사 서리 → 김윤식 외부대신)(謄 8책) ················· 285

624. 1895.5.7. 위 호조 발급에 대한 안건(김윤식 외부대신 → 르페브르 공사
서리)(謄 8책) ················· 287

703. 1896.4.30. 프랑스 신부 기낭 등의 호조 발급 의뢰에 대한 안건(블랑시
공사 → 이완용 외부대신)(謄 9책) ················· 287

704. 1896.4.30. 프랑스 신부 기낭 등의 호조는 치안관계로 발급할 수 없다
는 통고(이완용 외부대신 → 블랑시 공사)(謄 9책) ················· 289

705. 1896.5.12. 프랑스인 등의 호조 발급 재의뢰에 대한 안건(블랑시 공사
→ 이완용 외부대신)(謄 9책) ················· 290

706. 1896.5.13. 위 안건에 대한 답신(이완용 외부대신 → 블랑시 공사)
(謄 9책) ················· 291

749. 1896.12.28. 프랑스 신부 미알롱에 대한 호조 발급 의뢰 건(블랑시
공사 → 이완용 외부대신)(謄 9책) ················· 295

864. 1898.3.1. 호조에 관인을 찍어서 발급을 요망하는 건(블랑시 공사 → 민종묵 외부대신 서리)(謄 11책) ·· 295

865. 1898.3.1. 위와 같은 건에 대해 응답한 편지(민종묵 외부대신 서리 → 블랑시 공사)(謄 11책) ··· 296

903. 1898.6.8. 호조 발급의 건(유기환 외부대신 서리 → 블랑시 공사) (謄 12책) ·· 297

1057. 1899.4.24. 프랑스 신부 드망즈 등 네 사람의 호조 발급 의뢰(블랑시 공사 → 박제순 외부대신)(謄 13책・原 3책) ··················· 297

1058. 1899.4.24. 위와 같은 건에 대해 응답한 편지(박제순 외부대신 → 블랑시 공사)(謄 13책) ··· 299

1061. 1899.4.24. 프랑스 신부 페네 등의 호조 발급 의뢰(블랑시 공사 → 박제순 외부대신)(謄 13책・原 3책) ······························· 299

1062. 1899.4.25. 위와 같은 건에 대해 응답한 편지(박제순 외부대신 → 블랑시 공사)(謄 13책) ··· 300

1292. 1900.9.11. 프랑스인 신부 호조 발급 요청(르페브르 공사 서리 → 박제순 외부대신)(謄 16책・原 4책) ······································· 301

1293. 1900.9.11. 위와 같은 프랑스인 신부 호조 발급 건(박제순 외부대신 → 르페브르 공사 서리)(謄 16책) ··· 302

1407. 1901.4.30. 프랑스 신부 삼남 지방 여행을 위한 호조 발급 의뢰(블랑시 공사 → 최영하 외부대신 서리)(謄 17책・原 5책) ········ 302

1408. 1901.4.30. 위의 건에 대해 응답한 편지(최영하 외부대신 서리 → 블랑시 공사)(謄 17책) ··· 303

1575. 1902.4.23. 프랑스 신부 타케의 호조에 관인을 찍어서 돌려받기를 요망한 건(블랑시 공사 → 유기환 외부대신 서리)(謄 19책・原 6책) ·· 303

1577. 1902.4.24. 프랑스 신부 타케의 호조에 관인을 찍어서 보내는 건(유기환 외부대신 서리 → 블랑시 공사)(謄 19책) ······················ 305

1649. 1902.10.14. 프랑스인 르장드르의 호조에 관인을 찍어서 돌려받기를 요망(블랑시 공사 → 최영하 외부대신 서리)(謄 19책·原 6책) ················· 305

1650. 1902.10.15. 위와 같이 호조에 관인을 찍어서 돌려달라는 건(최영하 외부대신 서리 → 블랑시 공사)(謄 19책) ················· 306

1716. 1903.4.27. 프랑스 신부 드뇌·투르뇌에 등의 호조 발급 의뢰(블랑시 공사 → 이도재 외부대신)(謄 20책·原 7책) ················· 307

1717. 1903.4.28. 위와 같은 신부 드뇌·투르뇌에 등의 호조 발급의 건(이도재 외부대신 → 블랑시 공사)(謄 20책) ················· 308

1752. 1903.7.16. 프랑스인 덕거의 호조 발급 의뢰(블랑시 공사 → 이도재 외부대신)(謄 20책) ················· 309

1753. 1903.7.16. 위와 같은 프랑스인 덕거의 호조 발급 건(이도재 외부대신 → 블랑시 공사)(謄 20책) ················· 310

1901. 1904.4.19. 프랑스 신부 투르뇌의 호조 발급 의뢰(퐁트네이 공사 대리 → 김가진 외부대신 서리)(謄 21책·原 8책) ················· 310

1902. 1904.4.19. 위와 같은 프랑스 신부 투르뇌의 호조 발급(김가진 외부대신 서리 → 퐁트네이 공사 서리)(謄 21책) ················· 311

2148. 1905.9.27. 프랑스 신부 줄리앙의 호조 발급 의뢰 건(블랑시 공사 → 박용화 외부대신 서리)(謄 22책·原 9책) ················· 312

2149. 1905.9.27. 위와 같이 호조에 도장을 찍어서 보내달라는 건(박용화 외부대신 서리 → 블랑시 공사)(謄 21책) ················· 313

원문 _315

간행 후기 _410

찾아보기 _412

해제

구한국외교문서 법안의 전라도 교안

서종태 | 전주대학교 역사문화컨텐츠학과

전라도 교안 자료는 고려대학교 아세아문제연구소에서 1969년에 편찬하여 간행한 『구한국외교문서』 제19·20권의 「법안」 중에서 전라도 교안에 관한 기록들을 발췌하여 편을 나누고 번역한 것이다. 그러므로 전라도 교안 자료가 어떤 성격의 자료인지 이해하려면 『구한국외교문서』와 「법안」이 어떤 자료인지 먼저 살펴보아야 한다. 『구한국외교문서』, 「법안」, '전라도 교안' 자료를 차례로 알아보면 다음과 같다.

1. 구한국외교문서

우리나라는 1876년(고종 13) 일본과 수호통상조약을 체결하고 처음으로 국제 무대에 등장한 이후 1882년 미국, 1883년 영국·독일, 1884년 이탈리아·러시아, 1886년 프랑스, 1892년 오스트리아, 1899년(광무 3) 청나라, 1901년 벨기에, 1902년 덴마크 등과 차례로 수호통상조약을 체결하였다. 이어 이미 체결한 조약에 근거해 공사(公使)·영사(領事)를 교환하여 외교관계를 유지해 나갔다. 이러한 외교관계는 1905년 을사조약의 강제 체결로 외교권을 일본에 강탈당할 때까지 지속되었다.

『구한국외교문서』의 「서문」에 의하면, 1876년부터 1905년까지 세계의 여러 나라와 외교관계를 맺고 교환한 외교문서 및 해관(海關, 세관)에 관한 문서가 일안(日案, 일본안)・청안(淸案, 청나라안)・미안(美案, 미국안)・영안(英案, 영국안)・덕안(德案, 독일안)・법안(法案, 프랑스안)・아안(俄案, 러시아안)・의안(義案, 이탈리아안)・비안(比案, 벨기에안)・하안(荷案, 네델란드안)・서안(瑞案, 스위스안)・해안(鮭案, 쿠바안)・해관안(海關案) 등의 서명으로 서울대학교 중앙도서관에 보관되어 있었다. 이러한 각 안(案)은 본래 구한국 외부(外部)에 비장되어 있었다. 그러나 1910년 일제가 한국의 주권을 강탈한 이후 왕실도서인 규장각도서와 함께 총독부 문서과 분실에 보관하다가 1930년 경성제국대학 도서관으로 이관하여 현재 서울대학교 규장각한국학연구원에 소장되어 있다.

『구한국외교문서』의 각 안은 대개 원안(原案)・등본(謄本)・사본(寫本)의 세 종류로 성립되어 있다. 이 중 원안은 서울에 주재하는 각국의 공사가 우리나라 외부에 보내온 문서의 원본을 그대로 철한 책이다. 등본은 각국 공사관에서 보내온 원안의 문서와 우리나라 외부에서 각국 공사관에 보낸 문서를 합하여 그때그때 등록한 책으로, 각국과 조약을 체결할 때부터 1905년까지의 양국 문서가 수록되어 있다. 그런데 등본 중 1897년(광무 원년) 9월, 즉 대한제국 성립 이후의 우리나라 문서는 등록한 것이 아니고, 외부 기안(起案) 용지에 대신・협판・국장・과장 등이 결재한 원본을 그대로 철한 것이다. 그러므로 1897년 9월 이후의 등본은 엄밀히 말해서 등본이 아니라 우리나라 문서의 원안이다. 그런데 1897년 9월 이후에 우리나라 문서의 결재 서류만 철하지 않고 각국 공관에서 온 문서 또한 등록하였으므로 이를 정리하면서 편의상 등본이라 하였다.

사본은 등본의 일부를 정서한 책으로, 1893년(고종 30)까지의 문서만 수록되어 있다. 통리교섭통상사무아문 용지에 정서한 것으로 보아, 정서한 시기는 1893년부터 통리교섭통상사무아문을 외무아문으로 변경한 1894년(고종 31) 갑오경장 사이라고 할 수 있다. 또한 사본에 등본의 오자와 탈자가 많이 정정되어 있고, 같은 것을 두 부 정서한 것으로 보아, 사본은 등본에 오자와 탈자가 많기 때문이 이를 정리하여 영구 보존하려는 뜻에서 정서한 듯하다. 그러나 갑오경장 이후 국사에 어려움이 많아 계속 정서하지 못한 것으로 여겨진다.

이상 세 종류의 문서 중 외국과 우리나라의 문서가 함께 구비되어 있는 것은 등본이다. 그러나 등본에 없는 문서가 원안에 보이고, 원안에 없는 문서가 등본에 보이며, 사본 중에도 습유(拾遺) 또는 별책에 원안과 등본에 없는 문서가 보인다. 이에 고려대학교 아세아문제연구소에서 등본을 기준으로 삼고 원안과 사본을 대조하여 보충하는 방식으로 『구한국외교문서』총 22권을 편찬해 1969년 간행하였다. 각 안의 권수는 「일안」 7권(제1~7권), 「청안」 3권(제8~10권), 「미안」 2권(제11~12권), 「영안」 2권(제13~14권), 「덕안」 2권(제15~16권), 「아안」 2권(제17~18권), 「법안」 2권(제19~20권), 「의안」·「비안」·「서사안」·「해안」·「하안」·「해관안」 1권(제21권), 총목록 및 색인 1권(제22권)이다.

2. 법안

법안은 구한말 우리나라 외부와 프랑스 공사관 사이에 오고 간 외교문서들을 철한 책으로, 원안·등본·사본 세 종류가 서울대학교 규장각한국학연구원에 소장되어 있다. 『구한국외교문서』 「법안」의 '정리후기'와 규장각한국학연구원의 '법안 해제' 등에 의하면, 원안(도서번호 18049)은 프랑스 공사관에서 우리나라 외부에 보내온 문서의 원본을 철한 것이다. 1886년부터 1906년까지의 문서가 수록되어 있으나, 1895년 이전 문서는 거의 다 산실되고 없다. 반면에 1898년 이후의 문서는 비교적 잘 정리되어 있다. 본래 23책으로 되어 있던 것을 9책으로 합편한 것으로, 표지서명이 「불래원안(佛來原案)」, 「법래안(法來案)」, 「불원안(佛原案)」 등 일정치 않다.

등본(도서번호 18048)은 1886년부터 1906년 사이에 프랑스 공사관에서 보내온 원안의 문서와 우리나라 외부에서 프랑스 공사관에 보낸 문서를 합하여 그때그때 등록한 책으로, 9책이다. 표지 서명은 「법신(法信)」 또는 「법안(法案)」으로 되어 있다. 이 등본에는 원안에 누락되어 있는 1895년 이전의 문서가 수록되어 있다. 사본(도서번호 17736, 17737)은 오자와 탈자가 많은 등본을 정리하여 영구 보존하려는 뜻에서 등본의 일부를 정서한 것으로 여겨지는 같은 책 두 부로, 각각 5책이다. 여기에는 1892년(고종 29)까지의 문서만 수록되어 있다. 그러나 제1책 처음의 1888년 3월 이전의 것은 여기에만 수록되어 있다.

고려대학교 아세아문제연구소에서 이상 세 종류의 문서 중 등본을 기준으로 삼아 원안과 사본을 대조하여 보충하고 연대순으로 배열하는 방식으로 「법안」 두 권을 편찬해 『구한국외교문서』 총 22권 중 제19・20권으로 1969년 간행하였다. 이 「법안」에는 1886년 6월 4일 한불수호통상조약이 체결되기 이전인 1886년 5월 27일부터 1906년(광무 10) 1월 18일까지 거의 20년 동안 프랑스 공사관에서 우리나라 외부에 보내온 문서와 우리나라 외부에서 프랑스 공사관에 보낸 문서 2,186건(제19

권 1,191건, 제20권 995건)이 수록되어 있다.

　미국·일본·영국·독일·러시아 등 다른 열강들과 주고받은 외교문서에는 경제적 이권 문제와 관련된 문서들이 대부분 수록되어 있는 것과 달리, 「법안」에는 천주교와 관련된 문서들이 주류를 이루고 있다. 그러므로 「법안」은 구한말 우리나라와 프랑스의 외교관계뿐만 아니라 천주교회사를 연구하는 데에도 중요한 자료가 된다고 할 수 있다.

3. 전라도 교안

정부가 천주교를 금지하던 시기에는 천주교 신앙을 갖게 되면 정부의 탄압을 피하고 자유롭게 계명을 지키며 신앙생활을 하기 위하여 신자들 대부분이 깊은 산중으로 이주하여 교우촌을 이루며 살았다. 아울러 박해시대에는 천주교회와 지역사회는 일정한 거리를 두고 격리된 상태로 지냈다. 그러므로 천주교회와 지역사회는 마주칠 기회가 거의 없었다.

　그러나 1886년 한불수호통상조약 체결 이후 선교사들의 전교활동과 신자들의 신앙생활이 묵인되면서 산중의 교우촌에 살던 신자들이 점차 평야지대로 이주하게 되고, 비신자 마을에 살다가 천주교 신앙을 갖게 되어도 그대로 비신자들과 섞여 살면서 드러내 놓고 신앙생활을 하게 되었다. 이에 따라 천주교회와 지역사회는 수시로 마주치게 되었다.

　이렇게 수시로 마주치면서 신앙생활을 하고 전교활동을 하는 과정에서 천주교 측과 지방관, 지방 지배세력, 지방 주민 사이에 분쟁이 빈발하게 되었는데, 이러한 분쟁을 외교 문제로 취급하여 해결한 사안을 교안이라 한다. 이러한 교안 관련 기록이 「법안」의 천주교 관련 기록 가운데서도 가장 큰 비중을 차지하고 있다.

아울러 「법안」의 교안 관련 기록들 가운데는 1899년 강경포 교안(江景浦敎案), 1901년 지도 교안(智島敎案) 등뿐만 아니라 1890년 프랑스인을 구타한 최봉석(崔鳳錫) 등에 대한 처벌 요청 건, 1898년 천주교 입교를 금지한 진산 군수의 책임 추궁 요망 건, 1905년 프랑스인 페네 신부가 보낸 전북 관찰사의 소송 서류 사본 건 등 크고 작은 교안 관련 기록이 다수 수록되어 있다. 이러한 전라도 교안 관련 기록들은 1886년부터 대한제국기까지 전라도의 천주교회와 지역사회의 관계를 연구하는 데 중요한 자료가 된다.

이에 「법안」 가운데 전라도 교안 관련 기록, 선교정책과 밀접한 관련이 있는 전라도 철도 부설과 군산·목포 개항 관련 기록, 선교사들의 여행권인 호조(護照)의 발급에 관한 기록 등을 발췌하여 한글로 번역한 뒤, 이를 제1편 강경포 교안, 제2편 지도 교안, 제3편 기타 교안, 제4편 전라도 철도 부설과 군산·목포 개항, 제5편 호조 발급으로 편찬하여 『구한국외교문서 법안-전라도 교안-』을 간행하게 되었다.

제1편
강경포(江鏡浦) 교안(敎案)

변주승 역

1046. 강경포에 사는 최성진 등이 베르모렐 신부를 붙잡아 간 사건의 통고와 구출을 요망하는 안건(原 3책)
1047. 위와 같은 베르모렐 신부를 구조하는 지시에 관한 안건(謄 13책)
1049. 강경포의 베르모렐 신부 구출에 관한 안건(謄 13책)
1053. 강경포 베르모렐 신부 사건의 관련자 처벌에 관한 안건(謄 13책)
1054. 위와 같은 강경포의 베르모렐 신부 사건에 대한 기록물 첨부에 관한 안건(原 3책)
1063. 강경포 베르모렐 신부 사건의 범인에 대한 처벌 촉구(原 3책)
1065. 강경포 베르모렐 신부 사건 관련자 처벌 요구에 대해 법에 따라 심사 처리한 사안에 대한 회답 공문(謄 13책)
1068. 강경포 베르모렐 신부 사건을 서울법원에서 심리해 줄 것을 요청한 안건(原 3책)
1076. 강경포 베르모렐 신부 사건 관련자에 대한 서울에서의 심판 통고에 관한 안건(謄 13책)
1077. 위와 같은 사건으로 관찰사에게 내린 훈시 내용 한 통을 기록하여 보내는 안건(謄 13책)
1080. 강경포 베르모렐 신부 사건에 관련된 포고문의 내용 불허에 관한 안건(謄 13책·原 3책)
1090. 강경포 베르모렐 신부 사건에 관한 훈시 내용을 삼가 읽어 본 안건(謄 13책·原 3책)

1096. 강경포 베르모렐 신부 사건에 관한 재판 날짜 통고에 관한 안건(謄 14책)
1099. 강경포 베르모렐 신부 사건 공판 날짜 연기 통고(謄 14책)
1100. 위와 같은 강경포 베르모렐 신부 사건의 재판 연기에 대한 반박(原 3책)

1046. 강경포에 사는 최성진 등이 베르모렐 신부를 붙잡아 간 사건의 통고와 구출을 요망하는 안건(原 3책)

|영인본:358|

〔발신〕 프랑스 공사 꼴랑드 블랑시(Collin de Plancy, 갈림덕(葛林德))
〔수신〕 외부대신(外部大臣) 서리 이도재(李道宰)

광무(光武) 3년(서기 1899년) 4월 6일

프랑스 판사공사(辦事公使) 꼴랑드 블랑시가 조회(照會)합니다.

방금 접수한 뮈텔(Mutel, 민덕효(閔德孝), 1854~1933)[1] 주교(主敎) 대인(大人)이 보내온 공문의 내용은,

"이날 아침에 받은 전주에서 온 전보의 내용은 다음과 같습니다.

'강경포에 사는 최성진(崔星振) 패거리 수천 명이 베르모렐(Vermorel, 장약슬(張若瑟), 1860~1937)[2] 신부의 집을 공격해 부수고 재물을 빼앗아

---

1 뮈텔(Mutel) : 파리외방전교회 소속 선교사이다. 1877년 2월 4일 사제서품을 받은 동시에 한국 선교사로 임명되었으나, 병인박해로 인해 입국하지 못하고 만주에 머물다가 1880년 11월 한국에 입국해 활동했다. 1885년 파리외방전교회 신학교로 소환되었다가 1890년 8월 조선교구 교구장으로 임명되어 1891년 2월 재입국했다. 교구장으로 43년간 재직하면서 성직자 양성, 본당의 설립, 교구의 분할, 순교자들에 대한 시복 추진 등을 위해 노력했고, 간접 선교의 일환으로 교육과 언론에도 관심을 보였다. 선교사들을 격려하고 교우들과 직접 접촉하기 위해 자주 사목 방문을 했는데, 1896년에 전라도 지방을 방문했다. 주요 저술로『뮈텔일기(1890~1933)』・『뮈텔문서(1890~1927)』등이 있으며, 1933년 1월 23일 선종했다.
2 베르모렐(Vermorel) : 파리외방전교회 소속 선교사이다. 1887년 9월 24일 사제서품을 받은 뒤 1888년 1월 14일 한국에 입국했다. 같은 해 6월 전주 본당신부로 발령을 받아 소양면 대성동으로 가던 중 고산 빼재에 들러 라푸르카드(Lafourcade, 나형묵(羅亨黙)) 신부에게 종부성사를 주었으며, 그가 선종하자 그를 대신해 빼재에 머물렀다. 뒤에 거처를 금구 배재로 옮겨 1889년 배재 본당을 설립했으며, 1891년 봄에 보두네

갔습니다. 또한 거기에 일하던 사람과 고용인들을 마구 두들겨 패서 죽을 지경에 이르게 하고, 또 베르모렐 신부를 가혹하게 때리고 붙잡아 가서 죽었는지 살았는지 알 수가 없습니다.'"

라는 것이었습니다. 그래서 모든 상황을 잘 알았습니다. 본 공사는 서둘러 이 보고를 가지고 귀 대신께 삼가 알려 드립니다. 아울러 바라건대, 즉각 대책을 강구해 베르모렐 신부를 구출하고, 오래 끌지 않도록 하십시오. 또한 분규의 전말에 대해 강경포에 지시를 내려 문의하고, 또 앞으로 귀 대신께서 이번 사건의 진상에 대한 보고를 받은 바가 있어 좀 알려 주신다면, 장차 친근한 마음을 전할 것입니다. 이로써 조회를 대신합니다.

이상 조회합니다.

대한(大韓) 외부대신 서리   이도재 각하
1899년 4월 6일

붙임. 동 서신

보내는 사람: 완주 보두네(Baudounet, 윤사물(尹沙勿), 1859~1915)³ 신부

(Baudounet, 윤사물(尹沙勿)) 신부와 피정차 상경하다가 화적 떼를 만나 상해를 입고 물건을 약탈당했다. 1893년 용산 예수성심신학교 교수, 1896년 원산 본당 주임신부 등을 역임하다가 1897년 전라도로 전임되어 나바위 본당을 설립했으며, 1899년 강경포 교안을 겪었다. 1911년 대구 대목구 부주교 등을 역임하다가 1937년 5월 31일 선종했다.
3 보두네(Baudounet) : 파리외방전교회 소속 선교사이다. 1884년 9월 20일 사제서품을 받은 뒤 1885년 10월 26일 한국에 입국했다. 1886년 5월부터 경상북도에 머물면서 전라도 지방 전교를 보조했으며, 1889년 5월 중순 전주 본당신부로 부임하여 소양면 대성동에 거처를 정했다. 1891년 봄에 베르모렐(Vermorel, 장약슬(張若瑟)) 신부와

강경포에 사는 최성진의 패거리 수천 명이 베르모렐 신부의 집을 때려 부수고 물건을 빼앗아 갔으며, 거기에서 일하는 사람들을 마구잡이로 때려서 죽을 지경입니다. 신부까지도 마구 때리고 붙잡아 갔으니, 죽었는지 살았는지 알 길이 없습니다.

받는 사람: 서울 종현(鍾峴) 뮈텔 주교

1047. 위와 같은 베르모렐 신부를 구조하는 지시에 관한 안건(謄 13책) |359|

[발신] 외부대신 서리 이도재(李道宰)
[수신] 프랑스 공사 꼴랑드 블랑시(Collin de Plancy, 갈림덕(葛林德))

광무 3년(서기 1899년) 4월 6일

회답 공문 제16호
대한 외부대신 임시 서리 의정부 찬정(議政府贊政) 이도재가 회답 공문를 보냅니다.
  말씀드리건대, 오늘 받은 귀 공사의 조회(照會)의 내용은,
  "방금 접수한 뮈텔 주교 대인(大人)이 보내온 공문의 내용은,
  '이날 아침 받은 전주에서 온 전보의 내용은 다음과 같습니다.

피정차 상경하다가 화적 떼를 만나 상해를 입고 물건을 약탈당했고, 같은 해 6월 23일 본당을 오늘의 전동 성당 자리로 옮겨 전주 부중에서 사목활동을 시작했으며, 1894년 동학혁명 때 피해를 입은 교회를 재건했다. 1908년에 지금의 전동성당을 착공하여 1914년 외형만을 완공하고 내부 공사를 미처 마치지 못한 채 1915년 5월 27일 선종했다.

「강경포에 사는 최성진(崔星振) 패거리 수천 명이 베르모렐 신부의 집을 공격해 부수고 재물을 빼앗아 갔습니다. 또한 거기에 일하던 사람과 고용인들을 마구 두들겨 패서 죽을 지경에 이르게 하고, 베르모렐 신부를 가혹하게 때리고 붙잡아 가서 죽었는지 살았는지 알 수가 없습니다.」
라는 것이었습니다. 그래서 모든 상황을 잘 알았습니다. 본 공사는 서둘러 이 보고를 가지고 귀 대신께 삼가 알려 드립니다. 아울러 바라건대, 즉각 대책을 강구해 베르모렐 신부를 구출하고, 오래 끌지 않도록 하십시오. 또한 분규의 전말에 대해 강경포에 지시를 내려 문의하고, 또 앞으로 귀 대신께서 이번 사건의 진상에 대한 보고를 받은 바가 있어 좀 알려 주신다면, 장차 친근한 마음을 전할 것입니다."
라는 것이었습니다. 그래서 모든 상황을 잘 알았습니다. 난민(亂民)들이 일으킨 소란을 조사하고 매우 깜짝 놀랐습니다. 즉각 전보로 충청남도·전라북도 두 도 관찰사에게 지시를 내리어, 대책을 강구해 베르모렐 신부를 구조하고 소란을 일으킨 어지러운 패거리들을 잡아 가두게 했으며, 상황이 발생하면 먼저 전보를 치고 난 다음에 보고를 마치도록 했습니다.

이어 오늘 받은 우리나라 군부(軍部)에서 보내온 공문의 내용은, "오늘 오전 10시에 접수한 전주 진위대(鎭衛隊)의 전보 내용에 따르면, '프랑스 신부 보두네가 편지를 보내, 여산군(礪山郡)의 신부[4]가 은진(恩津) 강경포에 사는 최성진 패거리에 의해 붙잡혀 갔으니, 어서 빨리 구출해 달라고 요청했습니다. 이러한 사정을 파악하고 전보로 보고를

---

4 여산군(礪山郡)의 신부 : 나바위 본당의 사목을 맡고 있던 베르모렐 신부를 가리킨다. 당시 나바위는 여산군에 속하였다.

드립니다.'라고 하였습니다. 그래서 이에 따라 전보로 회답 공문을 보내어, 병사를 파견하여 베르모렐 신부를 구조하고 최성진 패거리를 단속하며, 소란을 일으킨 원인을 가려 판단한 뒤에 그 상황을 신속히 조사해 보고토록 했습니다. 아울러 공주 지방대(公州地方隊)에 전보로 지시를 내리어, 1개 소대를 동원하여 강경포로 빨리 가서 전주 진위대와 함께 힘을 합해 사태를 진압하고 신부를 구조하도록 했습니다."

라는 것이었습니다. 그래서 전라도와 충청도 두 도 관찰사가 주둔시킨 두 지역의 군대에서 직접 전보의 지시대로 수행한 결과를 알아본 다음, 진상을 파악하여 처리토록 하겠습니다. 기다렸다가 조사 보고를 접수하고 다시 조회를 해야 하는 사항은 제외하고, 지금까지 있었던 모든 사항을 문서로 구비하여 우선 회답 공문을 보냅니다. 이상 조회합니다.

   이상 회답 공문입니다.

프랑스 판사공사   꼴랑드 블랑시 각하
광무 3년 4월 6일

1049. 강경포의 베르모렐 신부 구출에 관한 안건(謄 13책)
|360|

〔발신〕 외부대신 서리 이도재(李道宰)
〔수신〕 프랑스 공사 꼴랑드 블랑시(Collin de Plancy, 갈림덕(葛林德))

광무 3년(서기 1899년) 4월 8일

조회 제17호

대한 외부대신 임시 서리 의정부 찬정(議政府贊政) 이도재가 조회합니다.

　말씀드리건대 지난번 귀 공사의 조회에 따라 베르모렐 신부가 곤경을 당한 한 사안에 대해서는, 즉각 전라북도와 충청도 두 도 관찰사에게 전보로 지시를 내리어 대책을 강구해 베르모렐 신부를 구조토록 했습니다. 군부(軍部)에서는 긴급 전보로 두 지역의 군대에게 그곳으로 나아가 사태를 진압하고, 베르모렐 신부를 무사히 데려오도록 했습니다. 그 뒤 조회를 거쳐 문건에 기록되어 있으니, 참조할 수 있습니다.

　오늘 받아 본 충청남도 관찰부(觀察府)에서 보낸 전보의 내용에 따르면,

　"방금 접수한 은진(恩津) 군수의 조사 보고는,

　'베르모렐 신부가 관청에 들어와, 조흥도(趙興道)와 김치문(金致文) 두 백성이 서로 다툰 사건에 대해서 직접 자세히 말했습니다. 또 강경포 지역민들이 창과 문을 때려 부수고 고운 옷을 손으로 찢었다는 등의 말을 했습니다. 은진군(恩津郡)에서 나바위로 베르모렐 신부를 호송하고, 강경포 지역민들을 알아듣도록 타일러 이미 소요 사태는 종식되었습니다. 베르모렐 신부는 애당초 구타를 당했다는 따위의 말을 한 적이 없습니다.'라는 내용이었습니다. 이번 사건의 근본 원인에 대해서는 계속 상세히 보고하겠습니다."

　했습니다. 그래서 이에 따라 백성들의 분규에 대한 조사는, 일단 지방관의 철저한 조사와 자세한 보고를 기다렸다가 우리나라 법률에 의거하여 스스로 마땅히 심판토록 하겠습니다. 다만 베르모렐 신부가 어려운 지경에서 벗어나 그가 머물던 성당으로 보호를 받아 무사히 돌아갔

다는 소식을 때마침 듣고 난 뒤이니, 매우 기뻐하며 다행스런 일이라고 여기고 있습니다. 즉시 군부에 통지하여 두 지역의 군대에게 전보 지시를 내리고, 또한 강경포에 주둔한 군대들을 신속히 철수토록 했습니다. 이상의 사유를 모아서 문서를 갖추어 귀 공사에게 조회합니다. 번거롭더라도 본 조회에 주의하시기 바랍니다. 이상 조회합니다.

　이상 조회입니다.

프랑스 판사공사　꼴랑드 블랑시 각하
광무 3년 4월 8일

1053. 강경포 베르모렐 신부 사건의 관련자 처벌에 관한 안건(謄 13책) |360|

〔발신〕 외부대신 박제순(朴齊純)
〔수신〕 프랑스 공사 꼴랑드 블랑시(Collin de Plancy, 갈림덕(葛林德))

광무 3년(서기 1899년) 4월 14일

조회 제19호
대한(大韓) 외부대신 박제순이 조회합니다.
　말씀드리건대, 베르모렐 신부가 은진(恩津) 지역에서 곤경을 당했다가 벗어나 그가 머물던 성당으로 보호를 받으며 호송되었다는 한 사안은, 이미 조회를 거쳐 문건에 기록되어 있으니 참조할 수 있습니다. 방금 접수한 충청남도 관찰사의 보고 내용에 따르면,
　"은진 군수가 보고하기를,

'4월 5일 은진군(恩津郡) 김포면(金浦面) 강경포(江鏡浦) 백성들의 신고에 따르면,

「강경포에 사는 상인 조흥도(趙興道)가 시장에서 소금을 팔고 있다가, 갑자기 여산군(礪山郡) 나바위의 천주교도들에게 붙잡혀 갔습니다. 천주교도들은 수십여 명에 달하는 무리를 규합하고 신부의 지시가 있었다고 말하며, 조흥도를 끌고 가서 결박한 채 때린 다음 머리채를 휘어잡고 끌고 갔습니다. 어지럽게 마구 악독한 형벌을 퍼부어 거의 죽을 지경에 이르렀습니다.」라고 했습니다. 이어서 조흥도의 일가붙이들이 아뢰기를,

「조흥도가 베르모렐 신부가 머무는 곳에 갇힌 채, 가혹한 형벌을 받고 있으니 즉시 구출해 주시기 바랍니다.」라고 했습니다. 아울러 교인들이 아뢴 바에 따르면,

「조흥도의 일가붙이 몇백 명이 교회당으로 함부로 뛰어 들어와 문을 때려 부수고 교인들을 구타했습니다. 베르모렐 신부의 의복을 손으로 찢고, 베르모렐 신부를 들볶아 강경포로 나아왔으니, 위험한 형세입니다.」라고 합니다. 얼마 안 있다가 베르모렐 신부가 몸소 관청에 이르러 직접 자세히 말하기를,

「강경포에 사는 조흥도와 교인 김치문이 소금 값 부채 때문에 스스로 말다툼을 초래했는데, 교회를 침해하는 말까지 나왔다고 합니다. 본 신부가 교인을 보내 조흥도를 끌고 오도록 한 다음, 주막집에 머물도록 하고 두 사람을 대질심문하여 조사할 작정이었습니다. 갑자기 강경포와 황산포(黃山浦) 두 포구에 사는 백성 천여 명이 본 신부가 머무는 곳으로 함부로 뛰어 들어와, 문을 때려 부수고 교인 6명을 구타했습니다. 본인을 강경포로 끌고 가서 웃옷을 갈기갈기 찢고 흙을 마구 던졌습

니다. 바야흐로 위급한 상황에 놓여 있었는데, 다행히 본군(本郡) 순교(巡校)의 구조를 받아 되돌아왔습니다. 교인들이 조홍도에게 사사로이 형벌을 가했다는 사태에 관해서는, 과연 그런 일이 있었는지 자세히 알지 못합니다.」

라고 했습니다. 이에 따라 베르모렐 신부를 무사하게 나바위의 거처까지 호송했습니다.

같은 날 6시 군수가 강경포로 나아가서 보니, 군중들은 이미 흩어지고 난 뒤였습니다. 다만 동네의 어른들과 조홍도의 일가붙이들만이 있을 따름이었습니다. 그들이 진술하기를,

「강경포에 사는 김치문은 평소 행패를 일삼던 자인데, 천주교에 들어갔습니다. 조홍도에게 소금 값으로 빚을 지고 있었으나 도무지 갚을 생각이 없었습니다. 조홍도가 여러 차례에 걸쳐 갚아 달라고 질책하자, 김치문은 이 때문에 원망하는 마음을 품었습니다. 김치문은 베르모렐 신부에게, 조홍도가 천주교를 헐뜯는 이야기를 했다고 말했습니다. 베르모렐 신부가 교인들에게 조홍도를 붙잡아 오도록 급작스럽게 지시하자, 천주교인들이 무리를 규합하여 소란을 피웠습니다. 또한 조홍도의 머리채를 휘어잡고 어깻죽지를 끌어당기며 마구잡이로 때려 상처를 입혔습니다. 베르모렐 신부가 머물고 있는 곳에 이르러 삼 노끈으로 위아래를 꽁꽁 묶어 대들보 사이에다 매달고는, 수수료를 억지로 달라고 했습니다. 조홍도가 가느다랗게 숨을 쉬며 거의 죽을 지경에 이르자, 그의 아비와 형 그리고 삼촌과 조카가 급히 가서 조홍도를 구했습니다. 아울러 마을의 젊은이들이 힘을 합해 거들고 도와주려고 했으나 교인들이 이를 거절하고 받아들이지 않아서, 스스로 싸움을 불러일으켰습니다.」

라고 했습니다. 군수가 직접 조홍도가 입은 여러 곳의 상처를 검사해

보니, 머리카락은 사방으로 늘어뜨려졌고 옷은 갈기갈기 찢어졌으며 두 다리에는 모두 결박된 흔적이 있었습니다. 여러 곳의 상처는 꽤 심하고 위중해 보였습니다. 그러므로 그 마을 백성들에게 알아듣도록 지시를 내려 정성껏 치료토록 했습니다. 그곳을 떠난 뒤에 이어 나바위로 가서 자세히 조사해 보니, 신부가 머무는 곳의 문 한 짝이 부서졌고, 옷 한 벌이 손으로 찢겨졌으며, 두들겨 맞은 마을 사람은 6명이었습니다. 또한 잃어버린 물건은 동전 57냥, 8냥 값어치인 안경 1개, 담뱃대 7개, 옷 1벌 등이라고 합니다. 조홍도의 일가붙이와 마을 사람들을 조사한 결과, 이들은 비록 어려움에 처한 조홍도를 구하려는 절실한 생각이었지만 분규를 일으킨 자취를 면하기는 어렵습니다.

조홍서(趙興西)·김경언(金京彦)·황경직(黃京直) 등을 끌고 가서 먼저 구금을 집행했습니다. 김치문이 천주교를 빙자하고 부린 행패는 엄히 징계해야 합당합니다만, 범인 김치문이 이미 도망가서 염탐 수색하고 있는데 아직까지 체포하지는 못했습니다.'
라고 했습니다. 이에 따라 보고를 올리고, 자세히 조사하여 처리하시기를 공손히 기다립니다."

했습니다. 조사 결과, 조홍서 등이 재난을 당해 거의 죽을 지경에 이르게 된 조홍도를 보고 힘껏 구조하려고 한 것은 본디 당연한 행동이라고 하겠습니다. 하지만 문짝을 때려 부수고 사람을 구타하며, 신부를 구박하고 옷을 손으로 찢은 경우는 모두 어리석음에서 나온 망령된 짓에 속하니, 따라서 마땅히 지방관이 엄중히 조사해 처리할 것입니다.

다만 생각하건대, 베르모렐 신부는 우리나라에 와서 머물고 있으면서도 그 본분을 지키지 않았습니다. 흉악한 무리의 꼬드김을 기꺼이 받아들이고서 보통 백성을 붙잡아 와 가지고 제멋대로 구금했습니다.

비록 잔인한 형벌을 가했다는 한 사안의 경우, 자신은 모르는 바라고 말하고 있기는 하지만, 어찌 마침내 허물을 덮고 남들의 이목을 적당히 가릴 수 있겠습니까? 이에 대해서는 오직 우리나라의 관리들과 민간인들만이 함께 분노할 뿐만이 아니라, 또한 귀 공사 역시 차마 받아들일 수 없을 것입니다.

서로 맞게 실정에 근거를 두고 다시 귀 공사에게 조회합니다. 번거롭더라도 본 조회에 주의하시기 바랍니다. 따로 조사하시어 처리하는 것이 옳을 것입니다. 이상 조회합니다.

이상입니다.

프랑스 판사공사   꼴랑드 블랑시 각하
광무 3년 4월 14일

1054. 위와 같은 강경포의 베르모렐 신부 사건에 대한 기록물 첨부에 관한 안건(原 3책) |361|

〔발신〕프랑스 공사 꼴랑드 블랑시(Collin de Plancy, 갈림덕(葛林德))
〔수신〕외부대신 박제순(朴齊純)

광무 3년(서기 1899년) 4월 15일

조회

프랑스 공사 꼴랑드 블랑시가 조회합니다. 4월 6일부터 4월 8일까지 기간에 귀국 전임 외부대신의 조회를 여러 차례 받았습니다. 대책을 강구해 베르모렐 신부를 구조하는 한 사안에 대해서, 본 공사는 귀국 정부에서 이처럼 재빨리 지시를 내리어 신속하게 처리한 것을 보고 감사하며 칭송하느라 겨를이 없습니다. 다만 귀 외부의 제17호 조회 안에 베껴 실린 은진(恩津) 군수의 조사 보고를 살펴보니, 베르모렐 신부는 애당초 구타당한 적이 없다고 되어 있었습니다. 이에 즉각 이러한 말에 관한 회답 공문을 삼가 보내며, 그 사건의 확고한 진상을 보여 주는 기록물 한 장을 첨부합니다. 열람하시면 유익하다고 생각됩니다. 한번 살펴보신다면, 강경포(江鏡浦)에서 벌어진 사건의 중대한 정황을 살필 수 있을 것입니다. 이상 조회합니다.

이상 조회입니다.

대한 외부대신　박제순 각하
1899년 4월 15일

〈붙임〉
강경포의 교인 김치문(金致文)과 최성진(崔成眞)[5]의 패거리인 조흥도(趙興道) 두 사람이 소금 값의 상환 문제로 옥신각신하던 때에 이르러서, 존댓말을 하니 안 하니 하는 문제로 소란이 일어났습니다. 조흥도가 말하기를,

"지금이 비록 말세라곤 하지만 위아래의 구분은 있는 것인데, 너는 천주교를 빙자하며 이처럼 공손하지 않게 구는가? 무릇 너희 천주학 무리들에게 의관(衣冠)이 도대체 가당키나 하는가?"

하며, 이어서 곧바로 갓과 망건을 찢어 버렸습니다. 김치문이 답하기를,

---

[5] 최성진(崔成眞) : 다른 곳에서는 '최성진(崔星振)'으로 나온다.

"우리나라가 개화(開化)한 뒤에는, 비록 백정일지라도 갓을 착용할 수 있도록 정부에서 허락하셨는데, 우리 천주교인만 어찌 유독 착용하지 못한단 말인가?"

하니, 조홍도가 답하기를,

"백정은 비록 천한 사람들이지만 오히려 우리나라의 법과 제도를 따르니 갓을 착용할 수 있다. 하지만 너희들은 외국법을 따르고 받들고 있으니, 우리나라의 의관이 어찌 가당키나 하겠는가? 또한 너희들 천주학 무리들의 숫자가 얼마쯤이나 되느냐? 천 명 정도는 내가 때려죽일 수 있으며, 그 밖에 몇천 명이라도 죄다 없앨 권한을 가지고 있다."

하고, 즉시 그의 삼촌과 사촌들을 불러 모아서 교인 김치문의 양쪽 어깨를 붙들어 끼고 거칠 것 없이 함부로 때렸습니다.

교인 김치문이 베르모렐 신부의 사제관으로 엉금엉금 기어가 울며 억울함을 호소하자,

베르모렐 신부가 말하기를,

"이 무리들의 개인적인 옳고 그름을 가리는 문제는 사법기관에 달려 있다. 하지만 조홍도가 '천주교인이 우리나라의 의관을 착용하는 것은 옳지 않다.' 하고, 또한 '비록 천 명이라도 별 어려움 없이 때려죽일 수 있다.'고 말했다는 사건은, 먼저 즉시 그 진상을 분명하게 밝혀야만 조약의 규정대로 사법기관에 붙잡아 넘겨 뒷날의 폐단을 막을 수 있을 것이다."

하고, 조홍도를 불렀으나 그는 오지 않았습니다. 다시 두 사람을 보내 조홍도를 불러와서 질문하니, "이따위 흉악한 말은 애당초 한 적이 없다." 말했습니다. 그러므로 마을 앞 큰길가의 주점에 그를 붙들어 두고, 한자리에서 사리를 가리기 위해 교인 김치문을 불러올 무렵에, 최성

진(崔成眞)·윤성여(尹成汝)·김낙문(金樂文)·조성규(趙聖圭)·최일언(崔一彦)·조흥이(趙興伊)·천장옥(千長玉) 등이 강경과 황산(黃山) 두 포구의 사람 수천 명과 떼를 지어 사제관 안으로 막 뛰어들었습니다. 최일언과 윤성여 등이 먼저 곧바로 방으로 들어와 담뱃대를 뻗치어 물고 죽 둘러앉아, 조흥도를 불러들인 일에 대해서 잘못을 따지며 꾸짖었습니다. 베르모렐 신부가 답하기를,

"조흥도가 천주교를 헐뜯은 사건의 정황을 교인 김치문과 무릎맞춤한 뒤에 사법기관에 넘겨서 조처(措處)하기 위해 조흥도를 마을의 주점에 잠시 동안 머물도록 했으니, 당신들이 차례대로 가서 그를 만나 보라."

했습니다. 최성진 패거리는 베르모렐 신부의 허물을 찾아보려 했으나 얻을 수가 없었기 때문에, 할 말이 없어 대답할 수가 없었습니다. 이때 신부도 역시 담배를 피워 대니, 빙 둘러선 여러 사람들이 큰 소리로 꾸짖으며 말하기를,

"우리들의 우두머리 앞에서 너 같은 양놈이 어찌 감히 한자리에서 담배를 피운단 말인가? 네 놈을 발길질로 한 번 차면 우리들의 발끝에 뼈가 부서지리라."

하며, 이러쿵저러쿵 저주하며 꾸짖다가, 몇 사람이 방 안으로 뛰어들어와 베르모렐 신부의 서기(書記) 한 사람을 발길질로 차서 마루 아래로 내치고서 무수히 마구 때렸습니다. 아울러 일꾼 오륙 명을 함부로 때리려고 하기에, 신부가 뛰어나와 그를 구하려고 했습니다. 저 패거리들이 주먹질과 발길질로 신부를 좌우에서 치고 때리니, 신부는 두루마기가 갈기갈기 찢어지고 만신창이가 되었습니다. 이러한 상황에서 저 최성진과 윤성여가 두들겨 맞은 사람이 반드시 죽게 생긴 광경을 보고

뛰어나가 만류하며 구해 냈기 때문에 다행히 목숨은 건졌습니다.

한편 저 패거리들의 일부는 주점에 머물고 있던 조흥도의 머리카락을 스스로 풀어 헤쳐서 늘어뜨려 놓았으며, 의복을 스스로 손으로 찢고 손발을 스스로 묶어서 마치 흉악하고 참혹한 모양으로 만들어 끌고 들어와서는 말하기를,

"양놈에게 이렇게 두들겨 맞았다."

하니, 최성진·윤성여 패거리가 이를 보고는 곧바로 크게 성을 내며 "신부를 붙잡아 가자!"고 큰 소리로 부르짖었습니다. 여러 패거리들이 신부를 붙잡아다 마루 아래에 세우고, 말을 메는 삼끈으로 꽁꽁 묶으려고 하는데, 신부가 애원하기를,

"나는 도망갈 사람이 아닌데, 무엇 때문에 나를 묶는가?"

했습니다. 저 패거리들이 더러 말하기를, "그렇겠다"라고 하여, 다행히 꽁꽁 묶이는 신세는 면하였습니다. 걸음을 걷는데 기력이 별안간 떨어졌습니다. 다시 애원하여 말을 타고 가는데 저 패거리들이 앞뒤에서 흙을 마구 던져 대, 눈코를 뜰 수조차 없었던 상황은 하나하나 들어 말할 수 없을 정도입니다. 강경에 거의 이르러, 신부가 은진(恩津)의 법관(法官)에게로 가겠다고 하니, 저 패거리들이 크게 나무라며 말하기를,

"이곳에도 각국 사람들이 있으니, 모여서 판결하여 약조(約條)를 정하겠다."

하고, 말머리를 돌려 큰 다리 위에 세우고 앞뒤에서 가로막고서 돌멩이를 마구 던져 대니, 하마터면 물에 떨어져 죽을 뻔했습니다. 그러므로 그대로 강경으로 들어갔으니, 여러 가지 곤욕을 치른 상황에 대해서는 말하기 어려운 구석이 많습니다. 그런데 그들이 '모여서 판결하여 약조

를 정하겠다.'고 말했던 것은, 장터로 끌고 가서 짓밟아 죽이려고 한다는 뜬소문뿐인지라 몸을 빼낼 길이 전혀 없었습니다. 저 패거리들이 교인 김치문을 도리어 모함했던 까닭에, 본군 순교(巡校)가 교인 김치문을 붙잡아 가기 위해 출동했습니다. 그러므로 베르모렐 신부가 교인 김치문을 대신하여 관청에 들어가겠다고 말하고 순교와 함께 군수를 만나 보니, 강경 군수가 말하기를,

"저 패거리들을 즉각 엄하게 금하고 죄인을 심문하여 처분하라."
했습니다.

1063. 강경포 베르모렐 신부 사건의 범인에 대한 처벌 촉구
(原 3책) |365|

〔발신〕 프랑스 공사 꼴랑드 블랑시(Collin de Plancy, 갈림덕(葛林德))
〔수신〕 외부대신 박제순(朴齊純)

광무 3년(서기 1899년) 4월 25일

【한문 번역】(謄 13책)

조회 제

프랑스 판사공사 꼴랑드 블랑시가 조회합니다. 4월 14일에 귀 조회를 받고서, 강경포에서 발생한 중대한 소요 사건에 대해 잘 알았습니다. 만일 이 사건에 주의를 기울여 그 근원을 구명해 보면, 그 일이 이미 1년 전부터 단계적으로 진행되어 왔다는 사실을 알 수 있습니다.

지난해 6월 3일에 일찍이 본 공사가 귀 외부에 보낸 적이 있는 공문을

찾아내어 귀 대신께서 이를 다시 열람하여 보신다면, 베르모렐 신부가 지역민들에게 곤욕을 치렀으며 거주하던 가옥도 침범을 당했다는 사실을 모두 알 수 있을 것입니다. 비록 전주 군수를 통해 확실하게 징계하도록 했지만 철저하게 이루어지지는 않아서, 나씨 족속이 줄곧 침해를 가하고 욕을 보였습니다.[6] 따라서 올해 3월 20일 베르모렐 신부가 이 무리들을 고발했습니다. 이달 21일 본 공사는 이 문제에 대해 귀 대신께 공문을 보낸 바 있습니다. 그러므로 강경포의 백성들이 제대로 징벌이 행해지지 않는다는 사실을 깊이 믿고, 외국인들을 대하면 오로지 무기를 쥐고서 해치려고만 생각하는 게 이상하지 않습니까? 모든 일이 허락하여 준 안에서 이루어졌다는 점을 알 수가 있습니다.

이달 14일 본 공사가 보낸 공문에 기재되어 있는 그곳에서 벌어진 지난 사실들은, 귀 대신께서 접수한 지방관의 보고 내용과는 서로 어긋납니다. 여기 귀 제19호 조회 안에 가리킨 몇 군데를 끌어다가 다시 살펴보면 도움이 되리라고 생각합니다.

귀 대신께서는, 조흥서(趙興西) 등이 조흥도(趙興道)가 재난을 당하여 거의 죽을 뻔한 상황을 보고서 힘을 내어 구호한 것은 본디 마땅한 행동이라고 인정하고 있습니다. 이 대목에 대해 저의 생각은 귀 대신의 견해와는 다릅니다. 변란을 앞장서 일으킨 사람은 본래 조흥도의 일가붙이가 아닙니다. 무리를 이끌고 온 그 사람들도 역시 조흥도의 일가붙이들이 아닙니다. 본 공사의 견해로는, 이 무리들이 해야 마땅한 행동은

---

[6] 나씨……보였습니다 : 1898년 4월 용안에서 나씨라는 60세 노인이 천주교 교우 청년과 논의 경작권을 놓고 시비하다 자살하자, 그의 아들들이 교우 청년을 죽이려고 하여 베르모렐 신부가 그 청년을 사제관에 숨겨 주었다. 그러자 그 친척들이 사제관에 불법 난입했다(김진소, 『천주교 전주교구사』Ⅰ, 천주교 전주교구, 1998, 644쪽).

오직 지방관에 고발하는 것이었습니다. 귀 대신께서, 그들이 '힘을 냈다'는 한 가지 일에 대해서 오로지 조홍도를 구해 돌보려는 계책의 일환이라고 생각하고 있는 점은, 매우 이상하다고 할 수 있겠습니다. '힘을 냈다'는 그 한 가지 일은, 붙잡힌 조홍도를 구한다는 명분으로 일어난 행동이었지만, 기실은 조홍도를 이웃집으로 인솔해 보낸 이튿날에 발생한 일이었습니다. 심지어 조홍도가 재난을 당해 거의 죽을 뻔한 형세였다는 것도 이미 경미한 것에 불과했습니다. 무리를 따라 걸어서 나바위로부터 강경포까지 한길로 베르모렐 신부를 뒤쫓았던 것입니다.

본 공사가 비록 마음을 다해 해당 지방관의 뜻을 잘 좇으려고 해도, 어쩐지 명백히 밝히지 않을 수 없는 점이 있습니다. 머리카락이 사방으로 늘어뜨려지고 의복이 갈기갈기 찢겼으며 두 발 모두에 묶인 흔적이 있다는 것을 가지고서, 중상을 입어 거의 죽게 생긴 증세라고 가리키고 있는데, 이는 본 공사가 처음 듣는 이야기입니다.

그 지방관이 이에 대해 검사를 잘 수행했다고 한다면, 이처럼 조홍도의 상처는 거론하면서도 어찌하여 베르모렐 신부가 곤경을 겪은 상황에 대해선 언급하지 않고 있습니까? 돌멩이와 흙덩이가 날아오는 상황에서 온몸을 두들겨 맞았으며 옷은 갈기갈기 찢겼습니다. 소요를 일으킨 많은 백성들이 그를 성당 문밖으로 내쫓고서 다섯 시간 동안이나 밖으로 끌고 다녔습니다. 이때 그 지방관이 무슨 일을 하였습니까? 만약 어리석게도 이러한 상황을 몰랐다고 말한다면, 이러한 인물로는 지방관이라는 직책을 감당하지 못한다고 하겠습니다. 만약 알고 있었다고 말한다면, 어찌하여 공문을 보내 통보해 주지 않았습니까? 그 군수 및 귀 대신에게 시험 삼아 묻겠습니다. 소요를 일으킨 백성들이 베르모렐 신부의 집으로 막 뛰어 들어가 제멋대로 때려 부수고 집안사람들을 두들겨 팼는데, 이는 무엇 때문에 그리한 것입니까? 해명하여 주시기 바랍니다. 조홍도는 일찍이 베르모렐 신부의 집에 머물지 않았습니다. 그를 이웃집으로 인솔해 보낸 것은 바로 소요가 일어나기 전날입니다. 이는 이미 위에서 밝힌 바 있습니다. 그러므로 소요를 일으킨 무리들은 조홍도를 구출하려 했다는 것으로 이야깃거리를 삼긴 어려울 것입니다.

은진(恩津) 군수의 보고는 실로 의심스러운 구석이 있습니다. 소요를 일으킨 우두머리의 집에서 보고서를 엮어서 냈는데, 받아 둔 그 보고서에 의거해 행한 그 조치에는 공평하지 못한 점이 있습니다. 제 생각으로는, 은진 군수는 이번 안건에 대해서 양쪽 편을 따로 나누어 심문하여 질문을 받고 증거를 참고해야 마땅했습니다. 조홍도가 주막집에서 하룻밤을 묵었으니, 그 주막집 주인은 더욱 특별히 증인 진술을 받아야만 마땅했던 자입니다. 귀 대신께서도 이 점에 대해서는 틀림없이 다른 견해가 없으실 것입니다.

베르모렐 신부가 분쟁을 일으킨 이유에 대해 물어보려고 조홍도를 불러온 경우에 대해서는, 본 공사도 그가 이처럼 행동해서는 마땅하지 않았다는 점을 인정합니다. 베르모렐 신부는 마땅히 조홍도가 내뱉은 욕설에 대해서 은진 군수에게 곧바로 고발해야 옳았습니다. 비록 그렇다고는 하지만 베르모렐 신부가 착오로 일으킨 행동을 이유로 들어서, 소란을 일으킨 자들의 죄를 용서해 주기는 어렵습니다.

소요를 일으키기 전날 밤에, 이 무리들은 장터에서 종을 치며 다음 날 베르모렐 신부를 공격하여 정벌하자는 뜻을 소리쳐 알렸습니다. 또한 집집마다 적어도 한 사람 이상은 나와야 하며, 이 일에 가담하지 않고 나오지 않은 자는 집을 부셔 버리겠다고 협박 공갈했습니다. 이 일은 미리 준비해 일으킨 소요 사태인 듯하니, 엄중한 징계를 면하기 어렵습니다.

　청컨대 귀 대신께서는 지시를 내리시어, 이 사건을 주동한 세 범인인 강경포에 사는 최성진(崔星眞)·윤성여(尹成汝)·김낙문(金樂文)을 최고형인 종신 징역의 형률에 처하소서. 종범에 해당되는 강경포에 사는 천장옥(千長玉)과 황산(黃山)에 사는 최일언(崔一彦)·조흥이(趙興伊) 등 세 범인은 10년 징역의 형률에 처하소서. 그들이 징역살이를 할 곳은, 서로에게 장애가 되지 않는 곳인 서울로 정하거나 혹은 전주로 정해 주시길 바랍니다. 또한 경고의 뜻을 나타내기 위해, 이 범인들을 장터로 데리고 가서 북을 울리며 끌고 다니도록 하소서.

　이처럼 중대한 사건의 실정을 조사해 보니, 사건이 일어나게 된 그 근본 이유는 나씨(羅氏) 일족이 도리에 맞지 않는 행동을 한 데서 비롯된 것이었습니다. 이들은 해당 범인들과 동시에 범죄 사건을 결말짓지 않을 수 없습니다. 나씨의 죄에 걸맞은 처벌을 지금까지 베풀지 않았으니, 나운경(羅云京)을 3개월간 수감시키는 형벌에 처하도록 해 주시길 요청합니다. 사람들이 북적대던 장터에서 행한 조흥도(趙興道)의 발언은 베르모렐 신부 및 교인(敎人)들을 헐뜯어 욕하던 것이었으니, 또한 같은 형벌에 처해야 마땅합니다.

　위협에 굴복해 주동자들의 행동을 방조하고 베르모렐 신부를 구타하며 그 집을 약탈한 여러 사람들의 경우는, 실로 하나하나 들어 말할 수 없을 지경입니다. 후환을 막기 위해, 방을 하나 내걸어서 조약 제1조의 취지를 거주민들에게 널리 알리도록 하소서. 그리하여 천주교를 믿는 사람들이나 천주교를 믿지 않는 사람들 모두 대황제 폐하의 백성에 속하니, 양쪽 모두 평등하게 서로를 대해야지 털끝만큼이라도 따로 구분 지어서는 안 된다는 원칙을 알아듣도록 타일러야만 옳을 것입니다.

또한 강경포의 시장(市場)을 하루 동안 멈추도록 하여서, 소란을 일으킨 데 대한 경계를 삼도록 하소서. 은진 군수의 경우는 날이 다 가도록 방관만 하고 있었으며, 그 사건에 대한 조사를 행할 때에 이르러서는 한쪽을 편들어 많은 일을 처리하였으니 견책을 베풀어야 마땅합니다. 이에 대해서는 귀 대신께서 직접 작성한 글을 기다리겠습니다.

베르모렐 신부가 의복을 찢기고 물건을 잃어버려서 당한 손해는 값으로 치면 1백 원(元)에 해당하니, 은진 군수가 이를 상환해 주길 바랍니다. 만일 귀 정부에서 본 공사가 정당하게 거론한 요청대로 처리해 주시는 영광을 베푸신다면 이 사건은 종결될 수 있을 것입니다. 이후부터 우리-프랑스·한국- 두 나라의 가장 가까운 우호관계를 문란시키는 모든 사안이 영원히 다시는 발생하지 않기를 엄숙히 바랍니다. 이로써 조회를 대신합니다.

이상입니다.

대한 외부대신   박제순 각하
1899년 4월 25일

1065. 강경포 베르모렐 신부 사건 관련자 처벌 요구에 대해 법에 따라 심사 처리한 사안에 대한 회답 공문(謄 13책) |369|

〔발신〕 외부대신 박제순(朴齊純)
〔수신〕 프랑스 공사 꼴랑드 블랑시(Collin de Plancy, 갈림덕(葛林德))

광무 3년(서기 1899년) 4월 27일

회답 공문 제23호

대한 외부대신 박제순이 회답 공문을 보냅니다. 이달 25일 귀 공사의 조회를 잘 받았습니다. 그 내용은,

"강경포에서 일어난 소요 사태에 관한 한 가지 안건에 대해, 청컨대 주동자인 3명의 범인은 종신 징역의 형벌에 처하고 종범인 3명의 범인은 10년 징역의 형벌에 처하며, 또한 경고의 뜻을 나타내기 위해 북을 치며 장터를 돌아다니도록 하고, 아울러 예전에 조사 처리한 바 있는 나운경(羅云京) 및 이 사건에 관계된 조흥도(趙興道)를 모두 3개월 수감의 형벌에 처하도록 하며, 거주민들에게 방을 내걸어 타이르도록 하고, 손해배상을 해 주도록 하십시오.…"이었습니다. 그래서 모든 상황을 잘 알았습니다.

조흥도를 붙잡다가 형벌을 베푼 일에 대해 베르모렐 신부를 조사했습니다. 비록 승복하고 있지는 않지만 천주교도들이 연줄을 믿고 소요를 일으킨 것이니, 어찌 베르모렐 신부의 책임이 없다고 하겠습니까? 일이란 본디 먼저 처리할 일과 나중에 처리할 일 그리고 중요한 일과 중요하지 않은 일을 가려야 하는 법입니다. 이번 사안은 먼저 베르모렐 신부의 실수에서 비롯된 것이니만큼, 우리 백성들의 책임만 요구하는 것은 부당합니다.

생각건대, 우리나라 관원들은 귀국 인민들을 본래부터 특별하게 간주해 왔습니다. 이미 은진(恩津) 군수가 베르모렐 신부를 보호하려 그의 거처로 돌려보냈으며, 아울러 군부(軍部)에서는 군대를 파병하여 사태를 진압했습니다. 여기에서 두 나라의 우의가 두텁다는 점을 볼

수 있습니다. 귀 공사께서도 역시 우리 정부의 뜻을 모두 알고 계실 것입니다.

강경포 지역의 백성들이 어리석게도 터무니없는 일을 저지른 경우에 대해서는, 우리나라의 지방 재판관이 공평하게 참작 처리할 것입니다. 본 대신은 스스로 사법부의 직권을 침범할 수 없습니다. 이번에 귀 공사께서 형법에 나온 규정 그대로 기록하여 따로따로 구분을 지어 처리해 달라고 요청했습니다. 하지만 이는 한불조약의 취지와 전혀 맞지 않습니다. 본 대신은 오직 규정을 살펴 처리할 따름입니다. 지방관에게 지시를 내리어 각각의 사람들을 따로따로 불러다가 우리나라 형법에 비추어 심사 처리하겠다는 점을 제외하고, 이처럼 문서로 구비하여 회답 공문을 보냅니다. 이로써 조회를 대신합니다.

이상 회답 공문입니다.

대 프랑스 판사공사   꼴랑드 블랑시 각하
광무 3년 4월 27일

1068. 강경포 베르모렐 신부 사건을 서울법원에서 심리해 줄 것을 요청한 안건(原 3책) |370|

〔발신〕 프랑스 공사 꼴랑드 블랑시(Collin de Plancy, 갈림덕(葛林德))
〔수신〕 외부대신 박제순(朴齊純)

광무 3년(서기 1899년) 5월 2일

【한문 번역】(膽 13책)

조회 번역

프랑스 판사공사 꼴랑드 블랑시가 조회합니다. 4월 27일에 귀 조회를 받아 보고 이에 즉각 회답 공문을 보냅니다. 본 공사는 아래의 사유로써 변변하진 못하지만 다시 문제를 삼아 알려 드리는 것이 보탬이 되리라고 생각합니다.

이달 14일 본 공사는 이도재(李道宰) 각하에게 잊을 수 없는 감사한 마음을 극진히 펼쳐 보인 적이 있습니다. 이는 귀 대한제국 정부에서 재빨리 대책을 강구하여 베르모렐 신부의 목숨을 구해 냄으로써, 그가 처한 위험을 막았기 때문이었습니다. 이로 말미암아 본 공사는, 귀 정부에서 우호의 정을 드러낸 데 대하여 깊은 감사를 드렸습니다.

다시 4월 25일 본 공사는 조회 안에서, 베르모렐 신부가 조흥도(趙興道)를 불러온 것은 부당한 행동이었으며 그는 단지 조흥도를 관청에 고발해야만 마땅했다는 점을 스스로 인정했습니다. 그러므로 모름지기 다시 거론하지 않았습니다. 베르모렐 신부의 착각에서 빚어진 행동을 이유로, 강경포 거주민들이 도리에 어긋나고 불순한 계책을 사용한 점을 용서해 주기는 어렵습니다. 강경포 지역민들의 소행은 진실로 극악무도한 짓이었습니다.

보잘것없는 본 공사는 이 사건의 범인들에게 매우 엄중한 징계를 내려 주도록 요청했습니다. 귀 대신께서는 한불조약[7]에 의거하지 않는

---

[7] 한불조약 : 1886년(고종 23) 조선과 프랑스 사이에 체결된 수교와 통상에 관한 조약을 가리킨다. 프랑스는 조미조약이 체결된 1882년부터 본격적으로 조선과의 수교에 나섰다. 디용을 전권(全權)으로 내세워 미국의 선례에 따라 청(淸)의 알선을 통해 조선과 수교를 하고자 했으나 베트남 문제로 청과 프랑스의 관계가 악화일로에 있었기 때문에 교섭이 원활히 진행되지 못했다. 그 뒤 영국·독일·이탈리아·러시아 등이 프랑스를 앞질러 조선과 수교를 맺자, 프랑스 정부는 1886년 3월 코고르당(Cogordan, 戈可

다고 간주했습니다. 본 공사는 다시 조약의 취지를 살펴보았습니다. 조사해 보니 제3관 5조에,

"조선의 경내에 있는 조선 인민들이 만일 괴롭히거나 소란을 일으켜서 프랑스 민인(民人) 본인과 그 가족의 목숨과 재산을 손상시키는 등의 일이 발생하면, 응당 조선의 관원이 조선의 형법을 살펴서 붙잡아다가 조사하고 심판한다." 등의 말이 분명히 실려 있습니다. 귀국의 형법 시행규칙을 살펴보면, "때로는 재판소에서 심판하고 때로는 법부대신이 스스로 심판하며 때로는 황제 폐하의 명령을 받들어 심판한다."고 되어 있습니다. 이에 있어서 참으로 본 공사가 요청한 내용이 조약의 취지와 무엇이 부합되지 않는다는 것인지를 깨달을 수가 없습니다.

만일 귀 대신께서 이미 형벌을 시행할 권한이 없다고 한다면, 응당 법부대신에게 형벌을 시행토록 요청해야 하거나 혹은 황제께 아뢰어 황제의 지시로 형벌을 시행해야만 옳을 것입니다. 또한 본 공사는 이처럼 형벌을 시행해 달라고 요청한 것 외에, 아울러 형벌을 시행할 관청과 관청에서 행해야 할 것에 대해 요청한 적이 있습니다. 바로 포고문을 내걸어 보이고, 시장을 하루 동안 멈추게 하며, 지방관을 견책하고, 손해를 배상하는 등과 같은 일이 바로 그것입니다. 이는 재판소와는 털끝만큼도 서로 간섭되지 않는 일입니다. 이는 명령을 내려 시행하면

當)을 새로이 전권에 임명하여 조약을 체결하게 했다. 같은 해 4월 서울에 들어온 코고르당은 조선 정부와 교섭을 시작하여 5월 3일 전권대신으로 임명된 한성부 판윤(漢城府判尹) 김만식(金晚植)과 회동, 전문 13관의 '조불수호통상조규'에 조인하게 되었다. 조불조약은 대체로 조영조약을 모방한 것이었지만, 제9조 2항에 '교회(敎晦)'라는 문자가 사용된 것이 특색이다. 프랑스 측은 이를 포교권을 인정한 것이라고 주장하여 결국 조선 정부도 그런 뜻으로 인정하게 되었다. 이로써 프랑스는 포교의 자유를 획득하게 되었으며, 다른 나라도 최혜국 조항에 의해 선교사업을 하게 되었다.

되는 사안에 해당됩니다.

비록 그렇긴 하지만, 만일 귀 대신께서 장차 본 공사가 요청한 조회를 새로 펼쳐 살펴보시고서도 오히려 이대로 시행하기는 어렵겠다고 생각하신다면, 본 공사는 이번 사건을 앞으로 서울에서 심리함으로써 본 공사가 제3관 8조의 규정[8]에 따라 심리에 참석하기 편하도록 해 주시기를 바랍니다.

청컨대 번거로우시더라도 장차 귀 대신께서는 본 공사가 가리킨 바 있는 여러 범인들과 필요한 증인들을 조속히 불러들이시기 바랍니다. 또한 본 조회에 주의를 기울이시고 서둘러 회답 공문을 내려 시행해 주시기 바랍니다. 아울러 이상에서 열거한 관청의 명령에 관련된 사안에 대해서, 이미 모든 준비를 갖추어 시행했는지 여부를 분명히 알려 주시면 좋겠습니다. 이로써 조회를 대신합니다.

이상입니다.

대한 외부대신   박제순 각하
1899년 5월 2일

---

[8] 제3관 8조의 규정 : 이 규정은 "조선 경내에 있는 모든 양국 인민의 일체 사송과 형명(刑名)에 관계된 안건은 프랑스 관서에서 심문할 것이면 조선국에서 즉시 적임자를 파견하여 청심(聽審)하고, 조선 관서에서 심문할 것이면 프랑스국에서도 역시 적임자를 파견하여 청심한다. 파견되는 청심원(聽審員)과 피차 각 승심관(承審官)은 모두 규정대로 서로 우대한다."라고 되어 있다(『고종실록』 24권, 24년(1887) 윤4월 9일(병신)).

1076. 강경포 베르모렐 신부 사건 관련자에 대한 서울에서의 심판 통고에 관한 안건(謄 13책) |372|

〔발신〕 외부대신 박제순(朴齊純)
〔수신〕 프랑스 공사 꼴랑드 블랑시(Collin de Plancy, 갈림덕(葛林德))

광무 3년(서기 1899년) 5월 17일

조회 제25호
대한 외부대신 박제순이 회답 공문을 보냅니다. 말씀드리건대, 강경포(江鏡浦)에서 일어난 소요 사건에 관한 한 안건은 번갈아 가며 조회를 했으니 참조할 수 있습니다. 5월 2일에 귀하의 조회를 받았습니다. 그 내용은,

"베르모렐 신부의 착각에서 빚어진 행동을 이유로, 강경포 거주민들이 도리에 어긋나고 불순한 계책을 사용한 점을 용서해 주기는 어렵습니다. 본 공사는 이 사건의 범인들에게 매우 엄중한 징계를 내려 주도록 요청했습니다. 귀 대신께서는 한불조약에 의거하지 않는다고 간주했습니다. 본 공사는 다시 조약의 취지를 살펴보았습니다. 조사해 보니 제3관 5조에,

'조선의 경내에 있는 조선 인민들이 만일 괴롭히거나 소란을 일으켜서 프랑스 민인(民人)의 목숨과 재산을 손상시키는 등의 일이 발생하면, 응당 조선의 관원이 조선의 형법을 살펴서 붙잡아다가 조사하고 심판한다.' 등의 말이 분명히 실려 있습니다. 귀국의 형법 시행규칙을 살펴보면,

'때로는 재판소에서 심판하고 때로는 법부대신(法部大臣)이 스스로

심판하며 때로는 황제 폐하의 명령을 받들어 심판한다.'고 되어 있습니다. 이에 있어서 참으로 본 공사가 요청한 내용이 조약의 취지와 무엇이 부합되지 않는다는 것인지를 깨달을 수가 없습니다.

만일 귀 대신께서 이미 형벌을 시행할 권한이 없다고 한다면, 응당 법부대신에게 형벌을 시행토록 요청해야 하거나 혹은 황제께 아뢰어 황제의 지시로 형벌을 시행해야만 옳을 것입니다. 또한 본 공사는 형벌의 시행 외에, 포고문을 내걸어 보이고, 시장을 멈추게 하며, 지방관을 견책하고, 손해를 배상하는 등의 일을 요청했습니다. 이는 재판소와는 털끝만큼도 서로 간섭되지 않는 일입니다. 이번 사건을 앞으로 서울에서 심리함으로써 제3관 8조의 규정에 따라 심리에 참석하기 편하도록 해 주시기를 바랍니다. 아울러 이상에서 열거한 관청의 명령에 관련된 사안에 대해서, 시행했는지 여부를 분명히 알려 주시면 좋겠습니다."

라는 것이었습니다. 그래서 모든 상황을 잘 알았습니다. 곧바로 우리나라 법부대신에게 공문을 보내, 재판소에 지시를 전달하여 사건에 관련된 백성들을 붙잡아 서울로 끌고 와서 심판하게 했습니다. 아울러 해당 지역 관찰사에게 지시를 내려 포고문을 붙여 널리 알리도록 했으니, 해당 지역 관찰사가 당연히 지시대로 처리할 것입니다. 시장을 멈추도록 해 달라는 한 가지 사안의 경우는, 우리 정부에서는 평소 이러한 전례가 없었습니다. 지방관의 조사 시행에도 역시 한쪽을 편든 점이 발견되지 않았습니다.

본 대신이 귀 공사의 뜻에 힘껏 따르기에는 곤란한 점이 있습니다. 서로 간에 의견이 갈라진 사항에 대해서 다시 조사하는데, 모름지기 양쪽에서 대질 조사를 실시해야 바야흐로 그릇된 판결을 내릴 근심이 없어질 수 있을 것입니다. 하물며 이번 사건은 김치문(金致文)으로부터 비롯된 것이니, 당연히 그도 함께 철저히 조사하여 공평 타당하게 밝히도록 힘써야만 합니다. 청컨대 번거로우시더라도 귀 공사께서 베르모렐 신부에게 이 같은 사실을 알려 주시어, 김치문에게 빨리 지시를 내려서 법정에 출두시켜 대질심문할 수 있도록 해야 참으로 타당할 것입니다.

　이처럼 문서로 구비하여 회답 공문을 보냅니다. 이로써 조회를 대신합니다.

　이상입니다.

프랑스 판사공사　꼴랑드 블랑시 각하
광무 3년 5월 17일

1077. 위와 같은 사건으로 관찰사에게 내린 훈시 내용 한 통을 기록하여 보내는 안건(謄 13책) |373|

〔발신〕 외부대신 박제순(朴齊純)
〔수신〕 프랑스 공사 꼴랑드 블랑시(Collin de Plancy, 갈림덕(葛林德))

광무 3년(서기 1899년) 5월 19일

삼가 알려 드립니다. 강경포에서 일어난 소요 사건에 관한 한 안건은, 곧바로 해당 지역 관찰사에게 지시를 내려 포고문을 붙여 널리 알리고 엄중히 타이르도록 했습니다. 공문이 도착하는 날짜에 지시대로 스스로 처리할 것이라고 생각됩니다. 우선 지시 내용 한 통을 그대로 적어 보내어 살펴보시도록 하려고 합니다. 항상 양해를 베풀어 주시기 바라며, 이 편지를 드립니다. 아울러 날로 편안하시기 바랍니다.

5월 19일   박제순 올림

1080. 강경포 베르모렐 신부 사건에 관련된 포고문의 내용 불허에 관한 안건(謄 13책・原 3책)|373|

〔발신〕 프랑스 공사 꼴랑드 블랑시(Collin de Plancy, 갈림덕(葛林德))
〔수신〕 외부대신 박제순(朴齊純)

광무 3년(서기 1899년) 5월 20일

조회 번역
프랑스 판사공사 꼴랑드 블랑시가 조회합니다. 어제 받든 귀하의 서한 내용은,
  "장차 문서를 첨부해 보내어 포고문을 내걸도록 하고 관찰사를 시켜 그 문서를 첨부해 내걸도록 할 예정이다."
라는 것이었습니다. 그래서 삼가 읽어 본 다음, 본 공사는 그 포고문 안의 내용 표현을 도무지 그대로 받아들일 수 없었습니다. 만일 귀 대신의 확고한 뜻으로 말미암아 장차 그 포고문을 인민들에게 내걸어 보인다면, 이로 인해 초래되는 앞으로의 일은 모두 귀 대신께서 담보해야 할 것입니다.
  청컨대 귀 대신께서 번거롭더라도 본 조회에 주의를 기울여 주시면 좋겠습니다. 이로써 조회를 대신합니다.

이상입니다.

대한 외부대신   박제순 각하
1899년 5월 20일

※돌려보냄

1090. 강경포 베르모렐 신부 사건에 관한 훈시 내용을 삼가 읽어 본 안건(謄 13책·原 3책) |376|

〔발신〕 프랑스 공사 꼴랑드 블랑시(Collin de Plancy, 갈림덕(葛林德))
〔수신〕 외부대신 박제순(朴齊純)

광무 3년(서기 1899년) 5월 27일

삼가 답장을 드립니다. 전에 받아 본 보내주신 편지의 내용은,
 "강경포에서 일어난 소요 사건에 관한 한 안건은, 곧바로 해당 지역 관찰사에게 지시를 내려 포고문을 붙여 널리 알리고 엄중히 타이르도록 했습니다. 공문이 도착되는 날짜에 지시대로 스스로 처리할 것이라고 생각됩니다. 우선 지시 내용 한 통을 그대로 적어 보내어 살펴보시도록 하려고 합니다."
라는 것이었습니다. 그래서 삼가 모두 읽어 보았습니다. 이처럼 삼가 답장을 드립니다. 아울러 삼가 편안하시기를 빌겠습니다.

1899년 5월 27일   꼴랑드 블랑시 올림

1096. 강경포 베르모렐 신부 사건에 관한 재판 날짜 통고에 관한 안건(謄 14책) |377|

〔발신〕 외부대신 박제순(朴齊純)
〔수신〕 프랑스 공사 꼴랑드 블랑시(Collin de Plancy, 갈림덕(葛林德))

광무 3년(서기 1899년) 6월 3일

조회 제

대한 외부대신 박제순이 조회합니다. 말씀드리건대 강경포 소요 사건에 관한 안건은, 거듭 귀 조회에 따라 이미 우리나라 법부대신에게 공문을 보내어, 재판소에 지시를 전달해 해당 백성들을 붙잡아다 서울로 끌고 와서 심판토록 했습니다. 아울러 답장을 보냈으니 각각 참조할 수 있을 것입니다. 이에 법부에서 보내온 공문을 받아 보니, 그 내용은,

"최성진(崔星振)·윤성여(尹成汝)·김낙문(金樂文)·천장옥(千長玉)·최일언(崔一彦)·조흥이(趙興伊)·조흥도(趙興道) 등은 이미 서울로 끌고 와서, 서울재판소에 압송하여 넘겼다."

라는 것이었습니다. 그래서 이어 서울재판소에서 보내온 공문을 받아 보니, 그 내용은,

"강경포의 백성인 최성진 등에 관한 안건은 6월 6일 오전 11시에 재판을 열어 심문할 예정이다."

라는 것이었습니다. 그래서 모든 상황을 잘 알았습니다. 서로 맞게 이상의 사유를 모아서 문서를 갖추어 귀 공사에게 조회합니다. 번거롭더라도 본 조회에 주의하시기 바랍니다. 기한이 되기 전에, 규정대

로 사건을 심의할 것입니다. 아울러 이번 사건의 증인들을 끌어다가 대질 조사를 편케 하는 것이 좋겠습니다. 이로써 조회를 대신합니다.
　이상입니다.

프랑스 판사공사　꼴랑드 블랑시 각하
광무 3년 6월 3일

1099. 강경포 베르모렐 신부 사건 공판 날짜 연기 통고(謄 14책) |378|

〔발신〕 외부대신 박제순(朴齊純)
〔수신〕 프랑스 공사 꼴랑드 블랑시(Collin de Plancy, 갈림덕(葛林德))

광무 3년(서기 1899년) 6월 6일

삼가 알려 드립니다. 강경포 백성 최성진(崔星振) 등의 재판 날짜를 오늘 오전 11시로 정했습니다. 이미 조회를 하였으니 분명히 참조할 수 있을 것입니다. 지금 서울재판소에서 보내온 공문을 받아 보니, 그 내용은,
　"오늘은 대황제 폐하께서 태묘(太廟)에 참배하러 가시는 대단히 공적인 날짜와 겹치니, 관례상 재판을 열지 못합니다. 다시 6월 7일 오전 11시로 재판 날짜를 정하고 삼가 알려 드립니다."
라는 것이었습니다. 그래서 모든 상황을 잘 알았습니다. 공문을 갖추어 널리 알려 드립니다. 나아가 사정을 헤아려 알아주시기를 바랍니다. 직접 알려 드렸습니다. 아울러 평안하시기를 빕니다.

6월 6일   박제순 올림

1100. 위와 같은 강경포 베르모렐 신부 사건의 재판 연기에
      대한 반박(原 3책) |378|

〔발신〕 프랑스 공사 꼴랑드 블랑시(Collin de Plancy, 갈림덕(葛林德))
〔수신〕 외부대신 박제순(朴齊純)

광무 3년(서기 1899년) 6월 7일

【한문 번역】(謄 14책)
조회
프랑스 판사공사 꼴랑드 블랑시가 조회합니다. 이달 3일 접수한 귀하의 조회 내용에 따르면,
　"강경포 사건에 관련된 한국인에 대해서는, 6월 6일 오전 11시에 법정을 열어 심리 판결할 것입니다."
라고 했습니다. 일단 날짜가 정해져서, 본 공관(公館)에서 참찬(參贊)과 베르모렐(Vermorel, 장약슬(張若瑟)) 신부가 머물고, 본 공사가 증인 등을 불러와서 모두 모였습니다. 재판소에 갈 준비를 하고 대기하며 있다가, 11시 몇 분쯤 되었을 때에 비로소 귀 대신의 서신을 받았는데,
　"대황제(大皇帝) 폐하께서 종묘(宗廟)에 참배하러 행차하시어, 이 때문에 심리 날짜를 6월 7일로 연기한다."
라고 했습니다. 살피건대, 행차 예식의 경우는 그 기일 전에 여러 날

이 예정되어 있는 것입니다. 따라서 귀 대신께서는 심리 연기 한 가지 사안에 대해서 미리 알려 주어야 마땅했으니, 이 점이 귀 대신께서 저지른 첫 번째 실례입니다. 이에 대해 본 공사는 안타까운 심정을 깊게 품고 있습니다.

오늘 르페브르(Lefèvres, 노비부(盧飛鳧)) 씨 및 신부 그리고 증인 등이 재판소에 갔는데, 쓸쓸하게 아무도 만날 수 없어 반 시간을 우두커니 기다리다가 심리 날짜가 다시 연기되었다는 사실을 비로소 알게 되었습니다. 귀 대신께서 이와 아울러 날짜의 연기를 통지하려 애쓰지 않았으니, 이번에 범한 실례는 그전보다 더욱 심한 것이라고 하겠습니다. 이번 대황제의 거동이 임박한 상황이니, 귀 대신께서 자신의 허물을 사과하리라고 기대하겠습니다. 또한 본 공사가 분명히 말하건대, 이후로는 본 공관의 인원 누구를 막론하고 재판소에 증인으로 보내지 않을 것입니다. 귀 정부가 자기 멋대로 재판을 진행함으로 말미암아, 본 공사는 귀 정부가 어떤 조처를 내리는지 보고 그에 따른 배상을 요구할 것입니다. 이번 강경포 사건에 대해 상의하느라 담판을 주고받는 사이에 귀 대신께서는 악의(惡意)를 품고 있었습니다. 이 때문에 그 책임은 전적으로 귀 대신께서 스스로 져야 할 것입니다.

조회합니다.

이상 조회합니다.

대한 외부대신 　박제순 각하
1899년 6월 7일

조윤선 역

1114. 강경포 베르모렐 신부 사건의 심판 날짜를 결정해 주기를 요청하는 안건(謄 14책・原 3책)
1119. 강경포 사건의 처리 과정에 대해 문의하는 안건(原 3책)
1120. 위와 같은 강경포 베르모렐 신부 사건에 대해 법정을 열어 다시 심사하는데 인원을 파견하여 심리해 줄 것을 바라는 안건(謄 14책)
1122. 강경포 사건에 관련된 자들의 석방에 대한 처분의 문서를 보내는 안건(謄 14책)
1123. 위와 같은 강경포 사건에 관련된 자들 중 석방한 천장옥・최일언에 대해 재심을 요망하는 안건(原 3책)
1133. 강경포 사건의 판결선고서를 초록하여 보내는 안건(謄 14책)
1134. 위 사건의 재심의를 요망하는 안건(原 3책)
1136. 강경포 사건을 재판하는 날짜를 통고하는 안건(謄 14책)
1137. 위와 같은 재판을 열 때 재판에 참여하는 일을 통고하는 안건(原 3책)
1142. 강경포 사건의 베르모렐 신부에 대한 처리 대책을 분명히 알려 줄 것을 요망하는 안건(謄 14책)
1146. 강경포 사건에 대해 현지에서 합동으로 심판할 것을 요망하는 안건(原 3책)

1165. 강경포 백성 윤성여 등에 대한 평리원 판결을 조회하는 안건
　　(謄 14책)

1114. 강경포 베르모렐 신부 사건의 심판 날짜를 결정해 주기를 요청하는 안건(謄 14책·原 3책)

〔발신〕 프랑스 공사 꼴랑드 블랑시(Collin de Plancy, 갈림덕(葛林德))
〔수신〕 외부대신(外部大臣) 박제순(朴齊純)

광무(光武) 3년(서기 1899년) 6월 30일

삼가 알려 드립니다. 강경포 사건으로 본 공사에서 증인들을 불러오게 하였으나 바쁜 농사철을 만나 해야 할 일이 번잡하다며 고향으로 돌아가도록 허락해 줄 것을 간절히 요청하였습니다. 해당 증인의 진술도 이미 법관의 조사를 거쳤고 의당 남은 기록이 있을 것이므로 제 생각대로 가장 중요한 증인인 박가 성을 가진 자를 제외하고 그 나머지 여러 사람은 반드시 한성부(漢城府)에 머물러 있을 필요가 없을 듯하여 고향으로 돌아가기를 허락했습니다.

이에 본 공사에서는 다시 번거롭게 요청하니 귀 대신께서 모름지기 법부대신(法部大臣)과 의논하고 헤아려 평리원(平理院)에서 해당 사건에 대한 심판 날짜를 조속히 정해 주시면 좋겠습니다.

편안한 날이 되시기를 바랍니다.

1899년 6월 30일　　꼴랑드 블랑시 올림

1119. 강경포 사건의 처리 과정에 대해 문의하는 안건(原 3책) |381|

[발신] 프랑스 공사 꼴랑드 블랑시(Collin de Plancy, 갈림덕(葛林德))
[수신] 외부대신 박제순(朴齊純)

광무 3년(서기 1899년) 7월 8일

프랑스 판사공사 꼴랑드 블랑시가 조회(照會)합니다.

 강경포 사건에 관련된 피고 한국 사람의 재판 날짜를 정해 달라는 하나의 안건에 대해 직접 청하고 편지로도 부탁함으로써 중복된 간청이 되었음을 깊이 느끼고 있습니다. 지난번에 수감 중이던 네 사람이 이미 석방되었다고 들었는데, 귀 대신께서 애초에 이를 본 공사에 통지하지 않으셨습니다. 이 때문에 본 공사에 결국 귀 정부에서 이 재판을 열기를 원하는지 원치 않는지 다시 한번 여쭈어 봅니다. 청컨대 번거롭지만 귀 대신께서 이 조회에 주의를 기울이시면 좋겠습니다.

 이로써 조회를 대신합니다.

 이상입니다.

대한 외부대신   박제순 각하
1899년 7월 8일

1120. 위와 같은 강경포 베르모렐 신부 사건에 대해 법정을 열어 다시 심사하는데 인원을 파견하여 심리해 줄 것을 바라는 안건(膽 14책) |381|

〔발신〕 외부대신 박제순(朴齊純)
〔수신〕 프랑스 공사 꼴랑드 블랑시(Collin de Plancy, 갈림덕(葛林德))

광무 3년(서기 1899년) 7월 10일

회답 공문 제36호

대한 외부대신 박제순이 회답 공문을 보냅니다. 말씀드리건대, 7월 8일에 접수한 귀 공사의 조회에 따라 강경포 백성에 대한 재판 날짜를 정하는 한 가지 일에 대해 즉시 법부(法部)에 통지하고 한성부 재판소로 전달하도록 했습니다. 그 후 한성부 재판소에서 보낸 공문을 바로 접수했는데, 공문에 따르면,

"해당 사건은 여러 차례 조사했으나 아직도 프랑스 공사에서 인원을 파견하여 재판에 참여하지 않았습니다. 오늘 오후 2시에 법정을 열고 다시 재판할 것입니다. 번거롭지만 프랑스 공사에게 통지하여 재판에 참여하기 편하도록 해 주시기 바랍니다."

하였습니다. 그래서 모든 상황을 잘 알았습니다. 서로 맞게 공문을 갖추어 귀 공사에 회답 공문을 보냅니다. 번거롭지만 회답 공문에 주의해 주시기 바랍니다. 따로 인원을 파견하여 기한이 되기 전에 가도록 하는 것이 좋겠습니다.

이로써 조회를 대신합니다.

이상입니다.

프랑스 판사공사   꼴랑드 블랑시 각하

광무 3년 7월 10일

1122. 강경포 사건에 관련된 자들의 석방에 대한 처분의 문서를 보내는 안건(謄 14책) |382|

〔발신〕 외부대신 박제순(朴齊純)
〔수신〕 프랑스 공사 꼴랑드 블랑시(Collin de Plancy, 갈림덕(葛林德))

광무 3년(서기 1899년) 7월 11일

삼가 알려 드립니다. 어제 귀 공사의 조회를 받는데 강경포 사건에 관련된 네 사람을 이미 석방한 한 가지 일에 대한 것이었습니다. 오늘 한성부 재판소에서 보내온 공문의 내용은,

"김경언(金京彦)·황경직(黃京直)은 사건에 관련된 증인이 아니므로 단지 정황을 물어보는 것에 그쳤습니다. 사건에 관련된 최일언(崔一彦)·천장옥(千長玉) 역시 드러나는 행적이 없으므로 모두 석방하였습니다. 이에 처분하는 문서를 붙여 보냅니다."

했습니다. 그래서 모든 상황을 잘 알았습니다. 해당 문서를 베껴 갖추어 보내니 살펴보시기 바랍니다. 아울러 평안하시기를 바랍니다.

7월 11일   박제순 올림

1123. 위와 같은 강경포 사건에 관련된 자들 중 석방한 천장옥·최일언에 대해 재심을 요망하는 안건(原 3책)

|382|

〔발신〕 프랑스 공사 꼴랑드 블랑시(Collin de Plancy, 갈림덕(葛林德))
〔수신〕 외부대신 박제순(朴齊純)

광무 3년(서기 1899년) 7월 12일

【한문 번역】(謄 14책)
조회합니다.

　프랑스 판사공사 꼴랑드 블랑시가 조회합니다. 어제 귀 대신께서 조회하신 문서 안에 첨부된 한성재판소의 보고를 접수하고, 모든 상황을 잘 알았습니다. 조사한 조흥서(趙興西)·김경언(金景彦)·황경직(黃京直) 등 세 사람은 은진(恩津) 군수가 체포하여 서울로 보냈으나, 애초에 본 공사에서는 그들을 가두도록 요청하지 않았습니다.

　처음에 본 공사에서 해당 재판소의 검사에게 통지하여 이 사람들을 석방하도록 했습니다. 그러나 천장옥(千長玉)·최일언(崔一彦)은 이들과는 아주 다릅니다. 이미 본 공사에서는 이 사람들이 힘을 합해 베르모렐 신부를 공격하여 때렸다는 보고를 접수하였습니다. 해당 검사는 이 무리들을 석방하기 전에 마땅히 해당 재판 사건에 대해 귀 대신이 본 공사에 전해 알려 주기를 요청해야 했습니다. 이 때문에 해당 검사가 본 공사의 의견을 몰랐으니, 이것이 해당 재판 사건의 안건에 대해 관련자들을 불러 재심 여부를 요청하는 이유입니다.

　해당 관원이 이 일을 하는 것은 그 권한을 넘는 외람된 행동 같으니 청컨대 번거롭지만 귀 대신께서 법부대신과 의논하고 헤아려 석방된 두 사람을 다시 살피고 염탐하여 다시 붙잡아 가두어 주십시오. 만약 혹시라도 체포하지 못한다면 책임은 해당 검사에게 돌아갈 것이니 그 대신으로 보충해야 할 점이 있을 것입니다.

또 귀 대신께서 해당 안건을 속히 처결하여 문서로 갖춰 분명히 알려 주시어 본 공사가 조사하여 열람하기 편하게 해 주십시오. 그 후 만약 흡족하지 않은 부분이 있다면 즉시 해당 안건을 평리원(平理院)으로 옮겨 보내 일이 지연되지 않도록 할 것입니다.

청컨대 번거롭지만 귀 대신께서 조회에 주의하시면 좋겠습니다.

이로써 조회를 대신합니다.

이상 조회하였습니다.

대한 외부대신 박제순 각하
1899년 7월 12일

1133. 강경포 사건의 판결선고서를 초록하여 보내는 안건 (謄 14책) |384|

〔발신〕 외부대신 박제순(朴齊純)
〔수신〕 프랑스 공사 꼴랑드 블랑시(Collin de Plancy, 갈림덕(葛林德))

광무 3년(서기 1899년) 8월 11일

조회 제14호
대한 외부대신 박제순이 조회합니다. 오늘 도착한 한성부 재판소 수

반 판사가 보내온 공문을 접수하였는데 그 공문의 내용은,

"강경포 사건에 관련된 사람들을 여러 차례 심문했습니다. 조흥서(趙興西)·윤성여(尹成汝)·최성진(崔星振)에게 징역 15년을, 조흥도(趙興道)에게는 태형(笞刑) 40대, 김낙문(金樂文)은 석방한다는 것에 대해 이미 판결 선고를 거쳤으니 이에 선고 서류를 갖추어 보냅니다. 잘 살펴보시기 바랍니다.

그런데 현재 해당 피고 등이 억울하다면서 죄를 시인하지 않고 평리원에 상소(上訴)했습니다. 그래서 다시 천장옥(千長玉)·최일언(崔一彦)은 본 재판소 검사가 처음 심리한 후 무죄로 석방했다가, 곧 귀부(貴部)의 조회에 따라 해당하는 두 사람을 다시 붙잡아 와서 가두었습니다. 다만 이미 석방한 자를 본 재판소에서 재판한 예가 없습니다. 조흥서는 처음에는 조흥이(趙興伊)라고 불렀는데 또 듣자 하니 또 다른 한 조흥이가 전라도 지방에 살고 있다는데 떠돌아 다니며 이리저리 옮겨 살아서 살펴 염탐하여 잡을 수 없습니다."

라는 것이었습니다. 그래서 모든 상황을 잘 알았습니다.

전에 귀 공사가 조회를 요청하면서 해당 사건에 대해 내려진 결정에 대해 문서를 갖춰 분명히 알려 주어 열람하는 데 편하도록 해 달라는 등의 말을 하였으므로 이에 따라 문서를 갖추었으니 참조할 수 있을 것입니다. 초록하여 붙인 선고 서류 외에 이렇게 문서를 갖추어 조회합니다.

　　이로써 조회를 대신합니다.

　　이상 조회하였습니다.

프랑스 판사공사　꼴랑드 블랑시 각하
광무 3년 8월 11일

1134. 위 사건의 재심의를 요망하는 안건(原 3책) |384|

〔발신〕 프랑스 공사 꼴랑드 블랑시(Collin de Plancy, 갈림덕(葛林德))
〔수신〕 외부대신 박제순(朴齊純)

광무 3년(서기 1899년) 8월 12일

【한문 번역】(謄 14책)

조복(照覆)

프랑스 판사공사 꼴랑드 블랑시가 조복합니다.

  어제 강경(江鏡) 1안(案)의 판결선고서 초본(抄本) 한 장이 첨부된 귀 조회를 접수하였습니다. 본 공사는 조약 제3관(款) 제8조(條)에서 부여된 권리에 따라, 심의한 판결문을 대조하였는데 따를 수 없는 점이 있습니다. 더욱이 공초가 사실과 다르다는 점과 신문하는 법과 김낙문(金樂文)·천장옥(千長玉)·최일언(崔一彦)을 무죄로 처리한 것은 본 공사가 대조해 볼 때 따를 수 없는 점입니다. 좋지 않은 생각을 품고 있다고 하여 마침내 지금 진범인 조흥이(趙興伊)의 체포를 허락하지 않고 도리어 무죄한 조흥서(趙興西)를 대신 정죄(定罪)하려고 하는 것은 본 공사가 따를 수 없는 점입니다.

  본 공사의 요청으로 평리원에서 장차 해당 안건을 다시 심판할 것이므로 귀 대신께서 개심(開審)할 날을 정해 주시기를 기다립니다. 본 공사는 증인을 데리고 직접 평리원으로 가서 심판에 참여할 예정입니다.

  청컨대 수고스럽겠지만 귀 대신께서 참조하여 시행해 주시기 바랍니다.

  이로써 조복을 대신합니다.

이상 조회입니다.

대한 외부대신   박제순 각하

1899년 8월 12일

1136. 강경포 사건을 재판하는 날짜를 통고하는 안건(謄 14책) |385|

〔발신〕 외부대신 박제순(朴齊純)
〔수신〕 프랑스 공사 꼴랑드 블랑시(Collin de Plancy, 갈림덕(葛林德))

광무 3년(서기 1899년) 8월 18일

조회 제42호

대한 외부대신 박제순이 조회합니다. 8월 12일 도착하여 접수한 귀 공사의 회답 공문 안에,

"강경포 한 사건에 대한 판결선고서의 초본을 접수하였습니다. 본 공사는 이에 대해 대질하여 살펴보았으나 이해되지 않는 부분이 있었습니다. 평리원에서 다시 재판해 주시기를 요청하면서 날짜를 정해 주시기를 기다리며 증인들을 데리고 직접 가서 재판에 참석하겠습니다."

했습니다. 그래서 모든 상황을 잘 알았습니다.

해당 백성들도 한성재판소의 판결에 대해 역시 승복하지 못하는 점이 있어서 이미 평리원에 상소를 마쳤습니다. 이번에 본 대신이 귀 공사에서 보내온 공문의 뜻에 따라 평리원에 통지하여 재판 개정일을 정해 주도록 요청했습니다. 그리고 다시 평리원 재판장의 회답 공문을 받았

는데 그 내용은,

"8월 25일 오전 12시에 법정을 열겠습니다."

라는 것이었습니다.

그래서 모든 상황을 잘 알았습니다. 서로 맞게 문서를 갖추어 귀 공사에 조회합니다. 번거롭지만 이 조회에 주의해 주시면 좋겠습니다. 기한이 되기 전에 평리원으로 가서 재판에 참석하시는 것이 좋겠습니다.

이로써 조회를 대신합니다.

이상 조회하였습니다.

프랑스 판사공사   꼴랑드 블랑시 각하

광무 3년 8월 18일

1137. 위와 같은 재판을 열 때 재판에 참여하는 일을 통고하는 안건(原 3책) |385|

〔발신〕 프랑스 공사 꼴랑드 블랑시(Collin de Plancy, 갈림덕(葛林德))
〔수신〕 외부대신 박제순(朴齊純)

광무 3년(서기 1899년) 8월 23일

【한문 번역】(謄 14책)

회답 공문

프랑스 판사공사 꼴랑드 블랑시가 조회합니다.

8월 18일 접수한 귀 대신의 조회의 내용은,

"8월 25일 정오로 날짜를 정해 평리원에서 강경포 사건에 대해 재판을 엽니다."

라는 것이었습니다. 그래서 이 조회를 접수한 본 공사에는 기한이 되기를 기다려 증인들을 데리고 평리원으로 가서 재판에 참석하겠습니다. 이 일로 회답 공문을 삼가 보냅니다. 청컨대 번거롭지만 귀 대신께서는 이 회답 공문에 주의해 주시면 좋겠습니다.

 이로써 회답 공문을 대신합니다.

 이상 조회하였습니다.

대한 외부대신 박제순 각하

1899년 8월 23일

1142. 강경포 사건의 베르모렐 신부에 대한 처리 대책을 분명히 알려 줄 것을 요망하는 안건(謄 14책) |386|

〔발신〕 외부대신 박제순(朴齊純)
〔수신〕 프랑스 공사 꼴랑드 블랑시(Collin de Plancy, 갈림덕(葛林德))

광무 3년(서기 1899년) 9월 2일

조회 제44호

대한 외부대신 박제순이 조회합니다. 평리원 재판장이 보내온 공문을 접수하였는데 공문의 내용은,

 "강경포 백성에 대한 사건을 8월 25일 및 26일에 재판을 열어 심리했습니다. 서울에 주둔한 프랑스 공사가 회동하여 재판에 참석하였습니다

다. 이 사건에 관계된 김낙문(金樂文)·최일언(崔一彦)·조흥도(趙興道)·조흥서(趙興西)는 즉시 석방하고 윤성여(尹成汝)·최성진(崔星振)·천장옥(千長玉)은 유죄로 논의하여 현재 형률을 적용하였습니다. 해당 사건이 일어나게 된 까닭은 베르모렐 신부가 함부로 초래한 때문이므로 아울러 구금합니다. 고용된 일꾼 무리들이 마음대로 형벌을 시행하여 사건을 무겁게 만들었으니 이는 불법의 정황이 있는 사건인 것 같습니다. 프랑스 관원의 조사도 거쳤으므로 해당하는 법을 강구해야 할 것입니다. 나아가 프랑스 공사에게 통지하여 회답 공문을 기다려 분명히 알려 주기를 기다립니다."
라는 것이었습니다. 그래서 모든 상황을 잘 알았습니다. 서로 맞게 문서를 갖추어 귀 공사에 조회합니다. 번거롭지만 이 조회에 주의해 주시면 좋겠습니다. 베르모렐 신부를 어떻게 처리할 것인지를 분명하게 회답 공문에서 밝혀 주시고 그대로 시행할 것을 간절히 바랍니다.

　　이로써 조회를 대신합니다.

　　이상입니다.

프랑스 판사공사　꼴랑드 블랑시 각하
광무 3년 9월 2일

1146. 강경포 사건에 대해 현지에서 합동으로 심판할 것을 요망하는 안건(原 3책) |386|

〔발신〕 프랑스 공사 꼴랑드 블랑시(Collin de Plancy, 갈림덕(葛林德))
〔수신〕 외부대신 박제순(朴齊純)

광무(光武) 3년(서기 1899년) 9월 6일

【한문 번역】(謄 14책)

회답 공문

프랑스 판사공사 꼴랑드 블랑시가 조회(照會)합니다.

9월 2일에 보낸 귀 대신의 조회가 4일에 관청에 도착했는데 그 안에 평리원의 공문이 실려 있었습니다. 다 읽어 보았으며 당연히 그 문서에서 지적한 뜻에 따를 것입니다. 김낙문(金樂文)·최일언(崔一彦)·조흥도(趙興道)·조흥서(趙興西) 등에 대한 사건은 모두 그대로 두고 다시 조사하지 않도록 하였습니다. 이는 본 공사에서 자청하여 평이하게 사건을 살피려는 의견에서 나온 것으로 관대하게 처리하여 새로 심문하는 번거로움을 피하고자 한 것입니다.

일찍이 이와 같은 저의 의견을 보여 드렸는데 현재 평리원에서 베르모렐 신부가 부린 사람들이 저지른 허물을 지적하여 베르모렐 신부가 관련된 사안에 대해 이처럼 괴로운 요청을 하려 하니 이는 본 공사에서 이해하지 못할 대목입니다. 올해 4월 25일에서 5월 2일까지 제가 조회한 문서 안에서 베르모렐 신부가 착각을 빚은 대목에 대해 분명히 드러내었습니다. 그러니 단지 조흥도를 공소하면 될 뿐이었고 '스스로 초래했다.'는 등의 말을 함으로써 본 공사에서 허물을 감싸려는 뜻을 드러내서는 안 되는 것입니다. 이 공문 안에서 이미 해당 사건의 결말이 들어 있었으니 이를 가지고 어찌 베르모렐 신부에 대해 억울함을 풀어 주는 말이 된다 할 수 있겠습니까.

무릇 베르모렐 신부가 매번 아뢸 말이 있다고 요청하면 지방 관리들은 문득 그대로 놔두고 받아들이지 않았으니 허물은 지방 관리에게 있는 것이고 그들의 태만에서 이러한 강경포 사건이 발생하게 된 것입니다. 또 물어보고 들어 볼 일이 있어서 한 남자를 불렀는데 이것이 귀국의 법을 범한 것이 되며 과연 징벌할 수 있습니까, 없습니까. 프랑스의 경우를 살펴보면 이러한 법조문은 없습니다. 이러한 점에 대해 분명히 알려 주시기를 요청합니다.

조흥도가 형벌을 받을 근거가 전혀 없다는 대목의 경우 제 생각으로는 어떤 사람이 일을 꾸며 본 공사와 귀 대신 간에 어떤 틈을 만든 것 같습니다. 조흥도를 종용해서 말을 하게 만들어 베르모렐 신부가 고용한 자에 대해 죄를 얽어 넣어 소송하려 한 것입니다. 이러한 소송 사건의 경우, 평리원은 해당 관할의 소송 기관이 아닌 것 같고 은진군에서 법정을 열어 증인들을 모이게 하여 판결하는 것이 좋을 것입니다.

그러나 다만 은진 군수는 본 공사가 보건대 털끝만큼도 공평한 태도가 없습니다. 본 공사에서 이미 은진 군수에 대해 공소(控訴)를 제기하였으니 번거롭지만 귀 대신께서 별도로 한 사람을 뽑아 은진 군수를 대신하게 한 후에 개정 날짜를 알려 주시면 좋겠습니다. 아울러 본 공사에서 여행권 한 장을 마련해 보내니 호송인을 파견하여 본 공사가 은진군에 가는 데 편리하도록 해 주십시오. 결국 한마디 말로 귀 대신에게 촉구하는 점이 있게 되었습니다.

본 공사에서 평리원의 재판에 참석한 지 이미 보름이라는 오랜 시간이 지났습니다. 윤성여(尹成汝)·최성진(崔星振)·천장옥(千長玉)은 유죄임을 인정했는데 아직도 결안 선고가 계류 중이니, 아마 이렇게 지연되는 상황이 잘못되었다는 점을 인식하지 못하고 있는 것 같습니다. 귀 정부에서는 호의적이지 않은 생각을 가지고 계시고 공평하게 처리할 뜻이 없이 다섯 달이나 지연시키면서 이전과 같은 처리에 일임하고 있습니다. 만약 다시 큰 사건이 벌어지는 상황에 이르게 되더라도 이상한 일이 아닐 것입니다. 그 관계되는 바는 귀 정부에서 스스로 책임지셔야 할 것입니다. 청컨대 번거롭지만 귀 대신께서 이 조회에 주의해 주시면 좋겠습니다.

 이로써 회답 공문을 대신합니다.

 이상입니다.

대한 외부대신 박제순 각하
1899년 9월 6일

1165. 강경포 백성 윤성여 등에 대한 평리원 판결을 조회하는 안건(謄 14책) |388|

〔발신〕외부대신 박제순(朴齊純)
〔수신〕프랑스 공사 꼴랑드 블랑시(Collin de Plancy, 갈림덕(葛林德))

광무 3년(서기 1899년) 10월 5일

조회 제38호

대한 외부대신 박제순이 조회합니다. 말씀드리건대 강경포 백성에 대한 사건은 프랑스와 한국이 번갈아 가며 주고받은 문서에 모두 실려 있으니 참고할 수 있을 것입니다. 해당 백성 윤성여(尹成汝)·최성진(崔星振)에게 태형(笞刑) 100대, 징역 15년의 형률을, 천장옥(千長玉)에는 태형 100대와 징역 10년의 형률을 시행한다는 결정이 우리나라의 평리원에서 이미 처결되었습니다. 서로 맞게 문서를 갖추어 귀 공사에 조회하니 번거롭지만 이 조회에 주의해 주시면 좋겠습니다.

  이로써 조회를 대신합니다.

  이상 조회하였습니다.

프랑스 판사공사　꼴랑드 블랑시 각하
광무 3년 10월 5일

제2편
지도(智島) 교안(教案)

오항녕 역

1484. 지도 교인 피해 사건에 관한 조회(謄 18책)
1486. 지도 교인 피해 사건의 조사 지시에 관한 안건(謄 18책)
1490. 지도 교인 피해 사건의 조사 결과 통보(謄 18책)
1492. 지도 교인 피해 사건에 대한 재판 요청 및 사건의 피해 전말에 관한 문서(謄 18책)
1495. 지도 교인 피해 사건 범인의 수감 심판 요망(謄 18책·原 5책)
1498. 지도 교인 피해 사건을 광주 관찰사에게 이관하는 데 대해 반대하는 안건(謄 18책)
1509. 지도 교인 피해 사건의 처리를 촉구하는 안건(原 5책)

1484. 지도 교인 피해 사건에 관한 조회(謄 18책) |390|

[발신] 프랑스 공사 꼴랑드 블랑시(Collin de Plancy, 갈림덕(葛林德))
[수신] 외부대신 박제순(朴齊純)

광무 5년(서기 1901년) 9월 6일

【한문 번역】(謄 18책)

조회(照會)

프랑스 전권대신(全權大臣) 흠명 출사(欽命出使) 대한 주차대신(大韓駐箚大臣) 꼴랑드 블랑시가 조회합니다. 어제 뮈텔 주교가 목포(木浦)에 머물고 있는 드예(Deshayes, 조유도(曺有道), 1871~1910)[1] 신부(神父)의 전보를 받아 보았더니,

"9월 4일에 저의 하인이 매를 맞고 지도군(智島郡) 관아 문 앞까지 끌려갔고, 저의 마부도 맞아서 목숨이 위중하며 저의 복사(服事)[2] 한 사람도 목숨이 사경을 헤맨다고 합니다. 교인(敎人) 2명이 갇혔는데

---

1 드예(Deshayes) : 파리외방전교회 소속 선교사이다. 1877년 2월 4일 사제서품을 받은 동시에 한국 선교사로 임명되었으나, 병인박해로 인해 입국하지 못하고 만주에 머물다가 1880년 11월 한국에 입국해 활동했다. 1885년 파리외방전교회 신학교로 소환되었다가 1890년 8월 조선교구 교구장으로 임명되어 1891년 2월 재입국했다. 교구장으로 43년간 재직하면서 성직자 양성, 본당의 설립, 교구의 분할, 순교자들에 대한 시복 추진 등을 위해 노력했고, 간접 선교의 일환으로 교육과 언론에도 관심을 보였다. 선교사들을 격려하고 교우들과 직접 접촉하기 위해 자주 사목 방문을 했는데, 1896년에 전라도 지방을 방문했다. 주요 저술로『뮈텔일기(1890~1933)』・『뮈텔문서(1890~1927)』 등이 있으며, 1933년 1월 23일 선종했다.『한국가톨릭대사전』 3권(한국교회사연구소, 2000)에는 그의 이름이 '데예'로 수록되어 있다.
2 복사(服事) : 어디에든지 따라다니며 선교사의 시중을 들던 남자 교우를 말한다. 신앙심이 깊고 똑똑하고 현명하고 교리를 잘 아는 신자를 주로 복사로 삼았다.

역시 사경을 헤매고 있으며, 저도 매를 맞아 다쳤습니다."
라고 했기 때문에, 이에 따라 말씀드립니다. 청컨대 번거롭겠지만 귀 대신이 지도 부근의 목포 감리(木浦監理)에게 전보를 쳐서 이 사건의 전말을 분명히 탐문하도록 하십시오. 해당 감리가 노력하면 쉽게 사건의 내용과, 무엇 때문에 지도 군수(智島郡守)가 신부와 그 하인을 보호하는 데 관심을 기울이지 않았는지 하는 자세한 사정을 탐지할 수 있을 것입니다. 이런 이유로 문서를 갖추어 조회합니다.
    이상입니다.

대한(大韓) 외부대신   박(朴) 각하(閣下)
1901년 9월 6일

1486. 지도 교인 피해 사건의 조사 지시에 관한 안건(謄 18책) |391|

〔발신〕 외부대신 박제순(朴齊純)
〔수신〕 프랑스 공사 꼴랑드 블랑시(Collin de Plancy, 갈림덕(葛林德))

광무 5년(서기 1901년) 9월 11일

회답 공문 제
대한 외부대신 박제순이 회답하는 공문입니다.
    이번 달 6일[3] 받은 귀 제19호 조회를 살펴보고, 드예 신부가 지도군에

---

[3] 6일 : 원문에 16일로 되어 있으나, 이는 6일의 오류이다.

서 부상당한 사건을 알았습니다. 응당 무안 감리(務安監理)에게 전보로 알려 빨리 조사를 시행하도록 하고, 해당 감리의 보고가 도착하기를 기다려 다시 처리하도록 하겠습니다. 그에 앞서 문서를 갖추어 귀 공사에게 회답합니다. 번거롭지만 살피시기 바랍니다. 조회합니다.
　이상입니다.

프랑스 전권대신 흠명 출사 대한 주차대신　꼴랑드 블랑시 각하
광무 5년 9월 11일

1490. 지도 교인 피해 사건의 조사 결과 통보(謄 18책)

〔발신〕 외부대신 박제순(朴齊純)
〔수신〕 프랑스 공사 꼴랑드 블랑시(Collin de Plancy, 갈림덕(葛林德))

광무 5년(서기 1901년) 9월 24일

회답 공문 제43호
대한 외부대신 박제순이 회답하는 공문입니다. 이번 달 6일 귀 조회를 받아 보고 알았습니다.
　"목포(木浦)에 머물고 있는 드예 신부의 전보에,
　'9월 4일에 하인이 매를 맞고 지도군 관아 문 앞까지 끌려갔고, 저의 마부도 맞아서 목숨이 위중하며 저의 복사 한 사람도 목숨이 사경을 헤맨다고 합니다. 교인 2명이 갇혔는데 역시 사경을 헤매고 있으며, 저도 매를 맞아 다쳤습니다.'
　라고 했습니다. 이에 따라, 청컨대 번거롭겠지만, 목포 감리에게 전보

를 쳐서 이 사건의 전말과, 지도 군수가 보호하는 데 관심을 기울이지 않은 자세한 사정을 탐문하십시오."
라고 했으므로, 이에 따라 목포 감리에게 신속히 조사하여 보고하고 아울러 법대로 보호하라고 전보로 알렸습니다. 이에 근거하여 해당 감리가 보고하기를,

"드예 신부가 항구에 도착하여 청원하기를, 지도군 향장(鄕長)·서기(書記)·통인(通引) 등과 재판하여 결론을 내겠다고 했습니다. 그 말에 따라 해당되는 사람을 압송하여 법정에 출두시키겠다고 했으나, 드예 신부는 서울로 가는 길이 급하다며 재판을 원치 않았으므로 감리인 저도 사건 내용을 조사할 수가 없었습니다. 조사 당사자인 신부가 판결을 기다리지 않고 갑자기 길을 나섰으니, 분명 이 사안과 깊은 관련이 없는 것으로 보입니다. 피차간에 저절로 사건이 수습될 것이니, 해당 지방관에게 특별히 외국인이 관할 지역 안에 다니는 경우가 있으면 예의를 다하여 대우하라고 지시하는 한편, 이에 대하여 문서를 갖추어 귀 공사에게 회답합니다. 번거롭지만 살피시기 바랍니다. 조회합니다.
이상 회답 공문입니다.

프랑스 전권대신 흠명 출사 대한 주차대신   꼴랑드 블랑시 각하
광무 5년 9월 24일

1492. 지도 교인 피해 사건에 대한 재판 요청 및 사건의 피해 전말에 관한 문서(謄 18책) |392|

〔발신〕 프랑스 공사 꼴랑드 블랑시(Collin de Plancy, 갈림덕(葛林德))

〔수신〕 외부대신 박제순(朴齊純)

광무 5년(서기 1901년) 9월 28일

【한문 번역】(謄 18책)

조회 제23호

프랑스 전권대신 흠명 출사 대한 주차대신 꼴랑드 블랑시가 조회합니다. 9월 24일 귀 조회 내용을 받았습니다.

"목포 감리가 지도에서 발생한 사안 하나에 대해 보고하기를,

'드예 신부는 서울로 출발할 일이 급하다며 재판을 원치 않았으므로, 구속된 여러 피고인들의 사건 내용을 조사할 수가 없었습니다.'

했습니다."

했습니다. 이에 따르면, 조사를 받은 드예 신부는 9월 5일에 지도에서 목포에 도착했고, 18일에 출발하여 서울에 도착해 치료를 받은 것으로 생각됩니다. 그 사이의 날짜가 13일이 되는데, 이 정도의 날짜라면 해당 감리가 여러 피고들을 신문할 수 있는 충분한 여유가 됩니다. 드예 신부가 목포로 돌아오기를 기다린 뒤 또 계속하여 재판을 할 수 있습니다. 드예 신부가 봉변을 당한 시말을 적은 문서를 첨부하여 드리니, 귀 대신께서 이를 보시면, 드예 신부가 이 사안과 깊은 관련이 없는 것도 아니고, 저절로 사건이 수습될 것도 아니라는 것을 아실 겁니다. 이런 이유로 문서를 갖추어 조회합니다.

이상입니다.

대한 외부대신　박 각하
1901년 9월 28일

〈붙임〉

목포 드예 신부가 욕을 당한 사건의 시말

드예 신부 관할인 지도군(智島郡) 자은도(慈恩島) 교인들은 지난 7월경 드예 신부에게 와서 알리기를, "우리 섬 주민들은 매년 세금을 본도 집강(執綱)에게 수납하는데, 올해 낼 세금도 이미 모두 납부하고 자문을 받았습니다. 이번에 관청 하인들이 완납하지 않은 세금조로 만여 냥이 있다고 하면서 집집마다 내라고 독촉하고는 곡식이나 농사 짓는 소를 마음대로 탈취했습니다. 흉년에 찌든 백성들이 이런 포학한 일까지 겹쳐서 당하니 감내할 길이 없을 뿐 아니라 살길이 막막합니다."라고 하면서 연달아 구해 달라고 간절히 호소했습니다.

신부가 그들의 실정을 안타깝게 생각하고 먼저 자은도에 도착하여 그 사실을 알아보니 과연 말한 대로였습니다. 관련 장부와 자문을 가지고 지도 군수를 만나 자은도민을 위해 그들의 고통스런 현황을 말했더니, 군수는 올해 세금 중에 거두지 않은 부분이라고 대답했습니다. 신부가 장부와 자문을 꺼내 보여 주었더니 군수가 곧 자신이 무고(誣告)한 자에게 속았다고 자복하고, 또 오늘은 이미 날이 저물었으니 내일 아침에 잘 처리하겠다고 말했습니다.

그래서 다음 날 신부가 약속대로 관청에 다시 들어갔더니 무슨 일인지는 모르겠으나 군수가 전보다 자못 화가 난 기색이었습니다. 그렇지만 군수가 선언하기를, "도민들이 이미 납세했으니 그들이 무죄라는 것을 분명히 알았다. 무고한 자를 잡아와서 처벌하겠다."고 하고, 써서 전령에게 줄 때, 통인(通引, 군수의 심부름하는 사람)이 일부러 신부의 명함을 밟아서 달갑지 않으며 함부로 대하는 모습을 드러냈습니다.

신부를 따라갔던 이기환(李琪煥)이 자리에 있다가 명함을 주워 군수에게 보여 주면서, "명함은 곧 예물(禮物)입니다. 좌석 사이에 버려두어 사람들이 밟게 만드는 것은 그 사람을 함부로 모독하는 일입니다. 이는 군수 같은 대인이 외인(外人)을 예우하는 도리가 아닙니다."라고 했습니다. 군수는 벌컥 화를 내며, "너는 대한(大韓) 사람이 아니라서 나를 감히 속이느냐? 지도는 장차 제주(濟州)가 될 것이다.[4] 내 생각에 너희들은 이 관청 문을 나서는 순간 군민들에게 피살될 것이다."라고 하면서 갑자기 태도가 변하여 한편으로는 통인들이 이기환을 강제로 끌어내리고 했고, 한편으로는 방문 앞에 서 있던 신부의 어린 하인 김복수(金福守)는 발에 채여 층계 아래로 떨어졌는데 마구 돌을 던지던 중에 다행히 도망쳐서 사지를 벗어났습니다.

그때 향장(鄕長) 황건주(黃健周)가 대청에 나와 섰다가 큰 소리로 형리(刑吏)에게 분부하여 바로 관청 하인들을 불러 모아 양인(洋人)이 나오기를 기다렸다가 그의 수종 이기환을 때려죽이라고 말했는데, 그 화가 나서 소리치며 지휘하는 모습이 사람의 간담을 서늘하게 만들었습니다. 신부와 수행원 이기환이 그 광경을 보고 군수에게 관속들을 막아달라고 간청했으나, 군수는 끝내 못 들은 척하고, 그저 지도는 제주라는 말만 했습니다.

신부는 군수가 자신들을 보호해 줄 의사가 없다는 것을 알았고, 또 오래 앉아 있을 수가 없어서 부득이 수종 이기환과 함께 군수와 헤어져 문밖으로 나왔습니다. 겨우 관청을 지나는데 관청 하인 5, 60명이 장

---

4 지도는……것이다 : 1901년 5월에 제주도에서 발생한 교안처럼 지도 신자들이 피해를 입을 것이라는 말이다. 제주 교안은 1901년 5월에 봉세관(封稅官)의 조세 수탈과 천주교회의 교폐(敎弊)에 대하여 제주 도민들이 반발하여 일어난 교안으로 제주 지역의 천주교 신자 수백 명이 민군(民軍)에 의하여 피살되었다.

(杖)이나 몽둥이를 들고 우르르 몰려나와 이기환을 두들겨 팼습니다. 난군 중에서 소리치기를, "죽여라, 죽여! 우리들이 어찌 제주 사람만 못하겠느냐!"라고 했습니다.

이때 신부의 집에 사는 임덕성(林德聖)이 근처 주점에서 있다가 이런 소란을 듣고 와서 이기환을 구해 주다가 그 역시 다쳐서 넘어졌습니다. 신부가 직접 타이르며 말리려다 몽둥이로 수차례 맞아 양손이 터지고 너무도 위급하여 피나는 데를 묶고 관청으로 다시 돌아와 구명을 요청했습니다. 군수는 일부러 못 믿겠다는 태도를 보이며 급한 상황을 구해주려는 마음이 조금도 없었습니다.

다시 나와서 보니, 이기환과 임덕성 두 사람은 피를 낭자하게 흘리고는 이미 땅에 죽은 사람처럼 엎어져 있었습니다. 급히 안에 있던 교인 몇 명을 불러 이기환과 임덕성 두 사람의 몸을 관청 뜰로 끌고 들어왔더니, 겨우 그때야 군수는 마치 놀란 모습으로 관리들을 책망하며, "누가 이렇게 참혹하게 때렸느냐? 당장 급히 치료하도록 하라."고 했습니다. 그리고 신부에게 말하기를, "내가 일찍이 지도는 제주가 될 것이라고 말하지 않았는가?"라고 했습니다.

신부가 범인들을 잡아 죄를 다스리라고 했더니, 군수는 범인이 누군지 모른다고 대답했습니다. 신부가 "수범(首犯)은 군수와 관리이다."라고 하니, 군수는 단지 부드러운 말로 관리들을 가볍게 책망하고는, 무슨 죄인지 모르겠지만 도리어 자은도의 교인 성덕원(成德元)・성군신(成君信) 두 사람을 가두고 장구를 채워 광주부(光州府)로 출발시켰습니다. 그리고 신부와 함께 왔던 대부분의 사람들이 모두 갇혔습니다.

신부는 정부의 보호를 받고 있는데도, 죄도 없이 엄연히 법이 있는 상황에서 집안 하인과 부리던 아이까지 거의 목숨을 잃을 뻔했고, 수종했던 여러 사람들이 모두 잡혔으며, 자신도 맞아서 부상을 입었으니 어찌 원망하지 않겠습니까? 아무런 이유도 없이 원수처럼 보고 고의로 가해한 경우는 부득불 법에 따라 징계하여 억울한 사람을 보호해야 하기에 이렇게 사실에 근거하여 우러러 말씀드립니다. 이런 실정을 외부(外部)에 분명하게 알려서, 사정을 조사하고 타당하게 조처해 주시면 다행이겠습니다. 또한 갇혀 있는 네 사람의 경우, 전보를 쳐서 급함을 알려 그 죄 없는 사람들이 속히 풀려날 수 있게 되기를 천만 바랍니다.

1495. 지도 교인 피해 사건 범인의 수감 심판 요망(謄 18책 · 原 5책) |394|

〔발신〕 프랑스 공사 꼴랑드 블랑시(Collin de Plancy, 갈림덕(葛林德))
〔수신〕 외부대신 박제순(朴齊純)

광무 5년(서기 1901년) 10월 4일

삼가 보고드립니다. 지도에서 폐단을 일으켰던 범인의 우두머리 황건주(黃建周) · 김운명(金雲明) · 나서경(羅瑞慶) · 이동실(李東實) 4명이 전에 목포 감리(木浦監理)에게 수감되었다가 이미 석방되었다고 지금 들었습니다. 청컨대 번거롭겠지만, 귀 대신께서 광주 관찰사(光州觀察使)에게 훈령을 내려 여러 범인들을 잡아 가두고 이 사안을 심판해야 할 것입니다. 편안하시기 바랍니다.

10월 4일   꼴랑드 블랑시 올림

1498. 지도 교인 피해 사건을 광주 관찰사에게 이관하는 데 대해 반대하는 안건(謄 18책) |394|

〔발신〕 외부대신 박제순(朴齊純)
〔수신〕 프랑스 공사 꼴랑드 블랑시(Collin de Plancy, 갈림덕(葛林德))

광무 5년(서기 1901년) 10월 16일

삼가 회답드립니다. 앞서 온 문서를 보았더니, 지도군에서 황건주(黃建周) 등을 잡아 가두고 심판하려던 사건은, 조사할 해당 사람들이 무안항(務安港) 재판소에 잡혔고 드예 신부가 대면 조사를 원치 않았기 때문에 일단 재판을 정지했다고 합니다. 다시 심사를 요청한다면, 마찬가지로 응당 무안항 재판소를 통하여 언제든지 처리할 수 있으므로 광주 관찰사에게 훈령으로 알릴 필요는 없습니다. 그 사안 처리권을 옮기면 그 직권(職權)에 방해가 되고 직무에 부합되지 않는 점이 있으니 헤아려 주시기 바랍니다. 이에 회답하니, 아울러 편안하시기 바랍니다.

10월 16일   박제순 올림

1509. 지도 교인 피해 사건의 처리를 촉구하는 안건(原 5책) |394|

〔발신〕 프랑스 공사 꼴랑드 블랑시(Collin de Plancy, 갈림덕(葛林德))
〔수신〕 외부대신 서리 민종묵(閔種默)

광무 5년(서기 1901년) 11월 11일

【한문 번역】(謄 18책)

회답 공문 제28호

프랑스 전권대신 흠명 출사 대한 주차대신 꼴랑드 블랑시가 조회합니다.

   지도군(智島郡)에서 발생한 사안의 내용은 중대한데도 지금껏 앞으로 있을 폐단을 일으키는 행위를 경계하는 귀부(貴部)의 법률 조치를 보지 못했습니다. 귀 대신(大臣)께서도 해당 군수(郡守)가 신부와 그 하인을 구타하게 했다는 사실을 자세히 알고 있을 것입니다. 제가 여러 번 이 사안에 대해 알려 드렸는데도, 여전히 여러 범인들을 철저히 처리했다는 말을 듣지 못했고, 또한 귀 정부가 해당 군수를 엄하게 처벌하는 것도 보지 못했습니다. 청컨대 번거롭겠지만, 귀 대신께서 이 사안에 대해 최대한 빨리 회답해 주셨으면 합니다. 이런 이유로 문서를 갖추어 조회합니다.

   이상입니다.

대한 외부대신 임시 서리 　민(閔) 각하
1901년 11월 11일

김우철 역

1510. 위와 같은 지도 교인 피해 사건의 처리 촉구에 대한 회신(謄 18책)
1514. 지도 교인 피해 사건의 처리를 촉구하는 안건(謄 18책·原 5책)
1515. 위와 같은 지도 교인 피해 사건의 공정한 처리를 훈령으로 타이른 일에 대한 회답(謄 18책)
1574. 지도 사건에 대한 조속한 판결을 요망함(原 6책)
1633. 제주·지도·함창·아산 사건의 조속한 해결과 프랑스인 배상금 지불 요청(原 6책)
1647. 지도 드예 신부의 손해배상 청구 건(原 6책)
1654. 지도 사건 피해자 드예 신부와 현지 관리와 면담하여 처결하라고 지시하는 건(謄 19책)

1510. 위와 같은 지도 교인 피해 사건의 처리 촉구에 대한 회신(謄 18책) |395|

〔발신〕 외부대신 서리(外部大臣署理) 민종묵(閔種默)
〔수신〕 프랑스 공사 꼴랑드 블랑시(Collin de Plancy, 갈림덕(葛林德))

광무 5년(서기 1901년) 11월 12일

조복(照覆) 제48호
대한(大韓) 외부대신 임시 서리(外部大臣臨時署理) 농상공부대신(農商工部大臣) 민종묵(閔種默)이 조복을 보냅니다.

이달인 11월 11일 받은 귀 공사(公使)의 조회(照會)의 내용을 살펴보고 알았습니다. 지도(智島) 하나의 사안에 대해, 박 대신(朴大臣)[1]이 직무를 맡았던 기간인 9월 28일 귀 공사의 조회에 이르기를,

"드예 신부(Deshayes, 조유도(曺有道))가 목포(木浦)로 돌아간 뒤, 또 연달아 재판할 수 있습니다."

하는 등의 말을 했습니다. 박 대신이 이미 이 사건을 무안 감리(務安監理)에게 심판하도록 위임했습니다. 아마도 드예 신부가 이미 목포에 도착했을 것으로 생각되니, 해당 감리에게 사건의 각 사람들을 압송하여 대질하여 조사해 결말을 짓도록 부탁한다면, 해당 감리도 응당 신속하게 맡아 처리할 것입니다. 이는 우리 정부가 되는 대로 내버려두고

---

1 박 대신(朴大臣) : 전임 외부대신이던 박제순(朴齊純)을 가리킨다. 이해 10월 30일에 박제순은 의정부 찬정(議政府贊政)에 임명되었으며, 이에 따라 농상공부 대신(農商工部大臣)이던 민종묵이 외부대신의 사무를 임시로 서리하게 되었다(『고종실록(高宗實錄)』권41, 38년 10월 30일).

무관심하게 바라보는 것이 아닙니다. 해당 감리가 분명히 조사해 보고해 오기를 기다리면, 지도 군수(智島郡守)가 지시했는지 않았는지 자연히 모두 드러날 것입니다. 이렇게 문서를 갖추어 귀 공사에게 조복을 보내니, 번거롭지만 조사해 살피시기를 바랍니다. 조회합니다.

이상입니다.

프랑스 전권대신(全權大臣) 흠명 출사(欽命出使) 대한 주차대신(大韓駐箚大臣) 꼴랑드 블랑시 각하(閣下)

광무 5년 11월 12일

1514. 지도 교인 피해 사건의 처리를 촉구하는 안건(膽 18책·原 5책) |395|

〔발신〕 프랑스 공사 꼴랑드 블랑시(Collin de Plancy, 갈림덕(葛林德))
〔수신〕 외부대신 서리 민종묵(閔種默)

광무 5년(서기 1901년) 11월 16일

삼가 알려 드립니다. 듣자니 목포 감리(木浦監理)가 새로 임명되어 되도록 빨리 부임한다고 합니다. 청컨대 수고스럽겠지만 귀 대신(大臣)께서 해당 감리에게 별도로 지시하여 지도의 사안에 대해 신속히 결정하여 처리하시기를 바랍니다. 드예 신부는 느닷없이 모진 대우를 받은 뒤, 서울로 올라와 머무르며 치료받은 지 이미 두 달 남짓이나 오래되었습니다. 현재 거의 회복되어 목포로 나아가고 있습니다. 또한 바라건대 사정을 헤아려 알아주시면 고맙겠습니다. 이에 평안하시기를 바랍니다.

11월 16일   꼴랑드 블랑시 올림

1515. 위와 같은 지도 교인 피해 사건의 공정한 처리를 훈령으로 타이른 일에 대한 회답(謄 18책) |396|

〔발신〕 외부대신 서리 민종묵(閔種默)
〔수신〕 프랑스 공사 꼴랑드 블랑시(Collin de Plancy, 갈림덕(葛林德))

광무 5년(서기 1901년) 11월 19일

삼가 회답합니다. 어제 온 편지를 받들어 보았습니다. 지도 하나의 사안에 대해, 신임 무안 감리에게 훈령으로 타일러, 드예 신부가 항구에 도착하기를 기다려 각각의 사람을 압송하여 법정에 출두시켜 대질하여 조사하며 공정하게 맡아 처리하도록 하는 한편, 모든 사항을 우선 편지로 회답합니다. 아울러 평안하시기를 바랍니다.

11월 19일   민종묵 올림

1574. 지도 사건에 대한 조속한 판결을 요망함(原 6책)
|398|

〔발신〕 프랑스 공사 꼴랑드 블랑시(Collin de Plancy, 갈림덕(葛林德))
〔수신〕 외부대신 서리 유기환(兪箕煥)

광무 6년(서기 1902년) 4월 22일

【한문 번역】(騰 19책)

조회(照會) 제22호

프랑스 전권대신 흠명 출사 대한 주차대신 꼴랑드 블랑시가 조회합니다.

　1901년 9월 어느 날, 지도에서 발생한 사안에 대해서는 귀 대신께서도 자세히 알고 있는 내용입니다. 9월 6일, 9월 28일, 10월 4일, 11월 11일에 본 대신이 이 사안에 대해 거듭 귀부(貴部)에 조회한 것에 근거하여, 11월 12일에 접수한 민종묵(閔種默) 씨의 조복(照覆)에 의하면, 무안 감리에게 위임했으니 신속하게 이 사건을 맡아 처리할 것이라는 공문을 접수했습니다. 뜻밖에도 해당 감리가 다만 재판을 시행하지 않았을 뿐만 아니라, 도리어 해당 범인을 풀어 주고 지금껏 이 사건을 심문하는 것을 보지 못했습니다. 청컨대 수고스럽겠지만, 귀 대신께서 해당 감리에게 훈령으로 타일러 신속히 이 사건에 대해 철저히 심문하여 판결하는 것이 좋겠습니다. 조회합니다.

　이상.

대한(大韓) 외부대신 서리　유기환 각하(閣下)

1902년 4월 22일

1633. 제주·지도·함창·아산 사건의 조속한 해결과 프랑스인 배상금 지불 요청(原 6책) |399|

〔발신〕 프랑스 공사 꼴랑드 블랑시(Collin de Plancy, 갈림덕(葛林德))
〔수신〕 외부대신 서리 최영하(崔榮夏)

광무 6년(서기 1902년) 9월 1일

【한문 번역】(謄 19책)

녹단(錄單)

프랑스 공사가 아래에 열거한 녹단에 서명했습니다. 지난 8월 19일 외부대신에게 기록을 보냈는데, 살피건대 기록을 보내는 격식은 공문을 보내는 것에 견주어 더욱 중대합니다. 끝내 답장을 받지 못했으니 깊이 의심스럽고 답답하여, 어쩔 수 없이 이에 다시 녹단을 보냅니다. 이전의 기록에 게재된 사건을 중복하여 말씀드리는 한편, 해결되지 않은 여러 가지 일을 아래와 같이 아울러 말씀드립니다.

  1. 1901년 5월 어느 날 프랑스의 군함을 제주(濟州)에 파견했을 때, 제주 목사(濟州牧使)가 프랑스의 함장을 마주하여, 피살된 사람의 유골을 매장할 수 있도록 한 구역의 묘지를 허락했는데, 그 뒤에 아직도 실제로 시행되지 않고 있습니다. 지난달 프랑스의 군함이 다시 제주도(濟州島)로 갔는데, 프랑스 공사에게 통보한 내용에 의하면,

  "제주 목사가 이전의 약속을 거듭하면서 이르기를,

  '반드시 실천하고야 말 것입니다.'

  했습니다."

  했으므로 모든 상황을 잘 알았습니다. 살피건대 외부(外部)에서 해

당 목사에게 훈령(訓令)을 띄워, 다시는 혹시라도 위반하지 말도록 하는 것이 마땅합니다.

2. 지도(智島)의 사건이 아직도 바르게 해결되지 않고 있습니다. 목포 감리(木浦監理)에게 엄히 훈령을 띄워, 즉각 여러 피고인에 대하여 심문하여 혹시라도 다시 미루고 지체되지 말도록 하는 것이 마땅합니다.

3. 대한제국(大韓帝國) 정부가 프랑스인에게 갚아야 할 비용은 그 수효가 적지 않습니다. 프랑스 공사가 외부대신에게 수고스럽게 요청하건대 담당 부서의 장관과 상의하여, 첨부해 바치는 명세서에 열거한 합계 은(銀) 2만 8천 65원(元) 41전(錢) 및 동화(銅貨) 4백 68원 18전을 즉시 빨리 깨끗이 갚으면 좋겠습니다.

덧붙여 말씀드립니다. 근래에 함창군(咸昌郡) 및 아산군(牙山郡)에서 발생한 사안을 살펴보건대, 해당 두 고을의 군수(郡守)가 한 행동은 중대한 사안을 빚어냈음이 뚜렷이 드러났습니다. 프랑스 공사가 최영하 각하께 아울러 간절히 바라오니, 이 일에 더욱 깊이 주의를 기울여 주시면 좋겠습니다. 아울러 평안하시기를 바랍니다.

1647. 지도 드예 신부의 손해배상 청구 건(原 6책) |401|

[발신] 프랑스 공사 꼴랑드 블랑시(Collin de Plancy, 갈림덕(葛林德))
[수신] 외부대신 서리 최영하(崔榮夏)

광무 6년(서기 1902년) 10월 11일

【한문 번역】(謄 19책)

조회 제45호

프랑스 전권대신 흠명 출사 대한 주차대신 꼴랑드 블랑시가 조회합니다.

　전라남도 지도군의 황건주(黃健周)·김원명(金元明)·나도경(羅道卿)의 안건에 대한 무안항 감리(務安港監理)의 판결서(判決書)를 지금 접수했습니다. 이 안건에 있는, 그때 중대하게 모욕을 당했던 드예 신부는 아래에 열거한 여러 조항을 가지고 해당 감리에게 처리를 요청했습니다.

　1. 이미 체포한 세 명의 범인은 국법에 비추어 처벌한다.
　2. 달아난 세 명의 범인에게는 결석재판(缺席裁判)을 시행해야 한다.
　3. 드예 신부 및 수행원들의 치료비와 다른 여러 비용을 배상한다.

　본 대신이 해당 감리는 다만 첫 번째 조항만을 가지고 판결하여, 황건주를 징역 2년 반에 처하고, 김원명 및 나도경을 징역 2년에 처했습니다. 이는 각각 한 등급씩 낮추어 준 것입니다. 살피건대 해당 범인들이 저지른 죄가 중대한데, 도리어 그 등급을 낮추었으므로 본 대신은 매우 놀라서 어찌할 바를 몰랐습니다. 비록 그렇다고는 하더라도 이렇게 이미 결정을 했으니, 다시 번거롭게 하고 싶지 않습니다. 다만 해당 범인들에게 보석금을 받고 징역을 면제해 주지는 말기를 요청합니다.

　두 번째 조항의 달아난 세 명의 범인에 대해서, 귀국(貴國)의 국법에 따르면 결석재판과 같은 규정이 없다고 한다면, 어찌 부족한 일이 아니겠습니까? 매우 안타깝습니다. 생각건대, 장차 귀국의 법률 규정이 문명한 여러 나라의 법률 취지와 서로 부합한다면 실로 매우 다행이겠습니다. 지금 그저 귀부(貴部)에 요청할 수 있는 것은, 한편으로는 달아난 범인들에 대하여 수색해 체포하라고 전달해 타일러 달라는 것과, 한편으로는 장차 귀국의 법률 규정을 신속히 개정하는 것이 필요하다는 점에 주의를 기울이도록 귀 정부에 요청해 달라는 것입니다.

세 번째 조항에 대해 들은 바에 의하면, 해당 감리가 드예 신부에게 분명히 말하기를, 대한제국의 법조문 안에는 배상금 및 손해비용 등에 대한 규정이 없으므로 장차 요청한 바의 배상금을 처리할 수 없다고 했다 합니다. 귀 대신도 각국에서 법률을 만든 취지를 자세히 알고 계시듯이, 어떠한 형태의 손해를 막론하고 모두 보상금을 갚는 것을 근본으로 하고 있습니다. 귀국의 법률 규정은 본래 『대명률(大明律)』에서 나왔는데, 이 법률이 비록 매우 정밀하게 갖추어지지는 않았다고 하더라도, 그렇지만 보상금을 갚는 조항이 없다고 한다면 절대로 그럴 이치가 없습니다. 만약 해당 감리가 주의를 기울여 『대명률』을 펼쳐서 조사한다면, 제19권 및 20권 안에 이르기를,

"무릇 사람을 죽이거나 혹은 과실로 사람을 다치게 하거나 혹은 사람을 크게 다치게 한 자는 응당 배상금을 갚아야 한다."

하는 구절이 한두 군데가 아닐 것입니다. 본 대신이, 사람을 크게 다치게 한 자는 장차 범인의 재산의 절반을 갈라서 다친 사람에게 반드시 준다는 구절의 말이 있으니, 그 다친 것이 가벼운 경우에는 또한 법관(法官)이 보상해야 할 수량을 헤아려 정한 것에 따라 다친 사람에게 많고 적음을 정해서 주는 것이 실로 공평하며 바꿀 수 없는 이치입니다. 가령 외국 사람이 귀국 사람을 다치게 했다면, 귀국 사람이 요청한 배상 금액에 따르는 것이 마땅합니다. 만약 귀국의 법관이 장차 본 대신이 제기한 이러한 사안에 대해서 듣고 심리하기를 미루고 피한다면, 지금 이후로 본 대신은 귀국 사람이 제기한 이러한 사안에 대해서 또한

미루고 피하며 심리하지 않을 것입니다. 또 만약 귀국의 법률 규정이 완전하지 않은 까닭에 말미암아 프랑스 사람에게 응당 요구되는 보호를 행하지 않는다면, 그 책임은 저절로 귀 정부에 돌아갈 것입니다. 만약 귀국의 법관이, 배상금을 벌로 주는 일은 해당 재판소가 관할해야 할 일이 아니라고 한다면, 본 대신은 응당 귀부에게 드예 신부가 받을 손해 배상금을 직접 요청할 것입니다. 이에 요점을 간추려 아래에 열거했으니, 청컨대 수고스럽겠지만 귀 대신께서 이를 가지고 처리하시기를 바랍니다.

1. 이미 판결을 내린 세 명의 범인에게 보석금을 받고 징역을 면제해 주지 않는다.
1. 달아난 세 명의 범인을 기한을 분명히 정해 기찰하여 체포한다.
1. 무안 감리에게 훈령을 띄워, 보상금을 갚는 일에 대해 판결한다.
1. 대책을 강구하여 해당 판결선고서(判決宣告書)를 베껴서 게재하여 지도와 목포(木浦)에 널리 알린다.

조회합니다.
이상.
대한 외부대신 서리 최(崔) 각하
1902년 10월 11일

〔부록1〕 지도 사건 피고인 등의 판결선고서(謄 19책·原 6책)

광무 6년(서기 1902년) 9월 22일

판결선고서
전라남도 지도군 향장(鄕長) 피고 황건주(黃健周) 나이 40세.

이방(吏房) 피고 김원명(金元明) 나이 33세.

형방(刑房) 피고 나도경(羅道卿) 나이 37세.

위의 고발된 지도군의 향리 등에 대하여, 우리 무안항(務安港)에 머무르는 프랑스 신부와 복사(服事)가 구타당한 사건에, 해당 신부가 보낸 편지와 외부(外部)에서 훈령(訓令)으로 타이른 바에 따라서 이를 심사했다.

프랑스 신부가 말한 내용에, 그때 손을 대어 구타한 것이 비록 너희들은 아니지만, 향장 황건주가 관아 위에 서서 소리를 친 거동이 분명히 지시해 시킨 것이라 하고, 이외 아전 무리들도 그 거동을 살펴보니 분명히 따라서 지시해 시킨 것이라 했다. 너희들은 군민(郡民)의 우두머리인 몸으로, 못된 행실을 부리며 손을 댄 사람을 붙잡아 대령하지 않았다. 뿐만 아니라 또 평상시 단속하기를 정성을 다해 부지런히 힘썼다면, 이렇게 외국 손님과 교류하며 접촉하는 날에 이르러 이렇게 못된 행실을 부리기에 이르렀겠는가? 너희는 원래 모의하여 지시하고 시킨 형률에서 벗어나기 어려우니, 이를 『대명률(大明律)』 「투구(鬪毆)」편의 '구제사급본관장관(毆制使及本官長官)'조에,

"무릇 황제의 명령을 받들고 사신으로 나갔는데 관리가 그를 구타하면 장형(杖刑) 1백에 도형(徒刑) 3년이다."

하는 형률과 같은 『대명률』 「투구」편의,

"같이 모의하여 함께 구타하여 사람을 다치게 한 자는 각각 손을 대어 무겁게 다치게 한 바에 따라 무거운 죄를 준다. 원래 모의한 자는 한 등급을 낮추어 준다."

하는 형률에 비추어, 황건주는 징역(懲役) 2년 반에 처하고, 김원명·

나도경은 원래 모의한 자로서 따라 한 것으로 한 등급을 낮추어 징역 2년에 처한다.

광무 6년 9월 22일.

　무안항 재판소(務安港裁判所) 판사　　민(閔)

[부록2] 위와 같은 건의『대명률』규정을 베낀 문서(謄 19책·原 6책)

『대명률(大明律)』규정을 베낀 문서

'병거인복식(屛去人服食)'조

무릇 다른 물건을 사람의 귀와 코 및 구멍 안에 두고, 만약 고의로 사람의 옷과 음식물을 치워 버려서 사람을 다치게 한 자는 장(杖) 80이다. 잔질(殘疾)이나 폐질(廢疾)에 이르게 되면 장 1백에 도(徒) 3년이다. 독질(篤疾)에 이르도록 한 자는 장 1백에 유(流) 3천 리이다. 범인의 재산 절반을 가지고 독질이 된 사람에게 주어 먹고살 수 있도록 도와준다. 죽음에 이르게 한 자는 교형(絞刑)에 처한다.

'과실상인(過失傷人)'조의 조례(條例)

1. 응당 살인에 따라 죽어야 할 죄수가 죄를 용서받게 되면, 모두『대명령(大明令)』에 비추어, 은(銀) 20냥을 받아내 피살된 가족에게 준다. 만약 매우 가난한 자는 참작해 절반을 받아낸다.

1. 과실로 사람을 죽여 교형의 죄를 지은 사람에게 거두는 속전(贖錢)[2]은, 지폐로는 33관(貫) 6백 문(文), 동전(銅錢)으로 8관 4백

---

2 속전(贖錢) : 죄를 씻으려고 벌 대신에 재물이나 노력 따위를 바치던 일. 또는 그 재물이나 노력을 가리킨다.

문을 받아내 피살된 집에 준다. 장례를 치르도록 모두 은(銀) 12냥(兩) 4전(錢) 2분(分)을 덜어낸다.

'투구(鬪毆)'조
사람의 두 눈을 멀게 하고 사람의 두 팔다리를 부러뜨리는 등 사람에게 두 가지 일 이상을 잃게 하거나, 옛 병환으로 인해 독질에 이르도록 하는 자, 만약 사람의 혀를 자르거나, 사람의 성기(性器)를 훼손시키는 자는 아울러 장 1백에 유 3천 리이다. 이어 범인의 재산 절반을 가지고 다치거나 독질이 된 사람에게 반드시 주어 먹고살 수 있도록 도와준다.

1654. 지도 사건 피해자 드예 신부와 현지 관리와 면담하여 처결하라고 지시하는 건(謄 19책) |405|

〔발신〕 외부대신 서리 조병식(趙秉式)
〔수신〕 프랑스 공사 꼴랑드 블랑시(Collin de Plancy, 갈림덕(葛林德))

광무 6년(서기 1902년) 10월 22일

조복 제43호
대한(大韓) 외부대신 임시 서리(外部大臣臨時署理) 궁내부 특진관(宮內府特進官) 조병식(趙秉式)이 조복을 보냅니다.
　이달인 10월 11일에 접수한 귀 조회(照會)의 내용에 의하면,
　"전라남도 지도군의 황건주(黃健周)·김원명(金元明)·나도경(羅道卿)의 안건에 대한 무안항 감리의 판결서를 지금 접수했습니다. 이 안건

에 있는, 그때 중대하게 모욕을 당했던 드예 신부는 아래에 열거한 여러 조항을 가지고 해당 감리에게 처리를 요청했습니다.

1. 이미 체포한 세 명의 범인은 국법에 비추어 처벌한다.
2. 달아난 세 명의 범인에게는 결석재판(缺席裁判)을 시행해야 한다.
3. 드예 신부 및 수행원들의 치료비와 다른 여러 비용을 배상한다.

해당 감리는 다만 첫 번째 조항만을 가지고 판결하여, 황건주를 징역 2년 반에 처하고, 김원명 및 나도경을 징역 2년에 처했습니다. 이는 각각 한 등급씩 낮추어 준 것입니다. 살피건대 해당 범인들이 저지른 죄가 중대한데, 비록 그렇다고는 하더라도 이렇게 이미 결정을 했으니, 다시 번거롭게 하고 싶지 않습니다. 다만 해당 범인들에게 보석금을 받고 징역을 면제해 주지는 말기를 요청합니다.

두 번째 조항의 달아난 세 명의 범인에 대해서, 귀국(貴國)의 국법에 따르면 결석재판과 같은 규정이 없다고 하니, 한편으로는 해당 달아난 범인들에 대하여 수색해 체포하고, 한편으로는 장차 법률 규정을 개정하는 것이 필요합니다.

세 번째 조항의 경우, 해당 감리가 드예 신부에게 분명히 말하기를, 대한제국의 법조문 안에는 배상금 및 손해 비용 등에 대한 규정이 없으므로 장차 요청한 바의 배상금을 처리할 수 없다고 했다 합니다. 귀 대신도 각국에서 법률을 만든 취지를 자세히 알고 계시듯이, 어떠한 형태의 손해를 막론하고 모두 보상금을 갚는 것을 근본으로 하고 있습니다. 귀국의 법률 규정은 본래 『대명률(大明律)』에서 나왔는데, 『대명률』에 이르기를,

'무릇 사람을 죽이거나 혹은 과실로 사람을 다치게 하거나 혹은 사람을 크게 다치게 한 자는 응당 배상금을 갚아야 한다.'

하는 구절이 한두 군데가 아닙니다. 본 대신이 사람을 크게 다치게 한 자는 장차 범인의 재산의 절반을 갈라서 다친 사람에게 반드시 준다는 구절의 말이 있으니, 그 다친 것이 가벼운 경우에는 또한 법관(法官)이 보상해야 할 수량을 헤아려 정한 것에 따라 다친 사람에게 많고 적음을 정해서 주는 것이 실로 공평합니다."

했으므로 모든 상황을 잘 알았습니다.

보내온 문서 가운데 첫 번째 조항인 황건주 등을 처리한 한 가지 일의 경우, 본국의 법률 규정에,

"함께 구타하여 사람을 다치게 한 자는 각각 손을 대어 무겁게 다치게 한 자를 주범으로 하고, 원래 모의한 자는 한 등급을 낮추어 준다."

하는 조문이 있습니다. 황건주 등은 손을 댄 사람이 아니니, 원래 모의한 자에 따라 한 등급을 낮추어 주지 않을 수 없었습니다. 본국의 법률 규정에, 또 따라 한 사람도 등급을 낮추어 준다는 문장이 있습니다. 황건주는 원래 모의한 자의 주범이고 김원명·나도경은 따라 한 사람으로서 황건주에서 한 등급을 낮추었습니다. 모두 법률 조문에 근거한 것으로, 고의로 등급을 낮춘 것이 아닙니다.

보내온 문서 가운데 두 번째 조항인 달아난 세 명의 범인에게 결석재판을 한다는 한 가지 일의 경우, 한 건의 사안을 가지고 보통의 법률을 개정할 수는 없습니다. 다만 대책을 강구하여 기찰(譏察)하여 붙잡는 대로 처결할 수 있을 뿐입니다.

보내온 문서 가운데 세 번째 조항인 보상금을 갚는다는 한 가지 일의 경우, 『대명률』에 범인 재산의 절반을 다친 사람에게 반드시 준다는 등의 말이 각각 적절한 부분은 있지만, 일개 법관이 참작해 헤아려 끌어다 적용하지 못할 점이 있습니다. 다만 귀국의 신부가 피해를 입은 상황

을 생각하지 않을 수 없으니, 무안 감리에게 타일러 위에 열거한 여러 조항에 대해서 각별히 더욱 주의를 기울여 해당 신부를 면담하여 공평함을 지키며 처리하도록 하는 한편, 상응하여 문서를 갖추어 귀 공사에게 조복을 보냅니다. 청컨대 수고스럽겠지만 본 조회를 살피시기 바랍니다. 조회합니다.

  이상 조복을 보냅니다.

프랑스 전권대신 흠명 출사 대한 주차대신   꼴랑드 블랑시 각하
광무 6년 10월 22일

제3편
기타 교안(教案)

오항녕 역

261. 프랑스 유람인의 도난 사고 통고 및 도난물 수사 의뢰의 건(謄 4책)
262. 위의 건에 대한 회신(謄 4책)
273. 프랑스 여행자의 도난물 수사가 부진한 건(謄 4책)
286. 프랑스인을 구타한 최봉석 등에 대한 처벌 요청(謄 4책)
311. 전주 성내의 학방 건립을 위한 협조 요망 건(謄 4책)
379. 장성 탑정리 주민을 폐농하고 흩어지게 한 박수성 일당을 엄히 징치하기를 요망하는 건(謄 5책)
380. 위의 사건에 대한 회신(謄 5책)
381. 조약책 3질을 보내달라는 건(謄 5책)
382. 전라도 관칙 문서 및 조약책을 부쳐 준 데 대해 감사하는 회신 (謄 5책)
392. 장성 사람 박수성 등의 외양인 교섭 방해 사건에 대한 엄징 요구 건(謄 5책)
393. 전라도에 관칙한 문서의 열람 및 감사에 대한 건(謄 5책)
394. 위의 전라도에 관칙한 문서의 전달 및 타전 요망 건(謄 5책)
459. 프랑스인 보두네 신부의 은량 배상 및 그의 가택을 침입한 영리의 엄한 징계를 요구하는 건(謄 5책)
460. 위의 사안에 대한 회신(謄 5책)

545. 동학당의 소요로 인한 지방 여행 프랑스인 소환 요청 건(謄 7책)
546. 위의 사안에 대한 회신(謄 7책)
554. 동학당에게서 전주를 수복했다는 통고(謄 7책)
557. 동학당 진압 통고(謄 7책)
568. 청국군의 프랑스인 살해 건(謄 7책)
572. 전주에 있는 프랑스 신부 보호 의뢰의 건(謄 7책)
574. 전주에 있는 프랑스인 신부 보호를 지시한 건(謄 7책)
576. 프랑스인 신부의 금강 변(錦江邊) 피해 사건에 대한 전말 조회 (謄 7책)
577. 동상(同上) 프랑스인 조조 신부 취초 때 참가하여 들었던 영장 및 중군의 초문(招問) 요청 건(謄 7책)
578. 동상 회신(謄 7책)
584. 프랑스 신부 호송 장교 이덕화에 대한 시상을 희망하는 건(謄 7책)
585. 위의 사안을 해당 감사에 시달했다는 회신(謄 7책)

261. 프랑스 유람인의 도난 사고 통고 및 도난물 수사 의뢰의 건(謄 4책) |318|

〔발신〕 프랑스 공사 꼴랑드 블랑시(Collin de Plancy, 갈림덕(葛林德))
〔수신〕 독판교섭통상사무(督辦交涉通商事務) 민종묵(閔種默)

고종 27년 3월 8일
서기 1890년 4월 26일

  지금 도착한 보고를 보니, 서기 이달 16일 오전 10시경, 본국 베르모렐 및 보두네 두 사람이 전라도를 거쳐 한양으로 오기 전에, 칠원(柒原)을 거쳐 진위(振威)로 가던 도중에, 칼과 창을 든 한 떼의 강도들이 공격하여 가지고 있던 상자와 자잘한 물건, 몸에 걸치고 있던 의복 일체를 빼앗아 갔습니다. 위의 두 사람은 비록 몸을 보호할 도구가 없었지만, 그 중 한 사람이 맨손으로 도적에 맞서다가 몸에 칼과 창으로 여러 곳을 부상당했습니다. 그날, 두 사람만 위협했던 것이 아니라, 길 가던 귀국의 30여 명도 이 재난을 당했습니다.
  제가 조사해 보니, 외성(外省)의 관원이 법령을 시행하여 내륙의 강도와 간귀(姦宄)를 엄격히 소탕한다고 하던데, 지금이 그때입니다. 더구나 떼도둑들의 소굴이 있는 장소 및 각 도적들의 이름도 누구나 훤히 알고 있습니다.
  지난 20일부터 이미 이 도둑 6, 70명이 모여 칠원·진위 일대 지방에서 성지(城池)나 진점(鎭店), 크고 작은 마을을 막론하고 마음대로 오가며 소란을 부렸는데, 조금도 꺼리는 것이 없었습니다. 또한 관병들이 체포하지도 않았으며 자기들 마음대로 행동했고, 전혀 얼굴을 감추거나 가리지도 않았습니다.

  우러러 생각건대 이러한 사실은 중대합니다. 이들 도둑 떼는 도둑에 그치는 것이 아니라, 오히려 귀국의 반역자들입니다. 위 두 사람의 호조(護照, 여행증명서, 비자)를 보고, 도둑 떼들은 곧장 화를 내며, "우리들은 대군주(大君主)도 모르고, 정부(政府)도 모른다."는 등의 말을 했습니다. 그러므로 저는 특별히 독판께 청하건대, 해당 관할 관원들과 회동하여 상의하고, 서둘러 두루 신칙하여 장차 해당 도둑 떼들을 엄히 포획하십시오. 아울러 겁탈해 간 집물(什物) 등도 저에게 돌려주시면 좋겠습니다. 이에 공문을 보내 생각을 말씀드립니다. 아울러 복되시기 바랍니다.

서력 4월 26일

경인년(1890, 고종 27) 3월 8일   꼴랑드 블랑시 올림

이에 겁탈당한 각 물건을 아래에 열거합니다.

○ 잃은 물건 목록

시표(時表, 시계) 1척(隻)

외국금류갑자(外國金類匣子) 1척

조선 안경 양부(兩付)

봉납(蜂蠟) 5병

소양도(小洋刀) 1파(把)

망건(網巾) 9개

백저(白苧) 7필

조선 입자(笠子) 2정(頂)

조선도(朝鮮刀) 2파

홀판동전가화(吃飯銅全傢伙)

조선 의복 5신(身) 및 몸에 지니고 있던 잡다한 물건

조선 말자(襪子, 버선) 9척

조선 연대(烟袋, 담배주머니) 2간(杆)

호피(虎皮) 2지(枝)

세검구(洗臉具)

양연필(洋鉛筆) 2지

조선 유진(油袗) 5신

동전 1백 5십 냥

262. 위의 건에 대한 회신(膽 4책) |319|

〔발신〕 독판교섭통상사무 민종묵(閔種默)
〔수신〕 프랑스 공사 꼴랑드 블랑시(Collin de Plancy, 갈림덕(葛林德))

고종 27년 3월 11일
서기 1890년 4월 29일

삼가 회답 드립니다. 어제 보내신 문서를 접수했더니, "프랑스 베르모렐 및 보두네 두 사람이 진위로 가던 도중에 도적의 공격을 받아 가지고 있던 상자와 자잘한 물건, 몸에 걸치고 있던 의복 일체를 빼앗겼으니, 서둘러 두루 신칙하여 엄히 포획하고, 아울러 겁탈해 간 짐물을 돌려주기 바랍니다."는 말이 있었습니다.

　모든 상황을 잘 알았습니다. 독판(督辦)인 제가 읽고 나서 놀라움을

이기지 못했습니다. 말씀하신 대로 지방관 및 각 포도 아문에 엄밀하게 조사하고 기필코 포획하고, 모든 범인을 추격하라고 신칙했습니다. 도착한 문서에 따라, 아울러 겁탈당한 문건을 하나하나 추적하여 두루 찾도록 했으니 이런 뜻으로 회신을 보냅니다. 공사께서 살피시어 해당 사람들에게 알려 주시면 좋겠습니다. 이만 내내 편안하시기 바랍니다.

경인년 3월 11일   민종묵 올림

273. 프랑스 여행자의 도난물 수사가 부진한 건(謄 4책)
|319|

〔발신〕 독판교섭통상사무 민종묵(閔種默)
〔수신〕 프랑스 공사 꼴랑드 블랑시(Collin de Plancy, 갈림덕(葛林德))

고종 27년 4월 14일
서기 1890년 6월 1일

삼가 회답 드립니다. 조선 날짜로 3월 8일, 접수한 공사의 문서에, "프랑스 베르모렐[姓[1]] 및 보두네 두 사람이 전라도를 거쳐 한양으로 오다가, 칠원·진위로 가던 도중에, 강도들의 공격을 당하여 가지고 있던 상자와 자잘한 물건, 몸에 걸치고 있던 의복을 빼앗아 갔습니다."라고 했습니다. 모든 상황을 잘 알았습니다. 좌우 포도청에 관문을 보내 도적 떼를 붙잡아 기필코 장물을 찾으라고 신칙했습니다.

---

1 성(姓) : 베르모렐 신부의 한국 성인 '장(張)'이 누락된 것으로 판단된다.

돌아온 해당 포도청의 공문에, "도적 떼가 빼앗고 겁박했다니 듣기에 극히 놀랍습니다. 이미 용맹한 군사를 파견하여 도적 떼 몇 명을 붙잡아 철저히 캐물었으나 끝내 집어낼 만한 단서를 발견하지 못했습니다. 참으로 극히 송구합니다."라고 했습니다.

이에 따르면 도적을 붙잡아 장물을 추적하는 일은 확실한 단서가 있은 다음에 적도들이 승복하고 원래 장물을 돌려받을 수 있는데, 도적들의 진술에 아직 분명한 증거가 없으니 원래 장물은 실로 억지로 추적하기 어렵습니다. 이에 특별히 회신을 보냅니다. 공사께서 헤아려 주시면 감사하겠습니다. 여름에 편안하시기 바랍니다.

경인년 4월 14일   민종묵 올림

286. 프랑스인을 구타한 최봉석 등에 대한 처벌 요청(謄 4책) |320|

〔발신〕 프랑스 공사 꼴랑드 블랑시(Collin de Plancy, 갈림덕(葛林德))
〔수신〕 독판교섭통상사무 민종묵(閔種默)

고종 27년 6월 28일
서기 1890년 8월 13일

프랑스 사람 보두네가 전주(全州) 대성동(大聖洞)[2]을 둘러보고 있는

---

2 대성동(大聖洞) : 보두네 신부가 전주 본당신부로 발령을 받고 1889년 5월 중순 처음 부임한 곳이다. 한불조약에 의해 비개항지에서는 선교사의 토지 매입이나 교회 건축이 금지되어 있었기 때문에 전주 부중에 신부의 거처를 마련하기에는 아직 빨랐다.

데, 그 동네 풍헌(風憲) 최봉석(崔鳳錫)과 함여좌(咸汝佐) 두 놈이 무뢰배를 불러 모아 위의 프랑스 사람에게 주정하며 욕하고 그의 하인을 난타하여 불미스러운 일이 생기기에 이르렀습니다.[3] 이 두 놈이 한 짓을 그대로 둘 수 없으니 해당 영(營)에서 특별히 엄격하게 징치하시기를 간절히 바랍니다.

경인년 6월 28일   꼴랑드 블랑시

311. 전주 성내의 학방 건립을 위한 협조 요망 건(謄 4책)
|320|

〔발신〕 프랑스 공사 꼴랑드 블랑시(Collin de Plancy, 갈림덕(葛林德))
〔수신〕 독판교섭통상사무 민종묵(閔種默)

고종 27년 12월 4일
서기 1891년 1월 13일

삼가 보고를 올립니다. 현재 전주(全州) 지방에는 많은 인민이 있는데, 전주 성내에 학방(學房) 한 곳을 건립하려고 합니다.[4] 배울 내용

그래서 보두네 신부는 소양면 대성동의 초라한 초가의 단칸방에 우선 거처를 마련했다 (김진소, 앞의 책, 422~423쪽).
3 그 동네……이르렀습니다 : 1890년 여름 대성동에서 10리가량 떨어진 약바우에서 향임(鄕任)이 천주교도의 재산을 침탈하고 보두네 신부를 구타한 사건을 말한다. 이 사건의 자세한 사정에 대해서는 김진소, 앞의 책, 624~627쪽 참조.
4 전주(全州)……합니다 : 전주 성내에 학방을 설립하는 일은 1890년부터 추진되었다. 홍종남(洪鍾南)을 비롯하여 전주 부중 몇몇 인사가 전주 성내에 학방 설립을 계획하고

은 중국 문자와 서양 글로 된 산법(算法)·격치(格致)·화학(畵學) 등입니다. 공사인 제가 누차 독판께 이 사안을 제안했는데 독판과 저의 의견이 같았고, 이 일이 매우 좋으니 반드시 인민들이 바라는 대로 그 사업을 이루어야 한다고 늘 말씀하셨습니다. 그 뒤 지금 학방 사업을 열고자 하여, 이에 독판께 요청하오니, 전라도 감사에게 공문 한 건을 보내면 학방을 건립하는 일을 이해하기 편할 것입니다. 다시 간절히 바라건대, 그 공문을 저희 공관에 보내주시어 제가 그걸 가지고 전라 감사에게 전달할 수 있으면 감사하겠습니다. 복되기를 기원합니다.

경인년 12월 4일
서력 정월 13일   꼴랑드 블랑시 올림

379. 장성 탑정리 주민을 폐농하고 흩어지게 한 박수성 일당을 엄히 징치하기를 요망하는 건[5](牒 5책) |320|

〔발신〕프랑스 서리공사(署理公使) 미락석(彌樂石)
〔수신〕독판교섭통상사무 민종묵(閔種默)

그 중 한 사람이 보두네 신부를 찾아와 자신들의 뜻을 전하면서 학방 설립에 참여해 줄 것을 요청하자 보두네 신부가 선뜻 협조를 약속했다. 그리고 보두네 신부의 소개로 홍종남이 코스트 부주교를 찾아가 학방 설립 인가를 받을 수 있도록 주선해 줄 것을 의뢰하자 코스트 신부가 프랑스 공사에게 협조를 요청하여 공사가 협조를 약속하게 되었다. 이러한 학방 설립의 자세한 사정에 대해서는 김진소, 앞의 책, 632~634쪽 참조.
5 장성……건 : 이 사건의 자세한 사정에 대해서는 김진소, 앞의 책, 628~631쪽 참조.

고종 28년 7월 일
서기 1891년 8월 일

지난번 장성(長城) 서이면(西二面) 탑정리(塔亭里)에 사는 안흥서(安興瑞)의 처가 고을 감옥에 갇히고, 그 동네 사는 백성 12호(戶)가 폐농하고 흩어진 일에 대해, 이미 외아문을 통해 해당 고을에 관문으로 신칙하셨습니다. 안흥서의 처는 비록 이미 석방되었지만, 당초 일을 꾸민 박수성(朴秀成)은 갈수록 더 포학을 부리고 있으니, 이들을 마땅히 남기지 않고 없애야 한다고 생각합니다. 그의 가족 및 좌수(座首) 박동안(朴東安), 유사(有司) 김양서(金良西), 신평(新坪) 김 진사(金進士) 등과 함께 일을 꾸며 한편으로는 감영에 문서를 보내고, 한편으로는 마을 입구를 둘러싸고 사람들이 나가지 못하게 막고 너희들을 조만간 없애겠다고 큰소리칩니다.

  아아, 저 박수성은 무슨 원한이 쌓이고 깊어 힘과 재산을 써 가면서 기어코 사람들을 해치려고 한다는 말입니까? 이 때문에 살고 있는 사람들은 안도하지 못하고, 흩어진 사람들은 돌아올 수 없습니다. 하물며 이들의 권력은 못하는 짓이 없으니 앞으로 닥칠 재앙이 어떨지조차 알 수 없습니다. 전주 감영에 관문을 보내 박수성 및 그와 함께 악행을 저지른 자들을 엄히 징치하시어 보잘것없는 사람들이 살 수 있는 은혜를 입도록 해 주시기 바랍니다.

380. 위의 사건에 대한 회신(謄 5책) |321|

[발신] 독판교섭통상사무 민종묵(閔種默)

〔수신〕 프랑스 서리공사 미락석(彌樂石)

고종 28년 7월 일
서기 1891년 8월 일

삼가 회답 드립니다. 보낸 공문에서 말한, 장성 탑정리 안흥서의 처는 비록 이미 석방되었지만, 당초 일을 꾸민 박수성 등을 엄히 징치하는 일은, 다 읽은 뒤에 해당 도 관찰사에게 관문으로 신칙하고, 지방관에게 조사해서 처리하라고 엄칙하는 한편, 상응하는 조치를 취했기에 회답을 보냅니다. 살펴 혜량해 주시면 감사하겠습니다. 이에 회답하니 가을에 편안하시기 바랍니다.

민종묵 올림

381. 조약책 3질을 보내달라는 건(謄 5책) |321|

〔발신〕 독판교섭통상사무 민종묵(閔種默)
〔수신〕 프랑스 서리공사 미락석(彌樂石)

고종 28년 7월 27일
서기 1891년 8월 31일

삼가 보고를 올립니다. 지난번 귀 관서에서 요청한 조약책(條約冊) 3질은, 마침 우리 아문에 쌓아 둔 것이 있기 때문에 지금 요청에 부응할 수 있게 되었습니다. 받아 두시고 잘 보시면 감사하겠습니다. 이만 늘 편안하시기 바랍니다.

신묘년(1891, 고종 28) 7월 27일   민종묵 올림

382. 전라도 관칙 문서 및 조약책을 부쳐 준 데 대해 감사하는 회신(謄 5책) |321|

〔발신〕 프랑스 서리공사 미락석(彌樂石)
〔수신〕 독판교섭통상사무 민종묵(閔種默)

고종 28년 7월 28일
서기 1891년 9월 1일

삼가 회답 드립니다. 지금 보내주신 공문을 받으니 전라도에 관칙(關飭)[6]한 문서 1건을 같이 첨부하셨는데, 일체를 읽어 보고 기쁨을 이기지 못했습니다. 삼가 감사드리는 바입니다. 다만 원하옵건대, 전라도에 보낸 관칙에 따라 신속히 이 사안을 처리하여 모두 타협에 이르는 것이 본 공사의 깊은 소망입니다. 아울러 도착한 조약책 3질은 감격을 이기지 못했습니다. 이상 각 건에 대해 공문을 갖추어 깊이 감사하면서 진심을 전합니다. 이에 회답합니다. 날마다 복되시기 바랍니다.

서력 9월 1일
신묘년 7월 28일   미락석 올림

---

6 관칙 : 상급 관아에서 하급 관아에 보내던 공문으로 오늘날의 훈령(訓令)과 같다.

392. 장성 사람 박수성 등의 외양인 교섭 방해 사건에 대한 엄징 요구 건(謄 5책) |323|

[발신] 프랑스 서리공사 미락석(彌樂石)
[수신] 독판교섭통상사무 민종묵(閔種默)

고종 28년 9월 22일
서기 1891년 10월 24일

삼가 공문을 보냅니다. 이는 장성(長城) 서이면 탑정리 지방 민인이 외양인(外洋人)과 교섭한 사건으로, 박수성(朴秀成) 등이 중간에서 방해하고 또 화근을 만들었는데, 점점 늘어지면서 결말이 나지 않았습니다. 특별히 독판께서 해당 도 관찰사에게 관칙하셔서 바로 박수성 등을 독판께 오게 하여 엄히 징치함으로써 공평하게 사안을 마무리하시어 백성들의 생업을 편안하게 해 주시면 감사하겠습니다. 이에 간절하게 말씀드립니다. 날마다 복되시기 바랍니다.

서력 10월 24일
신묘년 9월 22일   미락석 올림
-첨부 원정(原呈) 1장-

393. 전라도에 관칙한 문서의 열람 및 감사에 대한 건(謄 5책) |323|

[발신] 프랑스 서리공사 미락석(彌樂石)

〔수신〕 독판교섭통상사무 민종묵(閔種默)

고종 28년 10월 2일
서기 1891년 11월 3일

삼가 회답 드립니다. 지금 보내주신 문서를 받았습니다. 같이 첨부한 양도(兩道) 관칙(關飭) 문서도 모두 열람하고 기쁨을 이기지 못하겠습니다. 보내주신 두 관칙은 하인을 시켜 해도 감사에게 치송하여, 한편으로는 관칙이 해당 감사에게 도착할 날을 기다리고 있습니다. 그때면 전신(電信)으로 저희 공사관에 보고가 있을 것이니 공사인 제가 바로 귀 독판께 공문을 보내 조회하겠습니다. 이런 이유로 감사드립니다. 날마다 복되시기 바랍니다.

신묘년 10월 2일
서력 11월 3일   미락석 올림

394. 위의 전라도에 관칙한 문서의 전달 및 타전 요망 건(謄 5책) |323|

〔발신〕 프랑스 서리공사 미락석(彌樂石)
〔수신〕 독판교섭통상사무 민종묵(閔種默)

고종 28년 10월 8일
서기 1891년 11월 9일

삼가 보고드립니다. 지금 전보를 받아 보니, 조선 날짜로 10월 6일에 보낸 두 관칙 문서는 이미 전주 지방에 도착했습니다. 두 관칙을 해도 관찰사에게 전달해야 하므로 이 때문에 귀 관청에 공문을 보냅니다. 독판께서 살피시기 바랍니다. 앞서 온 문서에서 말씀하신바, 곧 해도 관찰사에게 타전(打電)하겠다고 하시니 감사합니다. 오로지 이로써 말씀드립니다. 날마다 복되시기 바랍니다.

신묘년 10월 8일
서력 11월 9일   미락석 올림

459. 프랑스인 보두네 신부의 은량 배상 및 그의 가택을 침입한 영리의 엄한 징계를 요구하는 건[7](謄 5책) |323|

〔발신〕 프랑스 공사 프랑뎅(Frandin, 법란정(法蘭亭))
〔수신〕 독판교섭통상사무 조병직(趙秉稷)

고종 29년 11월 10일
서기 1892년 12월 28일

프랑스 흠명 출사 조선 판사대신(欽命出使朝鮮辦事大臣) 프랑뎅이 조회합니다. 지난번 보두네 신부가 대면하고 아뢴 바에 따르면, 2년 전 전주(全州)에 있을 때 전주의 몇 사람이 보두네 신부에게 요청하여 성내에 프랑스 학당을 하나 세우고자 했는데 전임 독판의 허락도 거쳤

---

7 프랑스인……건 : 이 사건의 자세한 사정에 대해서는 김진소, 앞의 책, 631~640쪽 참조.

습니다. 이때부터 보두네 신부는 성내에 거주하면서 자기가 가지고 있던 은량(銀兩)을 전주 첨사(僉使) 최수존(崔收存)에게 맡겼는데, 올해까지 최 첨사에게 있는 보두네 신부의 은이 아직 7, 8백 냥입니다.

최 첨사의 존첩(存帖)에 분명히 말하기를, "올해 4월 산소를 돌보러 귀향했는데 4월에 이르러 최 첨사가 기한 연기를 요청하여 10월에 다시 귀향하여 허가를 받았으며, 10월 초가 되어 한양에서 전주에 이르러 최 첨사를 감찰했다."고 합니다. 지난번에 최 첨사가 강제로 수색하며 말하기를, "지난해 너희들이 관청의 허락을 받은 것은 내가 힘쓴 소치이다. 너희들은 마땅히 뇌물로 줄 은을 내게 부쳐라."라고 했습니다. 해당 감찰이 법령의 규례를 고려하지 않고 관하 사람들에게 칙령하여 최 첨사 및 그 친속, 아내들을 마음대로 침탈했고, 다시 최 첨사를 잡아다 엄형에 처하고 감금했습니다.

올해 전라 감사가 한양으로부터 공무로 돌아갔는데 보두네 신부가 면담을 요청했고 감사가 허락했으므로, 10월 25일에 뵈었습니다. 이어서 첨사를 감금하고 모자란 은을 추징하기가 어려운 사실에 대해 뵙고 호소했습니다. 대개 신부는 감사가 기한을 주어 해당 첨사를 돌아가게 했다고 자기를 책망한다고 생각하는 것을 잘 알았습니다. 면담을 지나고 말하기를, "지난번에 내가 그를 한양으로 보내려고 했는데, 지금 말한 바에 근거해 보니, 내가 사나흘 기한을 준 책임이 있다. 최 첨사를 꼭 돌아오게 해야겠다."라고 했습니다.

보두네 신부가 그 말을 깊이 믿고, 면전에서 감사해하며 돌아갔습니다. 얼마 되지 않아 바로 해당 감사가 이대로 조치하지 않고 이미 첨사를 한양으로 보냈다는 말을 듣고, 보두네 신부가 첨사의 아들을 불러 치부책을 청산하고 셈을 타결하려던 차에 어떤 아이가 뛰어 들어와 관역(官役)이 문밖에 도착하여 첨사의 아들을 잡아가려고 바로 들어오다가 싸우며 떠들었다고 소리쳤습니다. 또한 문지기가 들여보내지 않자 담을 넘어 들어오려고 했습니다. 관역들이 백중날 약속하고 원(院)으로 난입했고, 십수 명이 담장을 넘어 들어와서, 원 안팎을 모두 관역들이 둘러쌌습니다.

문지기가 말하기를, "이번에 외국인의 집을 함부로 들어온 것은 조선에서는 해괴한 일이다."라고 하자, 관역들이 응수하기를, "오랑캐 외국인 방이기에 우리가 마음대로 할 수 있다. 너는 외국인을 믿을 수 있다고 생각하는구나."라고 했습니다. 이런 말을 한 두 사람의 관역은, 한 사람은 강 수교(姜首校)로 앞에 쇠사슬을 맸고, 또 한 사람은 소매를 걷어붙이고 곁에서 을렀습니다. 프랑스 신부가 와서 문지기에게 달아나라고 이르고, 해당 관역들에게 꾸짖기를, "너희들이 모두 관원들이라면, 전표(傳票, 증명서)를 꺼내 보여라"라고 했습니다. 관역들이 이 말을 듣고 기세가 꺾여 결국 차츰 문을 나섰습니다.

그러나 신부가 들어오고 돌아보지 않자, 관역들이 다시 들어와서 공갈협박을 하면서 문지기와 첨사의 아들을 핍박하여 묶었습니다. 프랑스 신부가 다시 나가자, 해당 관역 우두머리인 최 수교가 신부를 향해 주먹을 내보이면서 심하게 겁을 주었습니다. 신부가 그와 따지는 과정에서 많은 관역들의 흉패가 다시 심해졌고 결국 첨사의 아들을 구해내지 못했습니다. 첨사의 아들은 쇠사슬에 묶였고, 관역 등이 다시 문지기를 묶으려고 했으나 문지기는 이미 도망쳤으므로 다만 첨사의 아들만 묶어서 돌아가며 또 길에서 미친 듯이 떠들었습니다.

담을 넘어 들어왔던 십수 명은 다시 담을 넘어 대문으로 나갔습니다. 길에서 쇠사슬에 묶여 끌려가던 첨사의 아들은 많은 관역들에게 욕을 얻어먹었는데, 또 큰 소리로 떠들기를, "감사께서 우리들이 신부를 아울러 잡아오라고 허락하셨으니, 신부의 집 안에 있는 여러 하인들은 같이 죽여도 좋다."라고 했습니다. 여러 가지 사정에 대해 면담하고 보고했는데, 본 대신이 통역을 거쳐 살펴보니, 해당 신부가 이런 모욕을 당한 것을 알 수 있었습니다.

귀 독판께서 법에 따라 배상할 책임이 있으니, 첫째, 최 첨사를 돌아오게 하여 최수존이 가지고 있는 신부의 은을 돌려주도록 하고, 둘째, 법례를 어기고 신부의 집에 난입한 해당 관역 등을 엄하게 다스려야 하며, 셋째, 해당 감사가 조약에 따라 신부를 보호하지 않은 잘못을 심하게 문책해야 할 것입니다. 조회합니다.

이상 조회합니다.

대조선독판교섭통상사무 조(趙)

서력 1892년 12월 28일

조선 개국 501년 11월 10일

※ 돌려보낼 건[繳送件]

460. 위의 사안에 대한 회신(謄 5책) |324|

〔발신〕 독판교섭통상사무 조병직(趙秉稷)
〔수신〕 프랑스 공사 프랑뎅(Frandin, 법란정(法蘭亭))

고종 29년 11월   일
서기 1892년 12월   일

돌려받을 건〔繳到件〕

회신합니다. 모든 상황을 잘 알았습니다. 생각건대, 전주는 본국의 내지이고 조약의 제4관에서 지정한 통상 지역이 아닙니다.[8] 또한 통상 지역 10리 밖에 있으므로, 해당 신부가 집을 임대할 수 있는 장소도 아니고, 해당 신부가 원택(院宅) 토지를 구입할 수 있는 곳도 아닙니다.[9] 어떻게 학당(學堂)과 원택이 전주 성중에 있는지요? 또 말하기를, "전주 몇 사람이 연전에 약속하고 요청하자 전임 독판[10]이 허락했다."고 했는데, 본 독판은 저희 관청의 문서를 다 찾아보아도 이런 사안에 대한 문서 근거가 없었습니다.

모르겠습니다만, 대신께서 말씀하시는 각각의 절목은 무슨 근거로 제시하는 것인지요? 해당 신부가 은량을 가지고 사귀었고 최 첨사가 은량을 맡아 가지고 있었는데, 해당 첨사가 갚을 날짜를 어겼다는 사안의 경우, 당연히 해당 신부가 조약에 따라 살고 있는 각 지방에 요청하면 본국 관원이 법에 따라 잡아와 심판할 것입니다. 전라 감영의 교역

---

[8] 전주는……아닙니다 : 한불조약 제4관 1항에 보면, "양국이 체결한 조약이 시행되는 날로부터 조선국 인천부의 제물포・원산・부산 등 각 항구(부산항이 만일 적합하지 않을 때는 따로 부근의 다른 항구를 선택할 수 있다.)와 한양 경성의 양화진(혹은 부근의 편리한 다른 곳)을 모두 통상하는 장소로 삼고 프랑스 사람들이 마음대로 왕래하면서 무역하는 것을 들어준다."라고 되어 있다(『고종실록』 24권, 24년(1887) 윤4월 9일(병신)).

[9] 통상……아닙니다 : 한불조약 제4관 4항에 보면, "프랑스 사람이 조계 밖에서 구역을 영조 혹은 잠조(暫租)하거나 집을 임대하려고 하면 들어준다. 단 조계와의 거리가 10리(조선의 리)를 넘지 못하며, 이런 구역에서 임차하여 거주하는 사람은 거주와 납세의 갖가지 일에서 조선국이 자체로 정한 지방세과장정(地方稅課章程)을 일률적으로 준수해야 한다."라고 되어 있다.

[10] 전임 독판 : 외무독판 민종묵(閔種默)을 가리킨다(김진소 앞의 책, 633쪽).

(校役)들이 최 첨사의 아들을 잡아갔으니 해당 신부의 은량을 배상해야 한다는 사안의 경우, 각각의 사정이 복잡하고 아직 근거할 만한 감사의 보고가 없었으니 상세히 판단하기 어렵습니다. 따로 감사에게 지시하여 속히 이 사안의 실제를 조사하여 보고한 뒤에 다시 분별해서 판단하도록 하는 것 외에, 먼저 회신하여 해당 신부에게 곧장 전주를 떠나 조약에 따라 거주할 수 있는 지방으로 옮기도록 지시하십시오. 빌린 원택과 관련하여, 차후에 다시 은량을 가벼이 다른 사람에게 맡기지 않도록 하여 사단이 생기지 않게 하는 것이 좋겠습니다.

545. 동학당의 소요로 인한 지방 여행 프랑스인 소환 요청 건(膳 7책) |325|

〔발신〕 독판교섭통상사무 김학진(金鶴鎭)
〔수신〕 프랑스 서리공사 르페브르(Lefèvres, 노비부(盧飛鳧))

고종 31년 4월 5일
서기 1894년 5월 9일

삼가 알려 드립니다. 지금 전라도 관찰사의 전보 보고에 따르면, 본도 관할 지방에 동학(東學) 비류(匪類)들이 가까이 있으면서 도당을 불러 모으고 살고 있는 백성들을 해치고 있으니, 한성 병력을 파견하여 급히 진압해 주기를 바란다는 등의 말이 있었습니다. 이 일은 우리 내무부를 거쳐 군대 파견을 담당하는 관청으로 보내 토벌하도록 했습니다. 다시 경기(京畿)·충청(忠淸)·경상도(慶尙道) 곳곳에 있는 비도들이 점점 소요를 일으키고 아무 때나 모였다 흩어집니다. 이들 비적들의 불법과 흉포함을 볼 때 사건이 터지기 전에 미리 준비하지 않으면 불의의 우환이 있을까 걱정하여 이에 특별히 공문을 보내 귀 공사께서 살피시기를 바라는 바입니다. 프랑스 신상(紳商) 여행단 중에 경기·충청·전라·경상도 각 지방에 있는 사람들은 모두 신속하게 불러들여 의외의 재앙을 피하도록 하십시오. 복되시기 바랍니다.

갑오년(1894, 고종 31) 4월 5일　　김학진 올림

546. 위의 사안에 대한 회신(滕 7책) |325|

〔발신〕 프랑스 서리공사 르페브르(Lefèvres, 노비부(盧飛鳧))
〔수신〕 독판교섭통상사무 김학진(金鶴鎭)

고종 31년 4월 8일
서기 1894년 5월 12일

삼가 회신합니다. 보내신 공문을 받으니, 전라도 등 동학 비도가 소요를 일으킨 지방을 알려 주시며, 프랑스 신사와 상인 중에 해당 지역을 여행하고 있는 사람을 속히 불러들여 의외의 재앙을 피하도록 하라고 하셨습니다. 잘 읽었습니다. 제가 조사하니, 해당 지역의 프랑스 신부는 이 일을 주교(主敎)에게 알려 함께 판단하도록 했습니다. 이에 회신합니다. 복되시기 바랍니다.

갑오년 4월 8일　　르페브르 올림

554. 동학당에게서 전주를 수복했다는 통고(謄 7책) |325|

〔발신〕 독판교섭통상사무 조병직(趙秉稷)
〔수신〕 프랑스 서리공사 르페브르(Lefèvres, 노비부(盧飛鳧))

고종 31년 5월 9일
서기 1894년 6월 12일

삼가 공문을 보냅니다. 지난번 남도(南道)의 동학 비도들이 전주성을 점령하여 기세가 날로 촉급했는데, 단연코 의외로 걱정할 만한 한 가지 사건도 없었습니다. 이에 문서를 통해서 현황을 알려 드립니다. 현재 양호 초토사(兩湖招討使) 홍(洪)[11]의 전보 보고에, 8일 사시(巳時) 이미 완주성을 수복했고 비적들을 소탕했다고 알려 왔습니다. 이런 보고를 들으니 더할 나위 없이 기쁩니다. 두 나라의 우호와 화목을 생각하면 함께 기뻐할 일입니다. 대신께서 깊이 생각하시면 감사하겠습니다. 이에 특별히 공문을 보내니, 귀 대신께서 헤아려 주십시오. 복 되시기 바랍니다.

갑오년 5월 9일   조병직 올림

---

11 양호 초토사(兩湖招討使) 홍(洪) : 전라 병사(全羅兵使)로 있다가 고종 31년(1894) 4월 2일 양호 초토사로 임명된 홍계훈(洪啓薰)을 가리킨다(『고종실록』 31권, 31년 4월 2일(무신)).

557. 동학당 진압 통고(謄 7책) |326|

〔발신〕 독판교섭통상사무 조병직(趙秉稷)
〔수신〕 프랑스 서리공사 르페브르(Lefèvres, 노비부(盧飛鳧))

고종 31년 5월 15일
서기 1894년 6월 18일

삼가 공문을 보냅니다. 지난번 양호 순변사(兩湖巡邊使) 이(李)[12]의 전보 보고에, 비도의 두목을 이미 섬멸했고 나머지 잔당들은 목숨을 살려 주었으며, 모두 병기를 놓고 한결같이 귀화했다고 합니다. 이에 근거하여 우리 내무부의 보고를 거쳐 몸 붙여 의지해 살 곳이 없는 자들은 돌아가 농사를 지어 직업에 안존하도록 효유했습니다. 돌아보면 이번 소요를 겪으면서 인심이 분명 위태로워졌을 것이므로, 초토사·총제사 두 원수가 일단 사람들의 마음을 진정시키고 안집하도록 위무하고, 순변사는 철수하라는 내용으로 중외에 알렸습니다. 본 독판이 생각하기에, 호남(湖南) 한 도는 요기(妖氣)가 완전히 사라져 민생이 안정되었으니 매우 다행입니다. 귀 공사께서도 본국과 한 배를 타고 있으니 분명 듣고 기뻐하실 것입니다. 이에 공문을 보내니 살펴 헤아려 주시기 바랍니다. 복되시기 바랍니다.

갑오년 5월 15일   조병직 올림

---

12 양호 순변사(兩湖巡邊使) 이(李) : 대호군(大護軍)을 역임하다가 고종 31년(1894) 4월 27일 양호 순변사로 임명된 이원회(李元會)를 가리킨다(『고종실록』 31권, 31년 4월 27일(계유)).

568. 청국군의 프랑스인 살해 건(謄 7책) |326|

〔발신〕 독판교섭통상사무 김윤식(金允植)
〔수신〕 프랑스 서리공사 르페브르(Lefèvres, 노비부(盧飛鳧))

고종 31년 7월 17일
서기 1894년 8월 17일

대조선 독판교섭통상사무 김윤식이 조회합니다. 귀 공사가 보낸 공문을 보고 알았습니다. 귀국인 1명이 공주(公州)에서 난리를 당해 죽었다[13]는 것은 사건이 사람이 죽은 사안이므로, 본 관청에서 충청도 관찰사에게 급히 신칙하고 이어서 관원을 파견했습니다. 그 뒤 해도 관찰사가 보고하기를,

 "지금 도찰한 아문의 관문(關文)을 보고 알았습니다. 현 프랑스 공사 르페브르가, '프랑스인 1명이 공주에서 난리를 당해 죽었다.'고 했습니다. 이에 따라, '이 사안은 외국과 관련되어 있고 사정이 중대합니다. 만일 혹시 소루하게 다루면 우의에 방해가 있을 것입니다. 이에 비칙(飛

---

13 귀국인……죽었다 : 조조(Jozeau, 조득하(趙得夏), 1866~1894) 신부가 청나라 패잔병들에게 공주 금강 변에서 살해된 것을 말한다. 조조 신부는 파리외방전교회 소속 선교사이다. 사제서품을 받은 뒤 1889년 초 한국에 입국했다. 1890년 초에 부산 본당 설립의 임무를 띠고 우선 절영도에 정착했다가 뒤에 초량에 성당과 사제관을 마련하여 그해 7월경에 초량으로 거처를 옮겼다. 1893년 4월 22일 전북 금구 배재(현 수류) 본당 2대 주임신부로 부임하여 사목했다. 이듬해에 동학농민전쟁이 발발하여 관할 구역 공소 신자들이 동학농민군의 위협을 받게 되자 전라도 교회가 겪고 있는 위급한 사정을 뮈텔 주교에게 알리기 위해 상경하다가 성환에서 일본군에게 패하여 공주 방향으로 도주하던 청나라 패잔병들에게 붙잡혀 공주 금강 장깃대 나루터에서 마부 정보국(바오로)과 함께 1894년 7월 29일 살해되었다. 조조 신부의 피살 사건의 자세한 사정에 대해서는 김진소, 앞의 책, 552~554쪽 참조.

飭)에 따라 해당 프랑스인이 무슨 이유로 죽었는지 방문하여 조사하고, 사건의 정범이 본국인인지 타국인인지 확실히 해명하여, 해당 범인이 타국인이면 반드시 증거를 확보하여 밤낮을 가리지 말고 보고하여 담판해야 합니다.'는 내용으로, 관문과 함께 신속히 해당 지방관인 공주 판관(公州判官)에게 하나하나 조사하라고 일렀습니다. 지금 도착한 해당 판관의 보고에, '지난달 27일 신시(申時)경, 청나라 군대 장졸들이 뜻하지 않게 공주에 내달아 왔을 때, 금강(錦江) 나루에 도착하여 지나가던 타국인 1명을 붙잡아 칼을 휘둘러 그 자리에서 목을 베었습니다. 또 마부인 우리나라 사람 한 명[14]도 죽였습니다. 그 이튿날 청나라 군대가 떠난 뒤 온 고을에 사람이 죽었다고 떠들썩했습니다. 소문이 놀라워서 바로 뱃사공을 불러 사정을 문초했더니, 이 사안이 긴중했습니다. 다시 해당 뱃사공 최호남(崔好男)을 잡아와 엄하게 조사했더니, 그 뱃사공이 말하기를, 「청병(淸兵)이 불시에 강에 도착해서 총칼로 포위한 와중에 황급히 배를 저어 다른 데를 돌아볼 경황이 없었습니다. 다만 시끄럽고 살벌한 소리를 들었는데, 청나라 군대에서 어느 나라 사람이 무슨 이유로 살해되었는지는 모르겠습니다만, 청나라 군대가 지나간 뒤라 물어볼 데가 없었습니다.」라고 했습니다. 이 사건의 범인이 누구인지, 어떻게 조사할 것인지에 대해 보고서를 참고하면서 다시 따져 보았더니, 이번 범인은 확실히 청나라 군대의 병졸들이지만, 이미 지나갔으니 물어볼 데가 없습니다.'라고 했습니다."
라고 했습니다. 이에 따르면, 이 사안은 이미 해당 지방관의 사실 조사를 거쳤고, 이는 청나라 병사와 관련된 것이 의심할 여지가 없으

---

14 마부인……명 : 조조 신부의 마부인 정보국(바오로)을 가리킨다.

니, 본 관서에서 파견했던 관원이 아직 돌아오지 않고 있으니, 파견 관원이 돌아오기를 기다려 다시 알려 드리도록 하겠습니다. 이에 특별히 문서를 갖추어 조회합니다. 귀 관서 대신이 살펴 주십시오. 조회합니다.

　　이상 조회합니다.

프랑스 흠명서리출사조선판사대신(欽命署理出使朝鮮辦事大臣)　　르

개국 503년 7월 17일

572. 전주에 있는 프랑스 신부 보호 의뢰의 건(謄 7책)

〔발신〕 프랑스 서리공사 르페브르(Lefèvres, 노비부(盧飛鳧))
〔수신〕 외무대신 김윤식(金允植)

고종 31년 7월 23일
서기 1894년 8월 23일

삼가 공문을 보냅니다. 프랑스 신부 2명이 전라도에서 지난번 토비(土匪)의 침학을 만나 귀 아문에 법에 따른 보호를 요청했습니다. 당시 전임 조(趙)[15]께서 답변하기를, 전라 감영에 전보로 지시하여 보호하도록 하겠다고 했습니다. 그 뒤 해당 교사 등이 위박한 사정을 알려왔고, 이어 열흘 전 프랑스 전함 한 척을 파송했습니다. 아울러 담당

---

15 전임 조(趙) : 독판교섭통상사무(督辦交涉通商事務)를 역임했던 조병직(趙秉稷)을 가리킨다.

조선인을 태워 금강(錦江) 부근 포구에 가서 배를 멈추고 그 조선인을 내보내어 신부를 데리고 오라고 했습니다. 뜻하지 않게 그 사람이 한번 나가고는 아무 소식이 없었습니다. 프랑스 전함이 한번 이어서 아흐레 동안 머물렀다가 할 수 없이 그냥 돌아왔으니 사태가 매우 걱정됩니다. 청컨대 귀 대신께서 즉각 전보로 전라 관찰사에게 지시하여 해당 신부 등을 보호하여 무사히 귀경하게 해 주신다면 더할 나위 없이 다행일 것입니다. 지난번에 받은 귀 전임 조가 보낸 조회에, 남도 비적이 토벌되어 다시 걱정할 것이 없다고 했기 때문에 그 말을 깊이 믿고 해당 신부 등을 소환하지 않았습니다. 지금 위험한 상황이 있으면 그 책임은 귀 정부에 있습니다. 깊이 헤아려 선처해 주십시오. 간절히 바랍니다. 복되시기 바랍니다.

갑오년 7월 23일   르페브르 올림

574. 전주에 있는 프랑스인 신부 보호를 지시한 건(謄 7책)
|327|

〔발신〕 외무대신 김윤식(金允植)
〔수신〕 프랑스 서리공사 르페브르(Lefèvres, 盧飛鳧))

고종 31년 7월 25일
서기 1894년 8월 25일

삼가 회신합니다. 어제 보내신 공문을 보니, 프랑스 신부 2명이 전라도에서 지난번 토비의 침학을 만나 귀 아문에 보호를 요청했고, 그 뒤 해당 신부 등이 위박한 사정을 알려 왔고, 프랑스 전함 한 척을 파송했으며 아울러 담당 조선인을 태워 금강 부근 포구에 가서 배를 멈추고 그 조선인을 내보내어 신부를 데리고 오라고 했으나 그 사람이 한번 나가고는 아무 소식이 없어서 프랑스 전함이 할 수 없이 그냥 돌아왔으니 즉각 전보로 전라 관찰사에게 지시하여 해당 신부 등을 보호하여 무사히 귀경하게 해 달라고 했습니다. 듣고 상황을 다 알았습니다. 전라 관찰사에게 빨리 지시하여 해당 신부 등을 보호하여 한성으로 데려오라고 지시하는 한편, 공문을 갖추어 회답하니 헤아려 주시기 바랍니다. 날로 편안하기를 바랍니다.

갑오년 7월 25일 　　김윤식 올림

576. 프랑스인 신부의 금강 변(錦江邊) 피해 사건에 대한 전말 조회(謄 7책) |327|

〔발신〕 외무대신 김윤식(金允植)
〔수신〕 프랑스 서리공사 르페브르(Lefèvres, 노비부(盧飛鳧))

고종 31년 8월 20일
서기 1894년 9월 19일

대조선 독판교섭통상사무 김윤식이 조회합니다. 귀국 신부가 피해를 입은 사건은 누차 충청 감사에게 문의했으나 결국 명백하지 않았습니다. 또한 본 아문에서 관원을 파견하여 조사했으나 증거가 확실하지 않아, 그 중요 내용을 확보하지 못하고 돌아왔습니다. 이어서 우리나라 날짜로 8월 11일, 전담자를 두어 다시 충청도에 관문을 보내어 범인의 성명과 피해를 당한 장소와 날짜를 상세히 조사해 오도록 했습니다. 이에 이달 19일 충청 감사 이헌영(李鑐永)의 보고에,

"프랑스 신부 피해 사건은 제가 두 차례 조사했으나, 지금까지 명백한 증거가 없습니다. 처음 외무부 관문이 7월 9일에 도착하여, 곧장 해당 지방 공주 판관에게 관문을 베껴 급히 신칙하면서 상세히 조사하도록 했고, 같은 달 11일에 이미 보고했습니다. 그 뒤 외무 주사(主事) 이강하(李康夏)가 아문의 위임을 받고 회동하여 엄격하게 조사했지만, 목숨을 잃은 사정은 한결같이 앞의 보고와 같았습니다. 이번에 또 아문의 관칙을 받고, 본영(本營) 영장(營長) 이기태(李基泰), 중군(中軍) 박창우(朴昌佑) 및 뱃사공 최호남(崔好男)을 더욱 상세히 캐물었습니다. 그에 따르면, 6월 27일 신시에, 뜻하지 않게 청나라 제독 섭지초(葉志超) 군대가 성환(成歡)에서 패주하여 도망쳐 금강에 이르러 서두르며 배를 불렀다고 합니다. 해당 영장과 중군이 일이 커질 것을 우려하여 급히 강변으로 가서 뱃사공 등에게 군대를 건네주라고 일렀습니다. 군마가 모여들어 한창 시끄러울 때 갑자기 인명이 살해되었다는 소리를 들었습니다. 한 사람은 외국인이고, 한 사람은 우리나라 마부였습니다. 피살될 때 뱃사공과 관예(官隸)들이 모두 보고 있을 뿐이었습니다. 사건이 창졸간에 발생하여 당장 어느 나라 사람인지도 몰랐습니다. 나중에 듣고는 처음으로 프랑스 신부라는 것을 알았습니다. 또한 무슨 이유로 피해를 입었는지 몰랐습니다. 깜박하는 사이에 벌떼처럼 에워싸고 가 버려서 물어볼 데도 없었습니다. 사실이 이러니 따로 다시 조사할 방도가 없습니다. 외국인이 관할구역 내에서 피해를 당하여 사안이 매우 놀랍고 안타깝습니다. 더욱이 우리나라와 프랑스는 협약을 맺었는

데, 지방관이 보호에 근면하지 못하여 신부가 횡액을 당하게 하였으니, 양국의 교의 관계에 적지 않은 영향을 끼쳤습니다. 즉시 이미 관을 갖추어 강변 깨끗한 곳에 묻고 이 사실을 보고하니, 프랑스 공사관에 알려 주십시오."

라고 했습니다. 이에 따라, 이 사건은 여러 번 가서 조사했지만 끝내 드러나는 증거가 없습니다. 이번 보고는 지난번 것보다 조금 상세하니, 생각하기에 당장의 상황은 이에 지나지 않을 듯하고, 더 상세할 방도가 없습니다. 문서를 갖추어 조회합니다. 귀 관서 대신이 살펴 주십시오. 조회합니다.

 이상 조회합니다.

프랑스 흠명서리출사조선판사대신 르
개국 503년 8월 20일

577. 동상(同上) 프랑스인 조조 신부 취초 때 참가하여 들었던 영장 및 중군의 초문(招問) 요청 건(謄 7책) |328|

〔발신〕 프랑스 서리공사 르페브르(Lefèvres, 盧飛鳧)
〔수신〕 외무대신 김윤식(金允植)

고종 31년 8월 20일
서기 1894년 9월 19일

프랑스 흠명서리출사조선판사대신(欽命署理出使朝鮮辦事大臣) 르페브르가 조회합니다. 지난번 전날에 충청 감사가 공주 영장(營將) 및 중군(中軍)을 파견하여 중국 섭지초 군문을 영접했고, 해당 섭지초 군문이 금강에서 아주 가까운 시목동(柿木洞) 관가에 있으면서 프랑스인 조조(Jozeau, 조득하(趙得夏), 1866~1894)[16] 신부를 취초할 때, 해당 공주 영장 및 중군이 곁에 앉아 들었다는 사실을 확실히 탐지했습니다. 뜻하지 않게 충청 감사의 첩보 중에는 이런 사실이 전혀 들어 있지 않습니다. 이는 참으로 본 서리대신에게는 극히 괴이한 일입니다. 해당 감사가 한 짓으로 보건대, 사람의 의혹을 사기에 충분합니다. 귀 대신이 충청 감사에게 비칙하여 급히 해당 영장과 중군을 불러오게 해서, 듣고 보고 말한 내용을 상세히 캐묻고 하나하나 귀 아문에 보고하도록 하십시오. 실로 지극히 급하고 중요한 일입니다. 귀 대신이 살펴 시행하십시오. 조회합니다.

이상 조회합니다.

대 조선 외무대신 　김

서력 1894년 9월 19일

578. 동상 회신(謄 7책) |328|

〔발신〕 외무대신 김윤식(金允植)
〔수신〕 프랑스 서리공사 르페브르(Lefèvres, 노비부(盧飛鳧))

---

16 조조 : 144쪽 주13 참조.

고종 31년 8월 21일
서기 1894년 9월 20일

대조선 독판교섭통상사무 김윤식이 회신합니다. 방금 받은 귀 서리대신의 조회에,

"지난번 전날에 충청 감사가 공주 영장 및 중군을 파견하여 중국 섭지초 군문을 영접했고, 해당 섭지초 군문이 금강에서 아주 가까운 시목동(枾木洞) 관가에 있으면서 프랑스인 조조 신부를 취초할 때, 해당 공주 영장 및 중군이 곁에 앉아 들었다는 사실을 확실히 탐지했습니다. 뜻하지 않게 충청 감사의 첩보 중에는 이런 사실이 전혀 들어 있지 않습니다. 이는 참으로 본 서리대신에게는 극히 괴이한 일입니다. 해당 감사가 한 짓으로 보건대, 사람의 의혹을 사기에 충분합니다. 귀 대신이 충청 감사에게 비칙하여 급히 해당 영장과 중군을 불러오게 해서, 듣고 보고 말한 내용을 상세히 캐묻고 하나하나 귀 아문에 보고하도록 하십시오. 실로 지극히 급하고 중요한 일입니다. 귀 대신이 살펴 시행하십시오." 라고 했습니다. 이에 따라, 이 일은 귀 공사관에서 탐지한 것이 확실하지만, 충청 감영의 보고에 끝내 명백하지 않다고 했고, 참석하여 앉아서 취초했다는 등의 이야기는 조사하는 자리에서 나오지 않았습니다. 만일 해당 영장이나 중군 등이 죄를 숨기려는 의도가 아니었다면 귀 공사관의 탐문한 사람이 혹시 잘못된 사실을 들은 것으로 생각합니다. 다만 충청 감사의 보고로 보면, 군대의 장수가 섭지초인 것은 의심할 여지가 없고, 본 증인은 해당 영장과 중군, 관예, 뱃사공 등이 모두 멀리서 보았습니다. 귀 관서 대신이 살펴 처리하십시오. 조회합니다.

이상 조복(照覆)합니다.

프랑스 흠명서리출사조선판사대신 　　르
개국 503년 8월 21일

584. 프랑스 신부 호송 장교 이덕화에 대한 시상을 희망하는 건(謄 7책) |329|

〔발신〕 프랑스 서리공사 르페브르(Lefèvres, 노비부(盧飛鳧))
〔수신〕 외무대신 김윤식(金允植)

고종 31년 9월 21일
서기 1894년 10월 19일

삼가 공문을 보냅니다. 프랑스 신부를 호송해 온 장교 이덕화(李德華)의 시상 사안은 이미 승낙을 얻었습니다. 그러므로 바라는 바를 이에 적어 올리니 택일하여 속히 차출하시기 바랍니다. 편안하시기를 빕니다.

갑오년 9월 21일　　　르페브르 올림

585. 위의 사안을 해당 감사에 시달했다는 회신(謄 7책) |329|

〔발신〕 외무대신 김윤식(金允植)

〔수신〕 프랑스 서리공사 르페브르(Lefèvres, 노비부(盧飛鳧))

고종 31년 9월 21일
서기 1894년 10월 19일

삼가 회신합니다. 지금 받은 공문은 이덕화(李德華)에 대한 시상 사안인데, 곧장 해당 관찰사에게 공문을 보내 그에 대한 상을 선택하고 특별히 수고에 대한 보수를 시행하라고 지시했습니다. 헤아려 주시기 바라며, 이에 회신합니다. 복되시기 바랍니다.

갑오년 9월 21일   김윤식 올림

변주승 역

588. 프랑스 보두네 신부의 신변 보호 및 잃어버린 물건 값 2천 원 배상 요청에 대한 안건(謄 7책)
594. 프랑스인 보두네 신부 보호 지시 및 잃어버린 물건의 내용 제시 요청에 대한 안건(謄 7책)
595. 위와 같은 보두네 신부가 잃어버린 물건에 대한 기록 제시에 대한 안건(謄 7책)
607. 프랑스인 신부 보두네가 잃어버린 물건에 대한 추가 배상 안건(謄 8책)
608. 위와 같은 보두네 신부가 잃어버린 물건을 배상하라는 요구 안건에 대한 이의 제기의 안건(謄 8책)
609. 위와 같은 보두네 신부가 가옥을 약탈당한 전말에 대한 해명 안건(謄 7책)
610. 위와 같은 문건에 대한 조복(照覆)(謄 8책)
615. 보두네 신부 배상 요구에 대해 보상을 거부하는 안건(謄 8책)
616. 위와 같은 보두네 신부 안건에 대한 영문 번역 첨부 문건을 돌려보내는 안건(謄 8책)
639. 보두네 신부가 겪은 피해에 대한 위로금을 지급하는 안건(謄 8책)
640. 전라도 고산 사또가 내린 하첩의 폐기를 요청하는 안건(謄 8책)

641. 위와 같은 하첩의 폐기를 지시한 안건(謄 8책)
644. 보두네 신부에 대한 위로금 전달의 안건(謄 8책)
918. 폐단을 일으키는 교도에 대한 프랑스 사람의 비호 금지를 요망하는 안건(謄 12책)
932. 장성에 오래 갇힌 교도(敎徒) 윤씨에 대한 석방을 요망하는 안건(原 2책)

588. 프랑스 보두네 신부의 신변 보호 및 잃어버린 물건 값 2천 원 배상 요청에 대한 안건(謄 7책) |329|

〔발신〕 프랑스 서리공사(署理公使) 르페브르(Lefèvres, 노비부(盧飛鳧))
〔수신〕 외무대신(外務大臣) 김윤식(金允植)

고종 31년 12월 12일
서기 1895년 1월 7일

삼가 알려 드립니다. 프랑스 신부 보두네 및 비에모(Villemot, 우일모(禹一模), 1869~1950)[1]가 충청도 금강(錦江) 지역에 가서, 죽임을 당한 프랑스인 조조 신부의 무덤을 살펴서 다시 무덤을 쓰거나 또는 무덤을 옮길 때 각별히 돌봐 주고, 다음으로 해당 신부 등이 전라도 전주 지역으로 옮겨 갈 때도 역시 보호해 주어 혹시라도 소홀하게 다루는 일이 없게 해 달라는 내용으로 충청 감영 및 전라 감영에 서신을 보내주시기 바랍니다.

삼가 편안하시기 바랍니다.

다음 사안입니다. 전주 지역에 있는 보두네 신부 관사의 모든 기물이

---

1 비에모(Villemot) : 파리외방전교회 소속 선교사이다. 1892년 3월 12일 사제서품을 받은 뒤 6월 18일 한국에 입국했다. 같은 해 9월 23일 인천 제물포(현 답동) 본당의 임시 주임으로 부임해 약 7개월간 사목했으며, 1893년 4월 전라도 지방으로 파견되어 차독백이(현 백석, 완주군 운주면 구제리)에 부임하여 성당 부지를 물색하다가 1894년 1월 초 성당 부지를 되재로 정하여 1895년 10월 성당을 완공했다. 1898년 서울교구 재정 담당 신부로 임명되어 20년 가까이 활동했으며, 1916년 약현(현 중림동) 본당 주임신부로 부임했고, 1926년 3월 서울교구 부주교 겸 명동 본당 주임신부로 부임해 사목하다가 1942년 은퇴했다. 이후 샬트르 성 바오로 수녀회의 지도신부로 재임하던 중 1950년 7월 11일 공산군에 의해 체포되어 11월 11일 하창리 수용소에서 옥사했다.

두루 불에 타거나 죄다 없어졌는데, 그 값어치를 헤아리면 서양 은화로 대략 2천 원에 해당됩니다. 요청하건대 지방관에게 지시하여, 전임 전라 감사 김 아무개²가 허락한 내용과 똑같이 보두네 신부에게 그 돈 2천 원을 배상토록 해 주시기 바랍니다. 그리해야 참으로 공평 타당할 것입니다.

서력 1월 7일
갑오년(1894, 고종 31) 12월 12일   르페브르 올림

594. 프랑스인 보두네 신부 보호 지시 및 잃어버린 물건의 내용 제시 요청에 대한 안건(謄 7책) |330|

〔발신〕 외무대신 김윤식(金允植)
〔수신〕 프랑스 서리공사 르페브르(Lefèvres, 노비부(盧飛鳧))

고종 31년 12월 14일
서기 1895년 1월 9일

서둘러 회답합니다. 보내신 서신을 방금 받고 나서 귀국의 신부가 충청 감영 및 전라 감영에 간다는 사실을 알게 되었습니다. 이에 두 곳에 보낼 서신을 작성해 각별히 돌봐 달라고 부탁하였습니다. 가지고 있는 두 통의 서신을 아울러 이에 보내드리니, 해당 신부가 지니고 가

---

2 김 아무개 : 1894년 동학농민전쟁 당시 전라도 관찰사를 역임했던 김학진(金鶴鎭)을 가리킨다.

게 해 주시기를 바랍니다.

불타 버린 기물 값을 전라 감영에서 추가 배상하는 사안의 경우, 생각건대 전라 감영이 난리를 겪어 황폐해진 나머지 아마도 일시에 깨끗하게 청산할 수는 없을 듯합니다. 잃어버린 기물에 대해 참고할 만한 장부가 만일 있으면 제시해 주어 아주 낱낱이 조사하는 데 편리하게 해 주시기 바랍니다. 만약 참고할 만한 것이 없으면 관두어도 무방할 듯합니다. 이에 나날이 행복하시기 바랍니다.

갑오년 12월 14일   김윤식 올림
-충청 감영 및 전라 감영에 보내는 서신 각 1통 첨부함-

595. 위와 같은 보두네 신부가 잃어버린 물건에 대한 기록 제시에 대한 안건(謄 7책) |330|

〔발신〕 프랑스 서리공사 르페브르(Lefèvres, 盧飛鳧)
〔수신〕 외무대신 김윤식(金允植)

고종 31년 12월 14일
서기 1895년 1월 9일

삼가 알려 드립니다. 보두네 신부가 잃어버린 물건에 관한 기록을 말미에 적어 드리니 굽어살피시기 바랍니다. 삼가 편안하시기 바랍니다.

갑오년 12월 14일   르페브르 올림

○ 서력(西曆) 6월 어느 날 잃어버린 물건에 관한 기록

은전(銀錢) 15원

각종 식물 1백 50원

○ 서력(西曆) 6월 어느 날 잃어버린 물건에 관한 기록

말 2마리

서양식 말안장과 여러 도구 2벌〔件〕

은(銀) 20원

미사〔彌撒〕에 쓰이는 여러 도구인 금은 그릇 등 종류

제대(祭臺)에 쓰이는 여러 도구

조선 책 및 서양 책

의복 여러 벌

각종 식물

    이상의 물건을 값으로 치면 1천 5백 원

집〔家舍〕이 5백 원쯤

    모두 합해서 2천 원

607. 프랑스인 신부 보두네가 잃어버린 물건에 대한 추가 배상 안건(謄 8책) |330|

〔발신〕 프랑스 서리공사 르페브르(Lefèvres, 노비부(盧飛鳧))

〔수신〕 외무대신 김윤식(金允植)

고종 32년 3월 1일

서기 1895년 3월 26일

프랑스의 흠명서리출사조선판사대신(欽命署理出使朝鮮辦事大臣) 르페브르가 조회합니다. 조회의 내용은 다음과 같습니다.

   작년에 전주의 프랑스 신부 사제관이 해당 신부가 없을 때 비적 무리들에게 약탈을 당해 모든 기물을 몽땅 빼앗겼습니다. 어제 해당 신부가 전주로 되돌아가 잃어버린 물건에 대해 배상하는 일을 전라 감사에게 요청했으며, 전라 감사는 그러한 요청을 인가했다고 하였습니다. 다만 전라 감사가 그 보두네 신부에게 확언하기를, 전라도의 재정이 바닥나 배상할 길이 전혀 없다고 했다 합니다. 번거롭지만 귀 대신께서, 지방관의 힘으로는 배상할 수 없는 해당 비용을 귀 탁지아문(度支衙門)에서 그 보두네 신부에게 배상할 수 있도록 해 주시기 바랍니다. 그리 된다면 귀 대신에게 감사하게 될 것입니다. 조회합니다.

   이상 조회합니다.

대조선(大朝鮮) 외무대신   김(金)

서력 1895년 3월 26일

을미년(1895, 고종 32) 3월 1일

○ 잃어버린 물건의 가치 내역

은화 15원

식물 및 집기 1백 50원

말 2마리 1백 30원

말안장 2벌과 여러 도구 합 20원

은화 20원

미사 제례에 쓰이는 여러 도구 4백 50원

제대(祭臺) 65원

조선 서책 및 화본(畵本) 1백 75원

서양 서책 1백 원

의복 80원

여타 식물 및 기물 50원

　합계 1천 3백 60원

또한 훼손당한 집을 고치는 비용이 있는데, 그 액수는 아직 정해지지 않았음.

608. 위와 같은 보두네 신부가 잃어버린 물건을 배상하라는 요구 안건에 대한 이의 제기의 안건(謄 8책) |331|

〔발신〕 외무대신 김윤식(金允植)
〔수신〕 프랑스 서리공사 르페브르(Lefèvres, 노비부(盧飛鳧))

고종 32년 3월 4일
서기 1895년 3월 29일

조복(照覆)합니다. 말씀드릴 내용은 다음과 같습니다.
　음력 3월 1일에 접수한 귀 조회에서 운운한 내용을 보고, 모든 상황을 잘 알았습니다. 살피건대 일찍이 지난해에 우리나라에서 불행하게도 내란이 일어났습니다. 여기저기서 토적(土賊)들이 걷잡을 수 없이 퍼져 나갔는데, 전라도 일대 지역이 가장 심했습니다. 동학 무리들이 한데 모여 지방관의 명령은 따르지 않고서 범법 행위를 함부로 저질렀습니다. 이따금 수령을 욕보이기까지 하며 망측한 행동을 했습니다. 이번에도 일시적으로 약탈을 일삼았는데 이는 세상 사람들이 모두 아는 사실입니다.

다만 해당 지방관 등이 철저하게 대책을 강구하여 기필코 비적 무리들을 진압하고 엄격한 법망을 만회하려 힘썼으나, 결국에는 뜻대로 되지 않았습니다. 그 후 서울에서 군대를 파견하여 요망한 분위기를 깨끗이 쓸어내고 아울러 지방관 등을 서둘러 도와서 법령을 만회하게 했습니다. 또한 비적 무리들이 불법을 자행한 폐단을 제거했습니다. 이후 청나라 군대가 우리나라에 와서 우리 군사를 도와주려 했으며, 같은 때에 일본 군대도 와서 도와주었습니다. 이는 실로 세상 사람들이 모두 아는 사실입니다. 접때인 음력으로 지난해 4월 5일 전임 서리 독판 김(金) 아무개[3]가 이미 서울 주재 각국 공사(公使)·영사(領事) 등에게 당시 정황을 밝혔는데, 거기에는 아울러 각국 사람 가운데 빙표(憑票)를 지니고 내륙 지방을 돌아다니는 자들을 서둘러 불러들여 뜻밖의 재난을 당하는 상황을 면하도록 하라는 내용이 담겨 있었습니다.

그 후 받아 본 귀하의 조복 내용에 따르면, 해당 지역에 마침 프랑스의 신부가 있어 이러한 사실을 이미 주교(主敎)에게 전해 알려 그대로 처리하게 했다고 하였습니다. 그 당시 우리 정부에서는 비록 여러 가지 방법을 강구하여 토적을 소탕하고 불법을 자행하는 무리들을 진압하는 한편 법령을 만회하려 했습니다만, 끝내는 토적 무리들의 기세가 갈수록 더욱 심해져 줄곧 창궐했습니다. 본토 주민들의 많은 재산을 탈취하는 지경에 이르렀는데, 이는 다른 나라 사람들의 재산을 탈취하는 일과

---

[3] 김(金) 아무개 : 1894년 4월 5일 당시 서리독판교섭통상사무(署理督辦交涉通商事務)를 역임한 김학진(金鶴鎭)을 가리킨다.

차이가 없었습니다. 따라서 그 당시 재산을 잃어버리거나 자신과 가족들이 고난을 겪게 된 것은 대체로 도적들 탓이라고 하겠는데, 귀국의 보두네 신부도 불행히 이러한 고난을 겪고 그 지방에서 재산을 잃어버렸다고 했습니다. 본 대신은 그런 소식을 듣고 안타까워해 마지않았습니다. 다만 이러한 상황에서 만약 적절하게 대처하지 못해 혹시라도 뒷날 다른 사람들이 이를 근거로 삼을 우려가 있습니다. 이처럼 이번 사안이 우리 정부에는 긴요한 안건이라는 점을 인지하여, 마땅히 조복을 결안(結案)하기에 앞서 저간의 모든 정황을 모름지기 서둘러 아주 자세하고 신중하게 조사해 보려 합니다.

귀 조회 내용에 따르면 작년쯤 보두네 신부가 그러한 환난(患難)을 겪었다고 했는데, 본 대신은 그러한 일이 어느 날 일어났는지 자세히 알지는 못합니다. 귀 공사께서 그 일이 일어난 일시를 자세히 조사해 다시 알려 주시기 바랍니다. 보두네 신부에게 빙표(憑票)를 발급해 준 때는 498년[4] 어느 달 어느 일이라고 기록되어 있는데, 그전에 이미 지방을 돌아다니러 나갔던 것입니다. 귀 공사께서 그 빙표가 어떤 상태인지 자세히 살펴보시고, 또한 가능하다면 한 본을 보여 주어 마땅히 다시 자세하게 확인할 수 있게 되기를 바랍니다. 상응하게 문서로 서로 구비하여 조복합니다. 조회합니다.

을미년 3월 4일

---

[4] 498년 : 영인본은 '四百九十八年'이라고 되어 있는데, 다음에 나오는 프랑스 서리공사의 조회를 보면 이는 조선이 개국한 지 498년 되는 해인 1889년을 가리키는 것으로 보인다. 보두네 신부는 1885년에 조선에 입국했으며, 1915년에 세상을 떠나 치명자산 성지 내 전주교구 성직자 묘지에 묻혔다.

609. 위와 같은 보두네 신부가 가옥을 약탈당한 전말에 대한 해명 안건(謄 7책) |332|

〔발신〕 프랑스 서리공사 르페브르(Lefèvres, 노비부(盧飛鳧))
〔수신〕 외무대신 김윤식(金允植)

고종 32년 3월 6일
서기 1895년 3월 31일

프랑스의 흠명서리출사조선판사대신 르페브르가 조회합니다. 조회의 내용은 다음과 같습니다. 서기 3월 29일에 접수한 귀 대신의 조복 내용에 따르면, 보두네 신부가 가산을 약탈당한 정황을 제시해 달라고 했습니다. 이에 그 과정을 아래와 같이 밝히는 바입니다.

 살피건대 서기로 지난해 5월쯤-음력 4월- 전전(前前) 서임(署任) 김(金) 아무개가 전주의 소요 사태 정황에 대해 각국 공사에게 밝혔습니다. 그 당시 보두네 신부도 이런 사실을 들어 알게 되었습니다. 만약 전주에서 조금이라도 오래 머물게 된다면 틀림없이 위험한 상황을 맞게 될 것이기에, 즉각 전주를 떠나 조금 안전한 지역으로 가서 훗날을 기다렸습니다.

 이어 6월 8일-음력 5월- 귀국의 전임 조(趙) 아무개[5]의 서한 내용에 따르면, 경군(京軍)이 전주를 평정하고 비적 무리들이 모조리 소탕되었다고 했습니다. 본 부서의 대신(大臣)이 마땅히 그 소식을 주교(主敎)에게 전해 알려 주니, 주교도 그리 믿게 되었습니다. 이어서 듣자니,

---

[5] 조(趙) 아무개 : 1894년 6월 8일 당시 독판교섭통상사무(督辦交涉通商事務)를 역임한 조병직(趙秉稷)을 가리킨다.

보두네 신부가 전주에서 돌아왔다고 했습니다. 그런데 불행히도 귀국 대신이 보낸 서신이 사실이 아니어서 비적 무리들이 모두 소탕되지는 못했다고 하며, 날짜가 오래되지 않아 보두네 신부의 처지가 매우 위태로웠다고 했습니다. 아울러 전라 감사 김(金) 아무개[6]가 비적 무리의 뜻을 따르는 체하면서, 책임을 모면하려고 신부를 보호했습니다. 8월 쯤-음력 7월- 보두네 신부가 전주에서 허겁지겁 몰래 달아났는데, 자기의 기물들을 운반할 겨를이 없었습니다. 오는 길에 가장 위험한 지역을 지나 한성(漢城)에 도착했습니다.

금년 1월 초 보두네 신부는 해당 지역이 안정되었다는 소식을 듣고 전주로 내려가서 집 안을 둘러보았는데, 기물들을 모조리 약탈당한 상태였습니다. 기물을 약탈당한 그때가 어느 날이었는지 본 부서의 대신이 명확하게 말하자면, 단지 11월-음력 10월- 중에 약탈을 당한 것으로만 알고 있습니다. 귀 대신께서 해당 도에 특별 지시를 내려 그 과정을 조사 보고하게 할 수 있을 것입니다.

보두네 신부가 소지한 호조(護照)의 경우, 보두네 신부 자신이 몸에 지니고 있습니다. 때문에 조약의 취지에 입각해 볼 때 그것을 보내드릴 수가 없으며 따라서 살펴보게 해 드릴 수도 없습니다. 다만 문권에 실린 내용에 따르면, 제21호 호조가 발급된 때는 1889년 11월 10일입니다.[7] 청컨대 수고스럽겠지만 귀 대신께서는 살펴 헤아리시기 바랍니다. 조회합니다

---

6 김(金) 아무개 : 158쪽 주2 참조.
7 1889년 11월 10일입니다 : 앞에 나오는 외무대신 김윤식 조복에는 보두네 신부에게 빙표를 발급해 준 때가 498년이라고 되어 있다. 양쪽의 기록을 비교해 보면, 498년은 조선이 개국된 지 498년인 1889년을 가리키는 것으로 보인다.

이상 조회합니다.

대조선(大朝鮮) 외무대신 김(金)

서력 1895년 3월 31일

을미년 3월 6일

610. 위와 같은 문건에 대한 조복(謄 8책) |333|

〔발신〕 외무대신 김윤식(金允植)

〔수신〕 프랑스 서리공사 르페브르(Lefèvres, 노비부(盧飛鳧))

고종 32년 3월 9일

서기 1895년 4월 3일

말씀드릴 내용은 다음과 같습니다. 음력으로 금년 3월 6일에 접수한 귀하의 조복(照覆)에서 운운(云云)한 내용을 두루 모두 살펴보았습니다. 귀 공사(公使)께서 이 조목에 대해서 서둘러 조복을 보내주시고 아울러 나열해 보내주셔서, 본 대신은 아주 감사하게 여기고 있습니다. 그리하여 모든 상황을 잘 알았습니다. 귀국 신부가 손해를 입은 기물에 대한 배상을 하는 그 한 가지 사안에 대해 살펴보겠습니다. 우리 정부가 모름지기 각국과 맺은 조약이나 혹은 통행 규정을 살펴보고 만일 당연히 배상해야 할 사안이라고 판단되면, 그 상환에 대한 책임을 모면하기를 바라지는 않을 것입니다. 또한 본 대신도 역시 이 사안의 처리를 질질 끌 의도는 없습니다.

그러나 살피건대, 이번 사안에는 여러 가지 사정이 있습니다. 지난

3월 4일 본 대신의 조복 안에서 그러한 정황에 대해 대략 말하였습니다. 귀 공사께서 굽어살펴 주시기 바랍니다. 본 대신이 살피건대, 이번 조목은 조복에 앞서 타결(妥結)해야 합니다. 마땅히 본 부서에서 확인 과정을 거친 뒤에 드러난 실제 정황도 차이가 없는 것이었습니다. 이에 서둘러 전라 관찰사에게 공문으로 지시를 내려, 해당 신부가 고난을 당한 실정에 대해 그 연유를 신속히 조사하고 본 부서에 빨리 보고하게 하여 정확한 근거로 삼을 것입니다. 이 한 조목을 제외하고는 하나같이 전라도 관찰사가 올린 첩정(牒呈)이 도착할 때까지 기다렸다가, 즉각 다시 받들어 행하여 대외에 알리겠습니다. 상응하게 문서로 서로 구비하여 조복합니다.

을미년 3월 9일　　　김윤식 올림

615. 보두네 신부 배상 요구에 대해 보상을 거부하는 안건
　　　(謄 8책) |333|

〔발신〕 외무대신 김윤식(金允植)
〔수신〕 프랑스 서리공사 르페브르(Lefèvres, 盧飛鳧))

고종 32년 4월 1일
서기 1895년 4월 25일

대조선(大朝鮮) 외무대신 김(金) 아무개가 조회합니다. 조복을 살펴보니 귀국 신부 보두네가 접때 동학 무리에게 당한 피해에 대해 배상을 요구하는 한 가지 사안에 대해, 이미 번갈아 문서를 구비하여 조회한 것으로 문건에 기록되어 있습니다.

　살피건대 양력 3월 29일 일본 대신의 조복 내용에 따르면, 귀 공사에게 조사 내용 전체를 이미 자세히 알렸다고 했습니다. 그 후 전라도 관찰사에게 당장 공문을 보내, 거기에 드러난 실정 가운데 귀하의 조회 안에서 밝혀지지 않은 부분을 하나하나 조사하여 밝히고 즉각 빨리 보고하도록 지시했습니다. 뒤이어 보내온 전보 내용에 따라, 이 사안의 정황을 즉시 조사하여 보니 아주 중요하여 마땅히 서둘러 조복을 작성해 보냅니다.

　지난번 우리나라에 불행하게도 내란이 일어나 많은 고을들에서 소요 사태가 벌어졌는데, 전라도 일대가 가장 심했습니다. 동학 비적 무리들이 걷잡을 수 없이 설쳐 대 지방관을 욕보이고 백성들을 죽이고 해치며 재산을 약탈했습니다. 이는 세상 사람이 모두 아는 사실이니만큼 길게 언급할 필요가 없을 것입니다.

　얼마 전 양력 3월 29일 일본 대신의 조회 내용에 대해서는, 대략이나마 모든 사정을 이미 자세히 밝혔으니 귀 공사께서 서둘러 굽어살펴 보시기 바랍니다. 다만 당시 해당 지방관이 비록 이미 힘을 다해 다스리려 했으나, 결국은 법령을 회복하지도 백성을 보호하지도 못했습니다. 또한 그 당시에 서울에서 파병한 대규모 부대가 해당 지역으로 전진하여 비적 무리들을 진압하고 사악한 분위기를 말끔히 없앴습니다. 전주 경내 및 전주 주위 사방이 일찍이 중대한 전투를 치른 지역이라서, 사람의 목숨이 죽거나 다친 경우가 아주 많았습니다. 또한 해당 모든 지역을 어떤 때는 병사들이 차지했다가 어떤 때는 동학 무리들이 차지하기도 했습니다. 이후 순변사(巡邊使) 이(李) 아무개[8]의 전보 내용을 보니 동학 비적 무리를 체포하고 사악한 분위기를 말끔히 없애 버린 정황

등이 담겨 있어, 토적 무리들이 완전히 패배하여 사방으로 달아났을 것이라고 가만히 생각하고 한편으로 그리 되었기를 바랐습니다.

지난 양력 3월 21일 귀하의 조회 안에도 이미 분명히 기재되어 있다시피, 지난해 양력 6월 6일 전임 독판(督辦) 조(趙) 아무개⁹가 이러한 첩보(捷報)를 가지고 이미 한성 주재 각국 공사와 영사(領事)에게 밝혔습니다. 다만 그 당시 조회 안에서는 지방을 돌아다니는 외국인에 대한 언급은 없었으며, 그전부터 통상 항구 지역에 가 있던 외국인더러 돌아오도록 권유하는 내용도 없었습니다. 또한 안전하게 전라도 지역을 돌아다니는 외국인 등에 대한 언급도 없었습니다. 훌륭한 법규를 만회하게 되기를 간절히 바라며 모든 일이 화평하게 되기를 몹시 기대했던 것입니다. 그런데 어쩌다가 동학 무리들이 다시 사납게 날뛰고 전날보다 더욱 심하게 되었습니다. 또한 일본과 청나라 양국 군대가 서로 전투를 벌인 탓에 우리 정부도 큰 소란을 겪고 걱정을 했었던 것입니다. 살피건대 전임 독판 조 아무개가 각국의 공관에게 밝히기에 앞서 청나라 군대가 이미 조선에 와서, 여러 고을에서 소란을 일으키는 토적 무리들을 소탕하겠다고 공공연하게 말했습니다. 그 후 일본 군대도 조선에 와서, 지난번에 우리 한성에서 떠들썩하고 불안하며 일시적으로 소란스런 사태가 벌어지기에 이르렀습니다.

이제 와서는 길게 말할 필요가 없습니다만, 그 당시 한성 및 한성

---

8 이(李) 아무개 : 대호군(大護軍)을 역임하다가 고종 31년(1894) 4월 27일 양호 순변사(兩湖巡邊使)로 임명된 이원회(李元會)를 가리킨다(『고종실록』 31권, 31년(1894) 4월 27일(계유)).
9 조(趙) 아무개 : 1894년 6월 6일 당시 독판교섭통상사무(督辦交涉通商事務)를 역임한 조병직(趙秉稷)을 가리킨다.

사이에서 일본과 청나라 양국 군대가 서로 원수처럼 바라보며 무력 충돌을 빚었습니다. 한바탕 큰 전투를 벌인 뒤에 양국 군사들이 서로 무수한 병사들을 살상했는데, 청나라 군대가 마침내 패배하여 약간의 병사들은 사방으로 흩어져 달아나고 약간의 병사들은 북방으로 도망을 쳤습니다. 일본과 청나라 양국의 구원병이 당도하고 이어서 전투를 벌이는 동안 살상된 인명이 거의 천 수백 명에 이르렀습니다. 그런즉 조선 지역이 일본과 청나라 양국이 벌이는 중대한 전쟁터가 되어, 몇 달이나 되는 오랜 시간을 끌다가 마침내 작년 말까지 이르렀습니다. 그 후 해당 전쟁의 위세가 북쪽 변방으로까지 확대되었습니다. 이때를 틈타 토적 무리들이 줄곧 창궐하고 날로 기세를 떨쳤으며, 우리 정부의 위력은 차츰 약화되고 진압에도 어려움을 겪게 되었습니다. 이러한 상황은 모두가 아는 사실입니다. 이 때문에 본 대신은 전임 독판 조(趙) 아무개가 각국 공사에게 조회했을 때 서신을 보내지 못하여, 귀국의 신부 보두네가 전주로 가도록 유도했던 것입니다. 또한 해당 사람이나 혹은 다른 사람에게 그 조회를 해석한 서신을 보내지 못하여, 해당 도를 돌아다니던 자들의 재산 손실을 보상하는 것으로 인식하게 했던 것입니다.

  그러다가 전라도 관찰사가 올린 품보(稟報)가 왔었는데, 이에 대해서는 이미 위에서 언급한 바 있습니다. 지난해 음력 10월 22일 역적 괴수 김개남(金開男)[10]이-나중에 체포해 죽였다- 전주를 점령했을 때 패거

---

10 김개남(金開男) : 1894년 동학농민전쟁의 지도자이다. 1890년경 동학에 입도하여 1891년 접주가 되었고, 1892년 삼례에서 교조신원운동을 벌일 때 지도력을 발휘했으며, 1893년 보은집회 때 태인 대접주에 임명되었다. 1894년 전봉준의 주도로 고부농민봉기가 일어나자 손화중과 함께 기포하여 갑오농민전쟁을 주도했다. 전주화약 뒤 남원을 점령하여 계속 주둔하면서 전라좌도의 폐정개혁을 관할했다. 남북적농민군의 공주전투를 외면한 채 11월 13일 청주를 공격했으나 패배하여 태인으로 돌아와

리들을 보내 우리나라 사람들의 인가를 약탈했으며 살상한 백성들도 많았고 관가도 역시 피해를 입었으며 프랑스 신부 보두네의 가산도 약탈을 당했다고 운운한 등의 정황이 거기에 실려 있었습니다. 이에 따라 살피건대, 그 당시 우리나라 지방관 및 무관(武官)들이 모두 무력하여 조선 백성의 목숨 및 외국인과 조선인의 신변과 재산을 보호할 수 없었던 것입니다.[11] 이는 실로 귀국 사람의 재산만 일부러 훼손한 것은 아니었으며 또한 외국인의 재산만 훼손하려 했던 것도 아니었습니다. 다만 그 당시 외국인 가운데 해당 지방에 거주하는 자들은 실제로 없었습니다. 조선인이 당한 재산의 손해가 외국인이 겪은 피해보다 실로 몇 배나 더 많았습니다. 본 대신이 『만국공법(萬國公法)』 및 각국에서 널리 사용되는 규정을 살펴보니, 그 내용은 대략 아래와 같았습니다.

"나라에 내란이 일어나거나 비적 무리 및 반역 도당들이 법률을 어기고 난리를 일으켜, 본국 정부가 일시적으로 관할할 수 없고 이 때문에 전쟁이 일어나 만일 외국인 재산의 손해를 입게 된다면, 본국 정부가 그 피해를 보상할 필요는 없다."

-홀[12]의 『만국공법』 198장, 제2간본(第二刊本)에 나온다-

이러한 공법은 확실히 평소 규정대로 시행해야 하는 것입니다. 이번 사안에 대해 말하자면, 이는 동학 무리들이 널리 퍼졌기 때문만이 아닙니다. 우리나라 정부도 철저히 대책을 강구하여 사악한 분위기를 말끔

숨어 있다가 12월 27일 체포되어 다음 해 1월 8일 전주 장대에서 참수당했다.
11 보호할……것입니다 : 영인본은 '可保護'라고 되어 있는데, 전후 문맥을 고려하여 '不可保護'의 오기로 간주하고 번역한다.
12 홀 : 영국의 국제법 학자인 윌리엄 에드워드 홀(William Edward Hall)을 가리킨다.

히 없애려 했으나, 동시에 우리나라 경내에서 서로 전투를 벌이는 바람에 우리나라 정부도 이미 극심한 소란과 괴로움을 겪었습니다.

본 대신이 살펴보자니, 이번에 귀국 신부 보두네와 관련된 한 가지 사안의 경우, 어찌하여 위와 같은 『만국공법』의 적용 대상에서 벗어나는지 모르겠습니다. 보두네 신부가 기물을 가지고 가서 머물렀던 땅인 전주라는 지역은 각각의 통상 항구에서 몇백 리나 떨어진 곳입니다. 그 사람은 단지 허가증만 받고 지방을 돌아다니러 나갈 수 있었습니다. 또한 양력 1889년 10월 1일에 빙표(憑票)를 발급받았습니다. 그 후 그 사람이 비록 여러 차례 서울에 올라왔지만, 빙표를 다시 발급받은 일이 없었습니다. 이 때문에 지난해 양력 5월부터 12월까지 기간에 본 부서에서 빙표에 도장을 찍어 준 일은 전혀 없었습니다. 만약 외국인이 내륙 지방을 돌아다니기 위해 빙표를 발급해 달라고 요청했다면, 전주나 기타 소란스런 지방은 가지 말라고 마땅히 권유했을 것입니다. 다만 해당 신부가 피해를 입은 값비싼 기물에 대해서 만일 분명하게 말한다면, 이는 실로 여행객의 짐 보따리가 아니라고 하겠습니다. 그 가운데 값비싼 물건은 450원 가치의 촛대 및 기타 가재도구 등의 물건이었는데, 이에 대해서 본 대신은 다만 몹시 한스럽게 여기는 바입니다. 해당 신부가 비록 혹시라도 피해를 입은 물건이 있어 이에 대해 문제를 삼을 수야 있을 것입니다. 하지만 모름지기 이러한 정황을 살펴보았을 때, 우리 정부가 그에 대한 배상할 책임은 없다고 본 대신은 생각하는 바입니다. 또한 굳이 우리 탁지부(度支部)와 상의하여 배상할 필요는 없을 것입니다. 상응하게 문서로 서로 구비하여 조회합니다. 청컨대 수고스럽겠지만 귀 대신께서는 살펴 헤아리시기 바랍니다.

이상입니다.

프랑스의 흠명서리출사조선판사대신   르페브르

을미년 4월 1일

-영문 번역 문서 한 건을 첨부함-

616. 위와 같은 보두네 신부 안건에 대한 영문 번역 첨부 문건을 돌려보내는 안건(謄 8책) |334|

〔발신〕 프랑스 서리공사 르페브르(Lefèvres, 노비부(盧飛鳧))

〔수신〕 외무대신 김윤식(金允植)

고종 32년 4월 2일

서기 1895년 4월 26일

프랑스의 흠명서리출사조선판사대신 르페브르가 조회합니다. 조회의 내용은 다음과 같습니다.

　서기 4월 25일에 접수한 귀 대신의 조회 내용은 보두네 신부에 관한 사안이었습니다. 아울러 태지(胎紙)[13] 한 건이 있었는데, 귀 대신은 영문으로 번역한 문건이라고 칭했습니다. 그런데 본 부서의 판사대신은 영문을 모르기에 그 태지를 서둘러 귀 아문에 돌려보냅니다. 바라건대 이후 귀하의 조회 안에 영문 번역한 문건을 동봉해 보내는 수고를 겪지 않도록 하시기 바랍니다. 조회합니다.

　이상입니다.

---

13 태지(胎紙) : 편지 속에 따로 넣은 종이를 가리킨다.

대조선(大朝鮮) 외무대신   김(金)

서력 1895년 4월 26일

639. 보두네 신부가 겪은 피해에 대한 위로금을 지급하는 안건(縢 8책) |335|

〔발신〕 외부대신 김윤식(金允植)
〔수신〕 프랑스 서리공사 르페브르(Lefèvres, 노비부(盧飛鳧))

고종 32년 윤5월 4일
서기 1895년 6월 26일

조선 외부대신 김윤식이 조회합니다. 조회의 내용은 다음과 같습니다.
  귀국 신부 보두네에 관한 한 가지 사안으로 이전에 여러 차례 조회를 주고받은 것으로 문건에 기록되어 있습니다. 거슬러 살펴보건대, 지난해 10월 비적 괴수 김개남(金開男)이 전주로 숨어들어 전주성을 차지하고 약탈을 자행하며 우리 관리들을 능멸하고 우리 백성을 살해하며 우리 재산을 강탈하고 불태워 버렸습니다. 불행히 보두네 신부도 이때 함께 약탈을 당했는데, 이는 참으로 뜻밖의 일이었습니다. 이처럼 반역 무리들이 법률을 어기고 난리를 일으키는 사태를 당하여, 우리나라 정부는 일시적으로나마 해당 지역을 관할할 수 없었습니다. 따라서 비록 외국인이 재산 손해를 겪었다고 하더라도, 우리나라 정부에서 그 피해를 보상할 필요는 없다고 하겠습니다.
  우리 정부에서는 보두네 신부가 객지에서 임시로 머물다가 이처럼 낭패를 당한 사실을 염두하고 특별히 불쌍하게 여겨, 은화 150원을 마련해 돌보아 도와주는 자금으로 삼아 특별히 우대하는 뜻을 나타내고자 합니다. 본 대신이 살펴건대, 우리 정부에서 취하는 이런 조처는 참으로 '재물은 보잘것없지만 예우는 넉넉하고, 말은 짧지만 마음은 길게 간다.〔物微而禮優 言短而心長〕'라는 뜻에서 나온 것이라고 하겠습니다. 청컨대 수고스럽겠지만 귀 대신께서는 살펴 헤아리시기 바랍니다. 그 일금(一金) 100원을 전해 주고 아울러 해당 신부에게 우리 정부에서 관례를 벗어나 베푼 두터운 뜻을 알려 주어 잘 깨닫게 해 주시기 바랍니다. 조회합니다.

   이상 조회합니다.

프랑스의 흠명서리출사조선판사대신   르페브르
개국 504년 윤5월 4일

640. 전라도 고산 사또가 내린 하첩의 폐기를 요청하는 안건
    (謄 8책) |336|

〔발신〕 프랑스 서리공사 르페브르(Lefèvres, 노비부(盧飛鳧))
〔수신〕 외부대신 김윤식(金允植)

고종 32년 5월 13일
서기 1895년 7월 5일

삼가 알려 드립니다. 동봉해 드린 하첩(下帖)[14]은 이번에 전라도 고산에서 각 면(面)에 내려보낸 것입니다. 그 가운데 이른바 '동(東)'이 아

니면 서(西)이다.'라고 언급한 대목은 동학(東學) 및 천주교(天主敎)
를 가리키는 말입니다. 그런데 천주교를 믿는 백성은 곧 '윗사람을 어
버이처럼 친근하게 여기며 임금에게 충성하는' 자들입니다. 따라서 어
찌 차마 이들을 동학에 대비되는 무리라고 칭할 수 있겠습니까? 금번
하첩이 일단 나가게 되면, 사람들이 천주교를 거의 동학과 똑같은 무
리로 볼 것입니다. 그리 된다면 적지 않게 인심을 선동하게 될 것입니
다. 청컨대 귀 대신께서 고산 사또에게 엄히 지시해 그 하첩을 폐기하
여, 나쁜 사람과 선량한 사람이 뒤섞여 불리고 옥과 돌을 구분하지 못
하는 상황이 생기지 않게 해 주시기 바랍니다.

 삼가 편안하시기 바랍니다.

을미년 윤5월 13일   르페브르 올림

641. 위와 같은 하첩의 폐기를 지시한 안건(謄 8책) |336|

〔발신〕 외부대신 김윤식(金允植)
〔수신〕 프랑스 서리공사 르페브르(Lefèvres, 노비부(盧飛鳧))

고종 32년 5월 14일
서기 1895년 7월 6일

삼가 알려 드립니다. 어제 귀하의 편지를 받았는데, 그 내용은 우리 전
라도 고산 사또가 내린 하첩에 관한 한 가지 사안이었습니다. 모든 내

---

14 하첩(下帖) : 하체. 수령이 백성에게 첩문(帖文)을 내리는 일이다.

용을 곧바로 살펴보았습니다. 우리 고산 사또에게 지시를 내려, 그 하첩을 모두 폐기하게 했습니다. 귀하의 편지에 상응하게 답장을 보냅니다. 귀 영사(領事)-공사(公使)-께서 헤아려 살펴 주시기 바랍니다. 날마다 편안하시기 바랍니다.

을미년 윤5월 14일 김윤식 올림

644. 보두네 신부에 대한 위로금 전달의 안건(謄 8책) |336|

〔발신〕프랑스 서리공사 르페브르(Lefèvres, 노비부(盧飛鳧))
〔수신〕외부대신 김윤식(金允植)

고종 32년 6월 2일
서기 1895년 7월 23일

프랑스의 흠명서리출사조선판사대신 르페브르가 조복합니다. 귀하의 조회를 받아 보았는데, 그 내용은 작년에 전주에서 기물의 피해를 당한 보두네 신부에 대한 보상금으로 1백 원을 마련해 보낸다는 한 가지 사안에 관한 것이었습니다. 곧바로 그 돈을 받아서 한성(漢城)에 있는 주교(主敎)[15]에게 전달하여, 해당 신부에게 전해 주도록 하였습니다. 이와 같이 조복하니, 청컨대 수고스럽겠지만 살펴 헤아리시기 바랍니다. 조복합니다.

---

15 한성(漢城)에 있는 주교(主敎) : 제8대 대목구장인 뮈텔(Gustav Charles Marie Mütel) 주교를 가리킨다.

이상 조복합니다.

대조선(大朝鮮) 외부대신   김(金)
1895년 7월 23일
을미년 6월 2일

918. 폐단을 일으키는 교도에 대한 프랑스 사람의 비호 금지를 요망하는 안건(謄 12책) |348|

[발신] 외부대신 서리 유기환(兪箕煥)
[수신] 프랑스 공사 꼴랑드 블랑시(Collin de Plancy, 갈림덕(葛林德))

광무(光武) 2년(서기 1898년) 6월 23일

조회(照會) 제34호
대한 외부대신 서리 외부협판(大韓外部大臣署理外部協辦) 유기환이 조회합니다. 조회의 내용은 다음과 같습니다. 얼마 전 경상도 관찰사(慶尙道觀察使)가 올린 보고 내용에 따르면,

"본부(本府)의 경무서 총순(警務署總巡) 이대현(李大鉉)의 첩보 내용에 따르자면,

'본군(本郡)에 사는 김여홍(金汝弘)이 고발한 내용에 따르면,

「이웃 사람 허용석(許用石)이 본인의 아내와 간통하여 그대로 빼앗아 가고는 도리어 흉악하게 굴면서 칼을 빼 들어 훼방을 놓았습니다.」

라는 등의 정황이 담겨 있었습니다. 당장 대질 조사를 벌였는데 고발 내용과 같았습니다. 그 허용석을 잡아와 태벌(笞罰)을 가하고 곧바로

석방했습니다. 그 후 느닷없이 조병규(趙秉奎)·김안권(金安權)·동광전(董光塡)이란 자들이 교도(敎徒)라고 칭하면서 문안을 작성해 서찰을 보냈는데 그 내용이 지극히 거칠고 거만했습니다. 심지어 '귀국(貴國)' 등의 말까지 들어 있었습니다. 이에 따라 살피건대 우리와 같은 옷차림새를 한 백성들이 감히 '본국'을 '귀국'이라고 칭하면서 투서를 했으니 매우 원통하기 그지없습니다.'
라는 등의 정황이 담겨 있었습니다. 이러한 보고를 바탕으로 낱낱이 살펴 처리해 주시기 바랍니다."
라고 했습니다. 경상도 관찰사의 보고 내용에 거듭 따르자면,

"프랑스인 우도(Oudot, 오보록(吳保祿), 1865~1913)[16] 신부가 부(府)에 와서 만나 보고 싶다고 했는데, 본 관찰사가 때마침 병에 걸려 영접을 하지 못했습니다. 그랬더니 그 신부가 몹시 화를 내고 갔습니다."
라고 기록되어 있습니다.

방금 전라도 관찰사(全羅道觀察使)가 올린 보고 내용에 따르면,
"장성 군수(長城郡守)의 첩보 내용에 따르자면,
'지난해 동학 비적의 난리 때 법망을 빠져나간 남은 패거리들이 외국교도(外國敎徒)라고 사칭하면서 이따금 일을 일으켰는데, 저희 장성군이 가장 심하여 항상 주의하라고 지시를 했습니다. 금년 3월에 이르러 고을에 사는 공노경(孔魯京)이 관아 마당에 들어와서 목 놓아 울며 소

---

16 우도(Oudot) : 파리외방전교회 소속 선교사이다. 1888년 9월 22일 사제서품을 받은 후 페낭 신학교에 파견되었으나 더운 기후를 견디지 못해 곧 전임되어 1890년 10월 24일 한국에 입국했다. 1891년 10월 전라도 고산 차독백이(현 백석, 전북 완주군 운주면 구재리)에 부임하여 1년 반 동안 사목했으며, 1893년 4월 부산 본당 주임신부로 부임하여 5년 남짓 사목했다. 1898년 7월 황해도 매화동 본당 2대 주임신부로 부임하여 15년간 사목하다가 1913년 10월 31일 선종했다.

리치기를,

「이름은 모르는 김씨(金氏)라는 사람이 무뢰배 수십 명을 앞장서 거느리고 와서 본인의 아버지를 잡아갔습니다. 사정이 다급하니, 조사해 처리해 주시기 바랍니다.」

등의 말을 했습니다. 순교(巡校) 한 명을 즉각 보내 해당 지역에 가서 상황을 살펴보게 했는데, 저 패거리들의 기세가 아주 등등하여 감히 신분 확인을 하지 못했다고 했습니다. 이에 순교를 더 보내서 여러 사람을 잡아왔으며 아울러 공노경도 함께 잡아와서, 사건의 발단 원인을 먼저 조사했습니다. 알고 보니 이 사건은 묘지를 둘러싼 소송 때문에 벌어진 사건이었습니다. 제멋대로 무리를 모아 소송 사건에 간섭을 하다니, 지극히 원통한 일이라고 하겠습니다. 앞잡이 한 사람에게 벌을 내렸는데, 곧이어 프랑스인 드예(A. Deshayes) 신부의 말을 듣고 곧장 석방하고 이 사안을 마무리했습니다. 그런데 하루가 지나지 않아 다시 한 사람이 머리를 풀어 헤치고 목 놓아 울며 고발했는데,

「프랑스 신부의 심부름꾼이 현재 구금되어 갖은 악형을 받고 돈과 재산을 빼앗겼다. 프랑스 신부의 패지(牌旨)를 가지고 있다.」

등의 정황이 담긴 말을 했습니다. 즉각 순교를 보내 이른바 심부름꾼이라는 두 사람을 불러오게 했는데, 한 사람은 윤씨(尹氏)이고 한 사람은 김씨(金氏)였습니다. 그들의 말을 들어 보니,

「프랑스 신부의 패지를 가지고 있다.」

라는 등의 말을 했습니다. 즉시 윤씨와 김씨 두 사람에게 태벌(笞罰)을 가했습니다.'

라는 등의 정황이 담겨 있었습니다. 이와 같이 불법을 자행하는 무리들의 경우, 참으로 엄벌을 내리지 않으며 장래의 폐단을 경계할 길이

없을 것입니다. 낱낱이 살펴 처리해 주시기 바랍니다."
라고 했습니다. 이를 근거로 살펴보자면, 우리나라의 나쁜 백성들이 교도를 사칭하여 관아의 명령을 깔보고 선량한 사람에게 해를 끼치는 중대한 사안이 번갈아 거듭 나타나기에 이르렀습니다. 참으로 대책을 강구해 금지하지 않는다면 이러한 근심거리가 끝없이 계속될 것이라고 정말로 걱정됩니다. 이 점에 대해서는 귀 공사나 서리대신인 본인도 진실로 이견이 없을 것입니다. 각 지방관에게 지시를 내려 철저히 조사해 징계하도록 했습니다. 상응하게 문서로 서로 구비하여 조회합니다. 청컨대 수고스럽겠지만 귀 공사께서는 살펴 헤아리시기 바랍니다. 그리고 귀국 사람들에게 지시를 전달하여, 내륙 지방을 돌아다닐 때 '한쪽 말만 듣고 한쪽 편만 드는' 행동을 하지 말라고 타일러서 사건이 발생하지 않도록 해 주시기 바랍니다. 조회합니다.

　이상 조회합니다.

프랑스 판사공사(辦事公使)　꼴랑드 블랑시 각하
광무 2년 6월 23일

※ 감하(鑑下)

932. 장성에 오래 갇힌 교도 윤씨에 대한 석방을 요망하는 안건(原 2책) |349|

〔발신〕 프랑스 공사 꼴랑드 블랑시(Collin de Plancy, 갈림덕(葛林德))
〔수신〕 외부대신 서리 이도재(李道宰)

광무 2년(서기 1898년) 8월 17일

【한문 번역】(謄 12책)

조회 번역

프랑스 흠명공사 대신(欽命公使大臣) 꼴랑드 블랑시가 조회합니다. 조회의 내용은 다음과 같습니다. 지난 6월 23일에 접수한 귀 부서(部署) 전(前) 서리대신(署理大臣)[17]의 조회를 보니,

"장성 군수의 첩보 내용에 따르자면,

'지난해 동학 비적의 난리 때 법망을 빠져나간 남은 패거리들이 외국 교도라고 사칭하면서 이따금 일을 일으켰는데, 저희 장성군이 가장 심하여 항상 주의하라고 지시를 했습니다. 금년 3월에 이르러 고을에 사는 공노경(孔魯京)이 관아 마당에 들어와서 목 놓아 울며 소리치기를,

「이름은 모르는 김씨(金氏)라는 사람이 무뢰배 수십 명을 앞장서 거느리고 와서 본인의 아버지를 잡아갔습니다. 사정이 다급하니, 조사해 처리해 주시기 바랍니다.」

등의 말을 했습니다. 순교(巡校) 한 명을 즉각 보내 해당 지역에 가서 상황을 살펴보게 했는데, 저 패거리들의 기세가 아주 등등하여 감히 신분 확인을 하지 못했다고 했습니다. 이에 순교를 더 보내서 여러 사람을 잡아왔으며 아울러 공노경도 함께 잡아와서, 사건의 발단 원인을 먼저 조사했습니다. 알고 보니 이 사건은 묘지를 둘러싼 소송 때문에 벌어진 사건이었습니다. 제멋대로 무리를 모아 소송 사건에 간섭을 하다니, 지극히 원통한 일이라고 하겠습니다. 앞잡이 한 사람에게 벌을

---

17 전(前) 서리대신(署理大臣) : 1897년 6월 23일 당시 외부대신 서리(外部大臣署理)를 역임한 민종묵(閔種默)을 가리킨다.

내렸는데, 곧이어 프랑스인 드예 신부의 말을 듣고 곧장 석방하고 이 사안을 마무리했습니다. 그런데 하루가 지나지 않아 다시 한 사람이 머리를 풀어 헤치고 목 놓아 울며 고발했는데,

「프랑스 신부의 심부름꾼이 현재 구금되어 갖은 악형을 받고 돈과 재산을 빼앗겼다. 프랑스 신부의 패지를 가지고 있다.」

등의 정황이 담긴 말을 했습니다. 즉각 순교를 보내 이른바 심부름꾼이라는 두 사람을 불러오게 했는데, 한 사람은 윤씨(尹氏)이고 한 사람은 김씨(金氏)였습니다. 그들의 말을 들어 보니,

「프랑스 신부의 패지를 가지고 있다.」

라는 등의 말을 했습니다. 즉시 윤씨와 김씨 두 사람에게 태벌(笞罰)을 가했습니다.'

라는 등의 정황이 담겨 있었습니다. 이와 같이 불법을 자행하는 무리들의 경우, 참으로 엄벌을 내리지 않으며 장래의 폐단을 경계할 길이 없을 것입니다. 낱낱이 살펴 처리해 주시기 바랍니다."

라고 했습니다. 이를 근거로 살펴보자면, 우리나라의 나쁜 백성들이 교도를 사칭하여 관아의 명령을 깔보고 선량한 사람에게 해를 끼치는 중대한 사안이 번갈아 거듭 나타나기에 이르렀습니다. 참으로 대책을 강구해 금지하지 않는다면 이러한 근심거리가 끝없이 계속될 것이라고 정말로 걱정됩니다. 이 점에 대해서는 귀 공사나 서리대신인 본인도 진실로 이견이 없을 것입니다. 각 지방관에게 지시를 내려 철저히 조사해 징계하도록 했습니다. 상응하게 문서로 서로 구비하여 조회합니다. 청컨대 수고스럽겠지만 귀 공사께서는 살펴 헤아리시기 바랍니다. 그리고 귀국 사람들에게 지시를 전달하여, 내륙 지방을 돌아다닐 때 '한쪽 말만 듣고 한쪽 편만 드는' 행동을 하지 말라고 타일러서 사

건이 발생하지 않도록 해 주시기 바랍니다."
라는 내용으로 보내온 것이었습니다. 살피건대 해당 군수가 교인(教人)을 '이전 동학(東學) 무리'라고 지칭하고 아울러 '난리를 일으키는 무리'라고 했습니다. 그 글의 표현이 뚜렷하지 않은데, 이는 고발인이 근거 없이 말한 것입니다. 또한 김(金) 군수가 들어 표명한 일은 자기가 말한 내용과 서로 모순이 됩니다. 과연 공노경(孔魯京)이란 자가 김장숙(金長淑) 소유의 산기슭을 빼앗긴 했지만, 김장숙은 교인이 아닙니다. 김장숙이 착각하여 직접 소송을 벌였으며, 이를 위해 자기 친척 12명이 모였는데 그 안에 교인이 두 명이 있었습니다. 이 무리들은 공노경의 고소(告訴)를 받고 낱낱이 붙잡혀 갔다가 곧바로 석방되었습니다. 다만 한 사람이 하룻밤 동안 갇혀 있으면서 한편으로 매를 맞았던 것입니다. 이러한 사실을 제외하고, 특별히 다른 일이 있었다고 본 공사는 듣지 못했습니다. 또한 김장숙이 그 소송에서 이겼다는 이야기를 들어 보지도 못했습니다.

두 번째 안건의 경우는 강중길(姜仲吉)에 관련된 일입니다. 드예 신부가 이에 반대하는 고소를 군수에게 제기한 적이 있는데, 군수가 말하기를,

"귀 신부가 강씨(姜氏)의 일에 관해서 들은 이야기가 과연 자세하고 확실한 것입니까?"
라고 했습니다. 조 신부가 더욱 명백히 밝히려고, 교인 윤씨·김씨 두 사람을 강씨의 집에 보냈습니다. 강씨가 편의를 도모해 얻으려 하고 윤씨와 김씨의 마음이 누그러져, 각각 강씨에게 돈 다섯 냥씩 받고 윤씨와 김씨가 그런 짓을 저질렀다가 이미 체포되었던 것입니다. 해당 군수의 보고 내용에서도 역시 언급하기를,

"받은 돈을 즉각 돌려주게 했으며, 두 범인에게 매 80대를 때리는 형벌을 내리고 감옥에 수감시켰다."
라고 했습니다. 두 사람 가운데 윤씨는 석 달이라는 오랜 기간 동안 갇혀 있는 채, 아직까지도 석방되지 않았습니다. 본 공사가 생각하건대, 귀 대신도 이 범인들이 이미 징계를 당한 사실을 알고 계실 것입니다. 윤씨에게 내린 처벌은 날짜가 오래되었고 지은 죄에 대해서도 이미 충분한 징계가 되었으니, 반드시 풀어 주어야만 할 것입니다. 이와 같이 조회합니다. 청컨대 수고스럽겠지만 귀 서리대신께서는 살펴 헤아리시기 바랍니다. 조회합니다.

이상 조회합니다.

대한 외부대신 임시서리 농상공부대신(大韓外部大臣臨時署理農商工部大臣) 이도재 각하

1898년 8월 17일

김우철 역

983. 천주교 입교 금지한 진산 군수의 책임 추궁 요망 및 신부 서한의 녹정(原 2책)
984. 위 사건에 대해 진산 군수에 훈령으로 타이를 건(謄 12책)
999. 진산 군수의 교인에 대한 처사 회보(謄 13책)
1000. 위 사건에 대한 반론 및 진산 군수 억제 방법 명시 요망 건(原 3책)
1038. 프랑스 신부 드예의 산지 매수에 관한 건(謄 13책·原 3책)
1081. 프랑스인 드예의 산지 매수에 대한 무안 감리의 증명서 발급 불허 건(原 3책)
1086. 프랑스인 드예에게 산지 매수 원가를 되찾도록 지시 요망 건(謄 13책)
1088. 프랑스인 드예가 매수한 산지 원주인의 석방 요청 건(原 3책)
1097. 전라도 지방의 민란으로 인한 여행자 소환 권고의 건(謄 14책)
1102. 프랑스인 드예가 매수한 산지 원주인의 석방 지연에 대한 이유 제시 요망 건(原 3책)
1103. 위 사건에 대한 답신(謄 13책)
1127. 전라도 민란 평정 여부 회시 요망 건(謄 14책·原 3책)
1128. 위에 대한 회답(謄 14책)
1318. 프랑스 신부 집에 난입하여 교인을 붙잡아 간 순검에 대한 처벌 요망 건(謄 16책·原 4책)

1329. 프랑스 신부 집에서 교인을 붙잡아 간 순검의 처벌 요망 건에 대한 회신(謄 16책)

1638. 프랑스 신부 서한의 진위를 조사해 밝히도록 의뢰하는 건(謄 19책)

1640. 프랑스 신부 서한의 위조 사건에 대한 조복(謄 19책·原 6책)

1828. 고산 지방에서의 적당 출몰로 인한 프랑스 신부 보호 요청(原 7책)

2026. 프랑스인 페네 신부가 보낸 전북 관찰사의 소송 서류 사본 건(謄 22책·原 9책)

2030. 프랑스인 페네 신부의 기소 사건에 대한 전말 보고 지시 건(謄 22책)

2044. 프랑스인 페네 신부의 기소에 대한 전북 관찰사의 보고서 사본(謄 22책)

983. 천주교 입교 금지한 진산 군수의 책임 추궁 요망 및 신부 서한의 녹정(原 2책) |352|

〔발신〕 프랑스 공사 꼴랑드 블랑시(Collin de Plancy, 갈림덕(葛林德))
〔수신〕 외부대신 서리(外部大臣署理) 민상호(閔商鎬)

광무 2년(서기 1898년) 11월 28일

【한문 번역】(謄 12책)
조회(照會)를 번역함
프랑스의 흠명판사공사(欽命辦事公使) 꼴랑드 블랑시가 조회합니다. 말씀드릴 내용은 다음과 같습니다.

  제61호 호조(護照)[1]를 지닌 프랑스국의 신부 미알롱(A. Mialon, 맹석호(孟錫浩), 1871~1937)[2]이 이달인 11월 15일 전라도 진산군(珍山郡)에 갔습니다. 진산 군수 박돈양(朴敦陽)은 천주교인에 대해 품은 깊은 원한을 뚜렷하게 나타내 보였습니다. 그래서 진휼을 베풀던 자리에 여러 사람들이 일제히 모인 앞에서 그 군수는 고을의 아전을 시켜 선언하기를,

---

1 호조(護照) : 외국인에게 내어주던 여행권을 가리킨다.
2 미알롱(A. Mialon) : 파리외방전교회 소속 선교사이다. 1896년 6월 28일 사제서품을 받은 뒤 9월 10일 한국에 입국했다. 종현(현 명동) 본당에서 사목을 돕다가 1897년 5월 8일 전북 되재(현 고산) 본당 2대 주임신부로 부임하여 사목했다. 건강 악화로 1906년 5월부터 홍콩에서 요양 후 이듬해 8월 귀국, 정읍 신성리(현 시기동) 본당 2대 주임으로 부임하여 1924년까지 17년간 사목했다. 제1차 세계대전으로 징집된 페네(Peynet, 배가록(裵嘉祿)) 신부를 대신해 1914년부터 1918년 3월까지 수류 본당 주임을 겸하기도 했다. 1924년부터 3년간의 본국 휴가 후 1927년 10월 돌아와 이듬해 6월 대구 비산동에 부임해 본당을 창설했다. 그러나 몇 달 후 병이 재발하여 본국으로 돌아가 1937년 8월 18일 프랑스에서 선종했다.

"지금 이후로 무릇 새로 천주교에 입교하는 자는 모두 지역 밖으로 쫓아낼 것이다. 예로부터 천주교를 믿던 사람들도 마땅히 경계하여 두려워하는 마음으로 스스로 조심하되, 혹시라도 조금의 잘못이라도 저지르게 된다면 재산을 몰수할 것이다."

라고 했습니다. 그 신부는 그 군수를 조금이라도 진정시키려고 이 서한을 그 군수에게 보냈는데, 그 박돈양 씨는 그 서한을 펼쳐 본 뒤 물리치며 말하기를,

"나는 이 서한을 접수할 수 없다."

라고 하면서 즉시 관차(官差) 2명에게 분부하여, 신부가 거주하는 집으로 가서 신부를 수행하는 서기(書記)로 그 서한을 대신 써 준 하씨(河氏) 성의 사람을 붙잡아 갔습니다. 본 공사가 살피건대, 그 진산 군수의 행위는 불한화약(佛韓和約) 제9관[3]을 중대하게 위반한 행동이 아닐 수 없습니다. 청컨대 수고스럽겠지만 귀 서리 대신께서는 장차 어떻게든 방법을 강구하여 그 군수의 직권남용한 사실에 대해서 책임을 추궁하고 회답해 주시기를 바랍니다. 조회합니다.

이상 조회입니다.

---

[3] 불한화약(佛韓和約) 제9관 : 한불조약의 제9관은 두 조항으로 구성되어 있다. 1조에는 "조선에 있는 프랑스의 관원·인민 등은 모두 조선 사람을 고용하여 서기, 통역 및 인부 등으로 삼아서 직분 내의 모든 사업과 작업을 돕게 할 수 있고, 조선의 관리와 인민 등도 역시 분별하여 불러 프랑스 인민을 고용하여 일체 규례와 금령을 저촉하지 않는 일을 처리하는 것을 돕게 할 수 있으며, 조선 관원은 일률적으로 허가해 주어야 한다."라고 있고, 2조에는 "프랑스 인민으로서 조선에 와서 언어 문자를 배우거나 가르치며 법률과 기술을 연구하는 사람이 있으면 모두 보호하고 도와줌으로써 양국의 우의를 돈독하게 하며, 조선 사람이 프랑스에 갔을 때에도 똑같이 일률적으로 우대한다."라고 있다.

대한(大韓) 외부대신 서리(外部大臣署理) 외부 협판(外部協辦) 민상호 각하

1898년 11월 28일

녹정(錄呈)[4]

귀국 대한제국의 황제께서는 총명하고 예지로우시어, 우리 천주교의 도리에 감탄하시고 나라 안의 천주교인을 평등하게 똑같이 사랑하시니, 중앙의 각 관서와 지방의 각 고을도 또한 한결같아서 서로의 차별이 조금도 없었습니다. 그래서 우리 교인들이 예전처럼 평안히 지내면서 태평성세를 노래하면서 너무나 감사드리고 있는데, 유독 진산은 무엇 때문에 그렇지 않습니까? 교인이라는 명색을 한 자가 일이 있어서 송사를 하면 거절하여 심리를 하지 않으며 서양인에게 가서 말하라고 하고, 설령 심리하더라도 패소시킬 뿐만 아니라 모진 매질을 하고 감옥에 단단히 가두어 원수와 똑같이 벌을 내립니다. 슬프구나, 이 교인은 어디에 호소하겠습니까. 그 속내를 살피건대 중요한 한 대목이 있으니, 귀군(貴郡) 온 구역에서 우리 천주교를 내쫓았기 때문입니다. 관아의 뜻이 이와 같으니 이서(吏胥)와 민인이며 심지어는 백정에 이르기까지 일체 이를 본받아, 교인과 서로 관계되면 일마다 부정한 방법을 쓰고 말마다 도리에 어긋난 짓을 합니다. 구씨(具氏) 과부가 받아야 할 재물은 백정 딸의 청탁을 듣고는 위협하여 찾아가지 못하게 하고, 하씨(河氏) 교인의 직임에 따른 급료는 세력 있는 가문의 간사한 계책에 호응하여 그 액수를 압수하고 주지 않는다고 합니다.

---

4 녹정(錄呈) : 기록해 바치는 일 혹은 그 문서를 가리킨다. 여기에서는 미알롱 신부가 진산 군수에게 보냈던 서한을 이른다.

삼가 생각건대, 이교(異敎)를 믿는 사람이라 하여 이처럼 심하고 또 심할 수 있는 것입니까. 그러나 두 나라의 돈독한 우의에 어찌 시비할 수 있겠습니까. 한마디로 말하건대, 귀군 지역 안의 교인도 다른 군처럼 균등하게 포용함이 어떻겠습니까.

984. 위 사건에 대해 진산 군수에 훈령으로 타이를 건(謄 12책) |354|

〔발신〕 외부대신 서리 민상호(閔商鎬)
〔수신〕 프랑스 공사 꼴랑드 블랑시(Collin de Plancy, 葛林德)

광무 2년(서기 1898년) 11월 29일

조복(照覆) 제54호
대한(大韓) 외부대신 서리(外部大臣署理) 외부 협판(外部協辦) 민상호가 조복을 보냅니다. 말씀드릴 내용은 다음과 같습니다.
　이달인 11월 28일 접수한 귀 조회 내용에 의하면,
　"제61호 호조(護照)를 지닌 프랑스국의 신부 미알롱이 이달인 11월 15일 전라도 진산군(珍山郡)에 갔습니다. 진산 군수 박돈양(朴敦陽)은 천주교인에 대해 품은 깊은 원한을 뚜렷하게 나타내 보였습니다. 그래서 진휼을 베풀던 자리에 여러 사람들이 일제히 모인 앞에서 그 군수는 고을의 아전을 시켜 선언하기를, '지금 이후로 무릇 새로 천주교에 입교하는 자는 모두 지역 밖으로 쫓아낼 것이다. 예로부터 천주교를 믿던 사람들도 마땅히 경계하여 두려워하는 마음으로 스스로 조심하되, 혹시라도 조금의 잘못이라도 저지르게 된다면 재산을 몰수할 것이다.'라고 했습니다. 그 신부는 그 군수를 조금이라도 진정시키려고 이 서한을 그 군수에게 보냈는데, 그 박돈양 씨는 그 서한을 펼쳐 본 뒤 물리치며 말하기를, '나는 이 서한을 접수할 수 없다.'라고 하면서 즉시 관차(官差) 2명에게 분부하여, 신부가 거주하는 집으로 가서 신부를 수행하는 서기(書記)로 그 서한을 대신 써 준 하씨(河氏) 성의 사람을 붙잡아 갔습니다. 본 공사가 살피건대, 그 진산 군수의 행위는 불한화약(佛韓和約) 제9관을 중대하게 위반한 행동이 아닐 수 없습니다. 청컨대 수고스럽겠지만 귀 서리대신께서는 장차 어떻게든 방법을 강구하여 그 군수의 직권남용한 사실에 대해서 책임을 추궁하고 회답해 주시기를 바랍니다."

라고 했으므로 모든 상황을 잘 알았습니다.

전라도 관찰사(全羅道觀察使)에 공문을 보내어 해당 사건의 전말을 조사해 보고하여 자세히 조사 처리할 바탕으로 삼도록 하고, 아울러 다시 진산 군수에게 훈령으로 타일러 여행하다가 경계에 이르는 외국인이 있으면 특별히 마음을 써서 보호하고 인민들의 송사 등의 건은 치우침이 없이 평등하게 하여 사건을 확대하지 말도록 하는 한편, 상응하여 문서를 갖추어 조복을 보냅니다. 청컨대 수고스럽겠지만 귀 공사께서는 살펴 헤아리시기 바랍니다. 조복을 보냅니다.

 이상.

프랑스 판사공사(辦事公使)   꼴랑드 블랑시 각하
광무 2년 11월 29일

999. 진산 군수의 교인에 대한 처사 회보(謄 13책)

〔발신〕 외부대신 박제순(朴齊純)
〔수신〕 프랑스 공사 꼴랑드 블랑시(Collin de Plancy, 갈림덕(葛林德))

광무 3년(서기 1899년) 1월 4일

조회 제1호

대한(大韓) 외부대신(外部大臣) 박제순이 조회합니다. 말씀드릴 내용은 다음과 같습니다.

　귀국 사람인 미알롱이 호조를 지니고 전라도 진산군에 갔는데, 진산 군수가 원한을 뚜렷하게 나타내 보이고 서한을 물리치고 아울러 그 사람을 수행하는 서기를 붙잡아 간 한 사건에 대해서, 지난번에 귀 조회에 따라 전라도 관찰사에 공문을 보내어 먼저 자세히 조사해 보고하도록 하고, 아울러 귀 공사에 조복을 보낸 것이 각각 문서에 기록되어 있습니다. 현재 전라북도 관찰사(全羅北道觀察使)가 보고한 것에 의거하면 일컫기를,

　"훈령으로 타이른 내용을 받들어 따라서 진산 군수에게 전해 알려 보낸 뒤, 곧 진산 군수가 보고한 내용에 근거하면,

　'저희 군(郡)의 서기 하정숙(河淨淑)이 공금(公金) 100여 냥 및 사사로운 도박 60여 냥의 빚을 지고 갚지 않았는데, 응당 모두 거두어들여야 하지만 어찌 갚을 수 있는 능력이 없었습니다. 그 직임에 따른 급료에서 위의 두 조목을 메우고 난 뒤 나머지 액수 얼마간은 액수대로 돌려주었습니다. 그 하정숙은 이를 계기로 불만을 품고 쓸데없이 혀를 놀려 떠벌였습니다. 프랑스 사람이 서한을 지어 와서 문의했는데, 구씨(具氏)

여인의 송사 안건도 아울러 언급했습니다. 살피건대, 하씨 아전과 구씨 여인은 모두 천주교에 입교한 사람입니다. 프랑스 사람이 처음으로 군의 지역에 들어와 그들에게 속았으니 나쁜 짓을 벌이지 말라고 이치를 들어 말을 해서 보냈으며, 쌍방 모두 원한을 풀었습니다. 그 서한은 현재 군수의 수중에 있는데, 어찌하여 갑자기 물리쳤다고 일컬을 수 있습니까. 수행하는 사람을 붙잡아 갔다는 한 가지 일은 더욱 이치에 닿지 않습니다. 그 하정숙은 현재 저희 군에 있으며, 서기는 군수의 관할 아래 있는 아전의 직역입니다. 잠시 체포하도록 했다가 곧 도로 중지했습니다. 너그럽게 처리할지 여부는 모두 군수가 응당 가지는 권리이니, 프랑스 사람이 참견할 일이 아닙니다. 이 뒤로 여행하며 왕래하는 외국인은 반드시 더욱 각별히 보호하고, 예를 갖추어 대우할 것입니다.'
라고 했습니다. 이를 근거로 보고합니다."
라고 했으므로 모든 상황을 잘 알았습니다.
   살피건대, 해당 군수가 처리한 각 절차는 이치에 어긋나지 않으니, 다시 조사할 필요가 없습니다. 상응하여 문서를 갖추어 조회합니다. 귀 공사께서 살펴 헤아리시기 바랍니다. 조회합니다.
   이상 조회입니다.

프랑스 판사공사   꼴랑드 블랑시 각하
광무 3년 1월 4일

1000. 위 사건에 대한 반론 및 진산 군수 억제 방법 명시 요망 건(原 3책) |355|

〔발신〕 프랑스 공사 꼴랑드 블랑시(Collin de Plancy, 갈림덕(葛林德))
〔수신〕 외부대신 박제순(朴齊純)

광무 3년(서기 1899년) 1월 10일

【한문 번역】(謄 13책)
조복을 번역함
프랑스의 흠명판사공사 꼴랑드 블랑시가 조복을 보냅니다. 말씀드릴 내용은 다음과 같습니다.

　11월 29일, 귀부(貴部) 서리대신(署理大臣)의 조복 내용에 의하면, 같은 달인 11월 28일 본 공사가 표명한 사실을 조사하여 보고하라고, 전라북도 관찰사에게 훈령을 내렸다고 했습니다.

　1월 4일 접수한 귀 조회에 의하면, 살피건대 해당 고관은 이미 해당 사건을 자세히 조사하지 않고, 진산 군수의 주장을 가지고 되풀이하여 판단했으니, 그가 귀부의 규정에 근거했다는 점을 볼 수 없었습니다. 그러나 본 공사가 유감을 품은 까닭은, 그 사실의 설명이 전혀 진실되지 않으며, 박돈양(朴敦陽)이 거리낌 없이 그 실정을 왜곡했기 때문입니다.

　그 군수는 하정숙(河淨淑)이 입교했을 때 그의 직임을 교체했으니, 다시는 군(郡)의 아전이 아닙니다. 그런데 그때부터 괴이한 점을 볼 수 있으니, 해당 관원은 해당 인물을 대우하기를 마치 자기 관아의 하인을 부리는 권리를 지키는 것처럼 했습니다. 그러나 하씨(河氏) 성의 사람은 프랑스 신부(神父)의 서기를 맡았으며, 또 그 신부가 현재 그 집안에 있을 때 고의로 조약을 위반하여 그 인물을 체포했으니, 그 군수는 이 법률의 권한을 무시한 것입니다. 진산 군수는 미알롱의 서한이 자기 수중에 있다고 핑계했으므로, 본 공사는 일찍이 그 서한을 이전의 조회에 첨부하여 귀부에 보냈으니, 이미 귀부에서 보관하고 있을 것입니다. 그 군수가 어떻게 그 서한을 보유하고 있다고 주장할 수 있겠습니까.

이러한 이유에 따라, 또 그 관원이 답변으로 보고한 바에서 거듭 잘못을 더하는 점에 따라서, 이에 문서를 갖추어 조복을 보내니, 청컨대 수고스럽겠지만 귀 대신께서 살펴 헤아리시어, 장차 어떠한 법으로 그 행위를 억제할 것인지 신속히 회답해 주시기를 바랍니다. 조복을 보냅니다. 이상.

대한(大韓) 외부대신　박제순 각하
1899년 1월 10일

1038. 프랑스 신부 드예의 산지 매수에 관한 건(謄 13책 · 原 3책) |358|

〔발신〕 프랑스 공사 꼴랑드 블랑시(Collin de Plancy, 갈림덕(葛林德))
〔수신〕 외부대신 박제순(朴齊純)

광무 3년(서기 1899년) 3월 20일

삼가 알려 드립니다. 프랑스 신부 드예가 목포(木浦)에 있는 산지(山

地)를 매수한 한 가지 일은 이미 귀 대신께서 자세히 알고 계십니다. 이에 장차 무안 감리(務安監理)에게 만들어 보낼 조회를 함께 바치니, 또한 바라건대 열어 보신 뒤 해당 감리에게 전해 주시기를 희망합니다. 이에 평안하시기를 바랍니다.

3월 20일   꼴랑드 블랑시 올림

1081. 프랑스인 드예의 산지 매수에 대한 무안 감리의 증명서 발급 불허 건(原 3책) |374|

〔발신〕 프랑스 공사 꼴랑드 블랑시(Collin de Plancy, 갈림덕(葛林德))
〔수신〕 외부대신 박제순(朴齊純)

광무 3년(서기 1899년) 5월 20일

【한문 번역】(謄 13책)
조회의 번역본
프랑스의 판사공사(辨事公使) 꼴랑드 블랑시가 조회합니다.

프랑스인 드예가 목포의 10리 이내에 있는 조계(租界)의 바깥 지역에 산지 하나를 매입했는데, 지금껏 해당 항구의 감리(監理)가 증명서 발급을 허가하지 않고 있습니다. 해당 감리가 핑계하는 말은 곧 해당 산지는 무토면세(無土免稅)[5]의 토지이기 때문이라는 것입니다. 또 일

---

5 무토면세(無土免稅) : 조선 시대에, 호조에서 거두어들일 결세의 일부를 궁방(宮房)이나 관아가 받도록 하던 일.

본의 장지(葬地)를 세우기로 정해졌다고 핑계하더니, 끝내 귀부(貴部)의 훈령을 핑계하면서 해당 프랑스인이 요청한 바를 허가하지 않았습니다. 본 공사는 일찍이 해당 감리에게 서한을 보내어 다음과 같이 말했습니다.

한국(韓國) 안의 여러 산지는 모두는 아니더라도 곧 태반이 토지세를 내지 않으며, 비록 그렇다고 하더라도 인민의 개인 재산에 손해가 되지 않습니다. 이 산지의 경우, 판매자가 여러 대에 걸쳐 평안하게 서로 전해 주며 진실한 산 주인이 되었고 허다한 분묘를 지키고 있었으니, 그가 부동산 소유자의 권리를 향유했다는 점은 아마도 다른 의견에 이를 수 없을 듯합니다.

일본의 장지를 세우기로 했다는 것도 앞의 이야기에 견주면 또한 이치에 닿지 않습니다. 드예는 1898년 4월 24일 이 산지를 구입했고, 그 뒤 시일이 훨씬 지난 같은 해 9월에 이르러 비로소 일본 장지에 대한 논의가 일어났습니다. 만약 해당 감리가 이 지역을 내어주어 장지 구역을 만드는 데 뜻이 있었다면, 이치상 조속히 산 주인과 상의하여 조처해야 마땅하지, 산 주인이 외국인에게 부동산을 내어다 팔도록 용납하는 것은 마땅하지 않습니다. 또 본 공사가 깊이 안타까워하는 점은, 조계와 매우 가까운 산지인 이곳에 장지를 만드는 데 뜻이 있었다는 것입니다. 제 어리석은 의견으로 헤아리면, 장지는 조계에서 5~6리 정도 멀리 떨어져야 마땅합니다.

더구나 외부(外部)의 훈령에서 비롯했다는 것이 과연 감리의 말과 같다면, 이는 귀부에서 해당 사안의 제반 분명하고 자세한 속내를 듣지 못한 데에서 비롯한 것입니다. 귀 대신께서는 사유를 자세히 아시기를 이전보다 나으시니, 드예가 소유한 권리를 인정하여 허가하실 것에 의

심이 없었습니다. 또 본 공사는 해당 감리가 마땅히 노력할 것이니 공평하게 이를 매듭지을 것이라고 깊이 믿었습니다. 듣자니 이달인 5월 15일, 해당 감리가 산을 판매한 자인 문재신(文在信)을 체포했다고 합니다. 자기 집에서는 산을 한국인 강태수(姜太洙)에게 팔았으니 그 뒤에 이러한 분란이 빚어진 것은 자기가 알 바가 아니라고 문재신이 비록 변명했지만, 해당 감리는 아랑곳하지 않았으며 게다가 감금하기까지 했습니다.

   이는 법에 어긋난 행동에 해당하며, 불한조약(佛韓條約) 제4관을 위반한 것에 분명히 해당합니다.[6] 청컨대 수고스럽겠지만 귀 대신께서는 즉각 무안 감리(務安監理)에게 급히 전보를 보내어, 감옥에 갇혀 있는 사람을 석방하고 아울러 해당 감리가 해당 증명서를 발급하도록 하여, 한 가지 일을 동시에 결말을 지어서 조약의 취지를 지키고 정당한 도리에 이르도록 해 주십시오. 조회합니다.

   이상 조회입니다.

대한(大韓) 외부대신   박제순 각하
1899년 5월 21일

---

6 불한조약……해당합니다 : 한불조약 제4관 4조의 "프랑스 사람이 조계 밖에서 구역을 영조 혹은 잠조(暫租)하거나 집을 임대하려고 하면 들어준다. 단 조계와의 거리가 10리(조선리(朝鮮里))를 넘지 못하며, 이런 구역에서 임차하여 거주하는 사람은 거주와 납세의 갖가지 일에서 조선국이 자체로 정한 지방세과장정(地方稅課章程)을 일률적으로 준수해야 한다."라는 내용을 위반한 것에 해당한다.

1086. 프랑스인 드예에게 산지 매수 원가를 되찾도록 지시 요망 건(謄 13책) |375|

〔발신〕 외부대신 박제순(朴齊純)
〔수신〕 프랑스 공사 꼴랑드 블랑시(Collin de Plancy, 갈림덕(葛林德))

광무 3년(서기 1899년) 5월 25일

조복 제27호
대한 외부대신 박제순이 조복을 보냅니다. 말씀드릴 내용은 다음과 같습니다.
 이달인 5월 20일 접수한 귀 조회는, 드예가 목포 10리 이내 거리의 산지 하나를 매수했는데 해당 항구의 감리가 증명서 발급을 허가하지 않는다는 한 가지 일이었습니다.
 살피건대, 무토면세(無土免稅)의 토지는 관유지(官有地)에 속하는 것입니다. 우리나라의 인민이 장사를 지내고 땔나무를 베어 왔는데, 이전에는 관리가 알아차리지 못했습니다. 현재 해당 감리가 예전의 잘못된 관행을 제거하고 정당한 도리를 지켰으니, 이는 정당한 방법에 해당합니다. 만약 금지된 일을 범한 인민을 진정한 부동산 소유자로 보아서 그가 팔아넘긴 것을 허락하여 관아에서 증명서를 발급한다면, 국내의 관유지는 죄다 나쁜 사람들이 이익을 노리는 곳으로 돌아갈 것이니 뒤에 올 폐단은 어디까지 갈지 모릅니다.
 일본인의 장지를 세우기로 정했는지 여부의 경우, 응당 별도의 논의가 되어야 합니다. 귀 공사(公使)께 요청하오니, 드예에게 명령을 전하여 해당 판매자에게 원가를 되찾아서 사건을 확대하지 말도록, 아무쪼록 이렇게 해 주시기 바랍니다. 그런 까닭에 문서를 갖추어 조복을 보냅니다. 조회합니다.

　　이상 조회입니다.

프랑스 판사공사(辦事公使)　꼴랑드 블랑시 각하
광무 3년 5월 25일

1088. 프랑스인 드예가 매수한 산지 원주인의 석방 요청 건(原 3책) |375|

〔발신〕 프랑스 공사 꼴랑드 블랑시(Collin de Plancy, 갈림덕(葛林德))
〔수신〕 외부대신 박제순(朴齊純)

광무 3년(서기 1899년) 5월 26일

【한문 번역】(謄 13책)
조회를 번역함
프랑스의 판사공사 꼴랑드 블랑시가 조회합니다. 본 공사가 이달인 5월 20일, 드예가 목포에 산지 하나를 매수한 일에 대해서 이미 조회했는데, 이는 해당 프랑스인이 이 산지를 구입할 수 있는지 여부의 권리에 대해서 듣기 원했던 것이 아닙니다. 또 해당 사안의 속내는 결국 사실을 조사해야 할 것입니다. 제 어리석은 의견으로 헤아리면, 해당 프랑스인이 진정한 이 산지의 주인입니다. 청컨대 수고스럽겠지만 귀 대신께서는 목포 감리에게 급히 전보를 보내어, 감옥에 갇혀 있는 사람을 즉각 석방하고 아울러 해당 감리가 조약의 취지를 지키고 정당한 도리에 이르도록 해 주십시오. 조회합니다.

　　이상.

대한(大韓) 외부대신　　박제순 각하
1899년 5월 26일

1097. 전라도 지방의 민란으로 인한 여행자 소환 권고의 건(謄 14책) |377|

〔발신〕 외부대신 박제순(朴齊純)
〔수신〕 프랑스 공사 꼴랑드 블랑시(Collin de Plancy, 갈림덕(葛林德))

광무 3년(서기 1899년) 6월 3일

삼가 알려 드립니다. 지금 접수한 군부대신(軍部大臣)이 보낸 공문 내용에 의하면,

"전라북도 관찰사가 전보로 알린 것에 따르면 고부(古阜)·흥덕(興德)·태인(泰仁)·정읍(井邑) 등의 지역에 나쁜 사람들이 선동한다고 했고, 다시 광주 지방대(光州地方隊)가 전보로 알린 것에 따르면 강진(康津) 지역에도 비도(匪徒)들이 분란을 일으킬 조짐이 있다는 등의 사정을 보고했습니다. 이에 따라 두 도(道)의 관찰사에 전보로 명령하기를, 즉시 알아듣도록 타일러 해산시키되, 혹시 그들이 고집스레 순종하지 않으면 응당 병력을 파견하여 탄압해야 하며, 아울러 각국의 인원을 보호하라고 했습니다."

라고 했습니다.

살피건대, 해당 지역의 나쁜 사람들은 자잘한 도적 떼에 해당하니 군대의 위력에 의지하지 않고도 저절로 사라질 것입니다. 다만 생각건대, 여행하는 각국의 신사와 상인들이 매우 많으니 응당 미리 방비하여 뜻밖의 일에 대처해야 합니다. 이에 특별히 서한으로 알리니 또한 바라건대 살펴 헤아리시어, 속히 전보하여 소환하십시오. 만약 호조(護照)를 발급받지 않은 사람이 있다면, 아울러 여행을 중지하도록 명령하여 소홀하여 잘못되지 않도록 하기를 간절히 기원합니다. 이에 아울러 평안하시기를 바랍니다.

6월 3일   박제순 올림

1102. 프랑스인 드예가 매수한 산지 원주인의 석방 지연에 대한 이유 제시 요망 건(原 3책) |379|

〔발신〕 프랑스 공사 꼴랑드 블랑시(Collin de Plancy, 갈림덕(葛林德))
〔수신〕 외부대신 박제순(朴齊純)

광무 3년(서기 1899년) 6월 14일

【한문 번역】(謄 13책)

조회

프랑스의 판사공사 꼴랑드 블랑시가 조회합니다. 드예가 산지를 매수한 이후, 무안 감리에 분부하여 감옥에 갇힌 한국인 1명을 즉각 석방해 달라고, 이미 5월 20일 및 26일 귀 대신께 거듭 번거롭게 조회로 요청한 것이 문서에 기록되어 있습니다. 뒤이어 이달인 6월 2일, 본 공사(公使)가 귀 대신을 면담하여 한결같이 우러러 요청하여, 이미 귀 대신께서 해당 감리에게 전보를 보내어 훈령하겠다는 승낙을 받았습니다. 살피건대, 이달인 6월 11일의 보고에 의하면, 그 감옥에 갇힌 사람은 아직도 석방되지 않았다고 합니다. 청컨대 수고스럽겠지만 귀 대신께서는 무엇 때문에 약속이 지켜지지 않았는지의 이유를 해명하여 알려 주시기를 바랍니다. 조회합니다.

 이상.

대한(大韓) 외부대신 박제순 각하
광무 3년 6월 14일

1103. 위 사건에 대한 답신(謄 13책) |380|

〔발신〕 외부대신 박제순(朴齊純)
〔수신〕 프랑스 공사 꼴랑드 블랑시(Collin de Plancy, 갈림덕(葛林德))

광무 3년(서기 1899년) 6월 15일

조복 제31호
대한(大韓) 외부대신 박제순이 조복을 보냅니다. 말씀드릴 내용은 다음과 같습니다.

 드예가 목포에 있는 산지를 매수한 한 가지 일은 전에 조복을 거쳤으니 문서에 기록되어 있습니다. 지난달인 5월 25일과 이달인 6월 14일, 귀 공사께서 거듭 조회로 요청한 바에 의하여, 감옥에 갇힌 우리나라 사람을 석방했다고 합니다.

살피건대, 해당 지역은 관유지(官有地)에 속하여 인민이 사사로이 매매하는 것을 허락하지 않으니, 해당 드예는 진정한 권리를 향유할 수 없습니다. 다만 말씀하신 뜻에 유의하여 무안 감리에게 전보로 명령하여, 산지를 몰래 판매한 우리나라 인민을 일단 석방했습니다. 본 사안의 원인의 경우 따로 구명하여 처리하는 것이 좋겠습니다. 그런 까닭에 문서를 갖추어 조복을 보냅니다. 조회합니다.

이상 조복입니다.

프랑스 판사공사(辦事公使)   꼴랑드 블랑시 각하
광무 3년 6월 15일

1127. 전라도 민란 평정 여부 회시 요망 건(謄 14책·原 3책) |383|

[발신] 프랑스 공사 꼴랑드 블랑시(Collin de Plancy, 갈림덕(葛林德))
[수신] 외부대신 박제순(朴齊純)

광무 3년(서기 1899년) 7월 28일

삼가 회답합니다. 지난 6월 3일 접수한 귀 서한의 내용에 의하면,
 "지금 접수한 군부대신(軍部大臣)이 보낸 공문 내용에 의하면,
  '전라북도 관찰사가 전보로 알린 것에 따르면 고부(古阜)·흥덕(興德)·태인(泰仁)·정읍(井邑) 등의 지역에 나쁜 사람들이 선동한다고 했고, 다시 광주 지방대(光州地方隊)가 전보로 알린 것에 따르면 강진(康津) 지역에도 비도(匪徒)들이 분란을 일으킬 조짐이 있다는 등의

사정을 보고했습니다. 이에 따라 두 도(道)의 관찰사에 전보로 명령하기를, 즉시 알아듣도록 타일러 해산시키되, 혹시 그들이 고집스레 순종하지 않으면 응당 병력을 파견하여 탄압해야 하며, 아울러 각국의 인원을 보호하라고 했습니다.'
라고 했습니다.

살피건대, 해당 지역의 나쁜 사람들은 자잘한 도적 떼에 해당하니 군대의 위력에 의지하지 않고도 저절로 사라질 것입니다. 다만 생각건대, 여행하는 각국의 신사와 상인들이 매우 많으니 응당 미리 방비하여 뜻밖의 일에 대처해야 합니다. 이에 특별히 서한으로 알리니 또한 바라건대 살펴 헤아리시어, 속히 전보하여 소환하십시오. 만약 호조(護照)를 발급받지 않은 사람이 있다면, 아울러 여행을 중지하도록 명령하여 소홀하여 잘못되지 말도록 하십시오."
라고 하는 공문을 접수했습니다.

해당 비도의 소요가 지금 이미 평정되었는지 여부를 모르겠으니, 청컨대 수고스럽겠지만 귀 대신께서는 즉시 회답해 주신다면 감사하겠습니다. 이에 평안하시기를 바랍니다.

7월 28일   꼴랑드 블랑시 올림

1128. 위에 대한 회답(謄 14책) |383|

〔발신〕 외부대신 박제순(朴齊純)
〔수신〕 프랑스 공사 꼴랑드 블랑시(Collin de Plancy, 갈림덕(葛林德))

광무 3년(서기 1899년) 7월 29일

삼가 회답합니다. 방금 귀하의 서한을 받았습니다. 아울러 전라도 비도의 평정 여부를 문의해 주셨습니다. 살피건대, 해당 지역의 나쁜 사람들은 위엄에 두려움을 품고 멀리 도망쳐서, 현재 정황은 거의 걱정이 없습니다. 또한 바라건대 살펴 헤아리시기를 바랍니다. 손수 이 회답을 써서 올립니다. 더위에 건강하시기를 빕니다.

7월 29일   박제순 올림

1318. 프랑스 신부 집에 난입하여 교인을 붙잡아 간 순검에 대한 처벌 요망 건(謄 16책·原 4책) |389|

[발신] 프랑스 서리공사 르페브르(Lefèvres, 노비부(盧飛鳧))
[수신] 외부대신 박제순(朴齊純)

광무 4년(서기 1900년) 10월 27일

삼가 알려 드립니다. 방금 목포에 거주하는 프랑스 신부 드예의 보고에 따르면,

 "지난번에 본인이 외출했을 때, 경무관(警務官) 김순근(金順根)이 본인 집 안으로 순검(巡檢)을 파견하여 교인을 잡아갔습니다."
라고 했으므로 모든 상황을 잘 알았습니다.

 살피건대, 순검이 외국인의 집에 난입하여 사람을 붙잡아 간 것은 조약을 범한 것에 해당합니다. 청컨대 수고스럽겠지만 귀 대신께서는

엄중히 조사하고 처벌하여 뒷날의 폐단을 방지하도록 해 주십시오. 이에 평안하시기를 바랍니다.

10월 27일   르페브르 올림

1329. 프랑스 신부 집에서 교인을 붙잡아 간 순검의 처벌 요망 건에 대한 회신(謄 16책) |390|

〔발신〕 외부대신 박제순(朴齊純)
〔수신〕 프랑스 서리공사 르페브르(Lefèvres, 노비부(盧飛鳧))

광무 4년(서기 1900년) 12월 13일

삼가 회답합니다. 전에 받은 귀하의 서한 내용에 의하면,
 "목포에 거주하는 프랑스 신부 드예의 보고에 따르면,
  '지난번에 본인이 외출했을 때, 경무관 김순근(金順根)이 본인 집안으로 순검을 파견하여 교인을 잡아갔습니다.'
라고 했으므로 모든 상황을 잘 알았습니다.
  살피건대, 순검이 외국인의 집에 난입하여 사람을 붙잡아 간 것은 조약을 범한 것에 해당합니다. 청컨대 수고스럽겠지만 귀 대신께서는 엄중히 조사하고 처벌해 주십시오."
라고 했으므로 모든 상황을 잘 알았습니다.
  무안 감리(務安監理)에게 훈령을 내려 문의하니, 해당 감리가 보고한 내용에 따르면,
 "훈령을 받았습니다. 저희 항구의 경무관과 드예 신부의 대변인에게

명령을 내려 한데 모여 시비를 가렸는데, 해당 경무서(警務署)의 총순(總巡) 하상준(河相駿)이 서리(署理)로 재임할 때, 민인이 해당 교인을 고소하여 응당 대질하여 조사해야 했으므로 순검을 파견하여 붙잡아 온 것이지, 본래 드예 신부의 거처에 난입한 것이 아닙니다."
라고 했습니다. 그러므로 살피건대, 김 경무관은 애당초 파견하여 붙잡아 온 일이 없고, 해당 경무서의 총순도 드예 신부의 집 안에서 사람을 붙잡지 않았습니다. 이 사안은 다시 조사할 필요가 없습니다. 그런 까닭에 회답합니다. 아울러 추위에 평안하시기를 빕니다.

12월 13일　　박제순 올림

1638. 프랑스 신부 서한의 진위를 조사해 밝히도록 의뢰하는 건(謄 19책) |400|

〔발신〕 외부대신 서리 최영하(崔榮夏)
〔수신〕 프랑스 공사 꼴랑드 블랑시(Collin de Plancy, 갈림덕(葛林德))

광무 6년(서기 1902년) 9월 22일

삼가 알려 드립니다. 이에 전라북도 태인 군수 겸 균전 감리 손병호(孫秉浩)의 보고에 따르면,

"접수한 프랑스 신부 보두네 및 하 목사(河牧師)의 서한 내용에, '금구(金溝)·김제(金堤)·전주(全州)·고부(古阜) 등 4군(郡)의 균전(均田) 마름으로 정해두(鄭海斗)를 즉시 차출하였습니다. 이는 주교당(主敎堂)의 분부이니, 만약 혹시라도 지체된다면 반드시 뒷날의

염려가 있을 것입니다.'

라고 했습니다. 살피건대 해당 서한을 가져온 사람은 곧 정해두인데, 외국 신부와 목사가 청탁할 리가 없는 것이 마땅합니다. 또 그 내용이 핑계하고 협박하기를 조금도 거리낌이 없으니, 확실히 정해두가 위조한 문장이었습니다. 이에 해당 서한 2통을 갖추어 바치니 심의하여 결정하시기 바랍니다."

라고 했습니다. 그러므로 살피건대, 정해두의 간사하고 거짓됨은 덮을 수 없으니, 응당 엄중히 구명하여 처리하는 것이 마땅합니다. 해당 감리에게 훈령을 내려 해당 인물을 붙잡아 조사하는 한편, 먼저 2통의 서한을 보내며 요청하오니 자세히 살피시고 회답해 주시기를 바랍니다. 이에 보냅니다. 아울러 평안하시기를 빕니다.

9월 22일   최영하 올림

1640. 프랑스 신부 서한의 위조 사건에 대한 조복(謄 19책 · 原 6책)|401|

[발신] 프랑스 공사 꼴랑드 블랑시(Collin de Plancy, 갈림덕(葛林德))
[수신] 외부대신 서리 최영하(崔榮夏)

광무 6년(서기 1902년) 9월 26일

삼가 알려 드립니다. 이달인 9월 23일, 귀하의 서한 및 첨부해 온 프랑스 신부 보두네 및 하 목사가 태인 군수(泰仁郡守) 겸 균전 감리(兼均田監理) 손병호(孫秉浩)에게 보낸 서한 2통을 접수하여 삼가 읽어 보았습니다. 본 대신은 해당 서한 두 통을 위조로 판단합니다. 청컨대 수고스럽겠지만 귀 대신께서는 훈령을 내리시어, 해당 범인을 법에 비추어 엄히 징계해 주십시오. 이에 해당 서한 2통을 제출하오니, 조사해 받아 주시기 바랍니다. 하 목사 명의로 보낸 서한에 대한 한 가지 일의 경우, 귀 대신께서는 이 서한을 반드시 미국(美國) 공사에게 보내어 밝히는 것이 좋겠습니다. 그런 까닭에 보냅니다. 아울러 평안하시기를 빕니다.

9월 26일   꼴랑드 블랑시 올림

1828. 고산 지방에서의 적당 출몰로 인한 프랑스 신부 보호 요청(原 7책) |406|

〔발신〕 프랑스 대리 공사 퐁트네이(Fontnay, 풍도래(馮道來))
〔수신〕 외부대신 서리 이하영(李夏榮)

광무 7년(서기 1903년) 11월 24일

【한문 번역】(謄 20책)
조회 제41호
프랑스의 대리 공사 퐁트네이가 조회합니다. 말씀드릴 내용은 다음과 같습니다.
  이에 전라도에서 보내온 소식에 따르면, 많은 수의 도적 떼들이 고산읍(高山邑) 근처 지역에 출몰하며 작당하여 소란을 일으키고 있으며, 또 이 읍에 거주하는 신부 미알롱에게 흉악하게 위세 부리며 핍박하려고 하는데 그 기세가 필시 좋지 않을 것이라고 합니다. 그런 까닭에 조회하니, 귀 서리 대신께서는 귀찮으시겠습니다만 방법을 강구하여 해당 신부를 보호하시고, 신부가 편안히 거처하여 고생에 이르지 않도록 해 주십시오. 시행해 주시기를 간절히 바랍니다. 조회합니다.
  이상.

대한(大韓) 외부대신 임시서리(外部大臣臨時署理)　　이하영 각하
1903년 11월 24일

2026. 프랑스인 페네 신부가 보낸 전북 관찰사의 소송 서류 사본 건(謄 22책・原 9책) |408|

〔발신〕 프랑스 공사 꼴랑드 블랑시(Collin de Plancy, 갈림덕(葛林德))
〔수신〕 외부대신 이하영(李夏榮)

광무 9년(서기 1905년) 3월 1일

삼가 알려 드립니다. 프랑스인 페네(Paynet, 배가록(裵嘉祿), 1873~1948)[7] 신부가 삼가 제출한 본서(本署)의 기소 서류 사본을 살펴보시

---

7 페네(Paynet) : 파리외방전교회 소속 선교사이다. 1897년 3월 13일 사제서품을 받은 뒤 7월 20일 한국에 입국했으며, 10월에 갓등이 본당 3대 주임신부로 부임하여 첫 사목을 시작했다. 1899년 4월 22일 제주(현 제주 중앙 주교좌) 본당 초대 주임신부로 부임했으며, 1900년 5월 전북 김제 수류 본당 4대 주임신부로 부임해 사목했다. 1914년 제1차 세계대전으로 징집되었다가 1918년 본당으로 돌아왔으며, 1920년 6월 대구 성 유스티노 신학교 2대 교장으로 취임했고, 1930년 8월에는 홍콩 나자렛 피정의 집 원장으로 부임했다. 1933년 6월 다시 한국에 들어와 순정 본당의 초대 주임신부를

기 바랍니다. 근원을 더듬어 살펴보면 해당 사건은 참으로 자질구레한 일입니다. 여행하는 사이에 작은 일 때문에 말다툼이 생기는 일은 종종 있는 일입니다. 그 전주 관찰사가 한 짓을 살펴보면, 진실로 잠자코 있을 수 없는 점이 있습니다. 혹시 귀 대신께서 본 공사가 기록해 제출한 제교(題敎)[8] 2통에 있는 그 관찰사의 어수룩하며 제멋대로인 짓을 살펴보신다면, 사안의 모든 정황을 분명하게 살펴보실 수 있습니다. 심지어 페네 신부를 붙잡아 대기하라는 명령을 내리기까지 했습니다. 삼가 생각건대 해당 전라북도 관찰사가 이전에 귀부(貴部)에 있었던 것도 여러 해이니, 응당 조약에 실려 있는 내용을 아는 바가 깊지 않을 수 없습니다. 그런데 오히려 이렇게 전혀 모르고 있으니, 어떻게 그럴 수 있는지 모르겠습니다. 본 공사가 관찰사의 임무를 삼가 생각건대, 어떻게 직임을 살피고 가겠습니까? 귀 대신께서 살펴 헤아리시기를 간절히 바랍니다. 이러한 행위에 대하여 어떻게 조처하실지, 자세히 알려 주시면 감사하겠습니다. 이에 편안하시기를 바랍니다.

3월 1일 　　　 꼴랑드 블랑시 올림

-첨부: 녹지(錄紙) 1통, 소장(訴狀) 1통-

거쳐 1935년 경남 삼랑진 본당 3대 주임신부로 부임해 사목하다가 1938년 은퇴했다. 그 뒤 마산(현 완월동) 본당에서 휴양하다가 1944년부터 대구 수련원 담임신부로 봉직하던 중 1948년 2월 23일 선종했다.

[8] 제교(題敎) : 관부에서 백성이 제출한 소장(訴狀)이나 원서(願書)에 쓰던 관부의 판결이나 지령이다. 제사(題辭) 혹은 제송(題送)이라고도 한다.

2030. 프랑스인 페네 신부의 기소 사건에 대한 전말 보고 지시 건(膽 22책) |408|

〔발신〕 외부대신 이하영(李夏榮)
〔수신〕 프랑스 공사 꼴랑드 블랑시(Collin de Plancy, 갈림덕(葛林德))

광무 9년(서기 1905년) 3월 3일

삼가 회답합니다. 어제 귀하의 서한을 접수하고, 페네 신부의 기소 사건 한 사안에 대하여, 전부를 자세히 살펴보았습니다. 전북 관찰사에게 엄중히 훈령하여 전말을 조사해 보고하도록 했습니다. 해당 보고를 기다려 다시 통지하는 한편, 응당 먼저 회답을 보냅니다. 살펴 헤아리시기 바랍니다. 이어 평안하시기를 빕니다.

3월 3일   이하영 올림

2044. 프랑스인 페네 신부의 기소에 대한 전북 관찰사의 보고서 사본(膽 22책) |408|

〔발신〕 외부대신 이하영(李夏榮)
〔수신〕 프랑스 공사 꼴랑드 블랑시(Collin de Plancy, 갈림덕(葛林德))

광무 9년(서기 1905년) 3월 31일

삼가 알려 드립니다. 귀국(貴國) 페네 신부의 기소 사건 한 사안에 대하여, 이미 우리나라 전북 관찰사에게 훈령을 내려 문의했습니다. 지금 해당 관찰사의 보고서를 베껴 써서 살펴보시도록 제출하였으니 잘 살펴보셨으리라 생각합니다. 살피건대 해당 관찰사는 본래 좋은 평판으로 유명하며 일이 발생하면 신중합니다. 유독 페네 신부 한 가지 사안에 대해서 이 지경에 이르도록 일을 잘못하여 그르쳤다는 사실을, 본 대신은 결코 믿을 수 없습니다. 또한 바라건대 귀 공사께서 자세히 살피시고 너그러이 용서해 주십시오. 삼가 알립니다. 아울러 평안하시기를 바랍니다.

3월 31일 이하영 올림

첨부. 위 사건의 보고서 개요(謄 22책)

전북 관찰사 보고서 개요

  2월 24일, 전주부(全州府)에 거주하는 미국(美國)의 기독교를 믿는 사람인 최대진(崔大珍)이 고소(告訴)하여 이르기를,

  "제가 금구(金溝) 지역을 지나다가 길에서 프랑스 사람 페네 신부와 마주쳤는데, 길을 피하지 않았습니다. 말 위에 탄 페네 신부 및 그 수행원과 마부가 제 옷과 갓을 찢어 버리고 무수히 마구 때리니, 머리와 이마에 큰 상처를 입고 피가 흘렀습니다. 페네는 비록 외국 신부이지만 수행원과 마부는 우리 한국 사람입니다. 우리 한국 사람이 까닭 없이 우리 한국 사람을 때린 것이 더욱 분통스러우니, 자세히 조사하여 분한 마음을 풀 수 있도록 하기를 요청합니다…."

  했습니다. 길을 양보하는 아름다운 풍속은 말할 것도 없고, 도리어 소란의 실마리를 일으킨 것이 매우 놀랍고 한탄스러운 일이므로, 고소한 백성을 시켜 피고를 데리고 오라고 제송(題送)을 내렸습니다. 그 이튿날 최대진이 다시 와서 소장을 올리며 말하기를,

"피고가 전주부 안에 있는 프랑스인 윤(尹) 신부의 거처에 있다고 하기에 그곳으로 가니, 그 사람은 보이지 않고 도리어 아래에 있는 다른 사람들에게 쫓겨나 돌아왔습니다."

하기에, 페네 신부는 거론하지 않고 단지 그 마부 및 수행원을 압송해 오라고 순검(巡檢)을 정해 보냈습니다. 순검이 제송을 가지고 그곳으로 가니, 마부와 수행원은 모두 그 모습이 보이지 않았습니다. 그런데 윤 신부는 을러대는 말을 견줄 데 없이 하면서, 소장과 제송을 빼앗아 가지고 순검을 쫓아 보냈습니다. 또 빈손으로 돌아왔다고 하기에 그 이유를 설명하여 윤 신부에게 공함(公函)[9]을 보내고, 이어 내버려두고 따지지 않았습니다.

대체로 전말은 이와 같은 데 불과합니다. 최대진이 고소한 본 사건을 이미 자세히 조사할 수 없으니, 길 위에서의 시비도 어떠한지 알 수 없습니다. 순검이 지난번 윤 신부의 집에 갔을 때, 만약 많은 순검을 보내어 거리낌 없이 못된 짓을 했다면 어찌 소장과 제송을 빼앗기고 쫓겨나 빈손으로 돌아왔겠습니까? 이를 가지고 미루어 보면 잘못 전해진 것이 분명하지만, 공적인 격식에 흠이 있어서 이렇게 바깥으로부터 꾸짖음을 초래했으니, 두렵고 한탄스러움을 감출 수 없습니다. 이에 보고하오니 살펴 헤아리시기 바랍니다.

---

[9] 공함(公函) : 높은 벼슬아치들이 죄를 짓거나 어떤 사건에 관계된 경우에 편지를 보내어 신문하거나 질문하던 일, 또는 그 편지를 가리킨다.

제4편
전라선 철도 부설과 군산·목포 개항

조윤선 역

737. 호남·경원·함경선 부설 공사에 대한 프랑스 회사에의 허가 의뢰 건(原 1책)
741. 호남·경원·함경선 부설권 요구에 대한 회신(謄 9책)
775. 목포 및 증남포의 개항에 관한 건(謄 10책)
776. 위의 안건에 대한 회신(謄 10책)
786. 목포 및 증남포의 개항 장정 교부에 대한 안건(謄 10책)
789. 목포, 증남포 개항 장정을 한문 및 국문본으로 교체하여 송부하기를 요망하는 안건(謄 10책)
790. 위 안건에 대한 답신(謄 10책)
793. 목포, 증남포 개항 장정 공의에 관한 회신(原 1책)
802. 목포, 증남포 개항 장정 중 개정할 곳을 보내 열람케 하는 안건(原 1책)
803. 위의 목포, 증남포 개항 장정 개정에 관한 회신(謄 10책)
804. 위의 목포, 증남포 두 항구의 도본 송부에 대한 안건(謄 10책)
805. 위의 목포, 증남포 개항 장정에서 개증(改增)할 곳 한 구절의 삭제에 대한 동의 및 회압(會押) 일자 수정에 대한 안건(原 1책)
809. 목포, 증남포 두 개 항 장정의 회압 날짜를 물리는 안건(謄 10책)
811. 목포, 증남포 두 개 항 장정의 회압 날짜를 수정하여 올린 안건(謄 10책)

825. 목포, 증남포 두 개 항 조계 장정의 영문·한문본을 제출하는 안건(謄 10책)
830. 삼화·무안 두 개항장의 각국 조계 도본(圖本)을 제출하는 안건 (謄 10책)
854. 무안·삼화 두 항구의 조계 장정 및 동래·덕원의 조계 획정을 위한 회동 요망 안건(謄 11책)
855. 위의 회상(會商) 요청에 대한 답신(謄 11책)
874. 무안의 구입 요청 지역 원호를 고쳐 송부하는 안건(謄 11책)
875. 위의 무안의 구입 요청 지역 원호를 고친 보고에 대한 회신(謄 11책·2책)

737. 호남·경원·함경선 부설 공사에 대한 프랑스 회사에의 허가 의뢰 건(原 1책) |338|

〔발신〕 프랑스 공사 꼴랑드 블랑시(Collin de Plancy, 갈림덕(葛林德))
〔수신〕 외부대신 서리(外部大臣署理) 고영희(高永喜)

건양 원년(서기 1896년) 9월 30일

【한문 번역】(謄 9책)
조회(照會)를 번역함
프랑스의 흠명공사 대신 겸 총영사(欽命公使大臣兼總領事) 꼴랑드 블랑시가 조회합니다.

 프랑스 피브샐(Fives-Lille)[1] 회사에서 그릴(M. Grille) 씨를 파견하여 서울에서 목포까지와 서울에서 원산까지, 원산에서 조선·러시아 국경까지의 철도 노선에 대한 일을 일본 대사와 귀 정부의 실임(實任)[2]께 요구하였습니다. 이에 귀 정부의 실임께서 답변하기를, 조선 정부에서 다른 철로 노선을 인가하기 전에 이전에 인가한 철로 노선이 효력이 있는지를 우선 보려 한다고 하였습니다.

 그릴 씨는 양 철로에 대해 제출한 신청이 실현되기를 계속 바라고 있으며 경의(京義)철로의 계약서에 준하여 신 노선의 계약을 체결할 준비가 되어 있습니다. 현재 그릴 씨의 귀 정부에 대한 바람은 이후로 만약 다른 회사에서 해당 철로권을 요구할 때 그 계약서를 그릴 씨의

---

1 피브샐(Fives-Lille) : 회사의 원이름은 'Fives-Lille'인데 한역(漢譯)에는 피브샐, 피브셜 등으로 표기하고 있으므로 이를 따른다.
2 실임(實任) : 명복상이 아닌 실무를 맡은 관리라는 의미로 당시 이완용을 가리킨다.

계약서와 비교하여 보아 조건이 같다면 해당 철로 노선권을 꼭 그릴 씨에게 허락해 주십사 하는 것입니다. 그릴 씨가 본 대신에게 부탁하여 귀 서리대신에게 문서 한 부를 제출하였기에 이에 동송합니다.

청컨대 수고스럽겠지만 귀 서리대신께서 살펴 헤아리시기 바랍니다. 이로써 조회를 대신합니다.

이상입니다.

대조선 외부서리대신 고영희
1896년 9월 30일

첨부. 위 프랑스 회사원의 서한(謄 9책)
〔발신〕 프랑스 피브셜 회사원 그릴
〔수신〕 외부대신(外部大臣)

대조선 외부대신 각하
삼가 알려 드립니다. 저는 저를 파견한 회사를 대신하여 서울에서 의주까지, 서울에서 원산까지, 원산에서 조선·러시아 국경까지, 서울에서 목포까지의 철로에 대해 회담한 일을 이에 다시 상기시켜 귀 대신께서 기억하시도록 하고자 합니다.

회담에서 체결한 문서에 의하면 그중 귀 정부에게 요청한 전체 철로 노선 중 한 노선인 경의철로의 경우 올해 7월 3일에 계약을 체결하였습니다. 그런데 나머지 두 노선의 철로에 대해 귀 정부에서 말씀하기를, 현재 그 일이 급하지 않고 아울러 철로 전체를 건설해야 이익이 될 것이라고 여기기 때문에 해당 두 노선의 철로 건설을 미루겠다고 하셨습니다.

저는 해당 철도의 건설을 미루고 훗날 건설하겠다고 귀 정부에서 말한 바를 확실한 증거로 여기고 귀 정부에서 두 노선의 철도를 건설하는 즉시 철도 전체를 완성할 것을 제가 굳게 지키겠습니다. 살피건대 제가 해당 양 철로 부설권을 가장 먼저 요청하였고, 의당 해당 철로에서 얻어지는 양여의 이익을 견지할 것입니다. 또 전에 회담하여 문서를 체결할 때, 제가 경의철로의 계약서에 승인한 것은 해당 철로가 다른 두 노선과 서로 연결되어 있어 머리를 잡으면 꼬리가 저절로 따르는 식이었기 때문이었습니다. 이 점을 귀 대신께서 깨달으시고 다시 전일 회담에서 체결한 문서 중에 이미 말씀하신 뜻을 되새겨 주십시오.

저희 회사가 조선의 지방과 같이 재원(財源)이 아직 개척되지 않은 곳에 와서 스스로 전재(錢財)를 내어 철로를 건설하고 아울러 사용함에 있어서 그 이해관계를 스스로 감당하였습니다. 그러니 이 임무를 담당한 측은 선로의 건설이 너무 지연되는 점을 반드시 살필 것이고 또 여러 철도의 노선을 총괄하여 이 노선의 우세한 점을 덜어 다른 노선의 부족함을 메우며 서로 통하게 한 후에야 시행을 허락할 것입니다.

또 다음과 같이 한 가지 일을 말씀드리겠습니다. 조선 철로의 전체를 연결할 때 만약 원산으로부터 조선・러시아 국경까지 철로를 연결하여 건설하지 못한다면 마땅히 조선・러시아 국경을 따라 압록강(鴨綠江)의 평야를 경유하여 바로 의주의 노선으로 이어져야 할 것입니다. 이러한 경우 원산에서 조선・러시아 국경에 이르는 한 노선은 철로를 건설하지 않고 대신 의주에서 조선・러시아 국경의 길까지 철도를 건설해야 할 것입니다.

이에 평안하시기를 바랍니다.

프랑스 피브셜 회사원　그릴 올림

1896년 9월 30일

※ 원본 반환

741. 호남·경원·함경선 부설권 요구에 대한 회신(謄 9 책) |339|

〔발신〕 외부대신 이완용(李完用)
〔수신〕 프랑스 공사 꼴랑드 블랑시(Collin de Plancy, 갈림덕(葛林德))

건양 원년(서기 1896년) 10월 13일

조복(照覆) 제
대조선 외부대신(外部大臣) 이완용(李完用)이 조복합니다.
　말씀드릴 내용은 다음과 같습니다.
　지난달 30일 우리 서리대신이 접수한 귀 조회의 내용에 의하면,
"프랑스 피브샐(Fives-Lille) 회사에서 그릴(M. Grille) 씨를 파견하여 서울에서 목포까지와 서울에서 원산까지, 원산에서 조선·러시아 국경까지의 철도 노선에 대한 일을 일본 대사와 귀 정부의 실임(實任)께 요구하였습니다.……위에 보인다-"
라고 하였고 그 취지를 잘 이해했습니다.
　살피건대 철로 확장에 따른 이익 관계를 알고 있습니다만 우리 정부의 현재 사정상 각 노선을 더 늘릴 수 없습니다. 이전에 경의 간 노선의 경우, 귀 회사와 계약을 체결하였으나 현재 해당 노선의 기공이 아직도

착수되지 않고 있는데 다시 어찌 다른 노선을 의논할 수 있겠습니까.

'이후로 만약 다른 회사에서 해당 철로권을 요구할 때 그 계약서를 그릴 씨의 계약서와 비교하여 보아 조건이 같다면 해당 철로 노선권을 꼭 그릴 씨에게 허락해 주십시오.'라는 한 구절의 경우, 의도가 무엇인지 실로 깨닫지 못하겠습니다. 살피건대 이 사안의 경우, 진실로 우리 정부에서 적절한 시기를 헤아려 자체적으로 권리를 행사해야 할 일이며 사전에 다른 사람에게 제안할 일은 아닙니다.

이번 귀 회사원 그릴 씨가 보낸 서한이 설사 친밀한 성의가 담긴 것이라 하더라도 본 대신은 이미 귀 대신과 형편에 따라 협의하여 매번 타협에 이르는데 하필 해당 사원의 편지로 번거롭게 하겠습니까. 이에 해당 편지를 다시 보내고 문서를 구비하여 조복합니다. 청컨대 수고스럽겠지만 귀 대신께서 조사하여 이를 귀 사원에게 알리고 즉시 해당 편지를 돌려주는 것이 좋겠습니다.

이로써 조복을 대신합니다.

이상입니다.

프랑스 흠명공사 대신 겸 총영사(欽命公使大臣兼總領事)   꼴랑드 블랑시 각하
건양 원년 10월 13일

775. 목포 및 증남포의 개항에 관한 건(騰 10책) |340|

〔발신〕 외부대신 서리 민종묵(閔種默)
〔수신〕 프랑스 공사 꼴랑드 블랑시(Collin de Plancy, 갈림덕(葛林德))

건양 2년(서기 1897년) 7월 4일

조회 제6호

대조선 외부대신(外部大臣) 임시 서리(臨時署理) 의정부 찬정(議政府贊政) 학부 대신(學部大臣) 민종묵이 조회합니다. 말씀드릴 내용은 다음과 같습니다.

본국 전라도 목포(木浦)와 평안도 증남포(甑南浦)를 통상 개항지로 만드는 일에 대해 여러 차례 서로 입안하여 이에 우리 정부의 타당한 협의를 거치고 아울러 우리 대군주의 재가도 받았습니다. 이에 올해 10월 1일에 개항하기로 결정하였으므로 재가를 요청하는 편지 한 장을 초록하고 문서를 구비하여 조회합니다.

청컨대 수고스럽겠지만 귀 대신께서는 살펴 헤아리시기 바랍니다. 이로써 조회를 대신합니다.

이상입니다.

프랑스 흠명공사 대신 겸 총영사   꼴랑드 블랑시 각하
건양 2년 7월 4일

-재가를 요청하는 문서 한 건을 붙여 보냅니다-
(이미 일안(日案)에 있으므로 다시 이 문서에 남기지 않음)

776. 위의 안건에 대한 회신(謄 10책) |340|

〔발신〕 프랑스 공사 꼴랑드 블랑시(Collin de Plancy, 갈림덕(葛林德))
〔수신〕 외부대신 서리 민종묵(閔種默)

건양 2년(서기 1897년) 7월 12일

【한문 번역】(謄 10책)

조복을 번역함

프랑스의 흠명 공사 대신 겸 총영사(欽命公使大臣兼總領事) 꼴랑드 블랑시가 조복합니다.

　7월 4일 접수한 귀 대신의 조회에 의하면, 귀 정부가 올해 10월 1일에 목포와 증남포를 통상 개항지로 결정한다고 하였습니다. 이 조회를 실로 매우 감사하게 받았습니다. 삼가 이 조회를 우리 공화 정부에 전달하겠습니다.

　청컨대 수고스럽겠지만 귀 대신께서는 살펴 헤아리시기 바랍니다. 조복합니다.

　이상입니다.

대조선 외부대신 서리　민종묵 각하

1897년 7월 12일

786. 목포 및 증남포의 개항 장정 교부에 대한 안건(謄 10책) |341|

〔발신〕 외부대신 민종묵(閔種默)
〔수신〕 프랑스 공사 꼴랑드 블랑시(Collin de Plancy, 갈림덕(葛林德))

광무 원년(서기 1897년) 8월 27일

조회 제10호

대조선 외부대신 민종묵이 이어 조회합니다. 말씀드릴 내용은 다음과 같습니다.

　본국 전라도의 목포와 평안도의 증남포, 두 통상 항구 개항 요청서를 이미 올해 7월 3일 조회한 사실이 있었습니다. 이에 해당 두 개항지 조계는 인천항에 대한 조처에 따라 장정(章程)을 작성하였고 문서를 갖추어 장정에 붙여 조회합니다.

　청컨대 수고스럽겠지만 귀 공사께서 살펴 헤아리시어 참작하여 처리해 주십시오. 후일에 날을 정해 귀 공사와 각 공사-총영사(總領事), 공사(公使), 영사(領事)-와 회동하여 장정에 대해 의정(擬定)하고 화압(畵押)하여 즉시 시행해야 할 것입니다.

　이로써 조회를 대신합니다.

　이상입니다.

프랑스 흠명공사 대신 겸 총영사　꼴랑드 블랑시 각하
광무 원년 8월 27일
-영어로 번역한 장정 한 통을 첨부-

789. 목포, 증남포 개항 장정을 한문 및 국문본으로 교체하여 송부하기를 요망하는 안건(謄 10책) |342|

[발신] 프랑스 공사 꼴랑드 블랑시(Collin de Plancy, 갈림덕(葛林德))
[수신] 외부대신 민종묵(閔種默)

광무 원년(서기 1897년) 8월 28일

삼가 알려 드립니다. 어제 접수한 귀 대신의 조회 내용은 목포, 증남포 양 개항장의 조계는 인천항에 대한 조처에 따라 장정을 작성한다는 것이었습니다. 이에 조복하기 전에 여쭈어볼 것이 있습니다.

영문(英文)이 귀국의 문자에 관계되는지는 모르겠으나 진서(眞書)와 언문(諺文)은 귀국 문자에 관계됩니다. 그런데 어떤 점이 불가하여 이를 쓰지 않고 꼭 영문으로 된 장정을 붙여 보내셨는지요. 비록 그 까닭을 알 수 없으나 혹시 서양 문자를 반드시 써야 한다면서도 프랑스어는 쓸 필요가 없다고 생각하시는지요. 저희 관서는 영문의 장정을 쓰지 않으므로 이에 속히 돌려드립니다. 이를 살펴 받으신 후에 영문 대신 진서나 언문으로 된 장정을 보내주시기를 희망합니다.

이어 평안하시기를 빕니다.

8월 28일   꼴랑드 블랑시 올림

790. 위 안건에 대한 답신(謄 10책) |342|

〔발신〕 외부대신 민종묵(閔種默)
〔수신〕 프랑스 공사 꼴랑드 블랑시(Collin de Plancy, 갈림덕(葛林德))

광무 원년(서기 1897년) 8월 29일

삼가 회답합니다. 어제 귀 편지를 보았는데, 목포, 증남포 양 개항장에 대해 의정(擬定)한 장정을 진서 혹은 언문으로 작성하여 보내달라는 일로 이를 잘 살펴보았습니다. 이에 해당 장정을 한문으로 고쳐서 회답 공문에 붙여 보내니 잘 살펴보시기를 바랍니다.

이에 편지로 말씀드립니다. 이어 평안하시기를 빕니다.

8월 29일　　민종묵 올림

793. 목포, 증남포 개항 장정 공의에 관한 회신(原 1책) |342|

〔발신〕 프랑스 공사 꼴랑드 블랑시(Collin de Plancy, 갈림덕(葛林德))
〔수신〕 외부대신 민종묵(閔種默)

광무 원년(서기 1897년) 9월 6일

【한문 번역】(謄 10책)
조복을 번역함
프랑스의 흠명 공사 대신 겸 총영사 꼴랑드 블랑시가 조복합니다. 말씀드릴 내용은 다음과 같습니다.

　8월 27일 접수한 귀 대신의 조회 내용은 목포 및 증남포 개항에 관한 일이었습니다. 삼가 귀 대신께서 정하신 날짜에 귀 대신과 각 총영사, 공사(公使), 영사(領事)와 함께 해당 장정에 대해 공의(公議)하기를 바랍니다.

　청컨대 수고스럽겠지만 귀 대신께서는 살펴 헤아려 시행해 주십시오. 이로써 조복을 대신합니다.

　이상입니다.

대조선 외부대신　민종묵 각하
1897년 9월 6일

802. 목포, 증남포 개항 장정 중 개정할 곳을 보내 열람케 하는 안건(原 1책) |343|

〔발신〕 프랑스 공사 꼴랑드 블랑시(Collin de Plancy, 갈림덕(葛林德))
〔수신〕 외부대신 민종묵(閔種默)

광무 원년(서기 1897년) 9월 29일

【한문 번역】(謄 10책)
조회를 번역함
프랑스의 흠명 공사 대신 겸 총영사 꼴랑드 블랑시가 조회합니다. 말씀드릴 내용은 다음과 같습니다.

  올해 8월 27일, 귀 대신이 목포, 증남포 외국 조계에 대해 입안한 장정에 대해 저희가 인가할 것을 요청하였습니다. 이에 본 대신은 앞서 각국 공사, 영사와 함께 회동하여 해당 입안 장정에 대해 의논하였는데 조금 개정할 필요가 있다고 생각하였고 모두 찬동하는 바였습니다. 청컨대 귀 대신께서 입안한 장정 안에서 개점해야 할 곳을 다시 보내드리니 수반공사께서 살펴보아 주십시오.[3]

  이런 내용으로 조회하니 청컨대 수고스럽겠지만 살펴 헤아리시기 바랍니다. 이로써 조회를 대신합니다.

  이상입니다.

대조선 외부대신   민종묵 각하

---

3 청컨대……주십시오 : 이어지는 문서 803에서 재인용되는 문장에서는 '貴大臣於我們'의 구절이 없다. 의미상, 그리고 내용상의 일치를 위해 본 문장에서도 이를 생략하고 번역하였다.

1897년 9월 29일

803. 위의 목포, 증남포 개항 장정 개정에 관한 회신(謄 10책) |344|

〔발신〕 외부대신 민종묵(閔種默)
〔수신〕 프랑스 공사 꼴랑드 블랑시(Collin de Plancy, 갈림덕(葛林德))

광무 원년(서기 1897년) 10월 6일

조회 13호
대조선 외부대신 민종묵이 이어 조회합니다. 말씀드릴 내용은 다음과 같습니다.

이달 9월 29일 접수한 귀 조복 내용에 의하면,

"귀 대신이 목포, 증남포 외국 조계에 대해 입안한 장정에 대해 저희가 인가할 것을 요청하였습니다. 이에 본 대신은 앞서 각국 공사, 영사와 함께 회동하여 해당 입안 장정에 대해 의논하였는데 조금 개정할 필요가 있다고 생각하였고 모두 찬동하는 바였습니다. 청컨대 귀 대신께서 입안한 장정 안에서 개정해야 할 곳을 다시 보내드리니 수반공사께서 살펴보아 주십시오."

라고 하였고 그 취지를 잘 이해했습니다.

해당 장정에서 개정해야 할 몇 구절을 살펴보니 대체로 행하지 못할 곳은 없었습니다. 그러나 제1관의 말미에 있는, 정해진 경계를 확대함에 있어서 이를 넓혀야 할 경우 각국 서울 주재 공사, 영사 등과 조선

정부가 상의하여 매듭짓고 즉시 시행한다는 등의 자구의 경우, 해당 두 개항지 조계의 획지(劃地)를 살펴보면 매우 광대하고 또 추후에 쓰기에 부족할 염려가 없습니다.

또 해당 조계는 각 나라 상인이 영대(永代) 차지(借地)한 지역이므로 조선인이 무역(貿易)할 전옥(廛屋)을 지으려면 반드시 해당 조계 주변 외곽 땅에 축조해야 합니다. 만약 조계를 넓히려 한다면 특별히 지은 가옥을 다른 곳으로 이전하도록 해야 하는데 실로 드는 비용 계산이 복잡하여 쉽게 할 수 없고, 하물며 조계 밖 10리 이내에도 각국 상인의 가옥을 짓도록 허가하였으니 옮겨 가도록 하는 것은 더욱 쉽지 않습니다. 요컨대 조계는 모두 확장할 필요가 없으니 늘려야 한다는 한 구절은 넣을 필요가 없을 듯합니다. 이러한 점을 형편에 따라 문서를 구비하여 다시 조회합니다.

청컨대 수고스럽겠지만 귀 대신께서 살펴 헤아리시어 조복을 보시고 날짜를 택하시어 본부에서 회동하여 공의(公議)하고 화압(畫押)하여 시행하게 되기를 바랍니다. 이로써 조회를 대신합니다.

이상입니다.

프랑스 흠명공사 대신 겸 총영사　꼴랑드 블랑시 각하
광무 원년 10월 6일

804. 위의 목포, 증남포 두 항구의 도본 송부에 대한 안건(謄 10책) |344|

〔발신〕 외부대신 민종묵(閔種默)

〔수신〕 프랑스 공사 꼴랑드 블랑시(Collin de Plancy, 갈림덕(葛林德))

광무 원년(서기 1897년) 10월 9일

삼가 알려 드립니다. 증남포, 목포 두 항구의 장정을 회동하여 의정하는 일은 누차 조회하였습니다. 해당 두 항구의 조계지로 획정된 땅을 도면을 그려 바쳐 올리니 심의하여 결제하기 바랍니다. 현재 해당 도본(圖本)은 각 한 면만 이미 수반 공사께 송부하였으니 삼가 헤아려 주시기 바라옵니다.

끝으로 이에 평안하시기를 빕니다.

10월 9일　　　민종묵 올림

805. 위의 목포, 증남포 개항 장정에서 개증할 곳 한 구절의 삭제에 대한 동의 및 회압(會押) 일자 수정에 대한 안건(原 1책) |344|

〔발신〕 프랑스 공사 꼴랑드 블랑시(Collin de Plancy, 갈림덕(葛林德))
〔수신〕 외부대신 민종묵(閔種默)

광무 원년(서기 1897년) 10월 11일

【한문 번역】(謄 10책)
조회를 번역함
프랑스의 흠명 공사 대신 겸 총영사 꼴랑드 블랑시가 조회합니다. 이달 6일 귀 대신의 조회를 접수하고, 목포, 증남포 외국 조계에 대해 입안한 장정의 제1관 말미에 각국 공사, 영사와 공의를 거쳐 개증(改增)한다는 구절을 지워달라는 귀 의견에 대해 그 취지를 잘 이해했습니다.

이에 따라 본 대신은 이 구절을 지울 생각이며 회동하여 해당 장정에 대해 화압(畵押)하는 날짜의 경우 귀부에서 일이 있어 날짜를 취소하였으므로 본 대신이 이달 15일 오후 3시로 정정하였으며 귀부에서 모이도록 하겠습니다.

청컨대 수고스럽겠지만 귀 대신께서 살펴 헤아리시어 시행하십시오. 이로써 조회를 대신합니다.

이상 조회입니다.

대조선 외부대신　민종묵 각하
1897년 10월 11일

809. 목포, 증남포 두 개 항 장정의 회압 날짜를 물리는 안건(謄 10책) |345|

〔발신〕 외부대신 민종묵(閔種默)
〔수신〕 프랑스 공사 꼴랑드 블랑시(Collin de Plancy, 갈림덕(葛林德))

광무 원년(서기 1897년) 10월 13일

삼가 알려 드립니다. 보내온 조복을 접수하였는데 목포, 증남포 두 항구의 계도에 대한 장정에 대해 회압하는 날짜를 이달 15일에 한다는 내용이었습니다. 그러나 본 대신이 계속 중요한 공무가 있어서 그날 업무를 처리하기 힘들 것 같습니다. 청컨대, 이달 18일 하오 3시, 종가(鐘駕) 저희 서(署)에서 회동하여 상의해서 처리하기를 바랍니다.

끝으로 평안하시기를 빕니다.

10월 13일　　민종묵 올림

811. 목포, 증남포 두 개 항 장정의 회압 날짜를 수정하여 올린 안건(謄 10책) |345|

〔발신〕 외부대신 민종묵(閔種默)
〔수신〕 프랑스 공사 꼴랑드 블랑시(Collin de Plancy, 갈림덕(葛林德))

광무 원년(서기 1897년) 10월 15일

삼가 알려 드립니다. 목포, 증남포 두 개항장의 지도(地圖)에 대한 장정에 회압하는 날짜를 이전에 이달 18일로 수정하였었습니다. 그런데 지금 미국 공사의 편지를 접수하였는데 그날 마침 일이 있으므로 다시 뒷날로 수정해 달라는 요청이 있었습니다. 살피건대, 이번 회견에는 반드시 모여야 할 것이므로 이달 16일 하오 3시로 수정하여 올리니 왕림해 주십시오. 정한 기일에 왕림하시어 모여 의논하게 되기를 바랍니다.

끝으로 이에 평안하시기를 빕니다.

10월 15일　　민종묵 올림

825. 목포, 증남포 두 개 항 조계 장정의 영문·한문본을 제출하는 안건(謄 10책) |346|

〔발신〕 외부대신 조병식(趙秉式)
〔수신〕 프랑스 공사 꼴랑드 블랑시(Collin de Plancy, 갈림덕(葛林德))

광무 원년(서기 1897년) 11월 12일

삼가 알려 드립니다. 목포, 증남포 두 항구 조계에 대한 영문(英文), 한문(漢文) 장정 모두 6책을 드리니 열람하여 살펴보고 받아 주시기를 바랍니다.
  끝으로 이에 평안하시기를 빕니다.

11월 12일   조병식 올림

830. 삼화·무안 두 개항장의 각국 조계 도본(圖本)을 제출하는 안건(謄 10책) |346|

〔발신〕 외부대신 조병식(趙秉式)
〔수신〕 프랑스 공사 꼴랑드 블랑시(Collin de Plancy, 갈림덕(葛林德))

광무 원년(서기 1897년) 11월 27일

삼가 알려 드립니다. 부탁을 받고 삼화(三和)·무안(務安) 두 개항장의 각국 조계도(租界圖) 2본(本)을 모두 제출하오니 살펴보고 받아 주시기를 바랍니다.

끝으로 우중에 평안하시기를 빕니다.

11월 27일   조병식 올림

854. 무안·삼화 두 항구의 조계 장정 및 동래·덕원의 조계 획정을 위한 회동 요망 안건(謄 11책) |346|

〔발신〕 외부대신 이도재(李道宰)
〔수신〕 프랑스 공사 꼴랑드 블랑시(Collin de Plancy, 갈림덕(葛林德))

광무 2년(서기 1898년) 2월 12일

조회 제
대한 외부대신 이도재가 조회합니다. 말씀드릴 내용은 다음과 같습니다.
　무안·삼화 두 항구의 조계 장정은 이미 각국 공사, 영사들과 회동하여 상의하여 결정하였습니다. 그런데 해당 장정 내의 자구(字句)에 자못 통하지 못한 곳이 있어서 각 해당 감리가 제대로 판별하기 어려운 바가 있으므로 매우 적절치 않다고 하겠습니다. 또 동래(東萊)·덕원(德源) 두 개항장의 개설에 이미 많은 시간이 흘렀는데 각국 조계가 아직까지 획정되지 않아 외국 사람들이 거주하기 편치 않을 뿐 아니라 우대하는 예에도 부족함이 있습니다.
　위 사항의 각 조목에 대해 별도로 강구하여 신속히 처리하지 않을 수 없습니다. 이에 날짜를 특별히 정하여 문서를 갖추어 조회합니다. 청컨대 수고스럽겠지만 귀 공사께서 살펴보시고 이달 14일 하오 2시에 저희 부(部)에 모여 헤아려 확정지을 수 있기를 간절히 바랍니다.

이로써 조회를 대신합니다.

이상 조회입니다.

프랑스 흠명공사 대신 겸 총영사 꼴랑드 블랑시 각하
광무 2년 2월 12일

855. 위의 회상(會商) 요청에 대한 답신(膽 11책) |346|

〔발신〕 프랑스 공사 꼴랑드 블랑시(Collin de Plancy, 갈림덕(葛林德))
〔수신〕 외부대신 이도재(李道宰)

광무 2년(서기 1898년) 2월 14일

조복 제

프랑스 흠명공사 대신 겸 총영사 꼴랑드 블랑시가 조복합니다. 말씀드릴 내용은 다음과 같습니다.

　본 대신이 접수한 제6호 조회는, 청컨대 수고스럽겠지만 이달 14일 하오 2시에 모여 확정짓도록 하자는 등의 사항으로 모두 다 삼가 읽어보았습니다. 그래서 조회에 따를 생각이었으나 마침 공무가 너무 바빠 가기가 난처하게 되어 매우 미안하게 생각합니다. 이러한 사정을 가지고 조복하니 헤아려 주시기를 바랍니다.

이로써 조복을 대신합니다.

이상입니다.

대한 외부대신   이도재 각하
서력 1898년 2월 14일

874. 무안의 구입 요청 지역 원호를 고쳐 송부하는 안건(謄 11책) |347|

〔발신〕 외부대신 민종묵(閔種默)
〔수신〕 프랑스 공사 꼴랑드 블랑시(Collin de Plancy, 갈림덕(葛林德))

광무 2년(서기 1898년) 3월 18일

삼가 알려 드립니다. 무안 감리(務安監理) 진상언(秦尙彦)의 보고를 받았는데 그 내용에 의하면,

 "개항장 내 구입 요청 지역의 원호(原號)와 미돌(米突)[4]을 분류하여 모아 기록해서 이미 서울 주재 각국 공사, 영사에 통지하였습니다. 삼가 아뢰옵건대, 해당 기록 중 원호에 더러 거듭 기재된 바가 있어 자못 밝게 살피기 어려운 점이 있으므로 매우 송구스럽습니다. 이에 별도로 고친 한 부를 올리오니 각 공관(公館)에 나누어 두기를 청합니다."
라고 하였습니다. 이에 따라 이어 해당 기록 한 부를 서한의 형식을 갖추어 알려 드리오니 바라옵건대 살펴 헤아려 시행해 주십시오. 해당 감리가 먼저 기록한 것은 이미 쓸모가 없게 되었으니 모두 건네주시기를 바랍니다.

---

[4] 미돌(米突) : 미터를 한자로 옮긴 것으로 대한제국이 척(尺)을 비롯한 기존 도량형(度量衡)제도를 폐기하고 서구식 미터법을 적용하기 시작하면서 나온 용어다.

끝으로 봄철에 평안하시기를 바랍니다.

3월 18일   민종묵 올림

875. 위의 무안의 구입 요청 지역 원호를 고친 보고에 대한 회신(謄 11책·原 2책) |347|

〔발신〕 프랑스 공사 꼴랑드 블랑시(Collin de Plancy, 갈림덕(葛林德))
〔수신〕 외부대신 민종묵(閔種默)

광무 2년(서기 1898년) 3월 24일

삼가 조복합니다. 삼가 서한에 따라 지금 보내온 무안(務安), 목포항(木浦港) 조계 지역 내 구입을 요청한 성책(成冊)을 본관(本館)에 두고 그전의 문건은 이에 돌려드리니 살펴보고 받아 주시면 감사하겠습니다.

　이에 평안하시기를 바랍니다.

3월 24일   꼴랑드 블랑시 올림

-문서 안에 무안, 목포항 조계 지역의 구입 요청에 대한 성책 1권 첨부-

이상식 역

895. 성진·군산·마산 등 항구의 개항 및 평양의 개시 통고 건(謄 11책)
933. 철로 부설 문제를 상기시키는 건(謄 12책)
934. 위 철도 문제를 상기시킨 것에 대한 회신(謄 12책)
978. 성진·마산·군산 개항 및 평양 개시 건에 대한 시행 방법 회답 요구 건(原 2책)
1025. 군산·마산·성진·평양 등지에 있어서 외국인의 조계지의 가옥 구입 및 사립(私立) 계약 등을 불허하는 통고의 건(謄 13책)
1026. 군산·마산·성진·평양 등지의 외국인 조계지 불허 통고에 대한 답신(原 3책)
1037. 군산·마산·성진·평양 등 개항 장시의 설립을 위한 장정 협정의 건(謄 13책)
1059. 군산·마산·성진 등 조계 장정의 검토 및 함께 서명하는 건(謄 13책)
1064. 군산·마산·성진 등의 개항 장정 초안에 대한 문구 첨입의 건(謄 13책)
1067. 군산·마산·성진 등 항구 조계 장정에 서명할 날짜 명시를 요망하는 건(原 3책)
1070. 군산·마산·성진 등 항구의 개항 장정 초안 문구 수정에 동의하는 건(原 3책)

1094. 군산·마산·성진의 개항 장정 서명 일자 통고 건(謄 13책)

1167. 군산·마산·성진 세 항구의 조계도에 함께 서명하는 건(謄 14책)

1561. 등탑·등간 건립처의 선정 통지 건(謄 19책·原 6책)

1573. 등탑·등간·부장 건립 계획서 검토에 관한 건(原 6책)

895. 성진·군산·마산 등 항구의 개항 및 평양의 개시 통고 건(謄 11책) |348|

〔발신〕 외부대신 조병직(趙秉稷)
〔수신〕 프랑스 공사 꼴랑드 블랑시(Collin de Plancy, 갈림덕(葛林德))

광무(光武) 2년(서기 1898년) 5월 29일

조회(照會) 제22호
대한 외부대신(大韓外部大臣) 조병직이 조회합니다.

　살펴보건대 우리 함경북도의 성진(城津), 전라북도의 군산포(群山浦), 경상남도의 마산포(馬山浦)를 통상(通商) 항구를 개설하는 일은 이미 개항한 항구의 장정을 본떠 처리했습니다. 평안남도의 평양부(平壤府)는 궁내부(宮內府)의 관 소유 부지를 제외하고 한 구역을 가려택해 개시장(開市場)으로 만드는 일의 경우 법규를 별도로 정해 시행하자고 이미 정부(政府)에서 회의하고 황제께 아뢰어 삼가 우리 대황제 폐하의 재가를 받았습니다. 개항 시기 및 시행 사무에 대해서는 마땅히 참작해 검토 결정해야 합니다. 먼저 청의서(請議書) 1장을 베껴 써서 첨부하고 함께 글을 갖추어 조회합니다. 청컨대 번거롭겠지만 귀 공사께서는 살펴봐 주십시오. 모름지기 조회가 전달되기를 바랍니다.
　이상입니다.

프랑스 흠명공사 대신 겸 총영사(大法欽命公使大臣兼總領事)　꼴랑드 블랑시 각하
광무 2년 5월 29일
-별첨 청의서(請議書) 1장-

933. 철로 부설 문제를 상기시키는 건(謄 12책) |351|

[발신] 프랑스 공사 꼴랑드 블랑시(Collin de Plancy, 갈림덕(葛林德))
[수신] 외부대신 서리 이도재(李道宰)

광무 2년(서기 1898년) 8월 19일

조회 번역

프랑스 흠명 판사공사(欽命辦事公使) 꼴랑드 블랑시가 조회합니다.

  1896년 9월 30일에 본 공사가 귀국의 철로(鐵路)에 관한 일을 살펴보았는데, 그 당시 외부서리대신(外部署理大臣)인 고영희(高永喜)께 조회한 기록이 있습니다. 지금의 상황에서 본 공사는 마땅히 해당 조회를 귀 서리 대신이 유념해 주시기를 상기시켜 드리기 위해 이렇게 조회합니다.

  청컨대 번거롭겠지만 귀 서리대신께서는 살펴봐 주십시오. 조회가 꼭 전달되기를 바랍니다.

  이상과 같이 조회합니다.

대한 외부대신 임시 서리 농상공부대신(大韓外部大臣臨時署理農商工部大臣) 이도재 각하
1898년 8월 19일

934. 위 철도 문제를 상기시킨 것에 대한 회신(謄 12책)
|351|

〔발신〕 외부대신 서리 이도재(李道宰)
〔수신〕 프랑스 공사 꼴랑드 블랑시(Collin de Plancy, 갈림덕(葛林德))

광무 2년(서기 1898년) 8월 20일

조회 답장〔照覆〕 제(第)
대한 외부대신 임시 서리 농상공부대신(大韓外部大臣臨時署理農商工部大臣) 이도재가 조회에 답장합니다. 이번 달인 8월 19일에 귀 조회를 접수해 보니, 그 내용에,

"1896년 9월 30일 본 공사가 귀국의 철로에 관한 일을 조사해 보았는데, 당시 외부서리대신인 고영희(高永喜)께 조회한 문서가 있습니다. 지금의 상황에서 마땅히 해당 조회를 상기시켜 드립니다."

라고 했습니다. 이에 따라 같은 해인 1896년 10월 13일 우리 정임대신(正任大臣) 이완용(李完用)이 조회 답장한 내용을 살펴보니,

"'이후에 만약 다른 회사에서 해당 철로를 요구할 때에 그 계약이 그릴(Grille)의 조건과 비교해 대등하다면 반드시 해당 철로를 그릴에게 일체 허가해 주십시오.'라고 했습니다. 그런데 진실로 귀하의 뜻이 어디에 있는지 모르겠습니다. 이러한 사안은 진실로 우리 정부에서 적절한 시기를 헤아려서 자체적으로 행사할 권리이지, 미리 다른 사람과 함께 검토할 것은 아닙니다."

라고 했습니다. 아울러,

"그릴에게서 온 편지를 되돌려보낼 것입니다."

라고 기록되어 있습니다.

   본 서리대신은 분명 그릴이 요청한 사항은 이미 폐기된 논의가 되었다고 생각하니 지금은 모름지기 다시 제기하지 마십시오. 문건을 갖추어 조복하니, 청컨대 번거롭겠지만 귀 공사께서는 살펴봐 주십시오. 조회가 꼭 전달되기를 바랍니다.

   이상과 같이 조복합니다.

프랑스 흠명 판사공사(欽命辦事公使) 꼴랑드 블랑시 각하
광무 2년 8월 20일

978. 성진·마산·군산 개항 및 평양 개시 건에 대한 시행 방법 회답 요구 건(原 2책) |352|

〔발신〕 프랑스 공사 꼴랑드 블랑시(Collin de Plancy, 갈림덕(葛林德))
〔수신〕 외부대신 박제순(朴齊純)

광무 2년(서기 1898년) 11월 14일

조회 번역(謄 11책)
프랑스 흠명 판사공사 꼴랑드 블랑시가 조회합니다.

   지난 5월 29일에 도착한 귀부(貴部) 현직 대신의 조회 내용에는,
   "성진(城津)·마산포(馬山浦)·군산포(群山浦) 및 평양부(平壤府) 내 한 지역을 통상(通商) 장소로 만든다."
라고 했습니다. 이에 따라 청컨대 번거롭겠지만, 귀 대신께서는 귀 정부의 해당 약속의 실천 유무와 처리에 대해 답장해 주는 것이 옳을

것입니다. 모름지기 조회가 전달되기를 바랍니다.

　이상과 같이 조회합니다.

대한 외부대신(大韓外部大臣)　　박제순 각하

1898년 11월 14일

1025. 군산·마산·성진·평양 등지에 있어서 외국인의 조계지의 가옥 구입 및 사립(私立) 계약 등을 불허하는 통고의 건(謄 13책) |356|

〔발신〕 외부대신 박제순(朴齊純)
〔수신〕 프랑스 공사 꼴랑드 블랑시(Collin de Plancy, 갈림덕(葛林德))

광무 3년(서기 1899년) 2월 27일

조회 제10호
대한 외부대신 박제순이 조회합니다. 살펴보건대 우리나라는 조약을 맺고 통상(通商) 이래로 지정된 장소 이외에는 외국인 거주를 허락하지 않았습니다. 군산(群山)·마산(馬山)·성진(城津)·평양(平壤) 등지의 개항시(開港市) 한 사안을 살펴보건대, 비록 발표는 했지만 아직 개방하지 않았고 장정(章程)을 확정하기 전이니, 마땅히 통상하지 않은 각 지역과 차이가 없어야 합니다.

　따라서 외국의 인민(人民)이 해당 지역 안에서 땅을 빌리거나 집을 구입할 수 없습니다. 다만 우리나라의 불량한 백성들이 지역 내에 살면서 해당 구역의 가옥을 외국인에게 팔아넘기고 심지어 지정된 관유지

(官有地)까지 서류를 위조해 몰래 팔아서 이익을 챙겼고 더러는 건축하고 개척(開拓)하려는 등의 일들을 사사로이 계약을 맺어서 사안은 거듭 일어나고 폐단은 끝없이 되풀이되었습니다. 마땅히 법을 만들어 금지하여 이쪽저쪽 인민들이 준수해야 할 일들을 알도록 하는 것이 마땅합니다.

이후 귀국 사람 중 이상의 규정한 경계 내에서 땅을 사고 집을 구입하는 일 및 사사로이 계약을 맺는 자가 있게 된다면, 일체 우리 지방관을 거쳐 근처의 영사(領事)에게 알리고, 엄히 샅샅이 조사하여 조약을 위반한 것으로 논(論)할 것입니다.

해당 지역의 가옥 값은 지난번에 판매했던 사람을 찾아서 돌려주는 것이 일 처리에 합당할 것입니다. 각 해당 지방관에게 알려 지시대로 처리하도록 하는 것 외에도 함께 발표하는 일에 대해 글을 갖추어 조회합니다. 귀 공사께서는 청컨대 번거롭겠지만, 두루 널리 지시해 예외 없이 시행해 주십시오. 조회가 꼭 전달되기를 바랍니다.

이상과 같이 조회합니다.

프랑스 공사(公使)　꼴랑드 블랑시
광무 3년 2월 27일

1026. 군산·마산·성진·평양 등지의 외국인 조계지 불허 통고에 대한 답신(原 3책) |357|

〔발신〕 프랑스 공사 꼴랑드 블랑시(Collin de Plancy, 갈림덕(葛林德))
〔수신〕 외부대신 박제순(朴齊純)

광무 3년(서기 1899년) 3월 6일

【한문 번역】(謄 13책)

조회

프랑스 판사공사(大法辦事公使) 꼴랑드 블랑시가 조회에 답장합니다.

 살펴보건대 2월 27일에 접수한 귀 조회 내용에,

 "군산·마산·성진 및 평양 등지에 아직 통상할 곳을 개방하지 못했다. 이에 따라 외국인들이 토지를 획득하는 것을 허락하지 않는다."라고 했습니다.

 이에 감사드리며 귀 대신께 제시하는 하찮은 제 의견이나 유념하시어 재빨리 현재의 상황을 정리해 주십시오. 귀 외부의 전임대신(前任大臣) 조병직(趙秉稷) 씨가 각 공사와 영사에게 조회로 알린 후 거의 1년이 되어 갑니다. 또 본 공사도 귀 정부가 참작해 재빨리 결정해 주도록 지난해 11월 14일에 이미 귀 외부에 조회했습니다. 또 귀하께서 이전 조회에서 말씀하신 어려운 일들의 경우, 더욱 모름지기 해당 조약을 재빨리 처리해야 바야흐로 큰 이익을 보게 될 것입니다.

 이에 문서를 갖추어 조회에 답장합니다. 청컨대 번거롭겠지만, 귀 대신께서는 살펴보신 후에 해당 4곳의 새로운 지역에 외국인이 통행할 수 있는 날짜를 빨리 알려 주시는 것이 옳습니다. 모름지기 조회가 전달되기를 바랍니다.

 이상입니다.

대한 외부대신   박제순 각하
1899년 3월 6일

1037. 군산·마산·성진·평양 등 개항 장시의 설립을 위한 장정 협정의 건(謄 13책) |358|

[발신] 외부대신 박제순(朴齊純)

[수신] 프랑스 공사 꼴랑드 블랑시(Collin de Plancy, 갈림덕(葛林德))

광무 3년(서기 1899년) 3월 20일

조회 제13호

대한 외부대신 박제순이 조회합니다.

 살펴보건대 성진포·군산포·마산포 및 평양 등지는 항구 및 진시(鎭市)를 구분해서 열기로 이미 조회가 오갔으며 또 이미 설립을 재촉했던 각각의 기록이 있습니다. 이에 우리 정부의 의정(議定)을 거쳐 올해 5월 1일에 동시에 설립할 것입니다.

 마땅히 미리 장정(章程)을 마련해야 하는데, 증남포(甑南浦), 목포(木浦) 장정의 장단점을 살펴볼 것입니다. 며칠 내로 해당 장정의 기록을 가지고, 기일을 정해 귀 공사 및 각국 공사, 영사가 우리 관서에 같이 도착해 그 문장을 공동으로 결정하고 곧바로 함께 도장을 찍는 일을 시행할 것입니다. 이에 먼저 조회하니, 귀 공사께서는 청컨대 번거롭겠지만 살펴 주십시오. 조회가 꼭 전달되기를 바랍니다.

 이상입니다.

프랑스 판사공사(大法辦事公使) 꼴랑드 블랑시 각하

광무 3년 3월 20일

1059. 군산·마산·성진 등 조계 장정의 검토 및 함께 서명하는 건(謄 13책) |364|

[발신] 외부대신 박제순(朴齊純)
[수신] 프랑스 공사 꼴랑드 블랑시(Collin de Plancy, 갈림덕(葛林德))

광무 3년(서기 1899년) 4월 24일

조회 제20호
대한 외부대신 박제순이 조회합니다.

　살펴보건대 성진, 군산포, 마산포의 개항 및 평양에 개시(開市)하는 날짜의 경우, 이미 발표하고 조회한 기록이 있습니다. 새로 개항한 각국 조계 장정(租界章程)을 조사해 보건대, 본 대신의 생각에 단지 증남포, 목포에서 이미 정한 장정을 모두 살펴서 처리하되 모름지기 증감이 없어야겠습니다.

　이후에 만약 참작해 고쳐야 할 곳이 있으면 자연 응당 원래의 장정을 참조하고 각 해당 관할의 관원들이 모여 상의하여 첨삭하고 개정해야 합니다. 다만 평양 개시는 항구와는 상황이 약간 다릅니다. 오히려 현재 첨삭해야 할 것이 있어 별도로 개시조규(開市條規)를 정해 다시 조회할 것입니다. 그 밖에 먼저 새로 연 3항의 각국 조계 장정을 보내니, 청컨대 귀 공사께서 검토해 주십시오. 혹시 이의가 없으면 즉시 원 문건을 돌려보내 주십시오. 즉시 번역하고 베껴서 기간을 정해 회동하여 서명토록 하겠습니다. 이렇게 문건을 갖추어 조회하니 조회가 꼭 전달되기를 바랍니다.

　이상입니다.

프랑스 판사공사 꼴랑드 블랑시 각하

광무 3년 4월 24일

1064. 군산·마산·성진 등의 개항 장정 초안에 대한 문구 첨입의 건(膽 13책) |368|

〔발신〕 외부대신 박제순(朴齊純)
〔수신〕 프랑스 공사 꼴랑드 블랑시(Collin de Plancy, 갈림덕(葛林德))

광무 3년(서기 1899년) 4월 27일

조회 제22호
대한 외부대신 박제순이 조회합니다.

　살펴보건대 신개 삼항 각국 조계 장정을 목포와 증남포 두 항구에서 이미 정한 각관에 비추어 처리했으며, 이미 첨부 자료 1건을 문건을 갖추어 제출한 기록이 있습니다.

　해당 장정 제10조를 살펴보니, 다만 이 항의 '지단(地段)〔구역〕'이라는 글자 아래에 '극대불과일만오천방미돌(極大不過一萬五千方米突)〔최대 15,000평방미터를 넘어서는 안 된다〕'라는 글자를 마땅히 첨가하여 이전 장정에서 미진했던 곳을 보완해야 진실로 타당합니다. 이에 다시 조회하니 귀 공사께는 청컨대 번거롭겠지만 살펴 주십시오. 모름지기 조회가 전달되기를 바랍니다.

　이상입니다.

프랑스 판사공사 꼴랑드 블랑시 각하

광무 3년 4월 27일

1067. 군산·마산·성진 등 항구 조계 장정에 서명할 날짜
　　　 명시를 요망하는 건(原 3책) |369|

〔발신〕 프랑스 공사 꼴랑드 블랑시(Collin de Plancy, 갈림덕(葛林德))
〔수신〕 외부대신 박제순(朴齊純)

광무 3년(서기 1899년) 5월 2일

【한문 번역】(謄 13책)

조회

프랑스 판사공사 꼴랑드 블랑시가 조회에 답장합니다.

　살펴보건대, 4월 25일에 접수한 귀 조회를 모두 검토했습니다. 이를 조사해 보니, 성진·마산·군산 세 곳의 경우 목포·증남포에서 마련해 시행한 장정과 비교해 볼 때 조금도 차이가 나는 곳을 발견하지 못하여서 이에 통지합니다. 본 공사는 갖추어진 대로 귀 외부에 가서 해당 장정에 서명할 것입니다. 청컨대 번거롭겠지만, 귀 대신께서는 살펴보신 후 해당 날짜를 알려 주시는 것이 옳을 것입니다. 이를 위해 조회가 꼭 전달되기를 바랍니다.

　이상입니다.

대한 외부대신　박제순 각하
1899년 5월 2일

1070. 군산·마산·성진 등 항구의 개항 장정 초안 문구 수정에 동의하는 건(原 3책) |372|

〔발신〕 프랑스 공사 꼴랑드 블랑시(Collin de Plancy, 갈림덕(葛林德))
〔수신〕 외부대신 박제순(朴齊純)

광무 3년(서기 1899년) 5월 9일

【한문 번역】(謄 13책)

조회

프랑스 판사공사 꼴랑드 블랑시가 조회합니다.

지난 4월 27일 접수한 귀 조회의 내용에,

"신개항구조계장정(新開港口租界章程) 제10조 안에 '극대불과일만오천방미돌(極大不過一萬五千方米突)〔최대 15,000평방미터를 넘어서는 안 된다〕'라는 구절을 첨입한다."

라고 했습니다. 본 공사는 이에 대해 터럭 끝만큼이라도 이견이 없습니다. 청컨대 번거롭겠지만, 귀 대신께서는 살펴보아 주십시오. 조회가 꼭 전달되기를 바랍니다.

이상입니다.

대한 외부대신 박제순 각하
1899년 5월 9일

1094. 군산·마산·성진의 개항 장정 서명 일자 통고 건(謄 13책) |376|

〔발신〕 외부대신 박제순(朴齊純)
〔수신〕 프랑스 공사 꼴랑드 블랑시(Collin de Plancy, 갈림덕(葛林德))

광무 3년(서기 1899년) 5월 31일

조회 제29호

대한 외부대신 박제순이 조회합니다.

   살펴보건대 새로 개항한 3항 각국 조계 장정(各國租界章程)을 목포와 증남포가 이미 정했던 장정(章程)을 참조해 처리했으며 해당 원고를 문서로 갖추어 보내니 살펴주십시오.

   추가

   제10관(款)의 경우, '다만 이 항의 구역〔惟此項地段〕' 글자 아래에는 마땅히 '최대 15,000평방미터를 넘어서는 안 된다〔極大不過一萬五千方米突〕'라는 글자를 마땅히 첨가하여야 진실로 타당합니다.

   모두 귀 공사에게 조회를 했으며, 이에 따라 답장한 기록이 각각 있습니다. 해당 장정에 서명할 날짜는 6월 2일 오후 2시 정각임을 조회로 서울 주재 각국 공사에게 널리 알립니다. 그 밖에 해당 문건을 갖추어 조회하니, 귀 공사께서는 청컨대 번거롭겠지만 살펴보시고, 날짜가 되면 관청에 나오셔서 바로 함께 도장을 찍어 주십시오. 조회가 꼭 전달되기를 바랍니다.

   이상입니다.

프랑스 판사공사   꼴랑드 블랑시 각하

광무 3년 5월 30일

추가

각 항구의 조계는 아직 측량을 하지 못했습니다. 현재 다만 구역의 현황에 대해 기초 도면을 그려서 일단 검토에 대비할 것입니다. 일단 측량을 기다린 후에 보충해 그려서 기록할 것입니다. 이어서 해당 도면에 그대로 함께 도장을 찍을 것입니다.

1167. 군산·마산·성진 세 항구의 조계도에 함께 서명하는 건(膽 14책) |389|

〔발신〕 외부대신 박제순(朴齊純)
〔수신〕 프랑스 공사 꼴랑드 블랑시(Collin de Plancy, 갈림덕(葛林德))

광무 3년(서기 1899년) 10월 6일

조회 제48호
대한 외부대신 박제순이 조회합니다.
  살펴보건대 성진·군산·마산 각 항구에 외국인이 통상할 수 있는 곳을 만들었고, 조계 장정(租界章程)은 이미 회동하여 도장을 찍은 기록이 있습니다. 이에 다시 이상 3개 항구의 조계 지형에 인원을 파견해 그렸습니다.
  마땅히 귀 공사 및 각국 공사, 영사께서는 다시 본 관청에 오셔서 함께 열람하시고 모두 서명해 주시기를 요청합니다. 이달 10월 10일 오후 2시로 회동하는 시기를 정하고 이렇게 문서를 갖추어 조회하니,

귀 공사께서는 청컨대 번거롭겠지만 살펴봐 주십시오. 모름지기 조회가 전달되기를 바랍니다.

    이상입니다.

프랑스 판사공사   꼴랑드 블랑시 각하
광무 3년 10월 6일

1561. 등탑·등간 건립처의 선정 통지 건(謄 19책·原 6책) |396|

〔발신〕 외부대신 서리 유기환(兪箕煥)
〔수신〕 프랑스 공사 꼴랑드 블랑시(Collin de Plancy, 갈림덕(葛林德))

광무 6년(서기 1902년) 3월 26일

조회 제15호
대한 외부대신 임시 서리(大韓外部大臣臨時署理) 철도원 총재(鐵道院總裁) 유기환이 조회합니다.
    연해 각처에 등탑(燈塔)과 등간(燈桿)을 짓고 부장(浮椿)을 설치하는 일들은 모두가 매우 긴급한 일이어서 해관세(海關稅) 항목에서 매년 20만 원을 빼서 필요 경비로 쓰도록 했습니다. 현재 가장 중요한 곳을 이미 선정했고 응당 먼저 등탑과 등부를 세워야 할 곳을 특별히 다음과 같이 열거합니다. 이렇게 문건을 만들어 조회하니 귀 공사께서는 살펴봐 주십시오. 조회가 꼭 전달되기를 바랍니다.
    이상.

프랑스 전권대신 흠명출사 대한 주차대신(全權大臣欽命出使大韓駐箚大臣) 꼴랑드 블랑시 각하

광무 6년 3월 26일

세부 항목

하나, 대동강(大同江) 어귀의 해수면 수로에 2개의 등대를 세운다.
　　첫째, 자매도(姉妹島)에 2개의 등대를 세운다.
　　둘째, 서도(西島)에는 등대 자리 하나를 세운다.

하나, 황해도(黃海道)의 서쪽 해수면 수로에 1개의 등대 자리를 세운다.
　　첫째, 소청도(小靑島)에 등대 자리 하나를 세운다.

하나, 인천항(仁川港)에서 소청도에 이르는 바닷길 중간에 1개의 등부(燈浮)를 둔다.
　　첫째, 인천항에서 소청도에 이르는 바닷길 도중, 3야드〔碼〕 깊이의 산호섬에 1개의 등부 자리를 둔다.

하나, 인천(仁川) 항구 밖 해면 수로에 8개의 등탑(燈塔)을 세운다.
　　첫째, 소월미도(小月尾島)에는 등탑 1자리를 건조한다.
　　둘째, 팔미도(八尾島)에 등탑 1자리를 건조한다.
　　셋째, 북장자도(北長子島)에 등탑 1자리를 건조한다.
　　넷째, 백암(白巖)에 등탑 1자리를 건조한다.
　　다섯째, 원도(鴛島)에 등탑 1자리를 건조한다.
　　여섯째, 장안서(長安嶼)에 등탑 1자리를 건조한다.
　　일곱째, 격렬비도(格列飛島)에 등탑 1자리를 건조한다.
　　여덟째, 옹도(甕島)에 등탑 1자리를 건조한다.

하나, 군산(群山) 항구 밖의 해로에 선박을 인도하기 위한 2개의 등탑을 세운다.

첫째, 항구 모래가의 남쪽에 등탑 1자리를 건조한다.

둘째, 유부도(有父島)에 등탑 1자리를 건조한다.

하나, 목포(木浦) 항구 밖의 해로에 등탑 4개와 등부 1개를 세운다.

첫째, 노록도(老鹿島)에 등탑 1자리를 건조한다.

둘째, 항구에서 노록도에 이르는 해로 중간의 산호초 위에 등부 1자리를 둔다.

셋째, 항구 밖의 암초 위에 등탑 1자리를 건조한다.

넷째, 첨정도(尖頂島)에 등탑 1자리를 건조한다.

하나, 남쪽 해수면 안팎의 수로에 8개의 등탑을 세운다.

첫째, 바깥쪽 수로에 있는 서거차도(西巨次島)에 등탑 1자리를 세운다.

둘째, 바깥쪽 수로에 있는 구침암(九針巖)에 등탑 1자리를 세운다.

셋째, 바깥쪽 수로에 있는 거문도(巨文島)에 등탑 1자리를 세운다.

넷째, 안쪽 수로에 있는 식자도(飾子島)에 등탑 1자리를 세운다.

다섯째, 안쪽 수로에 있는 삼각도(三角島)에서 승관(僧冠)에 이르는 해로의 중간에 등탑 1자리를 세운다.

여섯째, 안쪽 수로에 있는 용단(龍端)에 등탑 1자리를 세운다.

일곱째, 안쪽 수로에 있는 좌사리도(佐沙里島)에 등탑 1자리를 세운다.

여덟째, 안쪽 수로에 있는 소죽도(小竹島)에 등탑 1자리를 세운다.

하나, 부산(釜山) 항구 안팎의 해로에 3개의 등탑을 세운다.

첫째, 안쪽 수로에 있는 생도(生島)에 등탑 1자리를 세운다.

둘째, 안쪽 수로에 있는 제뢰(鵜瀨)에 등탑 1자리를 세운다.

셋째, 안쪽 수로에 있는 고관(古館)에 등탑 1자리를 세운다.

하나, 원산(元山) 항구 해수면 수로에 2개의 등탑을 세운다.

첫째, 여도(麗島)에 등탑 1자리를 세운다.

둘째, 갈마(葛麻) 끝에 등탑 1자리를 세운다.

하나, 성진(城津) 항구의 해수면 수로에 1개의 등탑을 세운다.

첫째, 성진포 자첨(嘴尖) 위에 등탑 1자리를 세운다.

1573. 등탑・등간・부장 건립 계획서 검토에 관한 건(原 6책) |397|

〔발신〕 프랑스 공사 꼴랑드 블랑시(Collin de Plancy, 갈림덕(葛林德))
〔수신〕 외부대신 유기환(兪箕煥)

광무 6년(서기 1902년) 4월 22일

【한문 번역】(謄 19책)

조복 제21호

프랑스 전권대사 흠명출사 대한 주차대신(全權大使欽命出使大韓駐箚大臣) 꼴랑드 블랑시가 조회(照會)합니다.

접수한 귀 제15호 조회 내용에,

'연해 각처에 한국 정부에서 등탑(燈塔)·등간(燈桿)·부장(浮椿)을 다음과 같이 짓는다.'
라고 했습니다. 앞으로 검토할 마당에 이치상 마땅히 문서를 갖추어 조회 답장합니다. 모름지기 조회 답장이 전달되기를 바랍니다.

   이상과 같이 조회합니다.

대한 외부대신 서리(署理) 유기환 각하
1902년 4월 22일

제5편

호조(護照) 발급

이선아 역

28. 호조 발급에 대한 안건(謄 1책)
39. 호조 발급에 대한 안건(謄 1책)
59. 호조 반송에 대한 안건(謄 2책)
132. 프랑스인 로베르 및 드게트의 호조에 관인을 찍어 주기를 요청하는 안건(謄 2책)
133. 프랑스인 로베르 및 드게트의 여행 목적 명시 요청에 대한 안건(謄 2책)
134. 위에 대한 회신(謄 2책)
136. 굶주린 백성을 사적으로 구휼하는 일을 허락할 수 없기 때문에 발급이 거부된 호조에 대한 안건(謄 2책)
202. 프랑스인 보두네 및 르메르의 호조 발급 의뢰에 대한 안건(謄 3책)
203. 위의 호조 발급에 대한 안건(謄 3책)
263. 프랑스인 등의 호조 발급 의뢰에 대한 안건(謄 4책)
264. 위 호조 발급에 대한 안건(謄 4책)
386. 여행하는 프랑스인의 호조 발급 의뢰에 대한 안건(謄 5책)
387. 위 호조 발급에 대한 안건(謄 5책)
390. 여행하는 프랑스인의 호조 발급 의뢰에 대한 안건(謄 5책)
391. 위 호조 교부(交付)에 대한 안건(謄 5책)
623. 프랑스 신부 쿠데르와 드비즈의 호조 발급 의뢰에 대한 안건(謄 8책)

624. 위 호조 발급에 대한 안건(謄 8책)
703. 프랑스 신부 기낭 등의 호조 발급 의뢰에 대한 안건(謄 9책)
704. 프랑스 신부 기낭 등의 호조는 치안관계로 발급할 수 없다는 통고(謄 9책)
705. 프랑스인 등의 호조 발급 재의뢰에 대한 안건(謄 9책)
706. 위 안건에 대한 답신(謄 9책)

28. 호조 발급에 대한 안건(謄 1책) |316|

〔발신〕프랑스 공사 꼴랑드 블랑시(Collin de Plancy, 갈림덕(葛林德))
〔수신〕독판교섭통상사무(督辦交涉通商事務) 조병식(趙秉式)

고종 25년 5월 7일
서기 1888년 6월 16일

삼가 알려 드립니다.

현재 우리 프랑스 사람 베르모렐이 귀국(貴國)의 전라도 전주(全州) 지방에 가서 여행하려고 합니다. 또 우리 프랑스 사람 앙드레(André, 안학고(安學古), 1861~1890)[1]가 경기도 수원(水原)에 갔는데, 거기에서 강원도 원주(原州) 등지로 여행하려고 합니다.

본 공사(公使)가 호조(護照) 2장에 관인을 찍어 달라고 귀 관서에 요청하였으니, 저희 공사관(公使館)에 보내주셔서, 본 공사가 장씨, 안씨 두 사람에게 전달해 주면 좋겠기에 이렇게 문서를 보냅니다.

날마다 평안하시기 바랍니다.

무자년 5월 7일　　꼴랑드 블랑시 올림

---

1 앙드레(André) : 파리외방전교회 소속 선교사이다. 1887년 9월 24일 사제서품을 받은 뒤 1888년 1월 15일 한국에 입국했다. 같은 해 7월 수원 갓등이(현 왕림) 본당이 설립되면서 초대 주임신부로 부임했으나 1890년 4월 13일 열병으로 선종했다.

39. 호조 발급에 대한 안건(謄 1책) |316|

〔발신〕 독판교섭통상사무 조병식(趙秉式)
〔수신〕 꼴랑드 블랑시(Collin de Plancy, 갈림덕(葛林德))

고종 25년 5월 23일
서기 1888년 7월 2일

　삼가 답장드립니다.
　이번 5월 7일에 접수한 귀하가 보내신 문서 내용에 이르기를,
　"현재 우리 프랑스 사람 베르모렐이 귀국의 전라도 전주 지방에 가서 여행하려고 합니다. 또 우리 프랑스 사람 앙드레가 경기도 수원에 갔는데, 그곳에서 강원도 원주 등지로 여행하려고 합니다. 본 공사가 귀 아문(衙門)에 호조 2장에 관인을 찍어 달라고 요청하였으니, 저희 공사관에 보내주십시오."
　했습니다. 문서에 있는 내용대로, 호조 2장에 관인을 찍어 보냅니다. 즉시 공사께서 살펴보시고, 해당 두 사람에게 전해 주어 지니게 하면 좋겠습니다.
　이상 마칩니다. 편안하시기 바랍니다.

무자년 5월 23일　　조병식 올림

59. 호조 반송에 대한 안건(謄 2책) |316|

〔발신〕 프랑스 공사 꼴랑드 블랑시(Collin de Plancy, 갈림덕(葛林德))

〔수신〕 독판교섭통상사무 조병식(趙秉式)

고종 25년 7월 14일
서기 1888년 8월 21일

급히 아룁니다.

　근래 프랑스 사람 라푸르카드(Lafourcade, 나형묵(羅亨默), 1860~1888)[2]가 전주에 가서 여행하였는데, 그곳에서 사망했습니다. 이에 본 공사는, 귀 독판께서 정해년(丁亥年) 6월 22일에 발급한 라푸르카드의 호조 1장을 마땅히 다시 돌려드리니, 귀 아문에서 거둬 보관하시면 좋겠습니다.

　이상 마칩니다. 날마다 편안하시기 바랍니다.

무자년 7월 14일　　꼴랑드 블랑시

132. 프랑스인 로베르 및 드게트의 호조에 관인을 찍어 주기를 요청하는 안건(謄 2책) |316|

〔발신〕 프랑스 공사 꼴랑드 블랑시(Collin de Plancy, 갈림덕(葛林德))
〔수신〕 서리독판교섭통상사무(署理督辦交涉通商事務) 조병직(趙秉稷)

---

2 라푸르카드(Lafourcade) : 파리외방전교회 소속 선교사이다. 1886년 9월 26일 사제서품을 받은 뒤 1887년 1월 한국에 입국했다. 1887년 봄에 전라도 고산 어름골에 부임하여 사목하다가 1888년 2월 처소를 고산 빼재로 옮겼다. 어름골은 피난지로는 적합했지만 선교사가 선교활동을 전개하기에는 적합하지 못했기 때문이다. 기골이 장대하고 힘이 장사였지만 영양실조에 과로가 쌓인 나머지 장티푸스에 걸려 입국한 지 18개월 만인 1888년 7월 11일 선종했다.

고종 26년 3월 15일

서기 1889년 4월 14일

삼가 알려 드립니다.

우리 프랑스 사람 로베르(Robert, 김보록(金保祿), 1853~1922)[3]와 드게트(Deguette, 최동진(崔東鎭), 1848~1889)[4]가 일 때문에 전라도와 경상도에 가야 하는데, 그 사람들에게 호조 2장을 보내야 합니다. 귀 독판(督辦)께서 바로 관인을 찍어 모레 안으로 저희 공사관에 다시 보내주셔서 그 사람들이 출발할 때 지닐 수 있도록 해 주시면 고맙겠습니다.

날마다 편안하시기 바랍니다.

기축년 3월 15일 　 꼴랑드 블랑시

---

[3] 로베르(Robert) : 파리외방전교회 소속 선교사이다. 1876년 12월 23일 사제서품을 받은 뒤 1877년 1월 25일 두세(Doucet, 정가미(丁加彌)) 신부와 함께 황해도로 입국하여 산중에 숨어 전교활동을 시작했다. 1879년부터 1885년까지는 경기도와 강원도 여러 지역에서 전교하며 신학생들을 가르쳤다. 1886년 초에는 새로 설정된 대구 본당 주임신부로 부임하여 대구교구의 기반을 다지기 위해 노력했다. 과로로 몸이 쇠약해져 1911년 프랑스로 돌아가 탈장 수술을 받고 요양한 뒤 1913년 돌아와 전교활동을 재개했다가 1919년 병이 재발하자 이듬해 은퇴했다. 그 뒤 대구 주교관에서 회고록을 집필하던 중 1922년 1월 2일 선종했다.

[4] 드게트(Deguette) : 파리외방전교회 소속 선교사이다. 사제서품을 받은 뒤 수년간 출신 교구에서 봉사하다가 1875년 파리외방전교회에 입회하여 1876년 5월 10일 블랑(Blanc, 백규삼(白圭三)) 신부와 함께 한국에 입국했다. 경기도 용인과 충청도에서 사목하다가 체포되어 1878년 9월 중국으로 추방당했다. 만주에서 리델(Ridel, 이복명(李福明)) 주교와 만나 『한라자전(韓羅字典)』 편찬에 착수했고, 1881년 일본 나가사끼(長崎)로 건너가 한국 선교에 필요한 교회 서적 출판에 종사했다. 1883년 한국에 재입국하여 강원도 이천, 함경도 원산 등지에서 전교했으며, 1887년 원산 본당 초대 주임신부로 부임하여 사목했다. 1889년 4월 초에 상경했으나 쇠약해진 몸에 장티푸스까지 걸려 그해 4월 29일 선종했다.

133. 프랑스인 로베르 및 드게트의 여행 목적 명시 요청에 대한 안건(謄 2책) |317|

〔발신〕 서리독판교섭통상사무 조병직(趙秉稷)
〔수신〕 프랑스 공사 꼴랑드 블랑시(Collin de Plancy, 갈림덕(葛林德))

고종 26년 3월 16일
서기 1889년 4월 15일

바로 답신합니다.

어제 보내신 문서를 보았습니다. 로베르, 드게트가 일 때문에 전라도와 경상도 등지에 가야 하는데, 호조에 관인을 찍어 교부하는 일에 대한 내용이었습니다. 모두 준비하겠습니다만, 일 때문에 간다는데, 무슨 사무 때문인지 모르겠습니다. 상세하게 답장을 보내주셔서, 날인하게 되면 감사하겠습니다.

날마다 편안하시기 바랍니다.

기축년 3월 16일　　　조병직

134. 위에 대한 회신(謄 2책) |317|

〔발신〕 프랑스 공사 꼴랑드 블랑시(Collin de Plancy, 갈림덕(葛林德))
〔수신〕 서리독판교섭통상사무 조병직(趙秉稷)

고종 26년 3월 16일
서기 1889년 4월 15일

바로 답신합니다.

방금 문서를 접수했습니다.

물어보신 로베르, 드게트가 무슨 일 때문에 가는지에 대해서 본 공사(公使)가 조사하였는데, 그 두 사람은 전라도와 경상도 두 지방에 여행하기 위해 간다고 합니다. 특별히 바라건대, 독판(督辦)께서 속히 호조(護照)에 관인을 찍어 보내주시면 고맙겠습니다.

안녕하시길 바랍니다.

기축년 3월 16일　　꼴랑드 블랑시

136. 굶주린 백성을 사적으로 구휼하는 일을 허락할 수 없기 때문에 발급이 거부된 호조에 대한 안건(謄 2책) |317|

〔발신〕 서리독판교섭통상사무 조병직(趙秉稷)
〔수신〕 프랑스 공사 꼴랑드 블랑시(Collin de Plancy, 갈림덕(葛林德))

고종 26년 3월 17일
서기 1889년 4월 16일

삼가 알려 드립니다.

지난번 답장으로 보낸 공문을 받았습니다. 로베르, 드게트가 가서 여행하는 등에 대해서는 자세히 읽어 보았습니다. 어제 면담할 때, 굶주린 백성을 사적으로 진휼한 일에 대해서는 이미 다 얘기하였으니 다시 논의하지 않겠습니다.

우리 정부에서 양남(兩南) 등지에 진휼정책을 마련하여 호구를 헤아려 나눠 주었으니, 귀국에서 크게 걱정할 필요가 없습니다. 전에 미국 공사(美國公使)와도 일찍이 이렇게 의논하였습니다. 또한 규정 외에 관계된 일이어서 준행할 수 없습니다. 이번 경우, 귀국도 다르지 않습니다.

그래서 그 두 사람의 호조를 되돌려보내니 깊이 헤아려 주시기 바라며, 그 사람들에게 잘 알려 주는 것이 좋겠습니다.

날마다 편안하시기 바랍니다.

기축년 3월 17일   조병직

202. 프랑스인 보두네 및 르메르의 호조 발급 의뢰에 대한 안건(謄 3책) |317|

〔발신〕 프랑스 공사 꼴랑드 블랑시(Collin de Plancy, 갈림덕(葛林德))
〔수신〕 독판교섭통상사무 민종묵(閔鍾默)

고종 26년 9월 7일
서기 1889년 10월 1일

삼가 알려 드립니다.

우리 프랑스인 두 사람, 한 사람은 보두네, 한 사람은 르메르(Le Merre, 이유사(李類斯), 1858~1928)[5]인데, 귀국의 지방에 가서 여행하려

---

[5] 르메르((Le Merre) : 파리외방전교회 소속 선교사이다. 1886년 사제서품을 받은 뒤 1887년 12월 13일 한국에 입국했다. 1887년 5월 함경도 안변 본당의 초대 주임신부로 부임해 사목했으며, 1888년 6월 강원도 풍수원 본당을 설립하고 초대 주임신부로 부임해 10년간 사목했다. 1896년 원주 본당을 설립해 초대 주임신부로 부임해 2년간

고 합니다. 보두네는 전라도와 경상도 두 지방에 가서 여행하고 싶어 하고, 르메르는 충청도와 강원도 두 지방에 가서 여행하고 싶어 합니다.

그래서 본 공사(公使)가 특별히 호조(護照) 두 장을 준비하였으니, 독판(督辦)께서 칙령(飭令)에 관인을 찍어 우리 공사관에 다시 보내주시면, 본 공사가 호조 2장을 그 두 사람에게 교부하고자 합니다. 이번 여행에 지녀야 하는 호조를 신속하게 처리해 주시면 고맙겠습니다.

잘 살펴보시기 바랍니다.

편안하시기 바랍니다.

서력 10월 1일
기축년 9월 7일   꼴랑드 블랑시 올림
-호조 2장을 첨부함-

203. 위의 호조 발급에 대한 안건(謄 3책) |318|

〔발신〕 독판교섭통상사무 민종묵(閔鍾默)
〔수신〕 프랑스 공사 꼴랑드 블랑시(Collin de Plancy, 갈림덕(葛林德))

고종 26년 9월 8일
서기 1889년 10월 2일

사목했으며, 1898년 7월 평양 본당 2대 주임신부로 부임해 25년간 사목했고, 1923년 10월 수원으로 전임하여 수원 본당(현 북수원 본당)을 설립해 사목하다가 1928년 11월 19일 수원 본당을 떠나 서울 주교관으로 가서 심장병을 치료하던 중 그해 12월 25일 선종했다.

삼가 답장드립니다.

　어제 중요한 문서를 받았습니다. 프랑스인 보두네, 르메르가 여행하는데 필요한 호조에 관인을 찍는 일에 대한 내용이었습니다. 원래 호조 2장에 날인하여 보내니 살펴보시기 바랍니다. 그 두 사람에게 전해 줘서 가지고 가게 하면 좋겠습니다.

　이상 답장드립니다.

　가을날 편안하시기 바랍니다.

기축년 9월 8일　　　민종묵 올림

263. 프랑스인 등의 호조 발급 의뢰에 대한 안건(膽 4책)
　　|319|

〔발신〕 프랑스 공사 꼴랑드 블랑시(Collin de Plancy, 갈림덕(葛林德))
〔수신〕 독판교섭통상사무 민종묵(閔種默)

고종 27년 3월 14일
서기 1890년 5월 2일

삼가 알려 드립니다.

　우리 프랑스 사람 3명 중 두세(Doucet, 정가미(丁加彌), 1853~1917)[6]는

---

6 두세(Doucet) : 파리외방전교회 소속 선교사이다. 1876년 12월 23일 사제서품을 받고, 이듬해 1월 25일 한국으로 파견되었다. 만주를 거쳐 리델(Ridel, 이복명(李福明)) 주교, 로베르(Robert, 김보록(金保祿)) 신부와 함께 9월 23일 황해도로 입국했다. 1878년 1월 리델 주교가 체포되자 포졸들의 추적을 피해 이북 5도를 돌아다니며 사목했다.

충청도에 가서 여행하려고 하고, 마라발(Maraval, 서약슬(徐若瑟), 1860~1916)⁷은 강원도, 함경도 두 지방에 가서 여행하려고 하고, 베르모렐은 전라도에 가서 여행하려고 합니다. 그래서 본 공사(公使)가 호조(護照) 3장을 준비해야 합니다.

특별히 독판(督辦)께서 칙령(飭令)에 관인을 찍는 대로 바로 우리 공사관(公使館)으로 돌려보내 주시면, 본 공사가 호조를 그 세 사람에게 교부하여, 호조를 지니고 여행할 수 있으면 좋겠습니다.

두세와 베르모렐 두 사람에게 아직 옛 호조 2장이 있어서 독판에게 돌려보내니, 칙령을 없애 주시면 좋겠습니다.

이상입니다.

살펴보시기 바라며, 아울러 날마다 편안하십시오.

서력 5월 2일

경인년 3월 14일　　꼴랑드 블랑시

1881년 뮈텔(Mutel, 민덕효(閔德孝)) 신부와 리우빌(Liouville, 유달영(柳達榮)) 신부가 입국한 뒤에는 충청도 지방을 전담하여 10년간 사목했다. 1890년 서울로 올라와 2년 동안 종현 본당의 주임신부로 사목하다가 약현성당을 건축하여 초대 약현 본당 주임신부로 부임해 25년간 사목했으며, 1896년 부주교로 임명되었고, 1917년 4월 19일 선종했다.

7　마라발(Maraval) : 파리외방전교회 소속 선교사이다. 1884년 11월 19일 사제서품을 받고 이듬해 5월 한국에 입국했다. 1885년 10월 원주 부엉골에 신학교가 세워지자 신학교와 부엉골 본당의 사목을 담당했으며, 1887년 3월 신학교가 서울 용산으로 이전된 뒤에도 교수로 활동했다. 1890년 5월 원산 본당 2대 주임신부로 부임해 1892년까지 사목했으며, 1893년 제물포(현 답동) 본당 주임으로 부임해 1904년까지 11년간 사목했다. 그러나 수녀원 분규에 개입한 문제로 1904년 4월 29일 성무 집행 정지 처분을 받게 되자 불복하여 그해 5월 1일 파리외방전교회를 탈퇴했다. 이후 영종도에 머무르면서 자신의 주장을 고집하다가 1916년 1월 13일 영종도의 주다리에서 선종했다.

-새 호조 3장과 옛 호조 2장을 첨부하여 보냄-

264. 위 호조 발급에 대한 안건(謄 4책) |319|

〔발신〕 독판교섭통상사무 민종묵(閔種默)
〔수신〕 프랑스 공사 꼴랑드 블랑시(Collin de Plancy, 갈림덕(葛林德))

고종 27년 3월 14일
서기 1890년 5월 2일

삼가 답장드립니다.

　방금 중요한 문서를 접수했습니다. 프랑스인 두세는 충청도에, 마라발은 강원도와 함경도 두 지방에 가고, 베르모렐은 전라도에 가서 여행하는데 필요한 호조 3장에 관인을 찍는 일에 대한 문서였습니다.

　이에 그 호조 3장에 관인을 찍어 돌려보내니 즉시 살펴보고 수납(收納)하시기 바랍니다. 그 세 사람에게 전해 주어 여행하는 데 도움이 된다면 고맙겠습니다.

　두세와 베르모렐 두 사람의 옛 호조 2장의 경우, 모두 이미 거둬들여 못 쓰게 만들었으니 살펴보시기 바랍니다.

　이상 답신합니다.

　봄날 평안하시기 바랍니다.

경인년 3월 14일　　민종묵 올림

386. 여행하는 프랑스인의 호조 발급 의뢰에 대한 안건(謄 5책) |322|

[발신] 프랑스 서리공사(署理公使) 미락석(彌樂石)
[수신] 독판교섭통상사무 민종묵(閔種默)

고종 28년 8월 3일
서기 1891년 9월 5일

삼가 알려 드립니다.

프랑스인 2명, 그 중 한 명인 뮈텔은 조선의 8도를 여행할 생각이고, 또 한 명인 코스트(Coste, 고의선(高宜善), 1842~1896)[8]는 조선의 경기도, 강원도 두 지방을 여행할 생각입니다. 그래서 본 공사가 호조 두 장을 준비해야 하기에 귀 아문에 문서를 보내 독판께 칙령을 요청합니다. 신속하게 관인을 찍어 바로 우리 공사관으로 돌려보내 주시면, 본 공사가 그 두 사람에게 전해 주어 여행할 수 있으면 고맙겠습니다.

삼가 간절히 글 올립니다.

평안하시기 바랍니다.

---

8 코스트(Coste) : 파리외방전교회 소속 선교사이다. 1868년 6월 6일 사제서품을 받고 7월 15일 극동으로 파견되어 1784년까지 홍콩・싱가포르・상해에서 경리 업무와 건축 일을 하다가 1875년 11월 21일 한국 선교 청원이 허락되자 입국을 위해 만주로 가서 리델(Ridel) 주교를 도와 『한불자전(韓佛字典)』을 편찬했으며, 1878년에 일본 요꼬하마(橫濱)로 건너가 한국어 자모를 주조해 『한불자전』과 『천주성교공과』 등을 출판했다. 1885년 11월 8일 한국에 입국해 경리부를 맡았으며, 1886년 1월 1일 부주교로 임명되었다. 이후 약현과 종현성당을 비롯한 많은 성당과 교회 건물을 직접 설계하고 건축을 감독했으며, 나가사끼 인쇄소를 서울로 옮겨 와 한글 서적 30여 권을 펴냈다. 만년에 고아원에서 어린이들을 돌보다가 1896년 2월 28일 선종했다.

서력 9월 5일

신묘 8월 3일   미락석 올림

-호조 2장을 첨부함-

387. 위 호조 발급에 대한 안건(謄 5책) |322|

〔발신〕 독판교섭통상사무 민종묵(閔種默)
〔수신〕 프랑스 서리공사 미락석(彌樂石)

고종 28년 8월 4일
서기 1891년 9월 6일

　삼가 답장드립니다.
　어제 중요한 문서를 받았습니다. 귀국인(貴國人) 뮈텔과 코스트가 여행하는데 필요한 호조에 관인을 찍는 일에 대한 내용이었습니다. 보내신 뜻에 따라 그 호조 2장에 날인하여 바로 돌려드리니 즉시 살펴보고 수납(收納)하시기 바랍니다. 그 두 사람에게 전달하여, 가는 데 도움이 되면 좋겠습니다.
　이상입니다.
　가을날 편안하시기 바랍니다.

신묘 8월 4일   민종묵 올림

390. 여행하는 프랑스인의 호조 발급 의뢰에 대한 안건(謄 5책) |322|

〔발신〕 프랑스 서리공사 미락석(彌樂石)
〔수신〕 독판교섭통상사무 민종묵(閔種默)

고종 28년 8월 22일
서기 1891년 9월 24일

삼가 알려 드립니다.

  우리 프랑스인 우도라는 사람이 조선의 충청도와 전라도 두 지방을 여행할 생각입니다. 때문에 본 공사(公使)가 호조(護照) 1장을 특별히 준비해야 하기에, 귀 관서에 문서를 보내니, 독판께서 칙령(飭令)에 관인을 찍어 주시기 바랍니다. 준비되는 대로 바로 우리 공사관으로 돌려보내 주시면 호조를 그 사람에게 전달하여 받아서 지니고서 여행할 수 있겠습니다.

  또한 31호 옛 호조 1장을 문서에 첨부하여 돌려보내니, 살펴보시고 수납(收納)하시기 바라며, 없애 주시면 고맙겠습니다.

  이상입니다.

  편안하시길 바랍니다.

서력 9월 24일
신묘 8월 22일   미락석 올림

-새 호조와 옛 호조 각 1장 첨부함-

391. 위 호조 교부(交付)에 대한 안건(謄 5책) |322|

〔발신〕 독판교섭통상사무 민종묵(閔種默)
〔수신〕 프랑스 서리공사 미락석(彌樂石)

고종 28년 8월 22일
서기 1891년 9월 24일

삼가 답장드립니다.
　방금 문서를 받았습니다.
　프랑스인 우도의 호조에 관인을 찍는 일에 대한 내용이었습니다.
　이에 그 호조에 관인을 찍어 다시 보내드리니 살펴보시고 수납하여 전달해 주시기 바랍니다. 지니고 갈 수 있도록 부탁드립니다.
　가을날 편안하시기 바랍니다.

　　신묘 8월 22일　　　민종묵 올림

　　-외회인(外會印) 호조 1장-

623. 프랑스 신부 쿠데르와 드비즈의 호조 발급 의뢰에 대한 안건(謄 8책) |335|

〔발신〕 프랑스 서리공사 르페브르(Lefèvres, 노비부(盧飛鳧))
〔수신〕 외부대신(外部大臣) 김윤식(金允植)

고종 32년 4월 12일
서기 1895년 5월 6일

삼가 알려 드립니다.

우리 프랑스 신부 쿠데르(Coudere, 구마슬(具瑪瑟), 1859~1892)[9]가 본관(本館)에 있는 책 제54호에 의거하여 전라도와 경상도 두 지방에 가려고 하고, 드비즈(Devise, 성일론(成一論), 1871~1933)[10]는 본관에 있는 책 제55호에 의거하여 충청도와 경기도 두 지방에 가려고 하는데, 호조(護照) 각 1장을 귀 아문(衙門)에 보내니 아울러 관인을 찍는 대로 교환하여 발급해 주시기 바랍니다. 그 두 신부(神父)가 가지고 갈 수 있으면 좋겠습니다.

날마다 평안하시기 바랍니다.

을미년 4월 12일 　　　르페브르 올림

-호조(護照) 2장을 덧붙여 보냄-

---

9 쿠데르(Coudere) : 파리외방전교회 소속 선교사이다. 1884년 9월 20일 사제서품을 받은 뒤 1885년 5월 5일 한국에 입국하여 황해도 수안에서 첫 사목을 시작했다. 2년 동안 수안에서 사목한 뒤 1887년 7월 강원도 이천 본당으로 옮겨 사목하다가 1892년 4월 연례피정 참가차 서울로 올라가던 중 장티푸스가 창궐하던 교우촌을 방문하고 돌아온 뒤 5월 1일 갑자기 고열로 쓰러져 5월 15일 선종했다.

10 드비즈(Devise) : 파리외방전교회 소속 선교사이다. 1894년 사제서품을 받은 뒤 그해 10월 25일 한국에 입국했다. 1995년 1월 서울 근교 하우고개(현 하우현 본당)에 부임하여 한국말과 풍속을 익힌 뒤, 6월 충청도 공세리 본당 초대 주임신부로 부임했다가 1년 만에 주교관 경리를 담당하는 당가신부로 전임되었다. 다시 1897년 6월 공세리 본당 3대 주임신부로 부임해 사목하면서 본당 발전을 위해 많은 노력을 했다. 1920년에 직접 성당을 설계하여 완공했고, 사제관도 이때 함께 건립했다. 60세에 이르러 심한 귓병으로 들을 수 없게 되자 공세리 본당을 떠나 서울 주교관에 거처하면서 교구의 부동산을 관리하고 많은 교회 건축을 설계 감독했다. 1932년 질병 치료차 프랑스로 돌아갔다가 1933년 8월 31일 고향에서 선종했다.

624. 위 호조 발급에 대한 안건(謄 8책) |335|

〔발신〕 외부대신 김윤식(金允植)
〔수신〕 프랑스 서리공사 르페브르(Lefèvres, 노비부(盧飛鳧))

고종 32년 4월 13일
서기 1895년 5월 7일

삼가 답장드립니다.

　어제 문서를 접수했습니다. 귀국의 쿠데르와 드비즈의 호조 각 1장에 관인을 찍는 일에 대한 내용이었습니다.

　보내신 뜻에 따라 그 호조 2장에 관인을 찍어 교부해 드리니, 바로 살펴보시기 바라며, 전달해 주면 좋겠습니다.

　삼가 평안하시기 바랍니다.

　을미 4월 13일　　　김윤식 올림

703. 프랑스 신부 기낭 등의 호조 발급 의뢰에 대한 안건(謄 9책) |337|

〔발신〕 프랑스 공사 꼴랑드 블랑시(Collin de Plancy, 갈림덕(葛林德))
〔수신〕 외부대신 이완용(李完用)

건양(建陽) 원년(서기 1896년) 4월 30일

삼가 알려 드립니다.

우리 프랑스[本國] 신부 기낭(Guinand, 진보안(陳普安), 1872~1944)[11]이, 충청도, 전라도, 경기도에 갈 때, 사용할 제60호 호조 1장과 아울러 옛날에 경기도, 충청도에 갈 때 빌렘(Vilhelm, 홍석구(洪錫九), 1860~1938)[12]이 사용한 호조, 황해도, 평안도, 강원도에 가지고 갈 제58호 호조, 옛날에 전라도에 갈 때 베르모렐이 사용한 호조, 함경도, 평안도, 강원도에 가지고 갈 제59호 호조 각 1장을 모두 귀부(貴府)에 보내니, 신속하게 관인을 찍어 교부해 주시기를 바랍니다. 그 신부 등이 급히 가야 하니 살펴 주시기 바랍니다.

그 옛 호조 2장의 경우, 새 호조와 교환(交還)되기를 기다렸다가, 바로 반납하겠습니다.

이만 줄이니 날마다 편안하십시오.

---

11 기낭(Guinand) : 파리외방전교회 소속 선교사이다. 1895년 8월 15일 사제서품을 받은 뒤 10월 14일 한국에 입국했다. 충청도 공세리에서 1년 동안 사목하다가 1897년 4월 공주 지역의 사목을 맡아 6월 공주(현 중동) 본당을 설립하고 거처를 이곳으로 옮겨 3년 동안 사목했다. 그 뒤 1899년 4월 용산 예수성심신학교 교수로 전임되었고, 1900년 9월 교장으로 부임하여 1939년까지 40여 년 동안 성직자 양성을 위해 헌신했다. 1939년에 휴양 차 프랑스로 돌아갔다가 제2차 세계대전 발발로 한국으로 돌아오지 못하고 1944년 11월 10일 프랑스에서 선종했다.

12 빌렘(Vilhelm) : 파리외방전교회 소속 선교사이다. 1883년 2월 17일 사제서품을 받은 뒤 3월 28일 페낭신학교로 가서 5년간 교수로 활동하다가 1888년 말 한국 선교사로 임명되어 1889년 2월 한국에 입국했다. 그해 7월 1일 인천 제물포(현 답동) 본당 초대 주임신부로 부임해 첫 사목을 시작했으며, 1890년 11월 용산 예수성심신학교 교수로 부임해 활동했다. 1895년 수원 갓등이(현 왕림) 본당의 임시 주임으로 잠시 부임한 뒤 1896년 8월 1일 황해도 안악군 문산면에 부임하여 매화동 본당을 설립했고, 1898년 4월 말 신천군 두라면 청계동에 본당을 설립하고 초대 주임으로 부임했으며, 1912년 9월 해주에 본당을 설립하고 초대 주임으로 부임했다. 그러나 여순 감옥으로 안중근을 방문한 일로 뮈텔 주교와 불화하여 1912년 한국을 떠났다.

4월 20일   꼴랑드 블랑시
-새 호조 3장을 첨부함-

704. 프랑스 신부 기낭 등의 호조는 치안관계로 발급할 수 없다는 통고(謄 9책) |337|

〔발신〕 외부대신 이완용(李完用)
〔수신〕 프랑스 공사 꼴랑드 블랑시(Collin de Plancy, 갈림덕(葛林德))

건양 원년(서기 1896년) 4월 30일

삼가 답장드립니다.

　방금 중요한 문서를 받았습니다. 귀국의 신부 기낭, 빌렘, 베르모렐이 지니고 있던 호조 3장에 관인을 찍어 교환하는 일에 대한 내용이었습니다. 그런데 우리의 각 지방에 도적 떼가 소요를 일으켜서, 이런 때에 외국인이 여행하는 것을 소홀히 다루었다가 실수할 염려가 있습니다. 이미 조회하였듯이 귀 전임(前任) 서리 판사 대신(署理辦事大臣) 르페브르(Lefèvres, 노비부(盧飛鳧))는 각지에 여행하고 있는 프랑스인을 소환하였습니다.

　현재 그 소요가 아직 가라앉지 않아 귀하의 뜻대로 할 수가 없어서 아울러 호조 3장을 돌려드리니 살펴보시기 바랍니다. 그 사람들에게 알아듣도록 전달하여 지방이 고요해질 때까지 기다렸다가 다시 출발하도록 부탁드립니다.

　이만 마칩니다.

평안하시기 바랍니다.

4월 30일   이완용 올림

705. 프랑스인 등의 호조 발급 재의뢰에 대한 안건(謄 9 책) |337|

〔발신〕프랑스 공사 꼴랑드 블랑시(Collin de Plancy, 갈림덕(葛林德))
〔수신〕외부대신 이완용(李完用)

건양(建陽) 원년(서기 1896년) 5월 12일

삼가 알려 드립니다.
　올해 4월 30일, 본 공사(公使)는 프랑스인이 내지(內地)에 가기 위해 호조 여러 장에 귀부(貴府)의 관인을 찍어야 하는 일 때문에, 귀 대신에게 문서를 보내 요청하였는데, 바로 귀부의 답장을 받았습니다.
　올해 2월 18일에 조회한 내용에는 비도(匪徒)들이 소요를 일으켰는데, 외국인들이 내지를 안전하게 여행할 만큼 아직 평정하지 못했으므로 완곡하게 사양하셨습니다. 또한 본 공사(公使)에게 프랑스인에게 안정될 때까지 기다리라고 알리라는 부탁을 하셨습니다.
　본 공사가 귀 정부(政府)에서 전해 준 한양(漢陽)에 대한 소식에 대해 조사했는데 사람들은 비도의 소요가 거의 잠잠해졌다고 생각하고 있습니다. 이런 형편으로 귀 대신에 다시 요청하니, 호조 2장에 관인을 찍어 함께 송부하시면 좋겠습니다. 본 공사 또한 본국인들에게 타일러 위험한 곳에서는 매우 경계하며 삼가도록 하겠습니다.

잘 살펴 주시면 고맙겠습니다.

날마다 복받으시길 바랍니다.

5월 12일　　꼴랑드 블랑시 올림

706. 위 안건에 대한 답신(謄 9책) |338|

〔발신〕 외부대신 이완용(李完用)
〔수신〕 프랑스 공사 꼴랑드 블랑시(Collin de Plancy, 갈림덕(葛林德))

건양 원년(서기 1896년) 5월 13일

삼가 답장드립니다.

어제 중요한 문서를 받았습니다.

내지(內地)에서 여행하고 있는 프랑스인을 위해, 아울러 호조를 붙여 줘서 모두 이끌고 오십시오. 우리 각 지방의 비도를 조사하였는데, 아직 소요가 잠잠해지지 않아서 소홀히 하는 실수를 할까 걱정입니다.

다만 여러 차례 답장을 부탁하니 저버리기 곤란하여 호조 2장에 관인을 찍어 교부하니 살펴보시고 수납하여 그 사람들에게 전달해 주시기 바랍니다. 갈 때에 조심하며 삼가면 고맙겠습니다.

편안하시기 바랍니다.

5월 13일　　이완용 올림

문용식 역

749. 프랑스 신부 미알롱에 대한 호조 발급 의뢰 건(謄 9책)
864. 호조에 관인을 찍어서 발급을 요망하는 건(謄 11책)
865. 위와 같은 건에 대해 응답한 편지(謄 11책)
903. 호조 발급의 건(謄 12책)
1057. 프랑스 신부 드망즈 등 네 사람의 호조 발급 의뢰(謄 13책·原 3책)
1058. 위와 같은 건에 대해 응답한 편지(謄 13책)
1061. 프랑스 신부 페네 등의 호조 발급 의뢰(謄 13책·原 3책)
1062. 위와 같은 건에 대해 응답한 편지(謄 13책)
1292. 프랑스인 신부 호조 발급 요청(謄 16책·原 4책)
1293. 위와 같은 프랑스인 신부 호조 발급 건(謄 16책)
1407. 프랑스 신부 삼남 지방 여행을 위한 호조 발급 의뢰(謄 17책·原 5책)
1408. 위의 건에 대해 응답한 편지(謄 17책)
1575. 프랑스 신부 타케의 호조에 관인을 찍어서 돌려받기를 요망한 건(謄 19책·原 6책)
1577. 프랑스 신부 타케의 호조에 관인을 찍어서 보내는 건(謄 19책)
1649. 프랑스인 르장드르의 호조에 관인을 찍어서 돌려받기를 요망(謄 19책·原 6책)
1650. 위와 같이 호조에 관인을 찍어서 돌려달라는 건(謄 19책)

1716. 프랑스 신부 드뇌·투르니에 등의 호조 발급 의뢰(謄 20책·原 7책)
1717. 위와 같은 신부 드뇌·투르니에 등의 호조 발급의 건(謄 20책)
1752. 프랑스인 덕거의 호조 발급 의뢰(謄 20책·原 7책)
1753. 위와 같은 프랑스인 덕거의 호조 발급 건(謄 20책)
1901. 프랑스 신부 투르뇌의 호조 발급 의뢰(謄 21책·原 8책)
1902. 위와 같은 프랑스 신부 투르뇌의 호조 발급(謄 21책)
2148. 프랑스 신부 쥴리앙의 호조 발급 의뢰 건(謄 22책·原 9책)
2149. 위와 같이 호조에 도장을 찍어서 보내달라는 건(謄 21책)

749. 프랑스 신부 미알롱에 대한 호조 발급 의뢰 건(謄 9책)

|340|

〔발신〕 프랑스 공사 꼴랑드 블랑시(Collin de Plancy, 갈림덕(葛林德))
〔수신〕 외부대신(外部大臣) 이완용(李完用)

건양(建陽) 1년(서기 1896년) 12월 28일

삼가 알려 드립니다.
 프랑스 신부 미알롱이 귀국의 경기도·충청도·전라도 세 도를 여행하려고 하므로 본 공사(公使)가 호조(護照) 1장을 준비하여 귀부에 보냅니다. 귀 대신께서는 칙령(飭令)에 관인(官印)을 찍어서 곧바로 본 공사관에 돌려주시면 즉시 이 호조를 해당 신부에게 전해 주어서 전에 갔던 곳을 여행할 수 있기를 희망합니다.
 편안하시길 바랍니다.

1896년 12월 28일   꼴랑드 블랑시 올림

864. 호조에 관인을 찍어서 발급을 요망하는 건(謄 11책)

|347|

〔발신〕 프랑스 공사 꼴랑드 블랑시(Collin de Plancy, 갈림덕(葛林德))
〔수신〕 외부대신 서리(外部大臣署理) 민종묵(閔種默)

광무(光武) 2년(1898년) 3월 1일

삼가 알려 드립니다.

프랑스 사람 무리예가 전에 갔던 귀국의 충청도·전라도·강원도를 여행하려고 하므로 호조(護照) 1장을 갖추어 보내오니 관인(官印)을 찍어서 돌려보내 주시기를 바라고 희망합니다.

편안하시길 바랍니다.

3월 1일   꼴랑드 블랑시 올림

865. 위와 같은 건에 대해 응답한 편지(謄 11책) |347|

[발신] 외부대신 서리 민종묵(閔種默)
[수신] 프랑스 공사 꼴랑드 블랑시(Collin de Plancy, 갈림덕(葛林德))

광무 2년(서기 1898년) 3월 1일

삼가 답장드립니다.

조금 전 중요한 문서를 받았는데, 모두 귀국인 무리예의 여행 호조에 관인을 찍어 달라는 한 가지 일입니다. 해당 호조 1장에 도장을 찍어서 보내려 합니다. 잘 살펴보고 받으셔서, 요청한 사람에게 전해 주어 곧바로 지니고 가면 좋을 것입니다.

편안하시길 바랍니다.

3월 1일   민종묵 올림

903. 호조 발급의 건(謄 12책) |348|

〔발신〕 외부대신 서리 유기환(兪箕煥)
〔수신〕 프랑스 공사 꼴랑드 블랑시(Collin de Plancy, 갈림덕(葛林德))

광무 2년(서기 1898년) 6월 8일

삼가 답장드립니다.
  어제 중요한 문서를 받았는데, 모두 귀국 신부 우도 등 네 사람이 여러 도(道)로 여행을 가려고 호조를 요청하여 받으려는 한 가지 일입니다. 보내온 사실에 의거해 해당 호조 4장에 관인을 찍어서 돌려보내려고 합니다. 살펴보고 받기를 바라며, 요청한 사람에게 전해 주셔서 곧바로 지니고 가면 좋을 것입니다. 이렇게 답신드립니다.
  편안한 여름 되기 바랍니다.

6월 8일   유기환 올림

1057. 프랑스 신부 드망즈 등 네 사람의 호조 발급 의뢰(謄 13책·原 3책) |363|

〔발신〕 프랑스 공사 꼴랑드 블랑시(Collin de Plancy, 갈림덕(葛林德))
〔수신〕 외부대신 박제순(朴齊純)

광무 3년(서기 1899년) 4월 24일

삼가 알려 드립니다.

프랑스 신부 드망즈(Demange, 안세화(安世華), 1875~1938)[1] · 그리자르(Grisard, 지안덕(池安德))[2] · 르각(Le Gac, 곽원량(郭元良), 1876~1914)[3]이 전라도 · 경상도 · 함경도 · 강원도 · 경기도 · 황해도 · 평안도 등 여러 도(道)에 가서 여행하려고 해서 본 공사가 호조 3장을 준비하여 귀부에 보냅니다. 귀 대신께서는 칙령(飭令)에 관인을 찍어서 곧바로 본 공사관에 돌려주시면, 즉시 해당 신부에게 전해 주어서 전에 갔던 곳을 여행할 수 있기를 희망합니다.

아울러 편안하시기 바랍니다.

4월 24일   꼴랑드 블랑시 올림

---

[1] 드망즈(Demange) : 파리외방전교회 소속 선교사이다. 1898년 6월 26일 사제서품을 받은 뒤 10월 6일 한국에 입국했다. 1899년 5월 부산 본당신부로 부임했다가 1900년 9월 용산 예수성심신학교 교수로 부임하여 6년간 활동했으며, 1906년 10월 19일 「경향신문」이 창간되자 초대 발행인과 편집인을 맡았다. 1911년 4월 8일 대구교구가 신설되자 6월 26일 초대 교구장으로 부임하여 27년 동안 활동하면서 교구의 발전을 위해 많은 노력을 했다. 1938년 2월 9일 대구에서 선종했다.

[2] 그리자르(Grisard) : 파리외방전교회 소속 선교사이다. 1898년 6월 26일 사제서품을 받은 뒤 10월 8일 서울에 도착했다. 주교관에서 뮈텔 주교의 지도 아래 한국어, 한국의 관례와 풍습, 한문 등을 배운 뒤 1899년 봄 함남 안변군 위익면의 내평 본당에 부임하여 사목을 하다가 결핵에 걸려 1903년 6월 10일 홍콩에 가서 치료를 받았으나 건강을 회복하지 못하고 8월 16일 선종했다.

[3] 르각(Le Gac) : 파리외방전교회 소속 선교사이다. 1898년 9월 24일 사제서품을 받은 뒤 1899년 2월 1일 한국에 입국했다. 그해 5월에 황해도 재령 본당 초대 주임신부로 부임하여 첫 사목을 시작하면서 무엇보다도 교육을 중요하게 여겼는데, 이러한 그의 교육철학은 1906년 상하이에서 만난 안중근에게 큰 영향을 끼쳤다. 1906년에는 경기도 하우현 본당 2대 주임신부로 부임했으며, 1911년 4월에는 수원 왕림 본당의 주임신부를 잠시 겸하기도 했으나 1914년 5월 18일 장티푸스에 걸린 신자의 임종을 돌보다가 감염되어 5월 26일 선종했다.

1058. 위와 같은 건에 대해 응답한 편지(謄 13책) |363|

〔발신〕 외부대신 박제순(朴齊純)
〔수신〕 프랑스 공사 꼴랑드 블랑시(Collin de Plancy, 갈림덕(葛林德))

광무 3년(서기 1899년) 4월 24일

삼가 알려 드립니다.

　조금 전 중요한 문서를 받았는데, 모두 귀국 신부 드망즈 등 세 사람이 여러 도(道)로 여행을 가려고 호조를 요청하여 받으려는 한 가지 일입니다. 보내온 사실에 의거해 해당 호조 3장에 관인을 찍어서 돌려보내려고 합니다. 살펴보고 받기를 바라며, 요청한 사람에게 전해 주셔서 곧바로 지니고 가면 좋을 것입니다.

　항상 편안하시기 바랍니다.

4월 24일　　　박제순 올림

1061. 프랑스 신부 페네 등의 호조 발급 의뢰(謄 13책·原 3책) |364|

〔발신〕 프랑스 공사 꼴랑드 블랑시(Collin de Plancy, 갈림덕(葛林德))
〔수신〕 외부대신 박제순(朴齊純)

광무 3년(서기 1899년) 4월 24일

삼가 알려 드립니다.

본국(本國) 신부 페네가 이전에 전라도와 제주에 갔던 제83호 호조 1장, 리굴로(Rigoulot, 목익우(睦益瑀), 1873~1900)[4]의 제77호 호조 1장은 예전에 강원도·경기도·경상도 3도를 가는 데 사용했는데 지금 고치려고 합니다. 전에 강원도·경기도·충청도에 가는 데 사용했던 제84호 호조 1장도 남김없이 모두 보냅니다. 귀 대신(大臣)께서 빨리 관인을 찍어서 곧바로 본 영사관에 돌려주시면, 즉시 해당 신부들에게 전해주어서 전에 갔던 곳을 여행할 수 있기를 희망합니다.
편안하시기 바랍니다.

4월 24일   꼴랑드 블랑시 올림

추신: 리굴로의 구 호조 1장을 돌려보내니 살펴보고 받기를 바랍니다.

1062. 위와 같은 건에 대해 응답한 편지(謄 13책) |364|

[발신] 외부대신 박제순(朴齊純)
[수신] 프랑스 공사 꼴랑드 블랑시(Collin de Plancy, 갈림덕(葛林德))

광무 3년(서기 1899년) 4월 25일

삼가 답장드립니다.

---

[4] 리굴로(Rigoulot) : 파리외방전교회 소속 선교사이다. 1897년 9월 사제서품을 받은 뒤 동료인 타케(Taquet, 嚴宅基) 신부와 함께 한국 선교사로 임명되어 1998년 1월 5일 한국에 입국했으며, 7월에 원주 본당 2대 주임신부로 부임하여 첫 사목을 시작했다. 1900년 2월 공소 순방 중 독감에 걸려 순방을 다 마치지 못한 채 원주 본당으로 돌아왔으나 장티푸스까지 겹쳐 3월 17일 선종했다.

어제 중요한 문서를 받았는데, 모두 귀국 사람 페네·리굴로의 여행 호조에 관인을 찍어서 돌려달라는 한 가지 일입니다. 이에 근거하여 해당 호조 2장에 관인을 찍어서 돌려보냅니다. 살펴보고 받기를 바라며, 요청한 사람들에게 전해 주셔서 곧바로 지니고 가면 좋을 것입니다. 이렇게 답신드립니다.

 편안하시길 바랍니다.

4월 25일 박제순 올림

추신: 구 호조 1장은 살펴보고 폐기했습니다.

1292. 프랑스인 신부 호조 발급 요청(謄 16책·原 4책)
|389|

〔발신〕프랑스 서리공사(署理公使) 르페브르(Lefèvres, 노비부(盧飛鳧))
〔수신〕외부대신 박제순(朴齊純)

광무 4년(서기 1900년) 9월 11일

삼가 알려 드립니다.

 본국 신부 등이 전에 갔던 경상도·전라도·황해도·평안도 네 도의 호조 2장을 보내드리려고 하오니, 번거로우시겠지만 곧바로 관인을 찍어서 돌려주시기를 바랍니다.

 편안하시기 바랍니다.

1900년 9월 11일 르페브르 올림

1293. 위와 같은 프랑스인 신부 호조 발급 건(謄 16책) |389|

[발신] 외부대신 박제순(朴齊純)
[수신] 프랑스 서리공사 르페브르(Lefèvres, 노비부(盧飛鳧))

광무 4년(서기 1900년) 9월 11일

답장드립니다.
  보내주신 문서를 받았는데, 모두 귀국 신부들이 전에 갔던 경상도·전라도·황해도·평안도 네 도의 호조를 받으려는 한 가지 일입니다. 이에 근거하여 해당 호조 2장에 관인을 찍어서 돌려보내니 살펴보시고, 요청한 사람들에게 전해 주시면 좋을 것입니다.
  편안한 가을되시기 바랍니다.

9월 11일   박제순 올림

1407. 프랑스 신부 삼남 지방 여행을 위한 호조 발급 의뢰
     (謄 17책·原 5책) |390|

[발신] 프랑스 공사 꼴랑드 블랑시(Collin de Plancy, 갈림덕(葛林德))
[수신] 외부대신 서리 최영하(崔榮夏)

광무 5년(서기 1901년) 4월 30일

삼가 알려 드립니다.
  프랑스 신부 세 사람이 전에 갔던 아래의 여러 도(道)에 머물러 살려고 하여 해당 호조 3장을 보내드리오니, 번거로우시겠지만 귀 서리대신(署理大臣)께서는 곧바로 관인을 찍어서 돌려주시기를 바랍니다.

　편안하시기 바랍니다.

4월 30일　　꼴랑드 블랑시 올림

-경상도·충청도, 경상도·전라도 제주, 충청도·전라도-

1408. 위의 건에 대해 응답한 편지(謄 17책) |390|

[발신] 외부대신 서리 최영하(崔榮夏)
[수신] 프랑스 공사 꼴랑드 블랑시(Collin de Plancy, 갈림덕(葛林德))

광무 5년(서기 1901년) 4월 30일

삼가 답장드립니다.

　조금 전 부탁하신 문서에 근거하여 프랑스 신부 호조 3장에 관인을 찍어서 돌려보냅니다. 살펴보고 받기를 바랍니다.

　편안하시기 바랍니다.

4월 30일　　최영하 올림

1575. 프랑스 신부 타케의 호조에 관인을 찍어서 돌려받기를 요망한 건(謄 19책·原 6책) |399|

[발신] 프랑스 공사 꼴랑드 블랑시(Collin de Plancy, 갈림덕(葛林德))

〔수신〕 외부대신 서리 유기환(兪箕煥)

광무 6년(서기 1902년) 4월 23일

삼가 알려 드립니다.

  프랑스 신부 타케(Taquet, 엄택기(嚴宅基), 1873~1952)[5]가 경상도·전라도와 제주도(濟州島)에 가려고 하여 해당 호조 1장을 갖추어 보냅니다. 번거로우시겠지만 귀 대신(大臣)께서는 곧바로 수결(手結)[6]을 쓰셔서 돌려주시기를 바랍니다.

  편안하시기 바랍니다.

4월 23일   꼴랑드 블랑시 올림

추신: 구 호조는 편지와 함께 보내니 살펴보시기 바랍니다.

---

5 타케(Taquet) : 파리외방전교회 소속 선교사이다. 1897년 9월 사제서품을 받은 뒤 동료인 리굴로(Rigoulot, 睦益瑪) 신부와 함께 1998년 1월 5일 한국에 입국했으며, 4월에 부산 초량(현 범일) 본당의 3대 주임신부로 부임해 첫 사목을 시작했다. 1901년에는 마산(현 완월동) 본당의 초대 주임신부로 부임해 본당을 홍로(현 서귀포시 서홍동)로 이전했고, 1902년 4월에는 제주 한논(현 서귀포) 본당 3대 주임신부로 부임해 사목했으며, 1914년부터는 목포의 산정동 본당과 나주의 계량(현 노안) 본당의 주임신부를 겸하기도 했다. 1916년 목포 본당 5대 주임신부로 부임해 1922년까지 사목하면서 홍로 본당과 계량 본당의 사목도 겸했으며, 1922년 대구 성 유스티노 신학교 교수로 부임했고, 1931년 교장으로 취임해 1940년 은퇴할 때까지 활동했다. 본디 식물학자로 한국 식물의 수집과 연구로 식물학계에 업적을 남기기도 했다. 은퇴 후 성 바오로 수녀회와 성영회 책임신부로 활동하다가 1952년 1월 25일 선종했다.
6 수결(手結) : 예전에 자기의 성명이나 직함 아래에 도장 대신에 자필로 직접 쓴 글자.

1577. 프랑스 신부 타케의 호조에 관인을 찍어서 보내는 건(謄 19책) |399|

〔발신〕 외부대신 서리 유기환(俞箕煥)
〔수신〕 프랑스 공사 꼴랑드 블랑시(Collin de Plancy, 갈림덕(葛林德))

광무 6년(서기 1902년) 4월 24일

삼가 답장드립니다.
  어제 보내주신 문서를 받았는데, 모두 타케가 요청하여 호조를 받으려는 것이었습니다. 이것에 근거하여 해당 호조를 살펴보고 관인(官印)을 찍어서 보냅니다. 살펴보고 받아서, 요청한 사람에게 전해 주셔서 곧바로 여행하기를 바랍니다.
  추신: 호조 구 건은 살펴보고 폐기했습니다.
  편안하시길 바랍니다.

4월 24일　　　유기환 올림

1649. 프랑스인 르장드르의 호조에 관인을 찍어서 돌려받기를 요망(謄 19책・原 6책) |404|

〔발신〕 프랑스 공사 꼴랑드 블랑시(Collin de Plancy, 갈림덕(葛林德))
〔수신〕 외부대신 서리 최영하(崔榮夏)

광무 6년(서기 1902년) 10월 14일

삼가 알려 드립니다.

프랑스인 르장드르(Le Gendre, 최창근(崔昌根), 1866~1928)[7]가 경상도·전라도 두 도를 가려고 하여 해당 호조 1장을 갖추어 보냅니다. 번거로우시겠지만 귀 대신(大臣)께서는 곧바로 수결을 쓰셔서 돌려주시기를 바랍니다.

편안하시기 바랍니다.

10월 14일   꼴랑드 블랑시 올림

추신: 구 호조는 편지와 함께 보내니 살펴보시기 바랍니다.

1650. 위와 같이 호조에 관인을 찍어서 돌려달라는 건(謄 19책) |404|

〔발신〕 외부대신 서리 최영하(崔榮夏)
〔수신〕 프랑스 공사 꼴랑드 블랑시(Collin de Plancy, 갈림덕(葛林德))

---

7 르장드르(Le Gendre) : 파리외방전교회 소속 선교사이다. 1889년 6월 29일 사제서품을 받은 뒤 교구사제로 사목하다가 1890년 9월 21일 파리외방전교회에 입회하여 1891년 10월 31일 한국에 입국했다. 1891년 말 원산 눈다리에 거처를 정하고 안변 본당의 샤르즈뵈프(S. Chageboeuf, 宋德望) 신부를 도왔고, 1892년 1월 안변 본당 3대 주임신부로 부임해 사목했으며, 1893년 5월 황해도 수안 덕골로 옮겨 사목했다. 1895년 평양 본당을 설립했고, 1898년 7월 개성 본당으로 옮겼다가 얼마 뒤 교구의 시복조사위원으로 임명되었다. 1902년 부산(현 범일동) 본당 6대 주임신부로 부임해 7년간 사목했고, 1909년 개성 본당 2대 주임신부로 부임해 10년간 사목했다. 1921년부터는 주교관에서 저술 활동에 전념하여 『회장직분』·『천주교요리』 등을 저술하다가 1928년 4월 21일 선종했다.

광무 6년(서기 1902년) 10월 15일

삼가 답장드립니다.
　어제 중요한 문서를 받았는데, 모두 귀국 사람 르장드르가 경상도·전라도 두 도에 가려고 호조에 수결을 받으려는 한 가지 일입니다. 이에 근거하여 호조 1장에 관인을 찍어서 드립니다. 살펴보고 받아서, 요청한 사람에게 전해 주시면 좋을 것입니다.
　편안하시길 바랍니다.

10월 15일　　　최영하 올림

1716. 프랑스 신부 드뇌·투르니에 등의 호조 발급 의뢰(謄 20책·原 7책) |405|

〔발신〕 프랑스 공사 꼴랑드 블랑시(Collin de Plancy, 갈림덕(葛林德))
〔수신〕 외부대신 이도재(李道宰)

광무 7년(서기 1903년) 4월 27일

삼가 알려 드립니다.
　본국 신부 드뇌(Deneux, 전학준(全學俊), 1873~1947)[8] 및 투르니에

---

8 드뇌(Deneux) : 파리외방전교회 소속 선교사이다. 1896년 사제서품을 받은 뒤 1902년 9월 6일 투르니에(Tournier) 신부와 함께 한국에 입국했다. 용산 신학교 교장 기낭(Guinand, 진보안(陳普安)) 신부가 병에 걸리자 그를 도와 신학교에서 일하다가 1903년 6월 전라도 목포 본당 대예 신부를 보좌한 후, 1904년 5월 1일 인천(현 답동) 본당 4대 주임으로 부임해 사목했다. 35년 동안 인천 본당에서 사목하면서 교육을

(Tournier, 두계창(杜哠昌), 1880~1944)⁹ 등이 전에 경기도·강원도·함경도·경상도·전라도 5도에 가서 여행한 호조 2장을 갖추어 보냅니다. 번거로우시겠지만 귀 대신께서는 곧바로 수결을 쓰셔서 돌려주시기를 바랍니다.

편안하시기 바랍니다.

4월 27일   꼴랑드 블랑시 올림

-붙임: 호조 2장-

1717. 위와 같은 신부 드뇌·투르니에 등의 호조 발급의 건(謄 20책) |406|

〔발신〕 외부대신 이도재(李道宰)
〔수신〕 프랑스 공사 꼴랑드 블랑시(Collin de Plancy, 갈림덕(葛林德))

광무 7년(서기 1903년) 4월 28일

통한 복음 전파를 위해 박문학교를 세웠고, 해성보육원의 재정적 기반을 마련했으며, 현재의 답동성당을 완공했다. 뒤에 은퇴하여 인천 수녀원 지도신부로 지내다가 1947년 12월 9일 선종했다.

9 투르니에(Tournier): 파리외방전교회 소속 선교사이다. 1902년 6월 22일 사제서품을 받은 뒤 1902년 9월 6일 드뇌(Deneux) 신부와 함께 한국에 입국했다. 같은 해 12월부터 경기도 안성 본당의 공베르(Gombert, 공안국(孔安國)) 신부에게서 한국어를 배우고, 1903년 5월 내평 본당(고산 본당의 전신, 현 침묵의 교회)의 임시 주임으로 부임했으나 건강이 좋지 않아 8월부터 이듬해 4월까지 나가사키와 홍콩에서 치료를 받았다. 1904년 5월 내평 본당 6대 주임신부로 부임해 5년간 사목했다. 1909년 5월 원산 본당 8대 주임신부로 부임했으나 그해 가을 순방 때 얻은 폐렴으로 1910년 1월 5일 선종했다.

삼가 답장드립니다.

    어제 귀하의 문서를 받았는데, 모두 신부 드뇌 및 투르니에 등의 호조 한 가지 일입니다. 이에 근거하여 해당 호조 2장에 관인을 찍어서 돌려보냅니다. 살펴보고 받아서, 요청한 사람에게 전해 주시면 좋을 것입니다. 이렇게 답신드립니다.

    아울러 편안하시기 바랍니다.

4월 28일   이도재 올림

1752. 프랑스인 덕거의 호조 발급 의뢰(謄 20책) |406|

〔발신〕 프랑스 공사 꼴랑드 블랑시(Collin de Plancy, 갈림덕(葛林德))
〔수신〕 외부대신 이도재(李道宰)

광무 7년(서기 1903년) 7월 16일

삼가 알려 드립니다.

    본국인 덕거(德巨)가 전에 13도(道)를 유람한 호조 1장을 갖추어 보냅니다만 해당 사람이 떠나는 일자가 매우 촉박하여 급합니다. 번거로우시겠지만 귀 대신(大臣)께서는 곧바로 빨리 수결을 쓰셔서 돌려주시기를 바랍니다.

    편안하시기 바랍니다.

7월 16일   꼴랑드 블랑시 올림

-붙임: 호조 1장-

1753. 위와 같은 프랑스인 덕거의 호조 발급 건(謄 20책)
|406|

〔발신〕 외부대신 이도재(李道宰)
〔수신〕 프랑스 공사 꼴랑드 블랑시(Collin de Plancy, 갈림덕(葛林德))

광무 7년(서기 1903년) 7월 16일

삼가 답장드립니다.
　지금 중요한 문서를 받았는데, 모두 덕거가 13도를 여행하려는 것이므로 해당 호조에 관인을 찍어서 돌려보냅니다. 이외에 서로 연락한 것을 살펴보시기 바랍니다. 답신드립니다.
　아울러 더위에 편안하시기 바랍니다.

7월 16일　　이도재 올림

1901. 프랑스 신부 투르뇌의 호조 발급 의뢰(謄 21책 · 原 8책) |407|

〔발신〕 프랑스 대리 공사(代理公使) 퐁트네이(Fontnay, 풍도래(馮道來))
〔수신〕 외부대신 서리 김가진(金嘉鎭)

광무 8년(서기 1904년) 4월 19일

삼가 알려 드립니다.
　본국 신부 투르뇌(Tourneux, 여동선(呂東宣), 1880~1944)[10]가 전라도 ·

경상도 두 도에 가서 여행하려고 하여 호조 1장을 부쳐 드립니다. 바라 옵건데 귀 대신께서는 칙령에 관인을 찍어서 돌려주시기를 바랍니다. 평안하시길 바랍니다.

4월 19일   퐁트네이 올림

1902. 위와 같은 프랑스 신부 투르뇌의 호조 발급(謄 21 책) |407|

〔발신〕 외부대신 서리 김가진(金嘉鎭)
〔수신〕 프랑스 대리 공사 퐁트네이(Fontnay, 풍도래(馮道來))

광무 8년(서기 1904년) 4월 19일

삼가 답장드립니다.
 조금 전 중요한 문서를 받았는데, 모두 귀국 신부 투르뇌가 전라도·경상도 두 도에 가려고 호조 발급을 요청하는 한 가지 일입니다. 호조 1장에 관인을 찍어서 보냅니다. 살펴보고 받아서, 요청한 사람에게 전

---

10 투르뇌(Tourneux) : 파리외방전교회 소속 선교사이다. 1903년 6월 21일 사제서품을 받은 뒤 10월 8일 한국에 입국했다. 1904년 4월 전남 무안군 몽탄면 사천리 우적동에 부임해 사목하면서 보다 적당한 지역인 노안면 용산리 남산, 영광 법성 등의 지역으로 옮기려다가 여의치 않자 1908년 계량 공소를 계량(현 노안) 본당으로 승격시켰다. 1909년 5월 목포(현 산정동) 본당 2대 주임신부로 부임했고, 1912년 5월에는 가실(현 낙산) 본당 5대 주임신부로 부임하여 33년간 사목했다. 1918~1919년에는 수류 본당의 페네(Peynet, 裵嘉祿) 신부가 징집됨에 따라 수류 본당 관할 지역을 임시로 사목하기도 했다. 1943년 2월 지병으로 은퇴하여 주교관에서 휴양하다가 1944년 3월 20일 선종했다.

해 주시기 바랍니다. 이렇게 답신드립니다.

아울러 편안하시길 바랍니다.

4월 19일   김가진 올림

2148. 프랑스 신부 줄리앙의 호조 발급 의뢰 건(謄 22책·原 9책) |409|

[발신] 프랑스 공사 꼴랑드 블랑시(Collin de Plancy, 갈림덕(葛林德))
[수신] 외부대신 서리 박용화(朴鏞和)

광무 9년(서기 1905년) 9월 27일

삼가 알려 드립니다.

프랑스 신부 줄리앙(Julien, 권유량(權裕良), 1882~1944)[11]이 경상도·전라도 두 도에 가서 여행하려고 하여 호조 1장을 보내드리오니, 살펴보시고 칙령(飭令)에 관인을 찍어서 보내주시기 바랍니다.

평안하시길 바랍니다.

---

11 줄리앙(Julien) : 파리외방전교회 소속 선교사이다. 1905년 4월 26일 사제서품을 받은 뒤 6월 15일 한국에 입국했다. 같은 해 9월 22일 무세(Mousset, 문제만(文濟萬)) 신부가 주임인 마산(현 완월동) 본당 보좌로 부임했고, 1906년 1월 소촌(현 문산) 본당을 신설하여 초대 주임신부로 부임하여 1907년 본당을 소문리로 이전했다. 1909년 5월 1일 부산 초량(현 범일) 본당 7대 주임신부로 부임했고, 1915년 10월 22일 대구의 성 유스티노 신학교 교수가 되었으며, 1932년 9월 계산동 주교좌 본당 4대 주임신부로 부임했다. 1939년 5월부터 주교 비서로 봉직하다가 1944년 7월 6일 선종했다.

9월 27일   꼴랑드 블랑시 올림

2149. 위와 같이 호조에 도장을 찍어서 보내달라는 건(謄 21책) |409|

〔발신〕 외부대신 서리 박용화(朴鏞和)
〔수신〕 프랑스 공사 꼴랑드 블랑시(Collin de Plancy, 갈림덕(葛林德))

광무 9년(서기 1905년) 9월 27일

삼가 답장드립니다.

  조금 전 귀하의 편지를 받아 보았는데, 형식이 모두 갖추어졌습니다. 이에 근거하여 줄리앙의 여행 호조의 종이에 도장을 찍어서 돌려보냅니다. 살펴보고 받아서, 요청한 사람에게 전해 주시기 바랍니다. 이렇게 답신드립니다.

  아울러 편안하시기 바랍니다.

9월 27일   박용화 올림

전라도 교안
영인본

28. 護照發給要請 （謄1冊）

[發] 法　國　公　使　　葛林德　　　　　　　　　　　高宗　25年5月 7日
[受] 督辦交涉通商事務　　趙秉式　　　　　　　　　　西紀1888年6月16日

敬啓者,現有本國張姓一人,欲往貴國全羅道全州地方,游歷次住,又有本國安姓一人,擬欲前往京畿道水原,亦從該處至江原道原州等地游歷次住等情,本大臣請貴署將護照兩紙蓋印畫押,遂送敞署,以便本大臣轉付張安二人可也,專此函佈,順候日祺.

　　　　戊子五月初七日　　　　　　　　　　葛林德　頓

39. 護照發給의件 （謄1冊）

[發] 督辦交涉通商事務　　趙秉式　　　　　　　　　　高宗　25年5月23日
[受] 法　國　公　使　　葛林德　　　　　　　　　　　西紀1888年7月 2日

敬覆者,敞曆五月初七日,接准貴函內稱,現有本國人張姓,前往全羅道全州地方游歷次住,又有本國人安姓,前往京圻道水原,從該處至江原道原州地游歷次住等情,本大臣請貴衙門將護照兩紙蓋印畫押,遂送敞署等因在案,准將護照兩紙繕印送交,祈即貴公使查照,轉給該張·安姓兩人收執可也,耑此,順頌日安.

　　　　戊子五月二十三日　　　　　　　　　　趙秉式　頓

59. 護照返送件 （謄2冊）

[發] 法　國　公　使　　葛林德　　　　　　　　　　　高宗　25年7月14日
[受] 督辦交涉通商事務　　趙秉式　　　　　　　　　　西紀1888年8月21日

逕啓者,近有法國人一名羅姓前往全州地游歷,死於該處,理應本大臣將貴督辦於丁亥六月二十二日所發給羅姓護照一紙還繳,貴衙門撤銷可也,耑此順頌台安.

　　　　戊子七月十四日　　　　　　　　　　葛林德

132. 法國人金保祿및崔東鎭護照蓋印要望件 （謄2冊）

[發] 法　國　公　使　　葛林德　　　　　　　　　　　高宗　26年3月15日
[受] 署理督辦交涉通商事務　　趙秉稷　　　　　　　　西紀1889年4月14日

敬啓者,本國人金保祿·崔東鎭因事前往全羅·慶尙兩道,玆送該人們護照二度,請貴督辦即爲蓋印,期於再明日內還送敞署,俾得付該人們發行爲荷,順頌日祉.

　　　　己丑三月十五日　　　　　　　　　　葛林德

133. 同上法國人金保祿·崔東鎭의旅行目的明示要望件 (謄2冊)

[發] 署理督辦交涉通商事務　趙秉稷　　　　　　　　高宗　26年3月16日
[受] 法　國　公　使　葛林德　　　　　　　　　　　西紀1889年4月15日

逕覆者, 昨奉函示, 爲金保祿·崔東鎭, 因事前往全羅·慶尙等地, 護照盖印送交一事, 備悉一是, 但因事前往, 未知緣何事務, 望詳細示覆, 以便盖印爲荷, 順頌日安.

　　己丑三月十六日　　　　　　　　　　　　　趙秉稷

134. 同上回信 (謄2冊)

[發] 法　國　公　使　葛林德　　　　　　　　　　　高宗　26年3月16日
[受] 署理督辦交涉通商事務　趙秉稷　　　　　　　　西紀1889年4月15日

逕覆者, 頃接華札, 下問金保祿·崔東鎭緣何前往一事, 本大臣查, 該二人前往全羅·慶尙二道游歷耳, 特祈貴督辦將該護照從速盖印以投是荷, 即頌時祉.

　　己丑三月十六日　　　　　　　　　　　　　葛林德

136. 私賑歉民不許로因한護照發給拒否의件 (謄2冊)

[發] 署理督辦交涉通商事務　趙秉稷　　　　　　　　高宗　26年3月17日
[受] 法　國　公　使　葛林德　　　　　　　　　　　西紀1889年4月16日

敬啓者, 頃奉函覆, 金保祿·崔東鎭, 前往游歷等因, 均已閱悉, 而日昨晤譚時, 私賑歉民一事, 業已罄衷, 無容更議, 且我政府設賑政於兩南等地, 計口分俵, 不必重貽貴國之憂也, 前次美國公使曾有此議, 亦以事涉格外, 不准其行, 今於貴國不可異同, 將該二人前往護照奉繳, 祈即涵諒, 轉諭該人可也, 順頌日安.

　　己丑三月十七日　　　　　　　　　　　　　趙秉稷

202. 法國人尹沙勿및李類斯의護照發給依賴件 (謄3冊)

[發] 法　國　公　使　葛林德　　　　　　　　　　　高宗　26年9月7日
[受] 督辦交涉通商事務　閔種默　　　　　　　　　　西紀1889年10月1日

敬啓者, 玆有本國人二名, 一尹沙勿, 一李類斯, 擬欲前往貴國地方遊歷, 而尹沙勿欲往全羅慶尙二道遊歷, 李類斯則欲往忠淸江原二道遊歷, 故本大臣特備護照兩紙, 恭請貴督辦, 飭令盖印, 遂投還本署, 以便本大臣將兩護照交付該二人, 持此前往遊歷, 仰冀迅速爲荷, 專此奉佈, 並頌台安.

　　西曆十月初一日
　　己丑九月初七日　　　　　　　　　　　　　葛林德　頓
　　　　附護照二紙

203. 同上護照發給件 (謄3冊)

[發] 督辦交涉通商事務　閔種默
[受] 法　國　公　使　葛林德

高宗　26年 9月8日
西紀1889年10月2日

敬覆者,昨奉大函,爲法國人尹沙勿·李類斯游歷護照繕印一事,玆將原護照二紙盖印送交,尙祈查照,轉給該二人,以便帶往爲荷,此覆,順請秋安.

　　己丑九月八日　　　　　　　　　　閔種默　頓

261. 法國遊覽人의盜難事故通告및盜難物搜査依賴의件 (謄4冊)

[發] 法　國　公　使　葛林德
[受] 督辦交涉通商事務　閔種默

高宗　27年 3月 8日
西紀1890年4月26日

逕啓者,於西曆本月十六日午前十點鍾,有本國張姓曁尹沙勿二人,由全羅道前來漢京,由槊原往振威,途中被持刀鎗一夥强賊攻刧,將所帶箱子及零碎物件,連身上衣服一槪搶去,該二人雖無護身器械,其一人徒手拒賊,以致身被刀鎗之傷數處,本日,不但刧該二人,猶有貴國三十餘行路人遭遇此難,本大臣查,在外省之官員,設法嚴滅內地强盜姦宄,今其時也,況且該羣盜犯之窩巢居處及各盜之姓名,人人知曉,自前二十日,該盜已聚六七十名,在槊原·振威一帶地方,無論城池鎭店大小村莊,任其往來騷擾,毫無忌憚,棄無官兵捕捉,逞志而行,決無藏頭隱面,仰思此事實關重大,該羣盜不止於盜,猶爲貴國之叛逆,見該二人之護照,羣盜直敢忿然曰,我等不識大君主,不識政府等語,故此本大臣特請貴督辦,會同該管官員商議,火速轉飭,將該羣盜犯嚴行捕獲,幷將所刧之什物等件,還交本大臣可也,耑泐奉佈,幷頌日禧.

　　西曆四月廿六日
　　庚寅三月初八日　　　　　　葛林德　頓

　玆將所刧各件開列於左
　　失單

時表 壹隻	外國金類匣子 六隻
朝鮮眼鏡 兩付	蜂蠟 五餠
小洋刀 壹把	綢布 九箇
白苧 七疋	朝鮮笠子 貳頂
朝鮮刀 兩把	吃飯銅全傢伙
朝鮮衣服 五身及隨身零碎物件	朝鮮襪子 九隻
朝鮮烟袋 兩杆	虎皮 壹張
洗臉具	洋鉛筆 貳枝
朝鮮油袴 五身	銅錢 壹百五十兩

262. 同上件에 對한 回信 (謄 4 冊)

[發] 督辦交涉通商事務　閔種默　　　　　　　　　　　高宗　27年3月11日
[受] 法　國　公　使　葛林德　　　　　　　　　　　　西紀1890年4月29日

　敬覆者,昨接大函,內爲法國人張姓曁尹沙勿二人,於振威途中被賊攻刼,所帶箱子及零碎物件,連身上衣服一槪搶去,請火速轉飭,嚴行捕獲,幷將所刼物件還交等語,准此,本督辦閱悉之下,不勝驚歎,遵卽行飭地方官曁各捕盜衙門,嚴密査緝,務期弋獲,根〔跟?〕追諸犯,到案硏訊,幷將被刼物件一一査追,以便轉繳去訖,相應函覆,卽請貴公使査照,轉諭該人等可也,尙此順頌辰祺.

　　庚寅三月十一日　　　　　　　　　　閔種默　頓

263. 法人等의 護照發給依賴의件 (謄 4 冊)

[發] 法　國　公　使　葛林德　　　　　　　　　　　高宗　27年3月14日
[受] 督辦交涉通商事務　閔種默　　　　　　　　　　西紀1890年5月2日

　敬啓者,玆有本國人三名,其一,丁加彌,擬往忠淸道遊歷,其二,徐若瑟,擬往江原·咸鏡兩道遊歷,其三,張若瑟,擬往全羅道遊歷,故本大臣備辦護照三紙,特祈貴督辦,飭令蓋印訖,卽還本署,以便本大臣將該護照交付該三人,持之前往遊歷可也,尙有丁·張姓二人舊護照二紙奉還貴督辦,飭令消滅爲荷,尙此奉佈,幷頌日祉.

　　西曆五月初二日
　　庚寅三月十四日　　　　　　　　　　葛林德　頓
　　　　附送新護照三張舊護照二張

264. 同上護照發給의件 (謄 4 冊)

[發] 督辦交涉通商事務　閔種默　　　　　　　　　　高宗　27年3月14日
[受] 法　國　公　使　葛林德　　　　　　　　　　　西紀1890年5月2日

　敬覆者,刻接大函,爲本國人丁加彌往忠淸道,徐若瑟往江原·咸鏡兩道,張若瑟往全羅道遊歷,護照三張蓋印一事,玆將原護照三紙幷蓋印繳交,祈卽査收,轉給該三人,以便前往遊歷爲荷,至丁·張姓二人舊護照二紙,幷已收到,作爲廢紙,尙望照諒,泐此奉覆,順頌春祺.

　　庚寅三月十四日　　　　　　　　　　閔種默　頓

273. 法國旅行人의 盜難物搜査不進件 (謄 4 冊)

[發] 督辦交涉通商事務　閔種默　　　　　　　　　　高宗　27年4月14日
[受] 法　國　公　使　葛林德　　　　　　　　　　　西紀1890年6月1日

敬覆者,我曆三月初八日,接准貴來函內稱,西曆本月十六日,有本國〔張眽〕姓曁尹沙勿二人,由全羅道來漢,紮原·振威途中,被强賊攻刧,所帶箱子及物件,連身上衣服搶去等因,准此,關飭左右捕廳,詗捉賊黨,務期追贓去訖,旋據該捕廳禀覆內稱,賊徒搶刧,聞極驚該〔駭〕,業經派遣兵勇,弋獲賊黨幾名澈底盤覈,終未見可執之端緖,誠極悶悶等因,據此,查執盜追贓,確有端緖,然後賊徒可服,原贓可還,而賊招旣無明證,原贓實難勒追,玆特函覆,尙祈貴大臣照諒爲荷,肅此順頌夏安.

庚寅四月十四日　　　　　　　　閔種默　頓

286. 法國人을毆打한崔鳳錫등에대한處罰要請 (謄 4 冊)

〔發〕法　國　公　使　葛林德　　　　　　　高宗　27年6月28日
〔受〕督辦交涉通商事務　閔種默　　　　　　西紀1890年8月13日

法人尹沙勿,游歷於全州大聖洞,而該里風憲崔鳳錫及咸汝佐兩漢,嘯聚無賴輩,酗辱該法人,亂打其從人,至有生梗之弊,此兩漢所爲,不可仍置,自該營特爲嚴懲,切望切望.

庚寅六月二十八日　　　　　　　　　　葛林德

311. 全州城內의學房建立을爲한協助要望件 (謄 4 冊)

〔發〕法　國　公　使　葛林德　　　　　　　高宗　27年12月 4日
〔受〕督辦交涉通商事務　閔種默　　　　　　西紀1891年 1月13日

敬啓者,現値全州地方有許多人民,欲於全州城內建立學房一坐,所學者卽是中國文字及洋文算法格致畫學等類,本大臣屢次向貴督辦將此事提明,而貴督辦與本大臣意見相同,恒言此事極善,必得隨人民之所欲,以成其事,旣是此座學房業經將開,玆請貴督辦,向全羅道監司移函一件,知照該監司,以便其曉得建立學房之事,更懇將此華函遣价送到敵署,以便本大臣將此函轉達全羅監司爲荷,卽頌崇禧.

庚寅十二月初四日
西曆正月十三日　　　　　　　　葛林德　頓

379. 長城塔亭里住民을廢農渙散케한朴秀成一黨에對한嚴懲示達要望의件 (謄 5 冊)

〔發〕法國署理公使　彌樂石　　　　　　　高宗　28年7月　日
〔受〕督辦交涉通商事務　閔種默　　　　　西紀1891年8月　日

向以長城西二面塔亭里居安興瑞妻,被囚本獄,該洞居民十二戶廢農渙散事,已由外衙門關飭該邑,安興瑞妻雖已蒙放,然當初搆事之朴秀成,去益肆虐,謂以此輩當殄滅無遺,與渠諸族及朴座首東安·金有司良西·新坪金進士等同謀綢繆,一邊呈營,一邊圍住洞口,禁人出漏,聲言爾輩指日可滅,噫彼秀成有何積怨深讎,費力費財,期欲害人耶,因此,居者未能安堵,散者未能回集,況以此輩之權力無事不爲,來頭禍色,又不知如何,幸乞發關完營,嚴懲朴秀成及同惡諸人,使虮虱之微,得蒙生成之澤至祝.

380. 同上應信 (謄5冊)

[發] 督辦交涉通商事務　閔種默　　　　　　　　　　　　　　　高宗　28年7月　日
[受] 法國署理公使　彌樂石　　　　　　　　　　　　　　　　　西紀1891年8月　日

　敬覆者,刻奉函示,爲長城塔亭里安興瑞妻雖已蒙放,當初搆事之朴秀成等嚴懲事,均經閱悉,除將關飭該道觀察使,嚴飭地方官查拏究辦外,相應函覆,務望照諒爲荷,此覆順頌秋安.

　　　　　　　　　　　　　　　　　　　　　　　閔種默　頓

381. 約條冊三秩送交의件 (謄5冊)

[發] 督辦交涉通商事務　閔種默　　　　　　　　　　　　　　　高宗　28年7月27日
[受] 法國署理公使　彌樂石　　　　　　　　　　　　　　　　　西紀1891年8月31日

　敬啓者,向日貴公署所請約條冊三秩,適有本衙門所貯者,故今玆奉副,尙祈査收淸覽爲荷,爲此順頌時安.
　　辛卯七月二十七日　　　　　　　　　　　閔種默　頓

382. 全羅道關飭文書및約條冊付送에對한致謝回信 (謄5冊)

[發] 法國署理公使　彌樂石　　　　　　　　　　　　　　　　　高宗　28年7月28日
[受] 督辦交涉通商事務　閔種默　　　　　　　　　　　　　　　西紀1891年9月 1日

　敬覆者,玆承來函,隨附關飭全羅道文書一件,閱悉一切,不勝欣悅,謹當致謝,第願全羅道接到關飭之下,迅速將此案辦理,諸臻妥協,乃本大臣之所厚望者也,倂接到約條冊三秩,不勝感激,以上各件,合當備函深致致謝,以伸悃愊專此奉覆,即頌日祉.
　　　西曆九月初一日
　　　辛卯七月廿八日　　　　　　　　　彌樂石　頓首拜

386. 法國遊覽人護照發給依賴의件 (膽5冊)

〔發〕法國署理公使　彌樂石　　　　　　　　　　高宗　28年8月3日
〔受〕督辦交涉通商事務　閔種默　　　　　　　　西紀1891年9月5日

敬啓者,玆有法國二人,其一閔德孝,擬往貴國八道地方遊歷,其二高宜善,擬往貴國京畿·江原二道地方遊歷,故本大臣特備護照二紙,函送於貴衙門,請貴督辦飭令迅速盖印訖,即還本署,以便本大臣轉付該二人,執持前往遊歷爲荷肅泐奉懇,順頌崇安.

　　西曆九月初五日
　　辛卯八月初三日　　　　　　　彌樂石　頓首拜
　　　附護照二紙

387. 同上護照交付의件 (膽5冊)

〔發〕督辦交涉通商事務　閔種默　　　　　　　　高宗　28年8月4日
〔受〕法國署理公使　彌樂石　　　　　　　　　　西紀1891年9月6日

敬覆者,昨奉大函,爲貴國人閔德孝·高宜善遊歷護照盖印一事,玆准來意,將原護照二紙鈐即〔印〕呈交,祈即查收,轉給該人,以便前往可也,此覆,順頌秋祺.
　　辛卯八月初四日　　　　　　　閔種默　頓

390. 法國遊覽人護照發給依賴의件 (膽5冊)

〔發〕法國署理公使　彌樂石　　　　　　　　　　高宗　28年8月22日
〔受〕督辦交涉通商事務　閔種默　　　　　　　　西紀1891年9月24日

敬啓者,玆有本國人吳保祿者,擬往貴國忠淸·全羅二道地方遊歷,故本大臣特備護照一紙,函送於貴署,請貴督辦飭令盖印訖,即還本署,以便將此護照轉付該人領收,執持前往遊歷,更有三十一號舊護照一紙亦附函繳還,祈飭查收消減爲荷,專此奉佈,順頌台安.

　　西曆九月廿四日
　　辛卯八月廿二日　　　　　　　彌樂石　頓首拜
　　　附新舊護照各一紙

391. 同上護照交付의件 (膽5冊)

〔發〕督辦交涉通商事務　閔種默　　　　　　　　高宗　28年8月22日
〔受〕法國署理公使　彌樂石　　　　　　　　　　西紀1891年9月24日

敬覆者,刻奉大函,爲貴國人吳保祿護照會印一事,玆將原護照盖印送交,尙望查收轉給,以便帶往爲要,肅此順頌秋祺.
　　辛卯八月廿二日　　　　　　　閔種默　頓
　　　外會印護照一紙

392. 長城人朴秀成等의外洋人交涉妨害事件에對한嚴懲要求件 (謄5冊)

〔發〕法 國 署 理 公 使　彌樂石　　　　　　　　　　　　高宗　28年 9月22日
〔受〕督辦交涉通商事務　閔種默　　　　　　　　　　　　西紀1891年10月24日

敬啓者,玆以長城西二面塔亭里地方民人,與外洋人有交涉事件,而朴秀成等從中阻撓,幷且搆禍,滋蔓不決,特祈貴督辦,關飭該道觀察使,卽將朴秀成等傳到案下,嚴行懲治,公平了案,以安民業爲荷,肅此佈懇,順頌日祉.

　　西曆十月二十四日
　　辛卯九月二十二日　　　　　　彌樂石　頓首拜
　　　附原呈一紙

393. 全羅道에의關飭文書閱悉및致謝의件 (謄5冊)

〔發〕法 國 署 理 公 使　彌樂石　　　　　　　　　　　　高宗　28年10月2日
〔受〕督辦交涉通商事務　閔種默　　　　　　　　　　　　西紀1891年11月3日

逕覆者,玆承惠函,隨附關飭文書兩道,閱悉一切,不勝欣悅,卽將所來兩關飭遣伻馳送於該道監司,一俟關飭到該監司之日,彼時卽有電信回復於本署,則本大臣卽行函于貴督辦査照,爲此相應致謝,以伸悃溱,謹頌日禧.

　　辛卯十月初二日
　　西曆十一月初三日　　　　　　彌樂石　頓首拜

394. 同上全羅監司에의關飭文書遞交및打電要望件 (謄5冊)

〔發〕法 國 署 理 公 使　彌樂石　　　　　　　　　　　　高宗　28年10月8日
〔受〕督辦交涉通商事務　閔種默　　　　　　　　　　　　西紀1891年11月9日

敬啓者,玆接電報來稱,於貴曆十月初六日所送之二關飭文書,已然到全州地方,當將該二關飭恭遞於該道觀察使,爲此相應函致於貴衙門,請貴督辦査照,按前來書所謂卽行打電報於該道觀察使爲荷,專此奉佈,順頌日祺.

　　辛卯十月初八日
　　西曆十一月初九日　　　　　　彌樂石　頓首拜

459. 法國人尹敎士의銀兩賠償및同家宅侵入營吏嚴懲要求件 (謄5冊)

〔發〕法 國 公 使　法蘭亭　　　　　　　　　　　　　　　高宗　29年11月10日
〔受〕督辦交涉通商事務　趙秉稷　　　　　　　　　　　　西紀1892年12月28日

大法欽命出使朝鮮辦事大臣法,爲照會事,頃准尹敎士面稟,二年以前在全州,有該州數人請尹敎士,在城內立一法文學堂,前任督辦當經應允,自此該敎士居住城內,因將已所有銀兩付該州崔僉使收存,迨今年,崔僉使所存該敎士銀尙有七·八百兩,該僉使存帖言明,今年四月淸歸,及至四月,崔僉使請展限,至十月再歸,營稟應准,迨十月初,有自漢陽至全州之監察崔,向該僉使勒索云,去年爾之得官,由吾所致,爾宜將應出賄銀付我,該監察不顧律例,飭令管下人,將崔僉使及其親屬房室肆行搶掠,更將該僉使嚴刑監禁,維時全羅監司自漢陽公旋,尹敎士請與面晤,監司應允,於十月二十五日進謁,因將僉使監禁,欠銀難追之事,與爲面訴,盖敎士深知監司責予期限,該僉使定能歸還也,當經面應云,前者吾欲遣彼之漢陽,今據所稱,吾可責予限期三四日,勒令歸還可也,該敎士深信其言,面謝而歸,不旋踵,即聞該監司不此照辦,已遣該僉使赴漢陽矣,而敎士乃招僉使之子,淸算賬目,正在妥算之間,忽一幼童驚入,聲稱官役到門,來拏僉使之子,欲行徑入,關凶非常,且門者不許,試以瑞踏未幾,該役等約有百衆凶入院中,且有十數人跳墻入內,院之內外圍繞皆役,門者云,似此凶入異國人宅院,殊屬朝鮮異事,役等應云,因俟異國人之房,吾等可行隨便,汝想有異人可恃愼矣,出此言倏二首役,有一姓姜名首校,前向拴鎖,更有一人捲袖助勢,至巴敎士至,諭令門者走出,反詰該役等云,爾等如屬官差,可出傳票以示,役聞此言,神消氣阻,遂漸出門,而敎士入不返顧,而役等又入,出言恐嚇,逼索門者與僉使之子,巴敎士復出,該役首崔首校,向敎士以拳相示,勒逼非常,敎士與之理論,蜂凶更甚,無奈只得出僉使之子,任彼鎖拏,役等復索門者,而門者已逸,乃只拏僉使之子而歸,且狂喧於路,其跳墻入內之十數人,復越墻自大門出,其在街鎖牽僉使之子,諸役肆行辱罵,且高聲揚言云,監司淮吾等秉拿敎士,而在敎士房內諸色人等,可行同殺各等情,面稟前來,本大臣譯請觀閱,可識該敎士受如此醜〔辱?〕辱,貴督辦自有設法賠補之責,一,宜飭令崔僉使,歸還收存敎士之銀,二,宜嚴懲該役等違例凶入敎士房之罪,三,宜深責該監司不照約章保護敎士之咎可也,須至照會者,

右照會.

大朝鮮督辦交涉通商事務　趙

　　　西曆一千八百九十二年十二月二十八日
　　　朝鮮開國五百一年十一月初十日

※ 繳送件

460. **同上回信**（謄5冊）

[發] 法　國　公　使　　法蘭亭　　　　高宗 29年11月　日
[受] 督辦交涉通商事務　　趙秉稷　　　　西紀1892年12月　日
繳到件

照覆,准此,查全州乃本國內地,非約內第四款所載指定通商各處,又遠在通商各處十里以外,應非該敎士租賃房屋之所,又非該敎士購置院宅之地,何有學堂宅院在該州城中耶,又云,有該州數人年前約請,前任督辦應允等事,本督

辦遍本署檔案,并無此項文據,未知貴大臣所稱各節,何自而起,至該敎士將自有銀兩交崔僉使收存,該僉使償付愆期,當由該敎士遵照條約,在應居各地方控請,本國官員按律查拿審辦,至全羅監營校役,因查拿崔僉使之子,爲該敎士追賠銀兩,至相滋鬧各情,尙未據該監司呈報,未便核辦,除飭該監司,迅將此項情形查明報來,再行分別究辦外,先行照覆,飭令該敎士卽離全州,遵照條約,移在應居地方,租置宅院,此後毋再以銀兩輕付他人收存,免生事端,實爲公便云云

545. 東學黨의 騷擾로 因한 地方遊歷法國人召還要請件 (謄7冊)

〔發〕 署理督辦交涉通商事務　金鶴鎭　　　　　　　　　　　高宗　31年4月5日
〔受〕 法 國 理 署 公 使　盧飛鳧　　　　　　　　　　　　　西紀1894年5月9日

敬啓者,現據全羅道觀察使電稟內稱,本道所轄地方,近有東學匪類嘯聚徒黨,擾害居民,請派京兵,亟圖剿撫等語,業由我內務府,奏派弁兵前往招討,再於京畿·忠淸·慶尙道在在有匪徒滋擾,聚散無常,查該匪等冥頑不法,姿〔恣誤〕行兇暴,如無先事之備,恐有不意之虞,玆特函明,尙望貴公使查照,將貴國紳商遊歷在京畿·忠淸·全羅·慶尙道各地方者,幷行迅卽召還,免致意外之患可也,順此庸頌台祺.

　　　甲午四月五日　　　　　　　　　　　金鶴鎭　頓

546. 同上件照覆 (謄7冊)

〔發〕 法 國 署 理 公 使　盧飛鳧　　　　　　　　　　　　　高宗　31年4月 8日
〔受〕 署理督辦交涉通商事務　金鶴鎭　　　　　　　　　　　西紀1894年5月12日

敬覆者,展讀來函,示以全羅等道東學匪徒擾害地方,請將本國紳商在該地遊歷者速爲招還,免致意外之患等語,均經開悉,本署大臣查,該地僅有本國敎士,業將此事轉知主敎與爲照辦矣,泐此佈覆,順頌日祉.

　　　甲午四月初八日　　　　　　　　　　盧飛鳧　頓

554. 東學黨에게서의 全州收復通告 (謄7冊)

〔發〕 督辦交涉通商事務　趙秉稷　　　　　　　　　　　　　高宗　31年5月 9日
〔受〕 法 國 署 理 公 使　盧飛鳧　　　　　　　　　　　　西紀1894年6月12日

敬啓者,曩以南道敎匪圍守全城,氣勢日促,斷無意外之慮一事,業經函告在案,現接兩湖招討使洪電稟內開,初八日巳時,已復完城,掃淸匪賊等語前來,據此適聞之下,不勝欣忭,惟念兩國和好敦睦,誼同休戚,諒貴署大臣同深喜幸,爲特函佈,尙望貴署大臣照亮可也,專此幷頌夏祺.

　　　甲午五月初九日　　　　　　　　　　趙秉稷　頓

557. 東學亂鎭壓通告件 (謄7冊)

[發] 督辦交涉通商事務　趙秉稷　　　　　　高宗　31年5月15日
[受] 法國署理公使　盧飛岜　　　　　　　　西紀1894年6月18日

敬啓者,昨據兩湖巡邊使李電稱,匪魁已殲,餘黨乞哀,均釋兵器,翕然歸化等語,據此,由我內務部奏明,其樓邊靡依者,飭令曉諭歸農,俾各安業,顧今經擾之餘,人心必多危疑,招討總制兩帥,姑使留鎭衆心,撫綏安集,巡邊使,即令撤還等因,當經核奪,布諭中外,本督辦查,從此湖南一路,妖氣全消,民生底靖,寔深欣幸,諒貴公使誼在同舟,必喜爲之聞也,相應函佈,尙望查照可也,耑此順頌夏祺.

甲午五月十五日　　　　　　　　　　　趙秉稷　頓

568. 淸國軍의法國人殺害件 (謄7冊)

[發] 督辦交涉通商事務　金允植　　　　　　高宗　31年7月17日
[受] 法國署理公使　盧飛岜　　　　　　　　西紀1894年8月17日

大朝鮮督辦交涉通商事務金,爲照會事,照得,向准貴公使來文內開,貴國人一名,在公州地遭難致命等情,事係命案,自本署飛飭於忠淸道觀察使,嗣又派員,去後,現接該道觀察使報稱,即到衙門關內,照得,現准法國公使盧聲稱,法國人一名,在公州地方遭難致命等情,准此,查此案事關外國,情節重大,倘或踈虞,有妨友誼,茲庸飛飭,到即將該法人因何致命,築底訪查,該正犯是否本國人或他國人,確切核明,該犯如係他國人,必須究得眼證,罔夜專足修報,以憑談辦爲宜等語,謹將關辭星火知飭於該地方官公州判官一一查辦,即接該判官所報,以爲去月二十七日申時量,淸陣將卒不意走入本邑時,到錦江津頭,捉過去他國人一名,揮刀即斬,亦殺馬夫我國人一名,其翌淸陣離發後,一府喧傳人命致死,聞極驚駭,即招舟子使之掩埋等情,查此案緊重,更捉該舟子崔好男嚴行查辦,該舟子稟稱,淸兵不時到江,劍砲匝圍之中,惶蚵行舟,不遑他顧,但聞噪噪殺伐之聲,未知何國人緣何被殺於淸陣中,而淸陣旣過去,質問無處,該犯之誰某何以審查等情,參互報辭,更加究覈,則此犯案確是淸陣兵卒,而旣已過去,無處可問等情,據此,查此案旣經該地方官覈明得實,是係淸兵無疑,而本署派員尙未回來,應俟派員之回,詳探確否,再行知照,茲特備文照會,請煩貴署大臣查照可也,須至照會者,

　　右照會.

大法欽命署理出使朝鮮辦事大臣　　盧
　　開國五百三年七月十七日

572. 在全州法國傳敎士保護依賴의件 (謄7冊)

〔發〕法國署理公使　盧飛鳧
〔受〕外務大臣　金允植

高宗　31年7月23日
西紀1894年8月23日

敬啓者,法國傳敎士二人,在全羅道向遭土匪凌虐,業請貴衙門設法保護,伊時,貴前任趙答謂,電飭完營,妥行保護云,嗣後該敎士等專告危迫之情,仍於一旬前,派送法國兵船一隻,幷搭載該專來朝鮮人,駛往錦江附近浦口留碇後,出送該朝鮮人,使之領來敎士矣,不意該人一出,渺無音耗,法國兵船一連留碇九日,無奈空還,事甚悶然,請貴大臣刻卽電飭完伯,保護該敎士等無事還京,寔爲至幸,前接貴前任趙所送照會內稱,南匪討平,更無虞憂,故深信其言,未曾召還該敎士等矣,現若有危難情節,其責歸於貴政府也,尙祈深諒善處,盼切禱切,順頌日祉.

甲午七月二十三日　　　　　　　盧飛鳧　頓

574. 在全州法國人敎士護送指示의件 (謄7冊)

〔發〕外務大臣　金允植
〔受〕法國署理公使　盧飛鳧

高宗　31年7月25日
西紀1894年8月25日

敬覆者,昨奉大函內開,法國敎士二人,在全羅道向遭土匪凌虐,業請保護,嗣後該敎士專告危迫,派送法國兵船一隻,幷搭載該專來朝鮮人,駛往錦江附近浦口,出送該朝鮮人,使之領來敎士,該人一出,渺無音耗,兵船無奈空還,請刻卽電飭完伯,保護該敎士等,無事還京等因而來,聆悉一切,除飛飭該道觀察使,將該敎士等妥護抵漢外,備文函覆,尙祈照亮,肅此幷頌日安.

甲午七月二十五日　　　　　　　金允植　頓

576. 法國人敎士의錦江邊被害事件에對한顚末照會 (謄7冊)

〔發〕外務大臣　金允植
〔受〕法國署理公使　盧飛鳧

高宗　31年8月20日
西紀1894年9月19日

大朝鮮外務大臣金,爲照會事,照得,貴國敎師被害一事,屢次査問於忠淸監司,終欠明白,又由本衙門派員査覈,奈看證未確,不得其要領而還,嗣於我曆八月十一日,專人更關于忠淸道,使之詳査犯人姓名及被害地方月日據實報來,玆據本月十九日忠淸監司李鑴永謄報內開,法國敎師被害一事,業經一査再査,迄無明白之證,初次外署關文,七月初九日到付,卽爲謄關飛飭於該地方公州判官使之詳査,同月十一日已經申報,嗣後外務主事李康實,奉衙門委任會同嚴覈,致命情節一如前報矣,今又奉衙門關飭,招致本營營將李基泰·中軍朴昌祐及舟子崔好男詳加盤覈,則據云,六月二十七日申時,不意淸國提督葉志超一軍,自成歡敗歸,奔到錦江頭,招集船隻,急於星火,該營將·中軍慮有滋事,急

327

往江邊,申飭舟子等使之濟師,軍馬犦還喧嚷聒耳,忽聞有殺害人命之事,一則外國人,一則我國牽夫也,當被殺之時,舟子及官隸輩皆望見而已,事出倉猝,當場亦不知爲何國人,追後聞之,始知爲法國敎師也,又不知何故被害,轉眄之間蜂擁而去,無處可問,事實如此,別無更查之道,查外國人被害於境內,事甚驚惻,況我國與法國修好立約,地方官不勤保護,以致敎師之橫罹,於兩國交誼關係不少,即已具棺歛埋於江頭潔淨處,玆以據實牒報伏望轉照于法館等因,准此,查此事屢018在查覈,而終無顯證,此次查報較前稍詳細,想當場光景不過止此,實無加詳之道,相應備文照會,請煩貴署大臣查照可也,須至照會者,

右照會.

大法欽命署理出使朝鮮辦事大臣　盧

開國五百三年八月二十日

577. 同上法國趙敎士取招時參聽한營將및中軍招問要請件 (謄7冊)

[發] 法國署理公使　盧飛凫
[受] 外務大臣　金允植

高宗　31年8月20日
西紀1894年9月19日

大法欽命署理出使朝鮮辦事大臣盧,爲照會事,照得,頃者確探前日忠淸監司派送公州營將及中軍迎接中國葉軍門,該葉軍門在錦江至近柿木洞公廨內,將法人趙敎士取招時,該公州營將及中軍坐傍參聽,不意忠淸監司牒報中全沒此事,此誠本署理大臣極爲恠異者也,以該監司所爲觀之,致人疑惑非淺,請貴大臣飛飭忠淸監司,使之火速招來該營將·中軍,將其所見所聞所語之事細加詰問,一一報明貴衙門,寔係至急至要也,請煩貴大臣查照施行可也,須至照會者,

右照會.

大朝鮮外務大臣　金

西曆一千八百九十四年九月十九日

578. 同上照覆 (謄7冊)

[發] 外務大臣　金允植
[受] 法國署理公使　盧飛凫

高宗　31年8月21日
西紀1894年9月20日

大朝鮮外務大臣金,爲照覆事,刻接貴署理大臣照會內開,頃者確探前日忠淸監司派送公州營將及中軍,迎接中國葉軍門,該葉軍門在錦江至近柿木洞公廨內,將法人趙敎師取招時,該公州營將及中軍坐傍參聽,不意忠淸監司牒報中全沒此事,此誠本署理大臣極爲恠異者也,以該監司所爲觀之,致人疑惑非淺,請貴大臣飛飭忠淸監司,使之火速招來該營將中軍,將其所見所聞所語之事細加詰問,一一報明貴衙門,寔係至急至要也,請煩貴大臣查照施行可也

等因,准此,查此事貴館所探如是確實,而該營所報終欠明白,參坐取招等說,不出於查覈之場,如非該營將·中軍等畏罪隱諱,則貴館所探人或聽聞過實歟,第以忠清監司前報觀之,則主帥之爲葉志超無疑,看證則該營將·中軍·官隷·舟子等皆所望見也,地方月日已具前照,請煩貴署大臣查照辦理可也,須至照覆者,右照覆.

大法欽命署理出使朝鮮辦事大臣　盧

　　開國五百三年八月二十一日

584. 法國敎士護送將校李德華에對한施賞希望의件 (謄7冊)

[發] 法國署理公使　盧飛鳧　　　　　　　　高宗　31年　9月21日
[受] 外務大臣　　金允植　　　　　　　　　　西紀1894年10月19日

敬啓者,法國敎士護來將校李德華施賞事,旣承盛諾,故其所願竊玆錄呈,擇一竊從速差出爲禱,此頌崇安.

　　甲午九月二十一日　　　　　　　盧飛鳧　頓首拜

585. 同上件該監司에示達照覆 (謄7冊)

[發] 外務大臣　　金允植　　　　　　　　　　高宗　31年　9月21日
[受] 法國署理公使　盧飛鳧　　　　　　　　西紀1894年10月19日

敬覆者,刻奉來函,悉爲李德華施賞一事,當卽函商該道觀察使,擇其當竊,另施酬勞,尙望照亮,泐覆,順頌秋安.

　　甲午九月二十一日　　　　　　　金允植　頓

588. 法國尹敎士等의身邊保護및所失什物價二千元償給要請의件 (謄7冊)

[發] 法國署理公使　盧飛鳧　　　　　　　　高宗　31年12月12日
[受] 外務大臣　　金允植　　　　　　　　　　西紀1895年 1月 7日

敬啓者,法國傳敎士尹沙勿及禹一模,前往忠淸道錦江地,看審被死法人趙姓之墳,或改葬或移葬時,另加助護,再,該敎士等轉往全羅道全州時,亦爲保護,毋或陳虞之意,裁簡于錦營及完營爲禱,此頌台安.

再者,尹敎士寓館在全州地,一應汁〔什〕物均被燒刼蕩盡,計價値略洋銀貳千元也,請飭地方官設法,將該貳千元償給尹姓,一如前任完伯金所許之意,寔合公允.

　　西曆正月初七日
　　甲午十二月十二日　　　　　　　盧飛鳧　頓

594. 法國人尹敎士保護指示및失物內容提示要請의件 (謄7冊)

[發] 外務大臣　金允植　　　　　　　　　　　　　高宗　31年12月14日
[受] 法國署理公使　盧飛鳧　　　　　　　　　　　西紀1895年 1月 9日

逕覆者,頃承來函,知貴敎士作錦·完兩營之行,玆裁兩處信函,另托照護,所有兩函幷玆送呈,乞囑該敎士帶交爲要,至完營之被燒什物計價追賠事,想完營經亂荒殘之餘,恐未能一時淸賑,而所失什物,如有簿記可考者,乞投示,以便考核爲妙,如無可考,寘之亦無妨,此頌日祉.

甲午十二月十四日　　　　　　　　金允植　頓

附錦營·完營信函各一封

595. 同上尹敎士의失物記提示의件 (謄7冊)

[發] 法國署理公使　盧飛鳧　　　　　　　　　　　高宗　31年12月14日
[受] 外務大臣　金允植　　　　　　　　　　　　　西紀1895年 1月 9日

敬啓者,尹敎士失物記尾錄以呈,俯諒爲希,此頌台安.

甲午十二月十四日　　　　　　　　盧飛鳧　頓

西曆六月 日失物記
銀錢伍拾元
食物各種壹百伍拾元

西曆十月 日失物記
馬貳疋
洋鞍諸具幷二件
銀貳拾元
彌撒所用諸具金銀器皿等類
祭臺所用諸具
朝鮮冊及洋冊
衣服諸件
食物各種
　　　已上價値略壹千五百元
家舍伍百元假量
　　　都合貳千元

607. 法國人敎士尹沙勿의失物에對한推償要望件 (謄8冊)

[發] 法國署理公使　盧飛鳧　　　　　　　　　　　高宗　32年3月 1日
[受] 外務大臣　金允植　　　　　　　　　　　　　西紀1895年3月26日

大法欽命署理出使朝鮮辦事大臣盧,爲照會事,照得,於昨年分在全州法國

敎士館當敎士不在時,被刧於匪類,一應汁物盡被掠去,向日該敎士回還全州,
請于該道伯將其所失汁物賠補之事,該道伯准可其請爲是,但該道伯對該敎
士尹沙勿確言,該道庫儲枵然,萬無賠徵之道云,請煩貴大臣將該地方官力不
能償補之該款,使貴度支衙門償給該敎士尹沙勿,則將感於貴大臣也,須至照
會者.

　右照會.

大朝鮮外務大臣　金
　　西曆一千八百九十五年三月二十六日
　　乙未三月初一日

計開失物各件價値
　銀錢　伍拾元
　食物及什物壹百五拾元
　馬貳匹　壹百參拾元
　馬鞍兩件諸具幷貳拾元
　銀錢貳拾元
　彌撒祭所用諸具肆百伍拾元
　祭臺陸拾伍元
　朝鮮書冊及畫本壹百柒拾伍元
　西洋書冊壹百元
　衣服捌拾元
　他食物及汁物柒拾元
　下人汁物伍拾元
　　　共計壹千參百陸拾元
　又有見毁之家修改之費,姑未定數.

608. 同上尹敎士失物賠償要求에對한異議提示의件 (謄8册)

[發] 外務大臣　金允植
[受] 法國署理公使　盧飛岦

高宗　32年3月 4日
西紀1895年3月29日

照覆事,照得,我曆本月初一日,接准貴照會內開,云云等因,准此,查曾於上年
敝邦有不幸之內亂,土匪到處猖獗,至全羅道一境最甚,東徒聚合,不遵地方官
之命,恣行犯法,種種有侵辱官長,擧措罔測,此次一時搶攘,寔世所共知也,但該
地方官等到底設法,務期彈壓匪類,挽整齊之法,然竟未得如意,伊後自京派兵,
以期掃淸妖氛,兼以勸助地方官等,俾挽回法令,且除袪匪徒恣行不法之弊,嗣
後淸兵來到敝邦,欲幇助我兵,同時日本兵亦來幇助,此實世人共聞之事也,爰
於我曆上年四月五日,前任署督辦金,業將現時情形聲明於駐漢各國公使·領

事,并要各國人之曾有憑票內地游歷者亟應招回,免遭意外之患等語,去後,旋准貴覆內開,該地僅有本國敎士,業將此事轉知主敎,與爲照辦等因在案,伊時本政府雖已另設多般方略,勸剿土匪,彈壓不法之徒,亦爲挽回法令,而竟有土匪之愈往愈甚,一直猖獗,至有奪取本土居民之許多財產,實與奪取他國人財產,事無異同,則伊時財產之見失,及身家之艱楚者,槪緣土匪所致者也,貴敎士尹沙勿之不幸遭此艱苦,而財產見失於該地方云,本大臣聆聞之下,歎仄奚如,但此等情形,若措處失當,恐或爲日後他人之憑據,是知此案確係我政府之緊重事件,應於結案照覆之先,亟須詳愼探探其一切情節矣,貴照會內稱,昨年分,該敎士尹沙勿遭此患難云,本大臣未悉此事的在何日歟,幸乞貴公使詳探其日時更示爲要,該尹沙勿憑票發給,曾在四百九十八年月日在案,已爲遊歷前往者也,幸望貴公使詳閱該憑票之如何,且或惠示一本,以便詳確爲妥,相應備文照覆,須至照覆者.

　　乙未三月初四日　　　　　　　　　　金允植　頓

609. 同上尹沙勿敎士의家屋被刦顚末解明件 (膽7冊)

[發] 法國署理公使　　廬飛鳧　　　　　　　　　　高宗 32年3月 6日
[受] 外 務 大 臣　　金允植　　　　　　　　　　西紀1895年3月31日

　大法欽命署理出使朝鮮辦事大臣廬,爲照會事,照得,西曆三月廿九日,接准貴大臣照覆內,請示尹敎士家產被刦掠之情,玆將其由開之于左,查西曆客歲五月分 $^{貴四}_{月}$,貴前前署任金,將全州擾情聲告各公使,當此之時尹敎士聞知,若在全州稍久,必逢危境,即離全州前往稍安之地,以待來頭,嗣於六月初八日 $^{貴五}_{月}$,貴前任趙函稱,京軍平覆全州,匪類盡被討滅云,本署大臣當將此信轉知主敎,主敎信之,仍聽尹敎士回還全州,不幸貴前任所送之信不實,匪類全未討滅,爲日不久,尹敎士勢甚危迫,兼値該道伯金似依順匪類圖避,保護敎士,於八月分 $^{貴七}_{月}$,尹敎士自全州倉皇潛奔,其汁物無暇搬移,路經最大危險,來到漢城,今年正月之抄,尹敎士聞該地安靜,下往全州,環顧家舍,汁物刦空,其被刦的在何日,本署大臣的言也,但知被刦在於十一月內也 $^{貴十}_{月}$,能由貴大臣別飭該道,查報此由,至於尹敎士所持護照,因該敎士自帶身邊,以符約旨,不能送閱,未能淸鑒,但依案券所載,該第二十一號護照,發給於一千八百八十九年十一月十日也,請煩貴大臣查照可也,須至照會者,

　　右照會.
大朝鮮外務大臣　金
　　西曆一千八百九十五年三月三十一日
　　乙未三月初六日

610. 同上에 對한 照覆 (謄8册)

〔發〕外務大臣　金允植
〔受〕法國署理公使　葛飛曳

高宗 32年3月9日
西紀1895年4月3日

照得,我曆本年三月初六日,接准貴照覆內開,云云等因,均經閱悉,惟貴公使將此款迅速賜覆,並有開錄以示,本大臣殊切感泐,准此,查貴敎士損害汁物索償一事,本政府須按照各國約章或通行常規,如事係當然償款,則非欲免其償還也,且本大臣亦無延拖之意,然查此案有多般委折,曩於本月四日本大臣照覆內,略陳其情節,諒邀貴公使鑒燭,本大臣查,此款妥結照覆之先,應由本署確來後所有實情,免致歧異,是以業經關飭於全羅道觀察使,將該敎士遭難情實,迅即查覈其由馳報于本署,以憑の確,除將此款,一俟該道觀察使牒到,到即再行奉佈外,相應備文照覆.

乙未三月初九日　　　　　　金允植　頓

615. 尹沙勿索償事에 對한 補償拒否의 件 (謄8册)

〔發〕外務大臣　金允植
〔受〕法國署理公使　葛飛曳

高宗 32年4月1日
西紀1895年4月25日

大朝鮮外務大臣金爲照會事,按照貴敎士尹士〔沙〕勿曩爲東徒被害索償一事,業經迭次照具文函商在案,查陽曆三月二十九日本大臣照覆內,旣經詳告貴公使查覈一節,去後,當經關飭於全羅道觀察使,將該所有實情曾未載明于貴照會內者,逐一查明,刻即馳報等諭,旋據該電稱前來,即查此案情節,殊屬重要,自應趕速作覆,曩者本國有不幸之內亂,郡邑多有擾亂,惟全羅一道最甚,東匪猖獗,凌辱官長,殺傷人民,刼掠財產,是實世所共知,不須長提,頃於陽曆三月二十九日本大臣照會內,略已詳盡事情,諒邀貴公使早爲鑒燭,但當時該地方官雖已奮力圖治,竟未挽回法令,保護民生,且伊時自京派兵大隊前進該地,以爲彈壓匪類,掃淸妖氛,惟全州境內及其四處,曾爲重大戰爭之地,人命之死傷殊多,且該全城有時爲兵丁佔據,有時爲東徒佔據,伊後據巡邊使李電稱,獲捷東匪,妖氛全消等情,窃思且冀望該土匪業已全敗四散逃去,曩於陽曆三月二十一日貴照會內,亦已載明,而陽曆上年六月六日,前任督辦趙,將此捷報業經聲明於駐漢各國公使領事,但伊時照會內未嘗說及外國人之內地遊歷,且無勸告使招回前時外國人之往通商口岸者,亦無說及外國人之可以安穩遊歷於全羅道等情,深望挽回良章美規,期臻百度和平,奈東徒更爲猖獗,尤甚於前日,且緣當時日淸兩兵之互相開戰,本政〔府脫〕亦大有擾惱焉,查前任督辦趙聲明各公館之先,淸兵業已來到朝鮮,聲稱攘剿土匪於擾亂之列邑,嗣後日兵亦來到朝鮮,至曩時我漢城之囂然不寧,一時搶攘之事,今無容長陳,而伊時在漢城及漢城之間日淸兩兵互相仇視,干戈相見,一場大戰後,兩國兵互有殺傷無數,淸兵竟爲敗陣,略干兵散走四處,略干兵遁去北方,日淸兩國之援兵來到,因而開仗之間,人命殺傷數以千數計,然則朝鮮境內爲日淸兩國重大之戰場,至幾月之久,迄至于昨年之底,伊後該戰爭之威越于北邊矣,因此土匪一直猖獗,氣勢日重,本政府威力漸微,碍難鎭壓,此等景光,寔所共知之事,是以本大臣未信前任督辦趙照會於各公使時,引誘貴敎士尹沙勿使往全州,且未信該人或他人解釋其照會,認爲擔保該道遊歷者之財産損失也,全羅道觀察使稟報前來,已說於上面,而有云,我曆上年十月二十二日賊魁金介男追後捕捉殺之據完時,遣黨刼掠財産於我國人家,殺傷民人亦多,官亦被害,同時法敎士尹沙勿家産亦被掠云云等情,據此,查伊時本國官長及武員俱乏威權可保護朝鮮人民性命,及外國人民與朝鮮人民之身家財產,此實非故意專毀貴國人,亦非欲毀外國人,但伊時實無外國人之住居該地方者,惟朝鮮人民之損害財産者,實幾倍多於外國人之受害,本大臣按查萬國公法及各國通用常規,槪如左,

邦國有內亂匪類及叛黨抗律作亂,則本國政府暫時不能管轄,是以緣戰爭遇有外國人損害財産,本政府不須擔保見胡乙萬國公法第一百九十八章第二刊本,

此等公法確係常時按照施行者也,惟此案非徒東徒延蔓,本國政府到底設法,務期消滅妖氛,同時且緣外國人之互相戰鬪於本國境內,本政府已經擾惱之極矣,本大臣試查,此次貴敎士尹沙勿一案,未知何外乎此等萬國公法也,惟全州該敎士携去汁物駐居之地,距各通商港口幾百里之地,該人只可領有執照,而前往遊歷矣,且陽曆一千八百八十九年十月一日撥給憑票,去後,該人雖已屢次上京,未嘗有更撥憑票之事,因此自陽曆上年五月至十二月間,由本署現無簽印於憑票,如若有外國人爲內地遊歷要請憑票,則自應已勸告勿往全州及他擾亂之地方,但該敎士損害價貴之物,如確言,則實非旅客行李,惟其價高者,卽燭臺價値四百五十元及他傢伙等屬,但本大臣甚恨,該敎士雖或遇有何損害物,可以滋生事端,須按此次情形,本大臣未思其爲本政府之擔保,且未必轉商我度支大臣索償也,相應備文照會,請煩貴署理大臣查照可也,

右.

大法欽命署理出使朝鮮辦事大臣　盧

　　乙未四月初一日

　　　　附英譯一件

616. 同上尹沙勿件에對한英文繙譯附本還送의件 (謄8冊)

[發] 法國署理公使　盧飛亮　　　　　　　　　高宗 32年4月 2日
[受] 外務大臣　金允植　　　　　　　　　西紀1895年4月26日

大法欽命署理出使朝鮮辦事大臣盧,爲照會事,照得,西曆四月二十五日,接准貴大臣照會,內爲尹敎士之事,並有胎紙一件,貴大臣稱謂英文繙譯,因本署辦事大臣不知英文,迅將該胎紙還送貴衙門,請於嗣後貴照會內,毋勞伴送英

文繙譯可也,須至照會者,
　　右.
　大朝鮮外務大臣　金
　　　　西曆一千八百九十五年四月二十六日

623. 法敎士具瑪瑟·成一論의護照發給依賴件 (謄 8 冊)

　〔發〕法國署理公使　　盧飛鳧　　　　　　　　　　　高宗　32年4月12日
　〔受〕外　務　大　臣　　金允植　　　　　　　　　　　西紀1895年5月 6日

　敬啓者,玆有本國敎士具瑪瑟,俟本館存册第伍拾肆號,前往全羅慶尙兩道,成一論,俟本館存册第伍拾伍號,前往忠淸京畿兩道,護照各一紙,相應函送貴衙門,希與盖印訖,交還發給,以便該二敎士執持〔前脫?〕往可也,順頌日祉.
　　乙未四月十二日　　　　　　　　　　　盧飛鳧　頓
　　　　附送護照二紙

624. 上件護照發給의件 (謄 8 冊)

　〔發〕外　務　大　臣　　金允植　　　　　　　　　　　高宗　32年4月13日
　〔受〕法國署理公使　　盧飛鳧　　　　　　　　　　　西紀1895年5月 7日

　敬覆者,昨接大函,悉爲貴國具瑪瑟·成一論護照各一紙盖印一事,准與來意,玆將該護照二紙會印呈交,祈即查照轉給可也,肅此,順頌台祉.
　　乙未四月十三日　　　　　　　　　　　金允植　頓

639. 尹沙勿敎士被害에對한顧恤金支給의件 (謄 8 冊)

　〔發〕外　部　大　臣　　金允植　　　　　　　　　　　高宗　32年閏5月 4日
　〔受〕法國署理公使　　盧飛鳧　　　　　　　　　　　西紀1895年 6月26日

　大朝鮮外部大臣金,爲照會事,照得,以貴敎士尹沙勿一事,今先迭經照會在案,而溯查上年十月,匪魁金介男上竄全州,據城肆掠,凌逼我官吏,戕害我人民,刦燬我財産,不幸尹敎士沙勿同時共被刦掠,誠意慮之外也,值玆叛黨抗律作亂,本國政府暫時不能管轄,雖有外國人損害財産,本國政府不須擔報,自我政府爲念該敎士客地留寓,遭此良具〔狼狽〕,殊屬矜憫,以銀貨壹百元作爲顧助之資,俾示特待之意,本大臣查,我政府此擧,洵出於物徵而禮優,言短而心長者也,請煩貴大臣查照,將該金壹百元轉交,幷諭該敎士,勉領政府格外厚意可也,須至照會者,
　　右照會.

大法欽命署理出使朝鮮辦事大臣　盧
　　開國五百四年閏五月初四日

640. 全羅道高山官下帖撤銷要望의件 （謄8冊）

　　〔發〕法國署理公使　　盧飛鳧　　　　　　　　高宗　32年閏5月13日
　　〔受〕外　部　大　臣　　金允植　　　　　　　西紀1895年　7月 5日

敬啓者,胎呈下帖,現自全羅道高山下帖于各面者,而其中所謂非東卽西云者,指東學及天主敎也,天主敎民,卽親上而忠君者也,忍能東學對稱爲伍哉,今此下帖一出,人視天主敎殆與東學一類者然,其爲煽動人心非細,請貴大臣嚴飭高山官,將該下帖撤銷,毋使莠良混稱,玉石無分可也,此頌台安.
　　　乙未閏五月十三日　　　　　　　　盧飛鳧　頓

641. 同上下帖撤銷指示의件 （謄8冊）

　　〔發〕外　部　大　臣　　金允植　　　　　　　高宗　32年閏5月14日
　　〔受〕法國署理公使　　盧飛鳧　　　　　　　西紀1895年　7月 6日

敬覆者,昨接大械,內爲我全羅道高山官下帖一事,當經閱悉,除將此另行訓飭我高山官,撤銷該下帖外,相應函覆,尙望貴領事〔公使〕照亮可也,順頌日安.
　　　乙未閏五月十四日　　　　　　　　金允植　頓

644. 尹沙勿敎士顧恤金轉交의件 （謄8冊）

　　〔發〕法國署理公使　　盧飛鳧　　　　　　　　高宗　32年6月 2日
　　〔受〕外　部　大　臣　　金允植　　　　　　　西紀1895年7月23日

大法欽命署理出使朝鮮辦事大臣盧,爲照覆事,向准貴照會,內爲尹敎士於昨年在全州府見害汁物賠補金三〔壹〕百元備送一事,本署大臣,當經查收該金,轉交于在漢城主敎,使之轉給該敎士也,爲此照覆,請煩查照可也,須至照覆者.
　　右照覆.
大朝鮮外部大臣　　金
　　　一千八百九十五年七月二十三日
　　　乙未六月初二日

703. 法國敎士陳普安等의護照發給依賴件 (謄 9 册)

[發] 法國公使　葛林德
[受] 外部大臣　李完用
建陽　元年
西紀1896年 4月30日

敬啓者,玆有本國敎士陳普安,前往忠淸道[全誤]羅京圻道第六十號護照一紙,幷有舊往京圻·忠淸道之洪錫九,今改前往黃海·平安·江原道第五十八號護照,舊往全羅道之張若瑟,今改爲前往咸鏡·平安·江原道第五十九號護照各一紙,一幷函送貴部,卽希從速與爲盖印交還,因該敎士等急於前往,尙希見諒,其舊照二紙,容俟新照交還後,卽行繳銷,泐此,順頌日祉.

　四月三十日　　　　　　　　　　　　葛林德　頓
　　　附送新照三希

704. 同上陳普安等의護照는治安關係로發給不能通告 (謄 9 册)

[發] 外部大臣　李完用
[受] 法國公使　葛林德
建陽　元年
西紀1896年 4月30日

敬覆者,刻奉大函,悉爲貴國敎士陳普安·洪錫九·張若瑟所帶護照三紙,盖印交還一事,查我各地方匪徒作擾此時外國人游歷,慮有疎虞,已經知照貴前任署理辦事大臣盧,召回各地游歷貴國人在案,現該擾尙未沉息,所以未便准與貴意,幷將護照三紙繳交,尙望查照,轉諭該員等,容竢地方安謐,再圖開行爲要,崇此,順頌刻安.

　四月三十日　　　　　　　　　　　　李完用　頓

705. 同上法國人等의護照發給再依賴件 (謄 9 册)

[發] 法國公使　葛林德
[受] 外部大臣　李完用
建陽　元年
西紀1896年 5月12日

敬啓者,本年四月三十日,本大臣以法國人前往丙[內誤]地護照諸紙加盖貴部之印一事,函請貴大臣,旋承貴覆內,以本年二月十八日貴照會內所提匪擾,爲外國人安然游歷內地,尙未得平息裕餘爲辭,且囑本大臣,轉諭法國人,以俟安靜之時,本大臣查托由貴政府現播漢陽之信,能令人擬思匪擾幾爲平息,由此境遇,再請貴大臣將附呈護照兩紙加盖貴印是盼,本大臣亦擬飭本國人,俾爲十分戒愼爲向於將有危險之地,尙祈照亮爲荷,此頌日祉.

　五月十二日　　　　　　　　　　　　葛林德　頓

706. 同上件에對한應信 (謄9冊)

〔發〕外部大臣　李完用　　　　　　　　　　　　　建陽　元年　5月13日
〔受〕法國公使　葛林德　　　　　　　　　　　　　西紀1896年

敬覆者,昨接大函,悉爲貴國人前往內地游歷,幷附有護照,均經領到,查我各地方匪徒尙未止熄,慮有疎虞,但屢囑屢承,有難孤負,玆將該護照二紙,卽行蓋印繳交,尙望查收,轉諭該員,審愼前往爲荷,祗頌台祺.

五月十三日　　　　　　　　　　李完用　頓

737. 湖南·京元·咸鏡線敷設工事에對한法國會社에의許施依賴件 (原1冊)

〔發〕法國公使　葛林德　　　　　　　　　　　　　建陽　元年　9月30日
〔受〕外部大臣署理　高永喜　　　　　　　　　　　西紀1896年

Séoul, le 30 septembre 1896

　　　　Monsieur le Ministre,

J'ai précédemment saisi le titulaire de votre Ministère d'une demande formée par le Représentant de la Compagnie de Fives-Lille, en vue d'obtenir la concession des voies ferrées de Séoul à Mokhpo d'une part et de Séoul à Wonsan et à la frontière russe, d'autre part, S.E.M. Y Oan-yong m'a répondu que, pour le moment, le Gouvernement Coréen préférait attendre les résultats des autres lignes déjà concédées, avant d'autoriser l'exécution de nouveaux travaux.

Je crois devoir vous faire connaître que M. Grille maintient des demandes dont il s'agit et se déclare prêt à signer pour ces lignes un contrat analogue à celui relatif au chemin de fer de Séoul à Eui-tjyou. Il compte dès lors que, à conditions égales, la préférence sera réservée par votre Gouvernement à la Compagnie qu'il représente. Votre Excellence trouvera, d'ailleurs, sous ce pli la lettre que M. Grille m'a prié de lui transmettre à ce sujet.

Veuillez agréer, Monsieur le Ministre, les assurances de ma très haute considération.

　　　　　　　　　　　　　　　　V. Collin de Plancy

Son Excellence
Monsieur Ko Yong-hi
Ministre p.i. des Affaires Etrangères,
　Séoul.

【漢譯】(謄9冊)

照會繙譯

大法欽命公使大臣兼總領事葛,爲照會事,向日本大臣向貴實任,請及法國피브셀會社派員그리요所求自京至木浦,曁自京至元山,自元山至朝俄交界鐵路一事,貴實任答謂,朝鮮政府擬見先許鐵路之有効於他鐵路許施以前,查該그리요堅執以上兩鐵路求得之志,且擬准照京義鐵路之合同,畵押于新鐵

路之合同,現該그리요所望于貴政府者,卽在嗣後若由別會社求請該鐵路時,若其合同比그리요之合同係是平等,則必將該鐵路許施于그리요也,그리요浼本大臣轉呈一函于貴署理大臣,玆爲附呈,請煩貴署理大臣査照施行可也, 須至照會者,

　　右.

大朝鮮外部署理大臣　　高

　　一千八百九十六年九月三十日

附. 向上法國會社員의書翰 (謄9冊)

〔發〕 法國피브실會社員　그리요
〔受〕 外　部　大　臣

建陽　元年 9月30日
西紀1896年

大朝鮮外部大臣　　閣下

敬啓者,余代派余之會社,將自京至義州,自京至元山,自元山至朝俄交界,自京至木浦鐵路談辦一事,玆新提起,使貴大臣記憶焉,就談辦內所請于貴政府之全體中一肢京義鐵路,見成於本年七月三日,至餘兩肢鐵路,貴政府言明現時不爲太急,並設全部鐵路,想爲好處,只見此一故,將該兩肢鐵路之建設延而緩之云,余確據貴政府言明之事只在延緩該鐵道之建設於後日,一俟貴政府擬設兩鐵道之日,期成鐵路全體之完是余堅執不改者也,査余將該兩鐵路最先求請,理應堅執該鐵路享獲讓與之益,且在前談辦時,余所以聽准京義鐵路之合同者,只因該鐵路與他兩路是相連之肢體,執頭而尾自隨之故也,玆爲貴大臣覺悟,再申前日談辦中已道之意,有一會社來于財源未開如朝鮮之地方,自出錢財,建設鐵路,幷爲施用,其利害自任,則其擔此任者必視線路之蔓延甚長,且能統括諸路之線,折此路之優,補彼路之劣,互相連通,然後繾能許行也,又陳一事于左當朝鮮鐵路全體連合之時,若從元山不能連設鐵路於朝俄交界,則當從朝俄交界經鴨綠之野,直接于義州之線,在此撥遇從元山至朝俄交界一路不設鐵路,代設鐵路於自義州至朝俄交界之路也,此頌台安.

　　　　　　　　　　　　　　　　　　　法國피브실會社員　그리요　頓

　　一千八百九十六年九月三十日

※ 原本綴還

741. 湖南·京元·咸鏡線敷設權要求에 對한 回信 (謄9冊)

〔發〕 外部大臣　李完用
〔受〕 法國公使　葛林德

建陽　元年 10月13日
西紀1896年

照覆第

大朝鮮外部大臣李完用,爲照覆事,照得,上月三十〔日脫〕接到致我署理大臣貴照會內開,向日本大臣向貴責任,請及法國피브실會社派員그리요所求自京至木浦曁自京至元山自元山,至朝俄交界鐵路一事云在上 等因,准此,査鐵路之擴張,固知其利益商務,但我政府目下情形有不可廣設各線,所以前將京義間一

路,准與貴商社締結,現該線起工猶未經紀,復何遽議他線,至嗣後若由別會社求請該鐵路時,若其合同比그리요合同平等,則必將該鐵路許施于그리요一節,誠莫曉貴意之何居,查此等事案,寔我政府酌量時宜,自行權利,并非預向他人擬議之處,此次貴社員그리요來函,縱認親密之盛誼,本大臣旣向貴大臣隨事相商,每臻妥協,何須該社員函煩之爲也,玆將該函繳交,相應備文照覆,請煩貴大臣查照,將此佈諭貴社員,仍卽還致該函可也,須至照覆者.

　右.

大法欽命公使大臣兼總領事　葛林德　閣下
　　建陽元年十月十三日

749. 法敎士孟錫浩에 對한 護照發給 依賴件 （謄9冊）

〔發〕法國公使　葛林德　　　　　　　　　　　建陽　元年12月28日
〔受〕外部大臣　李完用　　　　　　　　　　　西紀1896年12月28日

　敬啓者,玆有法國敎士孟錫浩,擬往貴國京畿·忠淸·全羅三道游歷,故本大臣特備護照一紙函送于貴部,請貴大臣飭令盖印卽還本署,以便將此護照轉付該敎士領收前往游歷爲希,此頌台安.

　　一千八百九十六年十二月二十八日　　葛林德　頓

775. 木浦및甑南浦의 開港에 關한件 （謄10冊）

〔發〕外部大臣署理　閔種默　　　　　　　　　建陽　2年7月4日
〔受〕法　國　公　使　葛林德　　　　　　　　　西紀1897年7月4日

照會第六號
　大朝鮮外部大臣臨時署理議政府贊政學部大臣閔種默,爲照會事,照得本國全羅道之木浦暨平安道之甑南浦開作通商口岸,屢相擬議,玆經我政府協議妥當,幷奏蒙我大君主裁可,爰擇定於本年十月一日開辦,爲此鈔錄裁可之請議書一紙,備文照會貴大臣,請煩查照,須至照會者.

　右.

大法欽命公使大臣兼總領事　葛林德　閣下
　　建陽二年七月四日
　　　　　裁可請議書一件附送　　　　　　　日案已存,故不爲更存於此

776. 同上件에 對한 回信 （原1冊）

〔發〕法　國　公　使　葛林德　　　　　　　　建陽　2年7月12日
〔受〕外部大臣署理　閔種默　　　　　　　　　西紀1897年7月12日

Séoul, le 12 juillet 1897

Monsieur le Ministre,

J'ai reçu la dépêche que Votre Excellence m'a fait l'honneur de m'adresser, le 4 de ce mois, pour me faire savoir que votre Gouvernement avait décidé d'ouvrir, à partir du 1er octobre de cette année, les deux ports de Mokhpo et de Tjyeung-nam-hpo.

Je remercie Votre Excellence de cette communication, dont je n'ai pas manqué de porter la teneur à la connaissance du Gouvernement de la Répuplique.

Veuillez agréer, Monsieur le Ministre, les assurances de ma très haute considération.

V. Collin de Plancy

Son Excellence
Monsieur Min Tjyeng-mouk
Ministre des Affaires Etrangères, Sèoul.

【漢譯】(謄 10 冊)

照覆 ˚幡譯

　大法欽命公使大臣兼總領事葛林德,爲照覆事,於本月四日,接奉貴大臣照會,內示明貴政府定於本年十月一日,將木浦曁甑南浦開作通商口岸等因,荷此照知,實深感銘,謹將此轉達我共和政府也,請煩貴大臣查照可也,須至照覆者,

　　右.

大朝鮮外部大臣署理　閔種默　閣下
一千八百九十七年七月十二日

786. 木浦및甑南浦의開港章程送交件 (謄 10 冊)

〔發〕外部大臣　閔種默
〔受〕法國公使　葛林德

光武　元年
西紀1897年 8月 27日

照會第十號

　大朝鮮外部大臣閔種默,爲續行照會事,照得,本國全羅道之木浦曁平安道之甑南浦兩通商口岸開辦之請議書,已於本年七月三日照會在案,玆將該兩口岸租界,仿照仁港辦法擬就章程,相應備文附章,照會貴公使,請煩查照,酌度辦理,容當擇日,會同貴公使與各 總領事·公使·領事 公同議定,於章程畫押即照施行,須至照會者,

　　右.

大法欽命公使大臣兼總領事　葛林德　閣下
光武元年八月二十七日
　　　附擬章程英譯一件

789. 木浦·甑南浦開港章程의 漢文및 國文本代送要望件 (謄 10 冊)

〔發〕法國公使　葛林德
〔受〕外部大臣　閔種默

光武　元年 8月28日
西紀1897年 8月28日

敬啓者, 昨天奉接貴大臣照會, 內爲木浦·甑南浦兩口岸租界, 仿照仁港擬取章程一事, 玆於照覆之前, 有所仰問者, 未知英文是係貴國文字耶, 眞書·諺文是係貴國文, 有何不可, 捨此不用, 必以英文章程附賜耶, 殊未解其故, 若或必用洋文乃已, 則法文不屑用之, 本署無用英文章程, 故迅玆璧還, 尙祈查納後, 代以眞書或諺文章程惠擲爲希, 此頌台安.

八月二十八日　　　　　　　　　　　葛林德　頓

790. 同上件에 對한 答信 (謄 10 冊)

〔發〕外部大臣　閔種默
〔受〕法國公使　葛林德

光武　元年 8月29日
西紀1897年 8月29日

敬覆者, 昨展貴椷, 爲木浦·甑南浦兩口擬定章程, 以眞書或諺文代擲一事, 當經閱悉, 玆將該章程漢文擬稿合幷椷覆, 尙望照亮爲是, 泐此仍頌台祺.

八月二十九日　　　　　　　　　　　閔種默　頓

793. 木浦·甑南浦의 開港章程公議에 關한 回信 (原 1 冊)

〔發〕法國公使　葛林德
〔受〕外部大臣　閔種默

光武　元年 9月6日
西紀1897年 9月6日

Séoul, le 6 septembre 1897

Monsier le Ministre,

J'ai reçu la dépêche que vous avez bien voulu m'adresser le 27 du mois dernier, relativement à l'ouverture des ports de Mok-hpo et de Tjyeng-nam-hpo.

Je serais heureux de me concerter avec Votre Excellence et mes collègues pour l'examen du règlement concernant ces deux localités, le jour qu'Elle voudra bien désigner à cet effet.

Veuillez agréer, Monsieur le Ministre, les assurances de ma très haute considération.

V. Collin de Plancy

Son Excellence
Monsieur Min Tjyeng-mouk
Ministre des Affaires Etrangères, Séoul.

【漢譯】(謄 10 冊)

照覆 [飜譯]

大法欽命公使大臣兼總領事葛林德, 爲照覆事, 照得, 八月二十七日, 接奉貴大臣照會, 內爲木浦曁甑南浦開港一事, 謹俟貴大臣擇定日期, 擬與貴大臣曁

各 ᵍ總領事·公使·領事 公議該章程也,請煩貴大臣查照施行可也,須至照覆者,
右.
大朝鮮外部大臣　閔種默　閣下
　一千八百九十七年九月初六日

802. 木浦·甑南浦開港章程中改定處送閱의件 (原1冊)

〔發〕法國公使　葛林德
〔受〕外部大臣　閔種默

光武 元年9月29日
西紀1897年

Séoul, le 29 septembre 1897

　　　　Monsieur le Ministre,
　J'ai l'honneur de vous faire connaître que j'ai discuté avec mes collègues du Corps diplomatique et consulaire le projet de règlement concernant les concessions étrangères de Mok-hpo et de Tjyeng-nam-hpo dont vous nous avez proposé l'adoption par votre dépêche du 27 août dernier.
　Il nous a semblé que certaines modifications devraient être introduites dans ce règlement et vous les trouverez reproduites dans le projet amendé que notre doyen a été prié de vous transmettre.
　Veuillez agréer, Monsieur le Ministre, les assurances de ma très haute considération.
　　　　　　　　　　　　　　　　　　　　V. Collin de Plancy
　　Son Excellence
　　Min Tjyeng-mouk
　　Ministre des Affaires Etrangères, Séoul.

【漢譯】(謄10冊)
照會 繙譯
　大法欽命公使大臣兼總領事葛林德,爲照會事,照得,於本年八月二十七日貴大臣將本〔木誤〕浦·甑南浦外國租界擬章程,照請我們准行,本大臣業與各國公使·領事,將該擬章程會同議商,想須稍行改定爲宜,僉見攸同,貴大臣於我們請我首班公使轉送貴大臣之擬章程中,可以照閱其改定處也,爲此照會,請煩査照可也,須至照會者.
　　右.
大朝鮮外部大臣　閔種默　閣下
　一千八百九十七年九月二十九日

803. 同上木浦・甑南浦開港章程改增에關한回信 (謄10册)

[發] 外部大臣　閔種默
[受] 法國公使　葛林德

光武　元年　10月6日
西紀1897年

照會第十三號

　　大朝鮮外部大臣閔種默,爲行照會事,照得,本年九月二十九日,接准貴照覆內開,貴大臣將木浦·甑南浦,外國租界擬章程,照請我們准行,本大臣業與各國公使·領事,將該擬章程會同議商,想須稍行改定爲宜,僉見攸同,請首班公使轉送貴大臣之擬章程中,以照閱其改定處等因,准此,查該章程所擬改增之數節,大槪無不可行,惟第一款末段,增以所定界限遇有應擴增之時,經各國駐京公使,領事等與朝鮮政府商妥,卽照施行等字樣,按該兩口岸租界所畫地址甚廣且大,則於日後固無不足用之慮,且該租界,爲各國商人永租之地,則朝鮮人置造貿易廛屋,自必於該租界四周外地築而造之,若擴租界,令其將特造屋宇挪移他處,實屬有費周折,不易爲之,況租界外十里以內,亦准各國商人實造屋宇,若令移折,尤屬不易,究竟租界並無須乎擴增,則此所增之一節,似乎無庸增入,斯爲穩便,相應備文復行照會貴大臣,請煩查照見覆,擇以何日,於本部會同公議畫押施行是禱,須至照會者,

　　右.
　　大法欽命公使大臣兼總領事　葛林德　閣下
　　　光武元年十月六日

804. 同上木浦・甑南浦兩港의圖本送付의件 (謄10册)

[發] 外部大臣　閔種默
[受] 法國公使　葛林德

光武　元年　10月9日
西紀1897年

敬啓者,甑南·木浦兩口章程會同議定一事,屢經照明在案,該兩口租界所畫地址,固當繪呈鑒核,現該圖本只各一面已送于首班公使,尙望涵亮爲是,耑此仍頌台安.

　　十月九日　　　　　　　　　　　　閔種默　頓

805. 同上木浦・甑南浦開港章程改增處一節削除同意및會押日子訂示件 (原1册)

[發] 法國公使　葛林德
[受] 外部大臣　閔種默

光武　元年　10月11日
西紀1897年

Séoul, le 11 octobre 1897

Monsieur le Ministre,

Par la dépêche que vous avez bien voulu m'adresser le 6 de ce mois, vous avez exprimé le désir de supprimer la modification insérée par les Représentants étrangers à la fin de l'article 1er des règlements concernant les concessions étrangères de Mokhpo et de Tiyeng-nam-hpo. J'ai l'honneur de vous faire connaître que je suis tout disposé à consentir à la suppression de ce paragraphe.

En ce qui concerne le jour où nous pourrions nous réunir pour signer le texte coréen des règlements dont il s'agit, je me propose, si vous n'y voyez pas d'objection, de me rendre à votre Ministère le 15 octobre.

Veuillez agéer, Monsieur le Ministre, les assurances de ma très haute considération.

V. Collin de Plancy

Son Excellence
Monsieur Min Tjyeng-mouk
Ministre des Affaires Etrangères, à Séoul.

【漢譯】(謄 10 冊)

照會繙譯

　大法欽命公使大臣兼總領事葛林德, 爲照會事, 本月六日, 接奉貴大臣照會, 閱悉貴意, 願將木浦·甑南浦外國租界擬章第一款末段由各國公使·領事改增處除去, 准此, 本大臣滿擬除去此節, 至會同畫押該章日子, 除貴部有事相碍, 退訂日期外, [本脫]大臣訂於本月十五日 午後三時 赴會貴部也, 請煩貴大臣查照施行可也, 須至照會者,

　右照會.

大朝鮮外部大臣　閔種默　閣下

　　一千八百九十七年十月十一日

---

809. 木浦·甑南浦兩港章程의會押日時退定件 (謄 10 冊)

〔發〕外部大臣　閔種默
〔受〕法國公使　葛林德

光武　元年
西紀1897年 10月13日

　敬啓者, 曩接來覆, 悉爲木·甑兩港界圖章程會押訂期在今十五日一事, 本大臣連値要公, 恐弗克伊日辦務, 請於本月十八日下午三點鍾駕臨敞署, 會同商辦爲要, 耑此順頌台安.

　　十月十三日　　　　　　　　閔種默　頓

---

811. 木浦·甑南浦兩港章程의會押日時進訂의件 (謄 10 冊)

〔發〕外部大臣　閔種默
〔受〕法國公使　葛林德

光武　元年
西紀1897年 10月15日

　敬啓者, 木·甑兩港地圖章程會押日期, 曩以本月十八日訂佈在案, 現接美公使函開, 伊日値有仁行, 請更訂後等語, 查此次會晤必須團圓, 所以進訂于本月十六日下午三點鍾, 仰邀簽駕, 望乞屆時光降, 以圖會商爲盼, 耑此順頌台安.

　　十月十五日　　　　　　　　閔種默　頓

825. 木浦·甑南浦兩港租界章程의 英漢文本呈交件 (謄 10 册)

　　〔發〕外部大臣　趙秉式
　　〔受〕法國公使　葛林德
　　　　　　　　　　　　　　　　　　　　　　　　光武　元年 11月12日
　　　　　　　　　　　　　　　　　　　　　　　　西紀1897年

　　敬啓者,玆將木·甑兩港租界章程英,漢文件共六册呈供請鑒,尙希查收爲盼,
崇此順頌台安.
　　　　十一月十二日　　　　　　　　　趙秉式　頓

830. 三和·務安兩港의 各國租界圖本呈交件 (謄 10 册)

　　〔發〕外部大臣　趙秉式
　　〔受〕法國公使　葛林德
　　　　　　　　　　　　　　　　　　　　　　　　光武　元年 11月27日
　　　　　　　　　　　　　　　　　　　　　　　　西紀1897年

　　敬啓者,玆承勤囑,三和·務安兩港各國租界圖二本合幷呈交,尙望查收爲是,
崇此仍頌雨安.
　　　　十一月二十七日　　　　　　　　趙秉式　頓

854. 務安·三和兩港租界章程및 東萊·德源의 租界劃定을 爲한 會商要望件 (謄 11 册)

　　〔發〕外部大臣　李道宰
　　〔受〕法國公使　葛林德
　　　　　　　　　　　　　　　　　　　　　　　　光武　2年 2月12日
　　　　　　　　　　　　　　　　　　　　　　　　西紀1898年

照會第

　大韓外部大臣李道宰,爲照會事,照得,務安·三和兩港租界章程,旣經各與國
公使·領事會同商定,而該章程內字句頗有未暢之處,所以各該監理朦難照辦,
殊屬欠妥,且東萊德源兩港之開設業有年所,各國租界迄未劃定,不惟外國人
民賃住之難便,有欠優遇,上項各節,不容不另行講究,以圓迅辦,玆特訂定日時,
備文照會,請煩貴公使查照,于本月十四日下午二點鍾臨會敞部,以便確商,盼
切禱切,須至照會者,
　　右照會.
大法欽命公使大臣兼總領事　葛林德　閣下
　　光武二年二月十二日

855. 同上會商要請에 대한 答信 (謄 11 册)

　　〔發〕法國公使　葛林德
　　〔受〕外部大臣　李道宰
　　　　　　　　　　　　　　　　　　　　　　　　光武　2年 2月14日
　　　　　　　　　　　　　　　　　　　　　　　　西紀1898年

照覆第

　大法欽命公使大臣兼總領事葛林德,爲照覆事,照得,本大臣接准第六號照
稱,請煩于本月十四日下午二點鍾臨會,以便確商等情,均經閱悉,滿擬照赴,奈
適値公務忙迫,碍難前往,殊形抱歉,爲此照覆,希爲照諒可也,須至照覆者,

右.
大韓外部大臣　李道宰　閣下
　　西歷一千八百九十八年二月十四日

864. 護照盖印發給要望의件 (謄 11 冊)
　〔發〕法　國　公　使　　葛林德
　〔受〕外部大臣署理　　　閔種默
　　　　　　　　　　　　　　　　　　　光武　2年 3月1日
　　　　　　　　　　　　　　　　　　　西紀1898年

　敬啓者,法國人무리예,擬前往貴國忠淸·全羅·江原·慶尙道內遊歷,故玆繕呈護照一紙,務望盖印還賜爲希,此頌台安.
　　三月一日　　　　　　　　　　葛林德　頓

865. 同上件에對한應信 (謄11冊)
　〔發〕外部大臣署理　　　閔種默
　〔受〕法　國　公　使　　葛林德
　　　　　　　　　　　　　　　　　　　光武　2年 3月1日
　　　　　　　　　　　　　　　　　　　西紀1898年

　敬覆者,刻接大函,悉爲貴國人무리예遊歷護照盖印一事,玆將該護照一紙,捺印送交,照亮查收,轉致該人,以便帶往可也.覆頌台安.
　　三月一日　　　　　　　　　　閔種默　頓

874. 務安請拍地段原號의改繕分送交의件 (謄 11 冊)
　〔發〕外部大臣　　閔種默
　〔受〕法國公使　　葛林德
　　　　　　　　　　　　　　　　　　　光武　2年 3月18日
　　　　　　　　　　　　　　　　　　　西紀1898年

　敬啓者,卽據務安監理秦尙彦報稱,港內請拍地段原號洎米突若干,分別彙錄,業經知照駐京各公使領事在案,竊查該錄中,原號或有疊載,頗欠詳明,極涉悚惡,玆特改繕一通,呈請分致各公館等情,據此,仍將該錄一本備函佈聞,尙望照亮施行爲是,至該監理先次開錄,旣屬無用,並望繳交,耑此順頌春安.
　　三月十八日　　　　　　　　　閔種默　頓

875. 同上務安請拍地段原號改繕分受領回信 (謄11冊·原 2 冊)
　〔發〕法國公使　　葛林德
　〔受〕外部大臣　　閔種默
　　　　　　　　　　　　　　　　　　　光武　2年 3月24日
　　　　　　　　　　　　　　　　　　　西紀1898年

　敬覆者謹依函敎,將現來務安木浦港租界地段請購成册存留本館,其前來件玆繳送,尙祈查收爲荷,此頌台安.
　　三月二十四日　　　　　　　　葛林德　頓
　　內付務安木浦港租界地段請購成册一件

895. 城津・群山・馬山等港의開港및平壤開市通告件 (謄11冊)

［發］外部大臣　趙秉稷
［受］法國公使　葛林德

光武　2年
西紀1898年 5月29日

照會第二十二號

　大韓外部大臣趙秉稷爲照會事,照得,我咸鏡北道之城津,全羅北道之羣山浦,慶尙南道之馬山浦,開作通商口岸,仿照已開口岸章程辦理,平安南道之平壤府,除宮內府官有基址外,揀擇一區,作爲開市場,另定條規施行事,業經政府會議上奏,欽奉我大皇帝陛下制可,所有開辦日期及應行事宜,容當酌度擬定,先將請議書一帝鈔錄附呈,合併備文照會,請煩貴公使查照可也,須至照會者,
　　右.
　　大法欽命公使大臣兼總領事　葛林德　閣下
　　　　光武二年五月二十九日
　　　　　　另附請議書一帝

903. 護照發給의件 (謄12冊)

［發］外部大臣署理　兪箕煥
［受］法　國　公　使　葛林德

光武　2年
西紀1898年 6月8日

　敬覆者,昨接大函,悉爲貴國士人吳保祿等四人,擬往各道遊歷,請領護照一事,准與來意,將該護照四紙盖印繳交,尙祈查收轉給,以便帶往可也,此覆,順頌夏安.
　　　　六月八日　　　　　　　　　　　兪箕煥　頓

918. 作弊敎徒에對한法國人의庇護禁止要望件 (謄12冊)

［發］外部大臣署理　兪箕煥
［受］法　國　公　使　葛林德

光武　2年
西紀1898年 6月23日

照會第三十四號

　大韓外部大臣署理外部協辦兪箕煥爲照會事,照得,曩據慶尙南道觀察使報開,據本府警務署總巡李大鉉謄稱,據本郡居金汝弘控稱,隣人許用石,通奸本人之妻,因仍奪取,反肆兇悖,拔劒作梗等情,當經質査,寔如所控,將該許用石施以笞罰,旋卽放釋,去後,忽有趙秉奎・金安權・董光塡者稱以敎徒,投函遣辭,極其悖慢,甚至有貴國等語,據此,査我冠我之民,敢稱本國爲貴國投書,殊堪痛惋等情,據此報告,伏祈鑒核裁處等因,疊據該觀察使報稱,法國人與敎士來府請見,本職適抱疾恙,未克迎接,該敎士盛怒而去等因在案,現據全羅南道觀察使報開,據長城郡守謄稱,往年東匪之亂漏網餘黨,藉稱外國敎徒,種種生事,本郡最甚,常所警飭,迺於本年三月,郡下居民孔魯京入庭號泣聲稱,名不知金姓

人,倡率無賴數十人,拿去本人之父,情急勢迫,仰祈查處等語,卽派巡校一人,前
往該地查察形止,緣彼黨氣燄赫赫,莫敢誰何,仍行加派巡校,押來諸人,幷與孔
魯京一切押到,先查起事源委,則係是墓訟也,私自糾衆,干涉詞訟,極爲痛恨,將
該首倡之一人施罰,旋准法國人曺敎士之言,卽行放釋,妥結此案,不一日又有
一民被髮號哭控稱,現被法敎士差役所拘執,屢被惡刑,見奪錢財等情,卽派巡
校,招致所稱差役者二人,一是尹姓,一是金姓,據稱,領有法敎士牌旨等語,卽將
尹金兩人幷施笞罰等情,似此不法之類,苟不重繩,無以儆將來,伏祈鑒核裁處
等因前來,據此,查我國莠民藉稱敎徒,藐視官令,貽害良人,以致重案迭現疊出,
苟不設法禁沮,誠恐滋患無窮,此貴公使與本署理大臣諒無異見也,除訓飭各
地方官,另行查究懲辦外,相應備文照會,請煩貴公使查照,轉飭貴國人,游歷內
地,勿得袒護偏聽,免致滋生事端可也,須至照會者,
　　右照會.
大法辦事公使　葛林德　閣下
　　光武二年六月二十三日
　※ 鑑下

932. 長城滯囚敎徒尹姓人에대한釋放要望件 (原 2 冊)

[發] 法國公使　葛林德
[受] 外部大臣署理　李道宰

光武　2年 8月 17日
西紀 1898年

Séoul, le 16 août 1898

Monsieur le Ministre,

　Par sa réponse du 23 juin dernier, le Ministre intérimaire des Affaires Etrangères m'a entretenu d'une plainte formulée par le magistrat du district de Tjyang-syeng.

　Il n'est pas exact, comme le prétend ce fonctionnaire, que les chrétiens soient d'anciens Tonghaks et qu'ils se conduisent en rebelles. C'est là une accusation qui ne repose sur aucun fait précis et l'incident que le sous-préfet Kim donne comme exemple vient à l'encontre de ce qu'il assure. En effet, Kim tchan-syouk, à qui Kong no-kyeng a pris la montagne qu'il possédait, n'est pas chrétien. Le sieur Kim a eu le tort de vouloir se faire justice lui-même et dans ce but de réunir douze de ses parents, parmi lesquels deux chrétiens. Sur la plainte du sieur Kong, ils furent tous arrêtés, puis relaxés, un seul individu fut battu et incarcéré pendant tout une nuit. Je n'ai pas appris que l'incident ait eu d'autre suite et que justice ait été rendue au sieur Kim.

　La seconde affaire concerne un sieur Kang tjyoungkil contre lequel le P. Deshayes porta plainte au sous-préfet. Celui-ci demande au missionnaire si les renseignements qu'il avait recueillis sur le compte de cet individu étaient bien exacts, et pour s'assurer des faits, le P. Deshayes envoya deux de ses serviteurs, les sieurs Youn et Kim, chez le sieur Kang. Tous deux eurent la faiblesse de se faire payer 5 ligatures par l'inculpé qui voulait se les rendre favorables. Ainsi que le dit le rapport du sous-préfet, ils furent arrêtés pour avoir commis ce délit. L'argent reçu fut immédiatement remboursé et les deux coupables furent condamnés à 80 coups de bambou et incarcérés: l'un d'eux le sieur Youn est en prison depuis trois mois et n'a pas encore été mis en liberté.

　Ainsi que le voit Votre Execllence, les individus qui ont commis des actions illicites ont déjà été punis et Elle estimera, je pense, que le châtiment infligé au sieur Youn a duré assez longtemps pour que la faute puisse lui être pardonnée.

　Veuillez agréer, Monsieur le Ministre, les assurances de ma très haute considération.

　　　　　　　　　　　　　　　　　V. Collin de Plancy

Son Excellence
Monsieur Yi to-tjai
Ministre des Affaires Etrangères.

【漢 譯】(謄 12 册)

照會繙譯

　大法欽命公使大臣葛林德,爲照會事,照得,去六月二十三日,接准貴部前署理大臣照會內開,長城郡守牒稱,往年東匪之亂漏網餘黨,藉稱外國教徒,種種生事,本郡最甚,常所警飭,迺於本年三月,郡下居民孔魯京,入庭號泣聲稱,名不知金姓人,倡率無賴數十人,拿去本人之父,情急勢迫,仰祈查處等語,即派巡校一人前往該地,查察形止,緣彼黨氣燄赫赫,莫敢誰何,仍行加派巡校,押來諸人,幷與孔魯京一切押到,先査起事源委,則係是墓訟也,私自糾衆,干涉詞訟,極爲痛惋,將該首倡之一人施罰,旋准法國人曺敎士之言,卽行放釋,妥結此案,不一日又有一民披髮號哭控稱,現被法敎士差役所拘執,屢被惡刑,見奪錢財等情,卽派巡校招致所稱差役者二人,一是尹姓,一是金姓,據稱,領有法敎士牌旨等語,卽將尹金兩人幷施笞罰等情,似此不法之類,苟不重繩,無以儆將來,伏祈鑒核敎處等因前來,據此,査我國莠民藉稱敎徒,藐視官令,貽害良人,以致重案迭現疊出,苟不設法禁沮,誠恐滋患無窮,此貴公使與本署理大臣諒無異見也,除訓飭各地方官,另行査究懲辦外,相應備文照會,請煩貴公使査照,轉飭貴國人,遊歷內地,勿得袒護偏聽,免致滋生事端可也等因前來,查該郡守稱敎人爲曾前東學,幷謂亂類,辭欠明白,此是控人無依據者也,且金郡守所擧表明之事,與其所言者互相矛盾,果有孔魯京者占奪金長淑山麓,金非敎人也,金旣錯見,擬自行伸理,爲此會其親戚十二人,內有敎人二名,此輩因孔魯京訴,箇箇被拿,旋爲見放,只有一人見囚一夜,兼爲受杖,除此以外,本公使未聞別有他事,亦未聞金長淑獲其伸理,至第二件姜仲吉所關事,曺敎士於此有所反對,控告郡守,郡守曰,貴敎士所聞姜姓事果係詳確耶,曺敎士欲加質明,派送敎人尹・金兩姓于姜家矣,姜姓圖獲便宜,尹金心軟,各收姜錢五兩,尹金犯此,業經捕拿,該郡守報內亦言之其所收錢兩卽爲償還,兩犯處以笞八十律,監於狂짊,兩人中,尹姓則滯囚三朔,尙不見放,本公使想貴大臣覩此犯人已經懲辦,尹姓處罰爲日久遠,罪已足懲,必以爲可赦也,爲此照會,請煩貴署理大臣査照可也,須至照會者,

右照會.
大韓外部大臣臨時署理農商工部大臣　　李道宰　閣下
　　一千八百九十八年八月十七日

933. 鐵路敷設問題에 對한 提醒의 件 (原 2 冊)

〔發〕法　國　公　使　　葛林德　　　　　　　　　光武　　2年 8月19日
〔受〕外部大臣署理　　李道宰　　　　　　　　　　西紀1898年

Séoul, le 19 août 1898

Monsieur le Ministre,

　Je crois utile, dans les circonstances présentes, d'appeler l'attention de Votre Excellence sur la dépêche que j'ai adressée à M. Ko yong-hi, Ministre des Affaires Etrangères, par intérim, le 30 septembre 1896, relativement aux concessions de chemins de fer en Corée.

　Veuillez agréer, Monsieur le Ministre, les assurances de ma très haute considération.

　　　　　　　　　　　　　　　　V. Collin de Plancy

Son Excellence
Monsieur Yi to-tjai
Ministre es Affaires Etrangères,
　　Séoul.

【漢譯】(謄 12 冊)

照會繙譯

　　大法欽命辦事公使葛林德,爲照會事,查於一千八百九十六年九月三十日,本公使以貴國鐵路一事,照會于其時外部署理大臣高永喜在案,以今情形,本公使宜將該照會提醒貴署理大臣留神也,爲此照會,請煩貴署理大臣查照可也,須至照會者.

　　右照會.
大韓外部大臣臨時署理農商工部大臣　　李道宰　閣下
　　一千八百九十八年八月十九日

934. 同上 鐵道問題 提醒에 對한 回信 (謄 12 冊)

〔發〕外部大臣署理　　李道宰　　　　　　　　　　光武　　2年 8月20日
〔受〕法　國　公　使　　葛林德　　　　　　　　　西紀1898年

照覆第

　　大韓外部大臣臨時署理農商工部大臣李道宰,爲照覆事,照得,本月十九日,接到貴照會內開,一千八百九十六年九月三十日,本公使以貴國鐵路一事照會于其時外部署理大臣高永喜在案,以今情形,宜將該照會提醒等因,准此,查同年十月十三日,我正任大臣李完用照覆內開,嗣後若由別會社求請該鐵路

時,若其合同比그리오平等,則必將該鐵路許施于그리오一節,誠莫曉貴意之何居,此等事案,寔我政府酌量時宜,自行權利,並非預向他人擬議等語,幷將그리오來函照交在案,本署理大臣斷以爲그리오所求已作廢論,今毋須更提也,相應備文照覆,請煩貴公使查照可也,須至照覆者.

右照覆.

大法欽命辦事公使　葛林德　閣下
　　光武二年八月二十日

978. 城津·馬山·群山開港및平壤開市件에對한辦法回示要求件 (原2冊)

〔發〕法國公使　葛林德
〔受〕外部大臣　朴齊純

光武 2年 11月14日
西紀1898年

Séoul, le 14 novembre 1898

Monsieur le Ministre,

Un de vos prédécesseurs m'a informé, par sa lettre du 29 mai dernier, que les ports de Syeng-tjin, Masanhpo, Kounsan, ainsi qu'un emplacement dans la préfecture de Hpyeng-yang, seraient prochainement ouverts au commerce étranger.

Je serais reconnaissant à Votre Excellence de me faire connaître si votre Gouvernement a pris les mesures nécessaires pour la réalisation prochaine de cet engagement.

Veuillez agréer, Monsieur le Ministre, les assurances de ma très haute considération.

V. Collin de Plancy

Son Excellence
Monsieur Pak Tjyei-syoun
Ministre des Affaires Etrangères,
　Séoul.

【漢譯】(膽 11 冊)

照會繙譯

大法欽命辦事公使葛林德,爲照會事,去五月二十九日,接到貴部時任大臣照會內開,城津·馬山浦·羣山浦及平壤府內一區作爲通商處所等因,准此,請煩貴大臣將貴政府爲踐該約有無辦法處示覆可也,須至照會者.

右照會.

大韓外部大臣　朴齊純　閣下
　　一千八百九十八年十一月十四日

983. 天主敎入敎禁止한珍山郡守의責究要望및傳敎士書函의錄呈 (原2冊)

〔發〕法國公使　葛林德
〔受〕外部大臣署理　閔商鎬

光武 2年 11月28日
西紀1898年

Séoul, le 28 novembre 1898

Monsieur le Ministre,

Un missionnaire français, M. Mialou, muni du passeport No. 61, s'est rendu, le 15 de ce mois, à Tjin-san, dans la province du Tjyen-la-to, dont le magistrat, Pak ton-yang se montre très hostile aux chrétiens. C'est ainsi que devant tout le peuple assemblé pour une distribution de grains, il a fait proclamer par un prétorien que tous ceux qui se feraient chrétiens à l'avenir seraient chassés de son district et que les anciens chrétiens n'avaient qu'à se tenir sur leurs gardes, car à la moindre faute de leur part, leurs biens seraient confisqués.

Le missionnaire, pour rappeler le magistrat à la modération, crut devoir lui adresser la lettre ci-incluse. M. Pak ton-yang, après l'avoir lue, la lui renvoya en lui faisant dire qu'il ne pouvait pas la recevoir et en même temps il donnait ordre à deux de ses satellites de se saisir, dans la maison même où se trouvait le missionnaire, d'un chrétien nommé Ha qui accompagnait le P. Mialou et qui lui avait servi de secrétaire pour écrire la lettre en question.

Je considère qu'il y a eu dans la détermination du magistrat de Tjin-san, une grave violation de l'Art. IX du traité conclu entre la Corée et la France et je vous serais reconnaissant de me faire connaître les mesures que vous aurez prises en vue de réprimer l'action abusive de ce fonctionnaire.

Veuillez agréer, Monsieur le Ministre, les assurances de ma très haute considération.

V. Collin de Plancy

Monsieur Min Sang-ho
Ministre p.i. des Affaires Etrangères,
Séoul.

【漢譯】(謄12冊)
照會繙譯

　　大法欽命辦事公使葛林德,爲照會事,照得,法國傳敎士孟錫浩,執領第六十一號護照,於本月十五日前往全羅道珍山郡該郡守朴敎陽,對天主敎人顯示深抱讐恨,因此於設賑場衆民齊會之前,該郡守使郡吏宣言曰,從今以後凡有新入天主敎者,幷行逐出境外,至於從舊守敎之人,亦宜惕念自愼,或犯至小過失,當行沒入財產云,該敎士欲使該郡守少行歛持,將附此書角送致該郡守,該朴敎陽氏披閱該函後退却曰,吾不能接收此函云,即爲分付官差二名,前往敎士所居之家內,將敎士之隨從書記代書該函人河姓捉去,本公使査該珍山郡守所爲,其於法韓和約第九款,不無重大犯越之擧,請煩貴署理大臣將如何設法責究該郡守濫越處示覆可也,須至照會者,

　　右照會.
大韓外部大臣署理外部協辦　閔商鎬　閣下
　　一千八百九十八年十一月二十八日

　　錄呈

貴國大韓皇帝ㅣ聰明睿智ᄒᆞ샤歆歆吾眞敎道理ᄒᆞ시고內地敎民을一視而同仁ᄒᆞ시니,內各署와外各郡도亦一姯之ᄒᆞ야毫無彼此ᄒᆞ敬로吾敎民等이安堵如故ᄒᆞ야足蹈手舞토록千感萬謝ᄒᆞ거ᄂᆞᆯ唯獨珍山은爲何不然고,以敎爲名者ᄂᆞᆫ有事以訴ᄒᆞ면拒而不聽理ᄒᆞ고徃旨于洋人이라ᄒᆞ며,縱或聽理라도不管落科라酷枕牢囚ᄒᆞ야與仇因으로同歸ᄒᆞ니,哀此敎民이於何呼訴乎아究此裏詐컨대深有一節이라.貴郡一境에ᄂᆞᆫ吾敎를斥出홀故로마,官意如此ᄒᆞ니吏胥와民人이며至於白丁ᄭᅡ지一切倣此ᄒᆞ야,敎民의相關에ᄂᆞᆫ事事曲梗이며言言悖擧라,其實의當捧之財ᄂᆞᆫ白丁女의鬪鬩을聽ᄒᆞ야脅威而不推ᄒᆞ고,河敎의屬任之科와勢家人의議計를應ᄒᆞ야執數而不給이라ᄒᆞ니,竊想컨대以爲異敎人이라ᄒᆞ야若是乎甚且甚歟아,然이나兩國이敎和에安可是非리요.蔽一言ᄒᆞ고貴境內敎民도他郡과如之ᄒᆞ야均可包容이如何오.

984. 同上件에대한珍山郡守에의訓飭件 (謄12冊)

[發] 外部大臣署理　閔商鎬
[受] 法國公使　葛林德

光武　2年 11月29日
西紀1898年

照覆第五十四號

大韓外部大臣署理外部協辦閔商鎬,爲照覆事,照得,本月二十八日,接到貴照會內開,法國傳敎士孟錫浩,執領第六十一號護照,於本月十五日韱徃全羅道珍山郡,該郡守朴敎陽,對天主敎人顯示深抱嫌恨,因此於設賑場衆民齊會之前,該郡守使郡吏宣言曰,從今以後凡有新入天主敎者,幷行逐出境外,至於從舊守敎之人,亦宜惕念自愼,或犯至少過失,當行沒入財產云,該敎士欲使該郡守少行斂持,將附此書角送致該郡守,該朴敎陽氏披閱該函後退却曰,吾不能接收此函云,即爲分付官差二名,前徃敎士所居之家內,將敎士之隨從書記代書該函人河姓人捉去,本公使査該郡守所爲,其於法和約第九款,不無重大犯越之擧,請煩貴署理大臣將如何設法責究該郡守濫越處示覆可也等因,准此,除行文全羅道觀察使,將該案顚末査報前來,以藉核辦,幷飭轉訓該郡守,遇有外國人游歷到境,加意保護,人民詞訟等件一視無偏,免致滋案外,相應備文照覆,請煩貴公使査照可也,須至照覆者.

右

大法辦事公使　葛林德　閣下
　光武二年十一月二十九日

999. 珍山郡守의對敎民處事回報 (謄13冊)

[發] 外部大臣　朴齊純
[受] 法國公使　葛林德

光武　3年 1月4日
西紀1899年

照會第一號

大韓外部大臣朴齊純,爲照會事,照得,貴國人孟錫浩,領照前往全羅道珍山郡,該郡守顯示讐恨,退却書函,並捉去該人隨從書記一事,業准貴照會,行文該道觀察使先行核報,並經照覆貴公使各在案,現據全羅北道觀察使報稱,奉遵訓飭,轉知珍山郡守去後,旋據該郡守報開,本郡書記河淨淑,負欠公錢百餘兩及私賭六十餘兩,理應刷完,奈無力可辦,將該任料除墊充以上兩欸外,餘額幾何如數給還,該河淨淑緣此蓄憾,饒舌簸揚,法國人作函來詢,並及具女訟案,查河吏·具女均是入敎人也,法國人初到郡境,爲其所欺,毋須作怪,據理送言,兩相解慍,該函現在郡守手裏,何爲遽稱退却,至捉去隨從一事,尤屬不理,該河淨淑現在本郡,書記係是郡守管下胥役,暫令捉拿,旋即還寢,操縱濶狹均係郡守應有之權,法國人不宜過問,嗣後外國人游歷往來,務期另加保護,優禮相待等情,據此報明等因,准此,查該郡守處辦各節不害於理,再毋庸究核,相應備文照會,貴公使查照可也,須至照會者.

右照會.

大法辦事公使　葛林德　閣下

光武三年一月四日

1000. 同上件에對한反論및珍山郡守禁制方法明示要望件 (原3冊)

〔發〕法國公使　葛林德
〔受〕外部大臣　朴齊純

光武　3年1月10日
西紀1899年

Séoul, le 10 janvier 1889

Monsieur le Ministre,

Le Ministre intérimaire des Affaires Etrangères m'avait informé, par sa dépêche du 29 novembre, qu'il avait chargé le Gouverneur de Tjyen la to Septentrional d'ouvrir une enquête sur les faits que je lui avais signalés, le 28 du même mois. Dans le rapport que Votre Excellence m'a communiqué le 4 janvier, ce haut fonctionnaire ne semble pas avoir suivi les instructions de votre Département, puisqu'il s'est borné à reproduire, sans les contrôler, les assertions du Magistrat de Tjin-san. Or j'ai le regret de constater que celles-ci sont entièrement inexactes et que M. Pak Ton-yang ne craint pas de dénaturer la vérité.

Tout d'abord, le Sieur Ha tjang-sou n'est plus prétorien du district, puisque le Magistrat lui a enlevé sa place, depuis qu'il est devenu chrétien. On peut dès lors trouver étrange que ce fonctionnaire prétende garder le pouvoir de le traiter comme s'il faisait encore partie de son tribunal. Il n'avait donc pas le droit de le faire arrêter, en violation des traités, pour l'unique raison qu'il avait servi de secrétaire au missionnaire français et cela dans la maison même qui servait de résidence à ce dernier et en sa présence.

Le Magistrat de Tjin-san prétend que la lettre de M. Mialon est toujours entre ses mains. Or, cette lettre était jointe à la dernière communication que j'ai envoyée à Votre Ministère. Comment peut-il affirmer l'avoir conservée, puisqu'elle est dans vos archives?

Dans ces conditions et en tenant compte que ce fonctionnaire a aggravi des torts par sa réponse, je prie Votre Excellence de me faire connaître le plus tôt possible de quelle façon Elle entend réprimer sa conduite.

Veuillez agréer, Monsieur le Ministre, les assurances de ma très haute considération.

V. Collin de Plancy

Son Excellence
Monsieur Pak Tjyei-Syoun,
Ministre des Affaires Etrangères, Séoul.

【漢譯】(勝13冊)

照覆緖譯

　　大法欽命辦事公使葛林德,爲照覆事,照得,十一月二十九日貴部署理大臣照覆內開,將同月二十八日本公使表明事實以審報次,發訓於全羅北道觀察使等因矣,接准一月四日貴照會,查該高官旣不審查該事,斷以珍山郡守證告再發,未見其按照貴部規章也,抑本公使有所憾恨者說明其事全在不眞,及朴敦陽不懼變其實情也,第該郡守於河凈淑入敎之時遞其職任,則更不是郡吏,而自伊時足見怪異者,該官待遇該人,藉守如在自己衙屬之權,然則以河姓服作法敎士書記,且又該敎士現住其家內之時,故違犯約條,捉拿該人,該郡守無此法權也,珍山郡守藉稱孟錫浩書面在其手中,故本公使曾附該函於前照,送致貴部,已在貴藏矣,該郡守何能據說保有該函耶,隨此理由,且據該官重加謬誤於所答報告,玆備文照覆,請煩貴大臣查照,將何法禁制其行爲,迅速示覆可也,須至照覆者,
　　　右.
　　大韓外部大臣　朴齊純　閣下
　　　　一千八百九十九年一月十日

1025. 群山·馬山·城津·平壤等地에있어서의外國人의租地購屋및私立契約等不准通告의件 (勝13冊)

〔發〕外部大臣　朴齊純
〔受〕法國公使　葛林德

光武 3年 2月 27日
西紀1899年

照會第十號

　　大韓外部大臣朴齊純,爲照會事,照得,本國自締結通商以來,除指定處所以外,不准外國人居住,查羣山·馬山·城津·平壤等地擬開港市一事,雖經聲明,迄未開辦,在確定章程之先,應與未通商各地無所差異,外國人民不應在該地界內租地購屋,惟本國莠民在內地將地段房屋賣與外國人,至有指稱官有之地,贋造書類潛賣射利,或將建築開拓等事私立契約,以致事案層生,滋弊無窮,應行設法禁止,使彼此人民知所遵守,嗣後遇有貴國人在以上擬定界內買地購屋

及私立契約者,一經我地方官知照附近領事,嚴行究辦,以違犯條約論,該地段房屋價金向賣主索還,允合事宜,除訓知各該地方官遵照辦理外,合行聲明,備文照會貴公使,諸煩通行佈飭,一律施行可也,須至照會者,
　右照會
大法辦事公使　葛林德　閣下
　　光武三年二月二十七日

1026. 群山·馬山·城津·平壤等地의外國人租地不准通告에對한答信 (原3冊)

〔發〕法國公使　葛林德
〔受〕外部大臣　朴齊純

光武 3年
西紀1899年 3月 6日

Séoul, le 6 mars 1899

Monsieur le Ministre,

Vous avez bien voulu m'adresser, le 27 février dernier, une dépêche relative aux localités de Koun-san, Masan hpo, Syeng tjin et Hpyeng yang. Vous m'avez rappelé à cette occasion que ces villes ne sont pas encore ouvertes au commerce et que par suite les étrangers ne sont pas autorisés à y acquérir des terrains.

En remerciant Votre Excellence de cette communication, je crois devoir appeler son attention sur l'urgence qu'il y a, dans mon opinion, à régulariser la situation actuelle. Presque une année s'est écoulée depuis la notification qu'a faite aux Représentants étrangers un de vos prédécesseurs, Monsieur Tjyo Pyeng tjik, et, de mon côté, j'ai déjà insisté auprès de Votre Département, le 14 novembre 1898, pour que les engagements pris par Votre Gouvernement fussent tenus au plus tôt. Les difficultés dont vous m'entretenez par la dépêche précitée rendent encore plus nécessaire la prompte régularisation de ces promesses et je prie instamment Votre Excellence de me faire connaître la date la plus rapprochée possible à laquelle les quatre nouvelles localités seront accessibles aux étrangers.

Veuillez agréer, Monsieur le Ministre, l'expression de ma très haute considération.

V. Collin de Plancy

Son Excellence
Monsieur Pak Tjyei-Syoun
Ministre des Affaires Etrangères.
　　Séoul.

【漢譯】(膽13冊)

照會
　大法辦事公使葛林德,爲照覆事,照得,二月二十七日,接到貴來文內開,於羣山·馬山·城津及平壤等地,尙未開作通商之處,又嗣不准外國人獲有基址等因,准此感荷,想可提明于貴大臣,迅速留神於鄙見,整理現今位置也,自貴部前任大臣中趙秉稷氏知照各公·領事後,幾至一年,且本使爲貴政府酌量,趁早決定,

於去年十一月十四日已向貴部照會,又貴前照所陳難便等事,尤須速辦該約,方見大益,將此備文照覆,請煩貴大臣查照後,將該四處新地作爲外人通行之日期趕速示明可也,須至照覆者,
　　右.
大韓外部大臣　朴齊純　閣下
　　一千八百九十九年三月六日

1037. 群山·馬山·城津·平壤等港市의開辦을爲한章程協定의件 (謄13冊)

〔發〕外部大臣　朴齊純
〔受〕法國公使　葛林德
光武 3年 3月20日
西紀1899年

照會第十三號
　　大韓外部大臣朴齊純,爲照會事,照得,城津浦·臺山浦·馬山浦曁平壤等處,分別開港口曁鎭市,已經往來照會,並曾催請開辦各在案,玆由我政府議定,于本年五月一日一同開辦,當預立定章程,即仿照甑南浦·木浦之章程損益爲之,一俟于數日內,將該章程錄就證期,貴公使曁各國公使·領事同到本署,共定厥章,以便會同印押施行,爲此先行照會貴公使,請煩查照可也,須至照會者,
　　右.
大法辦事公使　葛林德　閣下
　　光武三年三月二十日

1038. 法國敎士曺有道의山地買收에關한件 (謄13冊·原3冊)

〔發〕法國公使　葛林德
〔受〕外部大臣　朴齊純
光武 3年 3月20日
西紀1899年

　　敬啓者,法敎士曺有道在木浦買山一事,旣係貴大臣洞悉者,玆將繕送務安監理照會件呈,尙祈開覽後,傳致該監理爲希,此頌台安.
　　三月二十日　　　　　　　　　葛林德　頓

1046　江鏡浦崔星振等의張敎士縛去通告와救出要望件 (原3冊)

〔發〕法國公使　葛林德
〔受〕外部大臣署理　李道宰
光武 3年 4月6日
西紀1899年

Séoul, le 6 avril 1899

　　Monsieur le Ministre,
　S. G. Mgr. Mutel vient de me communiquer le télégramme suivant qu'il a reçu ce matin de Zjyen-tjou:
　"Les gens de la bande de Tchoi syeng tjin du port de Kang-Kyeng, au nombre de plusieurs milliers, ont attaqué et démoli la maison du Père Vermorel, enlevé le mobilier,

frappé sans mesure le servant et les domestiques qui sont sur le point de mourir, ils ont été jusqu'à maltraiter et frapper le missionnaire qu'ils ont ligoté et emmené; on ne sait s'il est mort ou en vie."

Je m'empresse de vous transmettre ces informations, en vous priant de prendre des mesures immédiates pour que le P. Vermorel soit délivré sans retard et de prescrire une enquête sur les faits qui se sont passés à Kang Kyeng. Je vous serais également reconnaissant de me communiquer les renseignements qui auraient pu vous parvenir sur cette affaire.

Veuillez agréer, Monsieur le Ministre, les assurances de ma très haute considération.

V. Collin de Plancy

Son Excellence
Monsieur Yi to tjai
Ministre des Affaires Etrangères, Séoul.

【漢譯】(謄13冊)

大法辦事公使葛林德,爲照會事,刻接閔主敎大人來文內開,此朝接到全州來電如左,在江鏡浦崔星振黨數千人,攻毁張敎士家,拿去動產,將其服役人及雇傭亂打,至於死境,將該敎士虐打束縛而去,不知生死等因,准此,本公使急將此報仰佈貴大臣,幷祈刻卽設法救出張敎士,勿容遲延,將滋事始末訓問江鏡浦,且將貴大臣爲此所得探報有所示明,將致感情也,須至照會者,

右照會.

大韓外部大臣署理　李道宰　閣下
一千八百九十九年四月六日

附. 同書信
寄信完尹敎士
　　江鏡浦崔鼎振의黨數千名이,張敎士家를打破ᄒᆞ고物件을奪去ᄒᆞ고,服役等을亂打ᄒᆞ야死境이요,敎士까지揮打結縛而去ᄒᆞ니不知生死이외다.
受信京鍾峴閔主敎

1047. 同上張敎士救護指示의件 (謄13冊)

[發] 外部大臣署理　李道宰
[受] 法國公使　葛林德
光武　3年 4月6日
西紀1899年 4月6日

照覆第十六號

大韓外部大臣臨時署理議政府贊政李道宰,爲照覆事照得,本日接到貴照會內開,刻接閔主敎大人來文內開,此朝接到全州來電如左,在江鏡浦崔星振黨數千人,攻毁張敎士家,拿去動產,將其服役人及雇傭亂打,至於死境,將該敎士虐打束縛而去,不知生死等因,准此,本公使急將此報仰佈貴大臣,幷祈刻卽

設法救出張敎士,勿容遲延,將滋事始末訓問江鏡浦,且將貴大臣爲此所得探報有所示明,將致感情等因,准此,查亂民滋擾,殊極駭駭,當經電飭忠全北兩道觀察使,設法救護敎士,捉囚亂黨,所有情形先電後報去訖,嗣於本日接到我軍部來文內開,本日上午十點鍾,接據全州鎭衛隊電開,法國敎士尹士勿函稱,礪山郡敎士被恩津江鏡浦崔黨捉去,急急請救,准此電稟等情,據此電覆派遣兵丁,救護敎士,禁戢崔黨,起鬧源委,辦後情形迅卽查報,幷經電飭公州地方隊,調發一小隊,馳往江鏡浦,與全州鎭衛隊協力彈壓,救護敎士等因,查該兩道觀察使泪兩處軍隊,自應遵照電飭,認眞辦理,除竢有查報前來,再行照會外,合先備文照覆,須至照會者.

右照覆.

大法辦事公使　葛林德　閣下
　　　光武三年四月六日

1049. 江鏡浦張敎士救出의件 (謄13冊)

[發] 外部大臣署理　李道宰
[受] 法國公使　　葛林德
光武　3年 4月 8日
西紀1899年

照會第十七號

大韓外部大臣臨時署理議政府贊政李道宰,爲照會事,照得,前准貴照會,以張敎士遭難一事,當經電飭全北忠南兩道觀察使設法救護,由軍部飛電兩路兵隊前往彈壓,護還敎士,去後隨經照會在案,本日接據忠南觀察府來電內稱,卽接恩津郡守查報內開,張敎士入官庭,面述趙金兩民相詰事件,且稱浦民等打破窓戶,扯裂細衣等語,自郡護送于羅巖,曉諭浦民,已爲息鬧,張敎士初無被打等語,本事根因續行報明等情,據此,查民人滋事,一俟地方官查核報明,自應據我國律例審斷,惟該敎士免遭危亂,護還寓所,適聞之餘,殊甚欣幸,當經知照軍部轉電兩隊,將江鏡浦駐兵迅行撤回,合將以上事由,備文照會貴公使,請煩查照,須至照會者.

右照會.

大法辦事公使　葛林德　閣下
　　　光武三年四月八日

1053. 江鏡浦의張敎士事件關聯者處罰의件 (謄13冊)

[發] 外部大臣　朴齊純
[受] 法國公使　葛林德
光武　3年 4月14日
西紀1899年

照會第十九號

大韓外部大臣朴齊純,爲照會事,照得,張敎士在恩津地免遭危難,護還寓所一事,業經照會在案,項接忠淸南道觀察使報開,據恩津郡守報稱,本月五日,據本郡金浦面江鏡浦民人等禀稱,本浦居商民趙興道,在市賣鹽,忽被礪山郡羅岩敎徒捉去,該敎民糾衆至數十人,稱有敎士指揮,提將趙興道縛打捽曳,榡施惡刑,幾至死境等情,續據趙興道族人等禀稱,趙興道被囚張敎士寓所,酷遭刑威,乞即救護等情,幷據敎民等控稱,趙興道之族人幾百名,攔入敎堂,打破門戶毆打敎民,扯裂張敎士衣服,驅迫敎士,前來江景浦,頭勢危險等情,不移時,張敎士躬到官署面稱,江景浦居趙興道與敎民金致文,以鹽價欠欽,自致口角,語侵敎門云,本敎士發遣敎人,提到趙興道,保囚店舍,擬欲質查,忽有江景·黃山兩浦民人千餘名,攔入本敎士寓所,破碎門戶,毆打敎人六名,提引本人至江景浦,裂破上衣,亂投土壤,方在危急之際,幸賴本郡巡校救護還歸,至敎人等私刑趙興道之事狀,果未詳知等語,據此,妥護該敎士送至羅岩寓所,同日六點鍾郡守前往江景浦,則民衆業已解去,推有洞中父老及趙興道族人而已,該人等供稱,本浦居金致文,素以悖類,投入敎中,負欠趙興道鹽價,無意報償,趙興道屢經責還,金致文因此含憾,對張敎士聲稱,趙興道毁談本敎,該敎士遽飭敎民,拿到趙興道,該敎民等糾衆作鬧,將趙興道捽髮曳臂,亂加打傷,及至敎士寓所,以麻索縛束上下,吊掛樑間,討索例錢,食息如縷,幾乎垂死,則其父兄叔姪意往救之,幷有里中少年協力幫助,敎民等拒而不納,自致爭鬨等情,郡守親檢趙興道被傷諸處,則頭髮四垂,衣服片破,兩足俱有繫縛痕,諸般傷損,顔形危惡,故飭諭該里人民極意救療,去後,仍往羅岩,詳細檢視,則敎士寓所門一扇破傷,衣一件扯裂,里人被打爲六人,又有所失,錢貨五十七兩,眼鏡一面,計價錢八兩,烟臺七部,衣一件云云,查趙興道族人及里民等,意雖切於救難,迹難免於滋事,提將趙興西·金京彦·黃京直等先行拘囚,金致文藉敎行悖,合施嚴懲,該犯業已在逃,譏詗未捕等情,據此報告,恭候核辦等因,准此,查趙興西等目見趙興道遭難垂死,出力救護,固所當爲,至破碎門扇,毆打人命,驅迫敎士,扯裂衣服,均屬無知妄爲,應由我地方官從嚴究辦,惟念張敎士來寓我邦,不守本分,甘聽悖類慫恿,提拿平民,肆行拘禁,雖稱惡刑一事非我所知,何以遽非掩過,塗抹耳目乎,是不惟我國官民所共憤抑,亦爲貴公使不容忍也,相應據情再行照會貴公使,請煩查照,另行審辦可也,須至照會者,

　右.

大法辦事公使　葛林德　閣下

　　光武三年四月十四日

1054. 同上江鏡浦張敎士事件에對한記事件呈의件 (原3冊)

［發］法國公使　葛林德
［受］外部大臣　朴齊純

光武　3年4月15日
西紀1899年

Séoul, le 14 avril 1899

Monsieur le Ministre;

Votre prédécesseur a bien voulu me faire connaître par ses dépêches des 6 et 8 de ce mois, les dispositions qu'il avait prises en vue de sauvegarder la vie du Père Vermorel et je m'empresse de vous adresser mes remerciements pour la promptitude avec laquelle votre gouvernement a pris des mesures à cet effet.

Toutefois, je remarque que dans la dépêche No. 17, un extrait du rapport du magistrat de Eun tjin est cité, où il est dit que le missionnaire n'a jamais été frappé. En réponse à cette assertion, je crois utile de vous adresser sous ce pli un exposé de l'affaire que je considère comme exact et par lequel vous constaterez la gravité des faits qui se sont passés à Kang Kyeng.

Veuillez agréer, Monsieur le Ministre, les assurances de ma très haute considération.

V. Collin de Plancy

Son Excellence
Monsieur Pak Tjyei Syoun
Ministre des Affaires Etrangères,
    Séoul.

【漢譯】(謄13冊)

照會

大法辦事公使葛林德,爲照會事,本月六日洎八日,疊承貴前任照示,設法救活張敎士一事,本公使視此貴政府飛飭迅辦感頌不暇,但查貴第十七號照會內抄載恩津郡守查報,爲張敎士初無被打,玆當仰覆此語,將該記事一紙視爲眞確者伴呈,想有益登閱,一經台鑑,可審江鏡浦生事情節重大也,須至照會者,右照會.

大韓外部大臣　朴齊純　閣下
　　　一千八百九十九年四月十五日

江鏡浦敎人金致文과崔成眞黨趙興道兩人이至於鹽價推報場에以言語高下로起鬧ᄒᆞᄂᆞᆫ딕,趙言이今雖末世나上下之分이有ᄒᆞᆯ딕,汝藉西學而若是不恭耶아,大抵汝矣異學輩에衣冠고何當고ᄒᆞ야,仍即裂破冠網키로,金答이我國開化後에雖屠漢이라도朝家에셔着笠ᄒᆞ기를準許ᄒᆞ셔ᄂᆞᆫ딕,吾敎人은笑獨不爲乎아,趙答이屠漢은雖賤이나獨從我國法制ᄒᆞ니着笠이猶可이거니와,汝矣ᄂᆞᆫ外國法을從ᄒᆞ니我國衣冠이何當고,且汝西學輩數가幾許오,千名爲限은我可打殺이오,餘外幾千名이라도有則滅之權이다云ᄒᆞ고,即招渠矣三四寸ᄒᆞ야,扶挾金敎左右臂ᄒᆞ고無難毆打이다.金敎가匍匐鳴寃於張敎師舘ᄒᆞ온ᄃᆡ,敎師言內에此輩私是非ᄂᆞᆫ法所에繫ᄒᆞ엿ᄌᆞ니와,趙言이敎人은本國衣冠이不可타ᄒᆞ고,且雖千名이라도無難打殺ᄒᆞᆫ다ᄒᆞᆫ事件은,先即明覈ᄒᆞ여야條章디로法所에押付懲勵ᄒᆞ야以杜後弊ᄒᆞ겟다ᄒᆞ고,趙를招ᄒᆞ야不來ᄒᆞ기,再送二人ᄒᆞ야招來質問,則此等悖說은當初無有이다云故로,扶留於村前通衢酒店ᄒᆞ고,金敎를合辨次招來ᄒᆞᆯ際에,崔成眞·尹成汝·金樂文·趙聖圭·崔一彦·趙興伊·千長玉等이江鏡·黃山兩浦人數千名을作黨ᄒᆞ야舘中에突入ᄒᆞᄂᆞᆫ데,崔·尹等이先即入房ᄒᆞ야橫竹團坐ᄒᆞ고,詰責招趙事ᄒᆞ기에,

敎師答이 趙哥의 毆敎호 事狀을 金敎와 質辨호 後에 付法司措處次로,趙哥를 姑留 於村店호여시니 汝矣가 第往視之호라,崔黨이 寬罪不得호야 無辭可答홀제 敎師 亦燃草이러니,圍立諸人이 高聲大喝曰 吾儕의 頭目前에셔 彼洋漢이 何敢同席燃 草오,彼漢을 一爲蹴出호면 吾儕의 足頭의 碎骨호리라,如此如此呪罵호다가,幾人 이 躍入房中호야,敎師書記一人을 蹴出堂下호야 無數毆打호며,服役等 五六人을 幷即毆打호기에,敎師가 躍出扶救호눈뒤,彼黨이 以拳以足으로 敎師를 左衝右擊 호야,周衣ㅅ지 百孔으로 裂破호 中에,彼崔·尹이 受打人의 必死喜 光景을 見호고 躍 出挽救키로 幸得保命이더니,彼黨이 一邊으로 酒店에 留在호 趙哥의 頭髮을 自解 호야 散垂호고,衣服을 自裂호며 手足을 自縛호야 兇慘호 모양으로 挈入호야曰,洋 漢의게 如此히 受打호엿다호매,崔·尹黨이 見卽大怒大呼호야 敎師를 捉去호자호 며,諸黨이 敎師를 挈立堂下호고,繫馬호눈 麻索으로 結縛호라호눈뒤,敎師가 哀懇 曰 我非逃亡人이라,縛何爲之오,彼黨이 或曰 然矣라 호기에 幸免結縛이나,行步홀 氣力이 頓絕호여 再次哀懇호야 騎馬以去호눈뒤,彼黨이 於前於後에 以土壤亂投 호야,鼻眼을 莫開호 事狀은 枚擧홀수업스며,幾至江鏡에,敎師가 恩津法官으로 去 호겟다호즉,彼黨이 大罵호여曰 此處에도 各國人이 在호니,會判호야 約條를 定호 겟다호고,馬頭를 回立於大橋上호고 前後擁遮호야 以石亂投호니,勢將墮水死乃 已故로,仍入于江鏡호야,諸般受辱은 多有所難言處,而其所會判定條云者니,楊甚 로 押去호야 踏殺호라눈 喧嘩뿐이라 脫身홀길이 全無호더니,彼黨이 金敎를 反爲 構誣호엿던지,本郡巡校가 金敎를 捉去次出來故로,敎師가 金敎를 代身호야 入官 호다 爲言호고,偕校見倅호즉,該倅言內에 彼黨을 即速禁斷勘罪云.

1057. 法國敎士安世華等三人의 護照發給依賴 (謄13册·原3册)

[發] 法國公使　葛林德
[受] 外部大臣　朴齊純

光武　3年4月24日
西紀1899年

敬啓者,玆有法國敎士安世華·池安德·郭元良,擬往全羅·慶尙·咸鏡·江原·京畿· 黃海·平安各道遊歷,本大臣特備護照三紙函送貴部,請貴大臣令飭蓋印,即還 本館,以便該敎士領收前往遊歷爲希,並頌台安.

四月二十四日　　　　　　　　　　葛林德　頓

1058. 同上件에 對한 應信 (謄13册)

[發] 外部大臣　朴齊純
[受] 法國公使　葛林德

光武　3年4月24日
西紀1899年

敬啓者,頃奉大函,悉爲貴國敎士安世華等三人,擬往各道游歷,請領護照一 事,准與來意,將該護照三紙盖印繳交,尙望查收轉給,以便帶往可也,順頌時祉.

四月二十四日　　　　　　　　朴齊純　頓

1059. 群山·馬山·城津等港租界章程의査閱및會同畵押의件（謄13冊）

〔發〕外部大臣　朴齊純
〔受〕法國公使　葛林德

光武　3年 4月24日
西紀1899年

照會第二十號

　大韓外部大臣朴齊純,爲照會事,照得,城津·群山浦·馬山浦開港曁平壤開市日期,業經聲明照會在案,查新開港各國租界章程,本大臣之意,只可悉照甑南浦·木浦已定章程辦理,無須損益,嗣後如有酌改之處,自應按照原章,會商各該管官員增删更定,惟平壤開市與港口情形稍異,尙有現在增删之處,除另定開市條規再行照會外,先將新開三港各國租界章程送請貴公使查閱,倘無異議,隨卽將原件送回,以便照譯繕寫,證期會同畵押可也,爲此備文照會,須至照會者.

　　　右.

大法辦事公使　葛林德　閣下

　　　光武三年四月二十四日

1061. 法國敎士裵嘉祿等의護照發給依賴（謄13冊·原3冊）

〔發〕法國公使　葛林德
〔受〕外部大臣　朴齊純

光武　3年 4月24日
西紀1899年

　敬啓者,本國敎士裵嘉祿前往全羅道及濟州第八十三號護照一紙,睦盆瑀第七十七號護照一紙,舊往江原·京畿·慶尙三道,今改爲前往江原·京畿·忠淸第八十四號護照一紙,一併函送,尙祈貴大臣從速盖印,卽還本署,以便該敎士等領收前往遊歷爲希,此頌台安.

　　　四月二十四日　　　　　　　　葛林德　頓

　再者,睦盆瑀舊照一紙玆繳還,請查收爲荷.

1062. 同上件에對한應信（謄13冊）

〔發〕外部大臣　朴齊純
〔受〕法國公使　葛林德

光武　3年 4月25日
西紀1899年

　敬覆者,昨奉大函,悉爲貴國人裵嘉祿·睦盆瑀遊歷護照盖印送還一事,准將該護照二紙盖印繳交,尙望查收轉給該人等,以便帶往爲是,此覆,順頌台安.

　　　四月二十五日　　　　　　　　朴齊純　㧾

　再,舊照一紙視到銷案也.

1063. 江鏡浦張敎士事件의犯人에對한處罰促求 (原 3 冊)

〔發〕法國公使　葛林德
〔受〕外部大臣　朴齊純

光武　3年
西紀1899年 4月 25日

Séoul, le 25 avril 1899

Monsieur le Ministre,

J'ai reçu la dépêche que vous avez bien voulu m'adresser, le 14 de ce mois, relativement au grave incident survenu à Kang-Kyeng.

Si on examine l'affaire avec soin, on remarque que l'origine en remonte à une année: si vous voulez bien, en effet, vous reporter à la note que j'ai remise à votre Département, le 3 juin dernier, vous constaterez que le Père Vermorel avait déjà été insulté par la population et que sa maison avait été envahie; la repression des coupables fut nulle, malgré les assurances données alors par le Préfet de Tjyen-tjyou. Les membres de la famille Ra continuèrent à molester le missionnaire et comme vous l'avez vu par la pièce que je vous ai remise, le 21, ce dernier dut de nouveau, le 20 mars de cette année, porter plainte contre eux.

Il n'est donc pas surprenant que les habitants de Kang-Kyeng, se croyant sûrs de l'impunité, aient jugé que tout leur était permis vis à vis d'un étranger.

Vous connaissez les faits qui se sont passés par la relation que je vous ai envoyée, le 14 de ce mois; celle-ci diffère des rapports qui vous ont été adressés par les autorités locales et je crois utile de revenir sur certains signalés dans votre dépêche No. 19.

Votre Excellence estime que le sieur Tjyo heung so et les autres, ayant cru que le sieur Tjyo heung to était en danger de mourir, ont fait leur devoir en employant la force pour le protéger. Je ne puis partager cette manière de voir.

D'abord, ce ne sont pas les parents de Tjyo heung to qui ont conduit la bande, mais des meneurs qui n'appartiennent pas à sa famille. De plus, il me semble qu'il était du devoir de ces individus de s'adresser aux autorités locales, et je suis surpris de voir que Votre Excellence considère l'emploi de la force comme le seul recours légal, surtout quand il a été exercé le lendemain du jour où le sieur Tjyo heung to avait été soi-disant arrêté, ou mieux conduit à l'auberge voisine.

Quant à Tjyo heung to, il était si peu en danger de mourir, qu'il a suivi à pied le cortège qui emmenait le Père Vermorel de Napaoui à Kang-Kyeng. Malgré toute la déférence que j'ai pour le magistrat du district, je suis obligé de déclarer que j'apprends pour la première fois que le fait d'avoir les cheveux tombant autour de la tête, des vêtements en lambeaux et des traces de cordes sur les pieds constituent des blessures dangereuses pouvant entraîner la mort.

D'ailleurs, ce magistrat qui a si bien remarqué les blessures prétendues de Tjyo heung to ne parle pas de l'état dans lequel se trouvait le Père Vermorel accablé de coups de pierres et de mottes de terre, les vêtements en lambeaux, entraîné pendant cinq heures hors de chez lui par une foule considérable. Que faisait pndant ce temps le magistrat? Ignorait-il ce qui se passait? Mais alors il serait incapable de rempilr ses fonctions et s'il le savait, que n'est-il intervenu?

J'aurais aimé que le magistrat ainsi que Votre Excellence m'expliquât également quelles raisons avait la foule de pénétrer dans la maison du Père Vermorel, de la saccager et de frapper ses gens, puisqu'elle n'avait pas le prétexte de venir délivrer Tjyo heung to. Celui-ci n'avait jamais séjourné chez le missionnaire et avait été envoyé à l'auberge voisine dès la veille du jour où les troubles se sont produits, ainsi que je l'ai dit déjà plus haut.

Je dois ajouter que les rapports du magistrat sont entachés de suspicion: ils ont été rédigés dans la maison d'un des chefs de la bande, où il avait accepté l'hospitalité et il ne donnent pas l'impression de l'impartialité; dans mon opinion que partagera certainement Votre Excellence, les deux versions de l'incident auraient dû être reproduites par ce fonctionnaire et il aurait dû interroger des témoins, notamment l'aubergiste chez qui le sieur Tjyo heung to a demeuré pendant toute une nuit.

Pour terminer, je dois reconnaître que le Père Vermorel aurait dû s'abstenir de faire venir, pour l'interroger, le sieur Tjyo heung to et porter directement plainte contre lui devant le magistrat du district, pour les paroles injurieuses qu'il avait prononcées. Mais son erreur n'excuse pas l'acte des meneurs qui la veille des troubles ont fait sonner de la trompette sur le marché pour annoncer l'attaque qui aurait lieu le lendemain contre le missionnaire et requérir au moins un homme de chaque maison sous menace de détruire celles des habitants qui s'abstiendraient. Il est donc indispensable que de pareils actes concertés à l'avance soient sévèrement réprimés et je prie Votre Excellence de vouloir bien donner des ordres pour que les trois chefs du mouvement:

Tchoi Syeng tjin
Youn Syeng ye   de Kang Kyeng
Kim Tak nam

soient punis avec la dernière rigueur de la piene des travaux forcés à perpétuité, et que trois autres moins coupables:

Tchyen tyjyang ok   de Kang-Kyeng
Tchoi il en
Tjyo heung i   de Hoang san

soient punis de dix ans de travaux forcés; je désirerais que la peine fût subie à Séoul, ou si cela n'est pas possible, à Tjyen tjyou et précédée d'une démonstration sur le marché où les condamnés paraîtraient accompagnés d'un tambour.

Comme l'origine de cette grave affaire provient des difficultés soulevées par les membres de la famille Ra, il serait indispensable d'en finir avec ceux-ci qui jusqu'à présent n'ont pas reçu le châtiment que méritait leur conduite: je demande en conséquence que Ra Eun Kiang soit condamné à trois mois de prison; la même peine devrait être appliquée à Tjyo heung to pour les paroles qu'il a prononcées en plein marché contre le Père Vermorel et les chrétiens.

D'autre part, il n'est pas possible d'atteindre tous les gens qui ont aidé les meneurs, qui ont frappé le Père Vermorel et pillé sa maison. Pour prévenir le retour de pareils incidents, une proclamation serait affichée pour rappeler à la population les termes de l'article premier du Traité, et pour dire que les chrétiens comme ceux qui ne le sont pas sont à un titre égal les sujets de l'Empereur; qu'ils doivent être traités également et qu'aucune différence n'existe entre eux. Comme sanction aux troubles qui se sont produits, le marché de Kang-kyeng serait suspendu pour un jour.

Le magistrtat du district qui n'est pas intervenu pendant toute la matinée et qui ensuite a fait une enquête trop partiale recevrait un blâme dont je laisse à Votre Excellence le soin de rédiger les termes et serait invité à rembourser le prix des dégâts causés dans la maison du Père Vermorel, des vêtements déchirés, des objets, etc., ce qui représente une somme de cent piastres environ.

Si le Gouvernement Coréen, à la justice duquel je fais appel, veut bien m'accorder ces satisfactions, l'affaire serait alors terminée et j'espère que désormais rien ne viendrait troubler les bons rapports qui existent entre nos deux nations.

Veuillez agréer, Monsieur le Ministre, les assurances de ma très huate considération.

V. Collin de Plancy

Son Excellence
Monsieur Pak Tjyei-Syoun
Ministre des Affaires Etrangères,
　　etc. etc. etc.
　　Séoul,

【漢譯】(膳 13 冊)

照會第

　大法辦事公使葛林德,爲照會事,本月十四日,接准貴照會,悉爲江鏡浦重大滋事一案,如將該案注意溯源,其來有漸,已自一筒年所矣,查客歲六月三日,本使曾有錄示貴部,貴大臣將此再閱,可悉張敎士受辱,居民所居家屋亦被侵犯,雖經全州郡守確許懲辦,究竟不行,羅族一向侵凌,本年三月二十日,張敎士控訴此輩,本月二十一日,本使將此錄示貴大臣,然則無怪乎江鏡浦民深信懲罰不行,對外國人惟意操戈,知爲統在許與之內也,本月十四日本使送文內記載該處所經事實,與貴大臣所接地方官報辭相左,玆提貴第十九號照會內所指若干處,更加尋閱,想有裨益也,貴大臣,許與趙與西等目見趙與道遭難垂死,出力救護,固所當爲,就此節,鄙意與貴見不符也,倡亂者本非趙與道族人,其導衆來者亦非趙之一家人,據本使所見,此輩所當爲者,惟在控訴地方官也,貴大臣,以出力一事思爲惟一救護之策,殊可異也,出力一事起於趙與道名爲被拿,實則領送隣居之翌日也,至於趙與道遭難垂死之勢旣輕且微,隨衆徒步,自羅巖至江鏡浦,一路追逐張敎士也,本使雖欲盡心承順該倅之意,奈有不能不言明者,以頭髮四垂,衣服片破,兩足俱有繫縛痕,指爲重傷垂死之症,此本使初聞之話也,該守旣如是善行檢驗,稱此趙與道傷處,胡不言及張敎士所遭之狀,石子土塊之下,渾身被打,衣服片裂,許多亂民驅出其門,經五箇時提絜在外,此時該倅所爲何事,若謂瞑然不知,是材不堪稱職也,若謂已知,何不來關,試問該郡守及貴大臣,亂民突入張敎士家,恣行打碎,毆打家人,是緣何故,請垂解明,趙與道未嘗逼留張敎士家,其領送隣居,即在起鬧前日也,此已言明在右,然則亂衆難以救出趙與道托爲話柄也,該郡守所報實屬疑惑,在亂魁家繕就報書,准其接留,其辨法有欠公平,鄙意該倅於此案,宜分兩對區別訊問,取質參證,趙興道在店舍留宿一宵,其店主尤宜特別取供者也,貴大臣於此,亦必無異見也,至於張敎士擬行質問,招來趙興道,本使認其不宜行此,張敎士擧其所發辱說直訴該倅可也,雖然,以該敎士錯誤,難貰倡亂者之罪,於起鬧前夕,此輩勤鈴場市,聲告翌日攻伐敎士之意,且募每戶至少出丁一人,其不來者,以毁家威喝,似此預定起鬧之擧,免不得嚴行懲創,請煩貴大臣發下令飭,提該首倡三犯江鏡浦居崔星眞·尹成汝·金樂文,處以極等終身懲役之律,提該次犯江鏡浦居千長玉,黃山居崔一彦·趙興伊三犯,處以十年懲役之律,其懲役處或定于漢城除有相妨外,或定于全州是盼,且爲示警,將該犯等鳴皷巡回于場市,査此重大案情,其源委來自羅族作梗也,此與該犯等不得不同時了案,將羅罪相稱之罰迄今未施請將羅云京處以三個月監囚之律,趙興道在人海場市發言,毁辱張敎士及敎人,亦宜處以同律,至於脅從諸人幇助首倡,毆打張敎士,搶掠家舍者,實難枚擧也,爲防來患,張掛一榜,將約條第一欵之旨佈示居民,曉諭奉敎人泊不奉敎人均屬大皇帝陛下赤子,彼此均屬平行相待,毫無分別之誼可也,且於江鏡浦停市一日,以爲起鬧之戒,該郡守竟日不相干涉,及其行査,太事偏袒,宜施譴戒,此聽貴大臣自行措辭,張敎士所遭損害,如衣服裂破及見失之物,計值量爲一百元,責該郡守償還爲盼,如由貴政府邊辦本使所擧正理之請,施以光色,此案可以了結也,從玆以後,凡係事案能致紊我法韓兩國最密友誼者永不再生,是所顒祝也,須至照會者,

右.

大韓外部大臣　朴　閣下
　　一千八百九十九年四月二十五日

1064. 群山·馬山·城津等의開港章程草案에對한文句添入의件 (謄13 冊)

〔發〕外部大臣　朴齊純
〔受〕法國公使　葛林德
光武　3年　4月27日
西紀1899年

照會第二十二號

大韓外部大臣朴齊純,爲照會事,照得,新開三港各國租界章程,悉照木甑兩港已定各欵辦理,業經附章一件,備文呈交在案,査該章程第十條惟此項地段之下,應添入極大不過一萬五千方米突字樣,以補前章未盡之處,寔屬妥善,爲此再行照會貴公使,請煩査照,須至照會者,

右.

大法辦事公使　葛林德　閣下
　　光武三年四月二十七日

1065. 江鏡浦張敎士事件關聯者處罰要求에 對한 依法審斷事照覆 (謄13冊)

［發］外部大臣　朴齊純
［受］法國公使　葛林德

光武　3年
西紀1899年 4月27日

照覆第二十三號

　　大韓外部大臣朴齊純,爲照覆事,本月二十五日,接准貴照會,以江鏡浦滋事一案,請將首倡三犯處以終身懲役之律,次犯三犯處以十年懲役,且爲示警,鳴皷巡回場市,並將前經究辦之羅云京及此案關係之趙興道,處以三個月監囚之律,榜示居民,責賠損害云云等因,准此,查該敎士於捉拿施刑之事雖不承服,敎徒之責綠滋事,距非該敎士之責,事固有先後輕重之殊,此案先失由於該敎士,不當責備於我民,惟我國官員視貴國人民本自優異,業經該地方官護還敎士寓所,並由軍部派兵彈壓,此可見友誼關切,貴公使亦應悉知我政府之意也,至該民等無知妄作之事,由我地方裁判官秉公酌辦,本大臣自不能侵佔司法之職權,此次貴公使照錄律例,分別請辦,殊與韓法條約之旨不符,本大臣惟有按章辦理而已,除訓飭地方官,提解各人,照我國律例審斷外,爲此備文照覆,須至照會者.

　　右照覆.

　大法辨事公使　葛林德　閣下
　　　光武三年四月二十七日

1067. 群山・馬山・城津等港租界章程畵押時日明示要望의件 (原3冊)

［發］法國公使　葛林德
［受］外部大臣　朴齊純

光武　3年
西紀1899年 5月2日

　　　　　Monsieur le Ministre,　　　　　Séoul, le 2 mai 1899

　En réponse à la dépêche que vous avez bien voulu m'adresser le 25 avril dernier, j'ai l'honneur de vous faire connaître que je ne vois aucune objection à l'application des règlements, élaborés pour Mokpho et Tjeung nam pho, aux trois localités de Syengtjin, Masanpho et Kounsan. Je suis par suite tout disposé à me rendre à votre Ministère pour signer les règlements dont il s'agit, le jour que vous voudrez bien m'indiquer.

　Veuillez agréer, Monsieur le Ministre, les assurances de ma très haute considération.

　　　　　　　　　　　　　　　　　　　　V. Collin de Plancy
　Son Excellence
　Monsieur Pak Tjyeï-Syoun
　Ministre des Affaires Étrangères, Séoul.

【漢譯】(謄13冊)

照會

　　大法辨事公使葛林德,爲照覆事,照得,接到四月二十五日貴照會閱悉等因,查此於城津·馬山·羣山浦三地,比諸對木浦·甑南浦備行章程,未見些小歧異之處,而玆行通知也,本公使准備前赴貴部,盡押于該章程,請煩貴大臣查照後,將該日子示明 可也,爲此,須至照會者,
　　右
大韓外部大臣　朴齊純　閣下
　　一千八百九十九年五月二日

1068. 江鏡浦張敎士事件을漢城法院에서審理要請의件 (原3冊)

[發] 法國公使　葛林德
[受] 外部大臣　朴齊純

光武 3年 5月2日
西紀1899年 5月2日

Séoul, le 2 mai 1899

　　Monsieur le Ministre,
　En répondant à la lettre que vous avez bien voulu m'adresser le 27 avril, je crois utile de vous rappeler que, dès le 14 du même mois, j'ai exprimé mes remerciements à Son Excellence Monsieur Yi to tjai pour la promptitude avec laquelle le Gouvernement Impérial avait pris des mesures pour sauvegarder la vie du Père Vermorel aussitôt qu'il avait été prévenu du danger que courait ce missionnaire. J'ai en conséquence entièrement apprécié les intentions amicales dont votre Gouvernement avait fait preuve. De même, dans ma dépêche du 25 j'ai reconnu que le Père Vermorel n'aurait pas dû faire convoquer le sieur Tjyo heung to, mais porter plainte aux autorités contre lui. Il n'est donc plus nécessaire de revenir sur l'erreur qu'il a ainsi commise.
　Mais cette erreur ne justifie pas les moyens que la population de Kang-Kyeng a employés et comme celle-ci s'est comportée avec une extrême violence, j'ai demandé à Votre Excellence l'application de peines sévères aux coupables. Votre Excellence considère que cela n'est pas conforme au traité franco-coréen. Si je me reporte à ce document, je constate que le paragraphe 5 de l'article III dit: les "crimes ou délits, dont un Coréen se rendrait coupable en Corée au préjudice d'un Français, seront jugés et punis par les autorités coréennes et conformément à la loi coréenne." Or en Corée, les peines sont appliquées tantôt par les tribunaux, tantôt par le Ministre de la Justice, tantôt par ordre impérial. Je ne vois donc pas en quoi ma demande n'était pas conforme aux règlements, puisque Votre Excellence, si Elle n' a pas de pouvoirs judiciaires, pouvait se concerter avec le Ministre de la Justice ou solliciter la sanction impériale.
　D'autre part, j' ai réclamé, n même temps que les peines, des dispositions administratives, telles que l'affichage de proclamations, la suspension d'un jour de marché, la réprimande du magistrat et une indemnité pour les dégâts causés. Il n'y a là rien qui intéresse les tribunaux: c'est à l'administration seule qu'il appartient de prendre ces mesures.
　Toutefois, si après avoir de nouveaux examiné les demandes que j'ai formulées, Votre Excellence ne juge pas possible de procéder comme je l'ai indiqué, je désire que le procès soit jugé à Séoul, pour que je puisse assister aux audiences conformément au paragraphe 8 de l'article déjà cité. Je vous prierais en conséquence de faire convoquer le

plus tôt possible les individus que je vous ai signalés, ainsi que les témoins qu'il sera nécessaire d'entendre.

Je serais obligé à Votre Excellence de me répondre à ce sujet aussitôt que possible et de me dire en même temps si Elle est prête à me donner les satisfactions d' ordre administratif rappelées plus haut.

Veuillez agréer, Monsieur le Ministre, les assurances de ma très haute considération.

V. Collin de Plancy

Son Excellence
Monsieur Pak Tjyei Syoun
Ministre des Affaires Etrangères,
　　Séoul.

【漢譯】(謄 13 冊)

照會繙譯

　大法辦事公使葛林德,爲照會事,四月卄七日,接到貴照會,玆當修覆,本公使將左開事由再庸提告,想有裨益也,同月十四日,本公使向李道宰閣下,備伸感佩之情,此爲貴帝國政府火急設法,救活張敎士,以防其所有危險也,由是本公使深謝貴政府所顯友好之誼,再於二十五日本公使照會內,自認該敎士本不當招來趙興道,只宜控告趙姓于官庭,然則無須再提,該敎士所行錯擧,難貫江鏡浦居民所用悖逆之策,該民等所爲,寔係絕悖極逆也,庸是本公使請將該犯等至嚴懲辦,貴大臣視爲不依法條約,本公使再閱約旨,查第三欵五條,載明朝鮮人民在朝鮮境內,如有欺凌擾害,損傷法國民人身家性命財產等事,應由朝鮮官員,按照朝鮮律例查挈審辦等語,按貴國律例施律之法,有時自裁辦所行之,有時自法部大臣行之,有時奉勅命行之,於是乎實未曉本使所請與約旨有何不符也,如貴大臣旣無權施律,應請法部大臣施律,或奏請皇勅施律可也,且本公使請此施律之外,並有請施官,官行之者,如揭示榜文,停市一日,譴責地方官,賠還損害等是也,此與裁辦所毫無相涉,此係發令施行事件也,雖然,如貴大臣將本使所請照會從新披閱之下,猶思難能依此施行,本使願將該案在漢城審理,以便本使遵照同欵八條參審,請煩貴大臣將本使曾所指示諸犯及必要人證等趕速招來,且請查照,遄賜覆文施行,並將右開官令所關事件已備施行與否示明可也,須至照會者,

　右.
大韓外部大臣　朴　閣下
　一千八百九十九年五月二日

1070. 群山・馬山・城津等港의 開港章程草案에 對한 文句修正同意의件 (原 3 冊)

[發] 法國公使　葛林德
[受] 外部大臣　朴齊純

光武 3年
西紀1899年 5月9日

Séoul, le 9 mai 1889

Monsieur le Ministre,

Par sa dépêche du 27 avril dernier, Votre Exellence a bien voulu exprimer le désir que les règlements à appliquer dans les nouvelles localités ouvertes au commerce fussent modifiés, de façon à limiter à 15,000 mètres carrés la surface des terrains mentionnés dans l'Article Dix.

Je ne vois pour ma part aucune objection à ce changement.

Veuillez agréer, Monsieur le Ministre, les assurances de ma très haute considération.

V. Collin de Plancy

Son Excellence
Monsieur Pak Tjyei Syoun
Ministre des Affaires Etrangères,
　etc. etc. etc.
　　Séoul.

【漢譯】(謄 13 冊)

照會

大法辦事公使葛林德,爲照會事,去四月廿七日,接准貴照會內開,新開港口租界章程第十條內,添入極大不過一萬五千方米突句語等因,本公使於此毫無異見,請煩貴大臣查照可也,須至照會者,

　右.

大韓外部大臣　朴　閣下
　一千八百九十九年五月九日

1076. 江鏡浦張敎士事件關聯者에 對한 漢城에서의 審判通告件 (謄 13 冊)

[發] 外部大臣　朴齊純
[受] 法國公使　葛林德

光武 3年
西紀1899年 5月17日

照會第二十五號

大韓外部大臣朴齊純,爲照覆事,照得,江鏡浦滋事一案,迭經照會在案,本月二日,接到貴照會內開,該敎士所行錯擧,難貫江鏡浦居民悖逆之策,本公使請將該犯至嚴懲辦,貴大臣視爲不依條約,本公使再閱約旨,查第三欵五條,載明朝鮮人民在朝鮮境內,如有欺凌擾害,損傷法國民人身命財産,應由朝鮮官員按照朝鮮律例審辦等語,按貴國施律之法,有時自裁判所行之,有時自法部大臣行之,有時奉勅命行之,於是乎實未曉本使所請與約不符也,如貴大臣無權施律,應請法部大臣施律,或奏請皇勅施律,且本公使請施律之外,揭榜,停市,譴

責地方官,賠還損害金,此與裁判所毫無相涉也,願將該案在漢城審理,以便叅審,並將右開官令所關事件施行與否示明可也等因,准此,當經行文我法部大臣,轉飭裁判所,提拏該民等到京審辦,并經訓飭該管觀察使,貼文告示,賠補損額該觀察使自應遵照辦理,至停市一事,我政府素無此例,地方官行查,亦未見有偏袒之處,本大臣礙難勉應貴公使之意也,再查彼此紛歧之事項,須有兩造對查,方可無誤決之患,況此案緣起由於金致文,理應一體盤覈,務昭公允,請煩貴公使轉知該敎士,迅飭金致文到案質辦,洵屬妥當,爲此備文照會,須至照會者,

　　右.
大法辦事公使　　葛林德　　閣下
　　　光武三年五月十七日

1077. 同上事件으로觀察使에보낸訓辭一通錄送의件 (膽 13 冊)

〔發〕外部大臣　朴齊純
〔受〕法國公使　葛林德

光武　3年 5月19日
西紀1899年

敬啓者,江鏡浦滋事一案,當經訓飭該管觀察使貼文告示,剴切曉諭,諒文到之日自可遵照辦理,先將訓辭一通照錄送鑒,尙求垂諒,此致,并候日安.
　　　五月十九日　　　　　　　　　　　朴齊純　頓

1080. 江鏡浦張敎士件榜文措辭不准의件 (膽 13 冊・原 3 冊)

〔發〕法國公使　葛林德
〔受〕外部大臣　朴齊純

光武　3年 5月20日
西紀1899年

照會繙譯
　大法辦事公使葛林德,爲照會事,昨承台函內開,擬將附送擬榜命使揭貼等因,閱悉之下,本使全然不准該榜內措辭也,如由貴大臣堅意,將該榜文揭示人民,則由此招起來頭之事,摠歸貴大臣擔保也,請煩貴大臣查照可也,須至照會者,

　　右.
大韓外部大臣　　朴齊純　　閣下
　　　一千八百九十九年五月二十日
　　※ 繳還

1081. 法國人喜有道의 山地買收에 對한 務安監理의 發契不准件 (原 3 册)

［發］法國公使　葛林德
［受］外部大臣　朴齊純

光武 3年 5月 20日
西紀 1899年

Séoul, le 20 mai 1899

Monsieur le Ministre,

Un de mes nationaux, M. Deshayes, a acheté une montagne située en dehors de la concession de Mokhpo, dans la limite de dix li, et jusqu'à présent le Kamni n'a pas consenti à lui délivrer ses titres de propriété. Ce fonctionnaire alléguait, pour motiver son refus, que la montagne dont il s'agit ne payait pas l'impôt foncier; il prétendait ensuite que l'emplacement avait été choisi pour y établir le cimetière japonais; enfin il invoquait les ordres qu'il avait reçus de votre Ministère, pour ne pas faire droit à la requête de ce citoyen français.

J'ai fait remarquer au Kamni qu'en Corée, bien des montagnes sont dans le même cas et que la plupart, sinon toutes, ne paient pas l'impôt, que cependant elles sont possédées sans contestation par leurs propriétaires. Pour celle-ci, le vendeur en était depuis plusieurs générations le légitime et tranquille propriétaire, et il possédaient plusieurs tombeaux; ses droits ne paraissaient donc pas pouvoir être discutés.

Quant à l'objection tirée de l'établissement du cimetière japonais, elle n'est pas plus valable. C'est, en effet, le 24 avril 1898 que M. Deshayes a acheté la montagne, tandis que c'est beaucoup plus tard, en septembre de la même année, qu'il a été question d'y établir le cimetière japonais. Si l'intention du Kamni était de concéder la montagne pour en faire un cimetière, il avait dû prendre au préalable des arrangements avec le propriétaire et ne pas attendre que ce dernier ait vendu son immeuble à un étranger. Du reste, je considère comme très regrettable l'idée d'établir un cimetière à un endroit aussi rapproché de la concession, et j'estime qu'il devrait être placé à 5 ou 6 li de là.

Je pense, d'autre part, que si votre Département a donné des instructions telles que le dit le Kamni, c'est qu'il n'était pas renseigné exactement sur tous les détails de l'affaire et je ne doute pas que Votre Excellence mieux informée ne reconnaisse le bon droit de mon ressortissant.

Je croyais, d'ailleurs, que le Kamni s'efforcerait de régler l'affaire selon l'équité, quand j'ai appris que, le 15 de ce mois, il a fait arrêter le vendeur de la montagne, Moun Tchai Sin. Celui-ci a vainement objecté qu'il avait vendu sa montagne à un autre Coréen, Kang htai-syoun, et qu'il n'était pour rien dans les difficultés survenues tard: le magistrat l'a maintenu en prison.

Cette mesure arbitraire est une violation flagrante de l'article IV du traité franco-coréen et je vous prie de vouloir bien donner par le télégraphe l'ordre au Kamni de Mokhpo de remettre immédiatement en liberté l'individu emprisonné. Je vous serais reconnaissant de l'inviter en même temps à régler définitivement la question des titres de propriété, conformément aux stipulations des traités et aux règles de la justice.

Veuillez agréer, Monsieur le Minsitre, les assurances de ma très haute considération.

V. Collin de Plancy

Son Excellence
Monsieur Pak Tjyei-Syoun

Ministre des Affaires Etrangères, à Séoul.

【漢譯】(膽 13 冊)
照會譯本

　大法辦事公使葛林德,爲照會事,法國人曺有道,距木浦十里以內在租界以力,從公決此矣,得聞本月十五日,該監理將賣山者文在信捕拿,雖由文在信發明自家賣山于韓人姜太洙,其後致此紛難,非其所知云,該監理置之不理,加以監禁,此係法外之擧,明係違犯 法韓條約第四款,請煩貴大臣刻卽飛電務安監理,將在囚者放釋,幷使該監理將該撥契一事同時決末,以遵約旨洎公理可也,須至照會者,
　右照會.
大韓外部大臣　朴齊純　閣下
　　一千八百九十九年五月二十一日

1086. 法人曺有道에게의買山原價索還指示要望件 (膽 13 冊)

[發] 外部大臣　朴齊純
[受] 法國公使　葛林德

光武　3年
西紀1899年 5月25日

照覆第二十七號

　大韓外部大臣朴齊純,爲照覆事,照得,本月二十日,接到貴照會,以曺有道距木浦十里以內買得一麓,該港監理不准發契一事,查無稅之地係屬官有基址,我國人民營葬樵採,從前官吏不能覺察,現在該監理革除舊謬,遵守公理,此係正當辦法,倘以犯禁之人民視爲眞正業主,准其轉賣,由官發契則國內官有之地盡歸莠民射利,後來之弊,伊于胡底,至日本人葬地建定與否,當作別論,應請貴公使轉飭曺有道,向該賣主索還原價,免致滋案,是爲至要,爲此備文照覆須至照會者,
　右照會.
大法辦事公使　葛林德　閣下
　　光武三年五月二十五日

1088. 法人曺有道買山原主의釋放要請件 (原 3 冊)

[發] 法國公使　葛林德
[受] 外部大臣　朴齊純

光武　3年
西紀1899年 5月26日

Séoul, le 26 mai 1899

Monsieur le Ministre,

J'ai eu l'honneur de vous écrire, le 20 de ce mois, au sujet du terrain qu'un de mes nationaux, M. Deshayes, a acheté à Mokpho. Je ne vous ai pas demandé de discuter la question de savoir si mon ressortissant pouvait ou non acquérir cèt immeuble. Nous examinerons ce point plus tard, si vous le désirez, bien que je considère que ce citoyen français était entièrement dans son droit.

Ce que j'ai réclamé et que je réclame sans nouveau retard, c'est que le Kamni de Mokpho respecte les traités et je vous prie de lui télégraphier d'urgence pour que l'individu arrêté soit immédiatement en liberté.

Veuillez agréer, Monsieur le Ministre, les assurance de ma très haute considération.

V. Collin de Plancy

Son Excellence
Monsieur Pak Tjyei-Syoun
Ministre des Affaires Etrangères, Séoul.

【漢 譯】(謄 13 冊)

大法辦事公使葛林德,爲照會事,本使於本月二十日,以曺有道買得一麓於木浦一事,業經照會,而此不願聞該法人能買此麓與否之權利也,且該事之裡許從當查實,而揆以鄙見,則該法人眞是此麓之主也,請煩貴大臣飛電于木浦監理,將在囚者刻即放釋,并使該監理遵約旨洎公理可也,須至照會者.

右.

大韓外部大臣　朴齊純　閣下

一千八百九十九年五月二十六日

1090. 江鏡浦張敎士事件訓飭閱悉의件 (謄 13 冊・原 3 冊)

〔發〕 法國公使　葛林德
〔受〕 外部大臣　朴齊純

光武 3年 5月27日
西紀1899年

敬覆者,前奉來函內開,江鏡浦滋有一案,當經訓飭該管觀察使貼文告示,劃切曉諭,諒文到之日自可遵照辦理,先將訓辭一通照錄送鑑等因,閱悉一切,爲此仰覆,并頌台安.

一千八百九十九年五月二十七日　葛林德　頓

1094. 群山・馬山・城津의開港章程畵押日期通告件 (謄 13 冊)

〔發〕 外部大臣　朴齊純
〔受〕 法國公使　葛林德

光武 3年 5月31日
西紀1899年

照會第二十九號

大韓外部大臣朴齊純,爲照會事,照得,新開三港各國租界章程,悉照甑南浦・木浦已定章程辦理,將該稿備文送閱,再,第十欸惟此項地段之下,應添入極大不過一萬五千方米突字樣,寔屬妥善,并經照會貴公使,仍准覆文各在案,該章不過一萬五千方米突字樣,寔屬妥善,幷經照會貴公使,仍准覆文各在案,該章程畫押日期,證以六月二日下午二點鍾,除聲明知照駐京各國公使外,相應備文照會貴公使,請煩查照,屆期臨署,以便會同印押可也,須至照會者,
　右.
大法辦事公使　葛林德　閣下
　　光武三年五月三十日
　再,各港租界未經丈量,現在只將地段形便繪成草圖,姑備查閱,一俟丈量後補繪記明,隨將該圖續行會押也.

1096. 江鏡浦張敎士事件開廷審判日時通告의件 (謄 14 冊)

〔發〕外部大臣　朴齊純
〔受〕法國公使　葛林德
　　　　　　　　　光武　3年
　　　　　　　　　西紀1899年 6月3日

照會第

　大韓外部大臣朴齊純,爲照會事,照得,江鏡浦滋事一案,疊准貴照會,業經行文我法部大臣,轉飭裁判所,提拏該民等,到京審辦,幷經照覆各在案,玆接法部來文內開,崔星振·尹成汝·金樂文·千長玉·崔一彥·趙興伊·趙興道,業已提解來漢,押付漢城裁判所等因,續接漢城裁判所來文內開,江鏡浦民崔星振等案件,擬於本月六日上午十一時開廷審辦等因,准此,相應備文照會貴公使,請煩查照,屆期前往,照章聽審,幷提該案人證,以便質查可也,須至照會者,
　右.
大法辦事公使　葛林德　閣下
　　光武三年六月三日

1097. 全羅道地方의民亂으로因한遊歷者召還勸告의件 (謄 14 冊)

〔發〕外部大臣　朴齊純
〔受〕法國公使　葛林德
　　　　　　　　　光武　3年
　　　　　　　　　西紀1899年 6月3日

　敬啓者,現接軍部大臣來文內開,據全羅北道觀察使電稱,古阜·興德泰仁·井邑等地,有莠民煽動等情,再據光州地方隊電稱,康津地亦有匪類滋事之漸等情,據此電飭兩道觀察,卽行曉諭解散,倘伊等頑不從順,應行飭派兵役彈壓,幷保護各國人員等因,查該地莠民係潢池小盜,不藉兵威,自應熄滅,惟念各國紳商游歷甚多,理應先事防範,以備不虞,玆特函明,尙望查照,亟電召還,如有領照未發者,幷飭停行,免致陳虞,是爲切禱,專此順頌台安.
　　六月三日　　　　　　　　　朴齊純　頓

1099. 江鏡浦張敎士事件公判日延期通告 (謄14冊)

[發] 外部大臣　朴齊純
[受] 法國公使　葛林德

光武　3年　6月6日
西紀1899年

敬啓者,江鏡浦民崔星振等裁判日期,訂以本日上午十一點,業經照明在案,現接漢城裁判所來文內開,本日大皇帝陛下詣太廟展謁,值大公之日,例不得開廷,更以本月七日上午十點鍾訂期仰佈等因,准此備函佈聞,尚求照諒爲是,手致,幷頌台安.

六月六日　　　　　　　　　　　朴齊純　頓

1100. 同上江鏡浦張敎士事件의裁判延期에對한反駁 (原3冊)

[發] 法國公使　葛林德
[受] 外部大臣　朴齊純

光武　3年　6月7日
西紀1899年

Séoul, le 7 juin 1899

Monsieur le Ministre,

Vous m'avez fait l'honneur de m'annoncer, par votre dépêche du 3 de ce mois, que le jugement des sujets coréens impliqués dans l'affaire de Kang-Kyeng aurait lieu le 6 juin, à XI heures du matin.

Au jour fixé, le secrétaire de cette Légation, le P. Vermorel et les témoins que j'avais convoqués, étaient prêts à se rendre au tribunal, quand à XI heures moins le quart, j'ai reçu la lettre par laquelle vous m'informiez que la cause était renvoyée au lendemain, 7, en raison de la visite que Sa Majesté devait faire au temple de ses ancêtres. Comme la cérémonie dont il s'agit était décidée depuis plusieurs jours, il me semble que vous auriez pu me prévenir plus tôt de l'impossibilité dans laquelle se trouverait le tribunal de juger le procès; il y a là, de votre part, un premier manque d'égards qui me paraît profondément regrettable.

Aujourd'hui, M. Lefèvre, le missionnaire et ses témoins se sont présentés à la préfecture, et n'ont trouvé personne pour les recevoir. Après avoir attendu une demi-heure, ils ont appris que le tribunal ne siégerait pas, vous n'avez pas même pris la peine de m'aviser de ce second retard.

Ce nouveau procédé, encore plus désobligeant que le premier, m'oblige à attendre vos excuses et à vous déclarer que je n'enverrai désormais aucun membre de la Légation, ni aucun témoin au tribunal; votre Gouvernement peut donc faire juger l'affaire comme il l'entend. De la solution qui lui sera donnée, dépendront les réparations que j'aurai à réclamer ultérieurement et dont vous aurez assumé toute la résponsabilité, par la mauvaise volonté que vous avez manifestée, pendant le cours des pourparlers engagés au sujet de l'incident de Kang-Kyeng.

Veuillez agréer, Monsieur le Ministre, les assurances de ma très haute considération.

V. Collin de Plancy

Son Excellence
Monsieur Pak Tjyei-Syoun

Ministre des Affaires Etrangères,
à Séoul.

【漢譯】(謄14冊)
照會
　　大法辦事公使葛林德,爲照會事,本月三日,接准貴照會內開,江鏡浦案內韓人,訂於六月六日上午十一點開廷審辦等因,一到定日,本公館叅贊·張敎士泊本使招來證人等齊會,備待前往裁判所,至十一點少幾分鍾,始接貴大臣函示,大皇帝陛下駕幸宗廟,因此退訂審期于七日等因,查動駕禮式,前期多日,有所預定,貴大臣似宜將該退審一事預早聲佈,此爲貴大臣第一次失禮,本使深抱嘆惜,今日盧飛鳧氏及敎士·證人等前往裁判所,寥寥無一人相接,延竚半個時辰,始知又退審期,貴大臣於此幷不欲爲勞通知退期,此次失禮比前更甚,此擧迫余企竢貴大臣謝鳴其愆,且本使玆爲聲言,從玆以後,不問本館人員,幷不送人證于裁判所,由貴政府隨意自行裁判,本使視貴政府措處如何,隨責賠補也,籌此江鏡浦事案,貴大臣於往復談辦間,顯有懷抱另意,爲是之故,其責全歸貴大臣自擔也,須至照會者,
　　右照會.
　　大韓外部大臣　朴齊純　閣下
　　一千八百九十九年六月七日

1102. 法人曺有道買山原主의 釋放遲延에 對한 理由提示要望件 (原3冊)

〔發〕法國公使　葛林德
〔受〕外部大臣　朴齊純

光武　3年
西紀1899年　6月14日

Séoul, le 14 juin 1899

Monsieur le Minstre,

J'ai eu l'honneur de vous écrire, les 20 et 26 mai, pour vous demander de faire mettre immédiatement en liberté un Coréen arrêté sur l'ordre du Kamni de Mokhpo, à la suite de l'achat d'une montagne par le P. Deshayes.

Le 2 de ce mois, j'ai insisté verbalement auprès de Votre Excellence dans le même sens. Vous m'avez alors promis de donner par le télégraphe les instructions nécessaires au Kamni de Mokhpo.

Or, j'apprends que le prisonnier n'avait pas été relaxé. Je vous prie de m'expliquer ce manque de parole.

Veuillez agréer, Monsieur le Ministre, les assurances de ma très haute considération.

V. Collin de Plancy

Son Excellence
Monsieur Pak Tjyei-Syoun

Ministre des Affaires Etrangères, Séoul.

【漢譯】(謄 13 冊)
照會
　大法辦事公使葛林德,爲照會事,以曺敎士買得山麓以後,因務安監理分付.被囚韓人一名,卽刻放送事,已於五月二十日及二十六日,疊煩照請貴大臣在案,嗣於本月二日,本使面晤貴大臣,如一仰干,已承貴大臣允發電訓于該監理,查本月十一日據報,該囚尙未見放云,請煩貴大臣將緣何食言之故解釋示明,爲要云云,須至照會者,
　右.
大韓外部大臣　朴齊純　閣下
　　光武三年六月十四日

1103. 同上件에對한應信 (謄 13 冊)

〔發〕外部大臣　朴齊純
〔受〕法國公使　葛林德
光武　3年　6月15日
西紀1899年

照覆第三十一號
　大韓外部大臣朴齊純,爲照覆事,照得,曺有道在木浦買山一事,前經照覆在案,上月二十五日,本月十四日,疊准貴公使照請,被囚我民放釋等因,查該地係屬官有,不准人民私賣,該曺有道不應享有眞正權利,惟勉准來意,當經電飭務安監理,將潛賣山麓之我民姑行鬆釋,至本案原因,另行究辦可也,爲此備文照覆,須至照會者,
　右照覆.
大法辦事公使　葛林德　閣下
　　光武三年六月十五日

1114.　江鏡浦張敎士事件의審判日期訂定要請의件 (謄 14 冊・原 3 冊)

〔發〕法國公使　葛林德
〔受〕外部大臣　朴齊純
光武　3年　6月30日
西紀1899年

　敬啓者,以江鏡浦事案,本使招來人證等,值玆農務旁午,懇請准許還鄕,查該證供業經法官問訊,應有存記,依鄙見,除最緊證朴姓外,其餘諸人似不必留駐漢城,故許令還鄕也,際此本公使從新煩請貴大臣,須與法部大臣議商,俾由平理院將該事案審判日期趕速訂定可也,此頌日祉.
　　一千八百九十九年六月三十日　　葛林德　頓

1119. 江鏡浦事件處理經緯問議件 (原3冊)

[發] 法國公使　葛林德
[受] 外部大臣　朴齊純

光武 3年 7月8日
西紀1899年

　　　　　　　　　　　　　　　　　　　　　Séoul, le 8 juillet 1899

　　Monsieur le Ministre,

　　Je vous ai prié à fréquentes reprises, verbalement et par écrits, de fixer la date à laquelle le jugement serait rendu, en ce qui concerne les Coréens inculpés dans l'affaire de Kang-Kyeng. Or, je viens d'apprendre que quatre de ceux-ci auraient été mis en liberté, sans que vous m'ayez prévenu.

　　J'ai en conséquence l'honneur de vous demander pour la dernière fois si votre Gouvernement entend faire juger cette affaire ou non?

　　Veuillez agréer, Monsieur le Ministre, les assurances de ma très haute considération.

　　　　　　　　　　　　　　　　　　V. Collin de Plancy

Son Excellence
Monsieur Pak Tjyei-Syoun
Ministre des Affaires Etrangères,
　　Séoul.

【漢譯】(謄 14 冊)

　　大法辦事公使葛林德,爲照會事,以江鏡浦案內被告韓人訂期審判一事,面懇書囑,甚覺重疊,頃聞在監中四人已行釋放,貴大臣初不將此知會本使,所以本使以終次更爲一問,貴政府願否行此裁辦,請煩貴大臣查照可也,須至照會者,
　　右.
大韓外部大臣　朴　閣下
　　一千八百九十九年七月八日

1120. 同上江鏡浦張敎士事件의開廷再審에派員聽審要望件 (謄 14 冊)

[發] 外部大臣　朴齊純
[受] 法國公使　葛林德

光武 3年 7月10日
西紀1899年

照覆第三十六號

　　大韓外部大臣朴齊純,爲照覆事,照得,本月八日,接准貴照會,以江鏡浦人民訂期審判一事,當經知照法部,轉行漢城府裁判所,去後,頃接該裁判所來文內開,該案屢經審問,尙未有法國公使派員聽審,擬於本日下午二時開廷再審,請煩知照法公使,以便聽審等情,准此,相應備文照覆貴公使,請煩查照,另派委員,屆期前往可也,須至照會者,
　　右.
大法辦事公使　葛林德　閣下
　　光武三年七月十日

1122. 江鏡浦事件關聯者釋放에 對한 處分狀送呈의件 (謄 14 冊)

〔發〕外部大臣　朴齊純
〔受〕法國公使　葛林德

光武　3年
西紀1899年 7月11日

敬啓者,昨承貴公使照詢,江鏡浦案內四人已行釋放一事,查本日漢城府裁判所來文內開,金京彥·黃京直係非案內人證,只可訊問情形而止,至案內之崔一彥,千長玉,亦無可執之迹,幷經放免,兹將處分狀附呈等因,准此,鈔錄該狀送備台鑒,並頌勛安.

　　七月十一日　　　　　　　　　　朴齊純　頓

1123. 同上江鏡浦事件關聯者中釋放한 千長玉·崔一彥에 對한 再審要望의件 (原 3 冊)

〔發〕法國公使　葛林德
〔受〕外部大臣　朴齊純

光武　3年
西紀1899年 7月12日

Séoul, le 12 juillet 1899

Monsieur le Ministre,

J'ai reçu la lettre que vous avez bien voulu m'adresser hier et par laquelle vous m'avez communiqué un rapport du tribunal de Séoul.

J'ai l'honneur de vous faire savoir en réponse que les sieurs Tjyo heung-sye, Kim kyeng-en et Hoang kyeng-tjik ont été arrêtés par le magistrat d'Eun Tjin et amenés à Séoul, sans que j'aie demandé leur incarcération. Dès le premier jour, j'ai informé le juge queces individus pouvaient être mis en liberté.

Il en est tout autrement des sieurs Tchyen Tjyang-ok et Tchoi Il-en que j'ai formellement accusés d'avoir participé à l'attentat dirigé contre le P. Vermorel. Avant de les relaxer, le juge savait me faire communiquer son jugement par votre entremise, car il ne pouvait savoir si je ne ferais pas appel de la décision. Ce magistrat me paraît donc avoir excédé ses pouvoirs et je vous serais reconnaissant de vous concerter avec le Ministre de la Justice pour que les deux individus mis en liberté soient recherchés et arrêtés de nouveau; s'ils ne pouvaient être retrouvés, je considérerais le juge comme responsable à leur place.

Je vous prie d'insister également pour que la sentence du tribunal me soit communiquée le plus tôt possible, afin que l'affaire soit portée sans délai devant la Haute Cour, si le premier jugement ne me paraît pas satisfaisant.

Veuillez agréer, Monsieur le Ministre, les assurances de ma très haute considération.

V. Collin de Plancy

Son Excellence
Monsieur Pak Tjyei Syoun
Ministre des Affaires Etrangères,
　　Séoul.

【漢 譯】(謄 14 冊)

照會

　大法辨事公使葛林德,爲照會事,昨接貴照會,內附漢城裁判所報告,准此,查趙興西·金景彥·黃京直等三人,由恩津郡守捕送漢京,初非本使請囚渠等,最初本使知會該所檢事,可將此輩能行放釋,至於千長玉·崔一彥,與此迥別,業由本使照告此輩協力攻打張敎士,該檢事於放送此輩之前,理應將該裁判案件,請貴大臣轉佈本使,此緣該檢事未知本使意見將該裁決之案,請使招換再審與否故也,該官所爲似涉濫越其權,請煩貴大臣與法部大臣議商,將該放出二人另加譏詞,從新捉囚,若或未能追獲,責歸該檢事充其代,且請貴大臣,將該案使之火速致決,備文示明,以便本使查閱後,若未愜意,即將該案移送平理院,勿事遲延也,請煩貴大臣查照施行可也,須至照會者.

　右照會.

大韓外部大臣　朴齊純　閣下
　一千八百九十九年七月十二日

1127. 全羅道民亂平定與否回示要望件 (謄14冊·原3冊)

〔發〕法國公使　葛林德
〔受〕外部大臣　朴齊純

光武　3年 7月28日
西紀1899年

　敬覆者,去六月三日,接准貴函內開,現接軍部大臣來文內開,據全羅北道觀察使電稱,古阜·興德·泰仁·井邑等地,有莠民煽動等情,再據光州地方隊電稱,康津地亦有匪類滋事之漸等情,據此,電飭兩道觀察,即行曉喩解散,倘伊等頑不從順,應行飭派兵役彈壓,幷保護各國人員等因,查該地莠民係溟池小盜,不藉兵威,自應熄滅,惟念各國紳商遊歷甚多,理應先事防範,以備不虞,玆特函明,向望查照,亟電召還,如有領照未發者,幷飭停行,免致疎虞等因前來,未知該匪撓現已平靜否,請煩貴大臣迅即示覆爲荷,此頌台安.

　七月二十八日　　　　　　　　葛林德　頓

1128. 同上回答 (謄14冊)

〔發〕外部大臣　朴齊純
〔受〕法國公使　葛林德

光武　3年 7月29日
西紀1899年

　敬覆者,頃奉台函,幷詢及全羅道匪擾平靜與否,查該莠民等懾威遠颺,現在情形庶免憂虞,尙祈照諒爲禱,手此覆頌暑祺.

　七月二十九日　　　　　　　　朴齊純　頓

1133. 江鏡浦事件의判決宣告書抄送의件 (謄14冊)

〔發〕外部大臣　朴齊純
〔受〕法國公使　葛林德

光武　3年
西紀1899年　8月11日

照會第四十號

　大韓外部大臣朴齊純,爲照會事,本日接到漢城府裁判所首班判事來文內開,江鏡浦案內人等屢行審訊,趙興西·尹成汝·崔星振處以懲役十五年,趙興道處以笞四十,金樂文放免,業經判決宣告,玆將宣告書類送備鑒閱,現在該被告等稱寃不服,上訴平理院,再,千長玉·崔一彦,本所檢事初審之後,無罪放免,旋准貴部照會,將該兩人再行拿囚,但經宣放,本所無裁判之例,至趙興西,始稱興伊,又聞別有一個趙興伊居在全羅道地方,流離遷徙,譏詗未獲等因,准此,前准貴公使照請,該案致送備文示明,以便查閱等語在案,玆據前因,除鈔附宣告書類外,爲此備文照會,須至照會者,

　右照會.

大法辦事公使　葛林德　閣下
　　光武三年八月十一日

1134. 同上事件再審要望의件 (原3冊)

〔發〕法國公使　葛林德
〔受〕外部大臣　朴齊純

光武　3年
西紀1899年　8月12日

Séoul, le 12 août 1899

　　Monsieur le Ministre,

　J'ai reçu la dépêche que vous avez bien voulu m'adresser et par laquelle vous m'avez communiqué le jugement rendu dans l'affaire de Kang-Kyeng.

　Comme l'Article III, paragraphe 8 du traité m'en donne le droit, je proteste contre la procédure et la sentence, notamment contre les inexactitudes de l'acte d'accusation, contre la façon dont les interrogatoires ont été menés, contre l'acquittement des sieurs Kim nak moun, Tchyen Tjyang Ok, Tchoi il-en, ainsi que contre mauvais vouloir qui n'a pas permis jusqu'à présent d'arrêter le véritable Tjyo heung i, tandis qu'on condamne un innocent, Tjyo heung so à sa place.

　Je demande en conséquence que l'affaire soit portée devant la Haute-cour à l'audience de laquelle je me propose de me rendre moi-même avec les témoins, dès que vous m'aurez fait connaître le jour où le procès sera entendu.

　Veuillez agréer, Monsieur le Ministre, les assurances de ma haute considération.

V. Collin de Plancy

Son Excellence
Monsieur Pak Tjyei-Syoun
Ministre des Affaires Etrangères, Séoul.

【漢譯】(謄14冊)

照覆

　大法辨事公使葛林德,爲照覆事,昨接貴照,內附江鏡一案判決宣告書抄本一紙前來,本使遵照約條第三欵第八條內所許權利,對此質審判決有所不准也,尤於供招之爽實,洎行訊問之法,洎將金樂文·千長玉·崔一彥歸於無罪,本使對此有所不准也,抱有不好意思,迄今不許捕獲眞趙興伊,反將無罪人趙興西代爲定罪,本使對此有所不准也,所以本使請由平理院將該案再行審判,一俟貴大臣將開審日期訂示,本使擬率人證,躬往平理院叅審也,請煩貴大臣查照施行可也,須至照覆者.

　　右照會.

大韓外部大臣　朴齊純　閣下
　　一千八百九十九年八月十二日

1136. 江鏡浦事件의開廷日期通告件 (謄14冊)

[發] 外部大臣　朴齊純
[受] 法國公使　葛林德

光武　3年8月18日
西紀1899年

照會第四十二號

　大韓外部大臣朴齊純,爲照會事,本月十二日,接到貴照覆內開,江鏡一案判決宣告書抄本前來,本使對此質審有所不准,請由平理院再行審辦,一俟訂示日期,擬率人證躬往叅審等因,准此,查該民等對漢城裁判所判決亦有不服,業經上訴平理院去訖,此次本大臣遵照貴來文之意,知照平理院,爵訂定開廷日期,旋准該院裁判長覆開,本月二十五日上午十二點鍾開廷等因,准此,相應備文照會貴公使,請煩查照,屆期前往平理院聽審可也,須至照會者.

　　右照會.

大法辨事公使　葛林德　閣下
　　光武三年八月十八日

1137. 同上開廷時의叅審通告件 (原3冊)

[發] 法國公使　葛林德
[受] 外部大臣　朴齊純

光武　3年8月23日
西紀1899年

Séoul, le 23 août 1899

　　Monsieur le Ministre,

　J'ai reçu la dépêche que vous avez bien voulu m'adresser, le 18 août et par laquelle vous m'avez annoncé que la Haute-Cour de Justice examinerait l'affaire de Kang-Kyeng, le 25 de ce mois, à midi.

　J'ai l'honneur de faire connaître à Votre Excellence que je me rendrai à l'audience avec les témoins, au jour et à l'heure fixés.

　Veuillez agréer, Monsieur le Ministre, les assurances de ma très haute considératien.

V. Collin de Plancy

Son Excellence
Monsieur Pak Tjyei-Syoun
Ministre des Affaires Etrangères, Séoul.

【漢譯】(謄 14 冊)

照覆

　大法辦事公使葛林德,爲照覆事,八月十八日,接准貴照會內開,訂於本月二十五日午時,由平理院將江鏡案開審等因前來,本使擬竢屆期,領帶人證,前往該院叅審,爲此仰覆,請煩貴大臣查照可也,須至照覆者,

　右照會.

大韓外部大臣　朴齊純　閣下
　　一千八百九十九年八月二十三日

1142. 江鏡浦事件의 張敎士에 對한 處辦方策明示要望件 (謄 14 冊)

[發] 外部大臣　朴齊純
[受] 法國公使　葛林德

光武 3年 9月 2日
西紀1899年

照會第四十四號

　大韓外部大臣朴齊純,爲照會事,玆接平理院裁判長來文內開,江鏡浦民人案件,八月二十五日及二十六日開廷審訊,駐京法國公使會同聽審,將案內金樂文·崔一彥·趙興道·趙興西即行放免,尹成汝·崔星振·千長玉,以有罪論,現擬定律,查該案緣起,由於張敎士擅自招引,幷行拘禁,備役縱恣意施刑,釀成重案,似此不法情事,應經法國官員查究寔法,向祈知照法國公使,竢覆示明等因,准此,相應備文照會貴公使,請煩查照,將張敎士如何處辦之處明晳見覆,望切施行,須至照會者,

　右.

大法辦事公使　葛林德　閣下
　　光武三年九月二日

1146. 江鏡浦事件에 對한 現地에서의 合同審辦要望件 (原 3 冊)

[發] 法國公使　葛林德
[受] 外部大臣　朴齊純

光武 3年 9月 6日
西紀1899年

Séoul, le 6 septemdre 1899

Monsieur le Ministre,

　J'ai reçu, le 4 de ce mois, la dépêche que vous avez bien voulu m'adresser le 2 et par laquelle vous m'avez communiqué une note de la Haute-Cour de Justice.

　Je crois devoir compléter les indications qui y sont contenues en disant que, par esprit de conciliation, j'ai demandé moi-même l'abandon des poursuites en faveur de Kim Nak Moun, Tchoi il-en, Tjyo heung to et Tjyo heung sye, et que j'ai exprimé le désir que cette mesure bienveillante fît cesser toute nouvelle procédure. Cependant la Haute-Cour revient aujourd'hui sur le cas du Père Vermorel et de ses domestiques.

En ce qui concerne le missionnaire, je ne comprends pas cette insistantce, puisque, par mes dépêches des 25 avril et 2 mai de cette année, je vous ai déjà exprimé mes regrets pour l'erreur qu'il avait commise, en faisant appeler lui-même Tjyo heung to contre lequel il aurait dû se borner à porter plainte: sous ce rapport, l'incident est clos. J'ajouterai d'ailleurs à la décharge du Père Vermorel, que toutes les fois qu'il a fait appel aux autorités locales, celles-ci n'ont donné aucune suite à ses demandes, elles; elles ont, donc, par leurs négligences, provoqué l'incident de Kang-Kyeng.

J'ignore, en outre, si le fait de convoquer un individu pour l'interroger et l'entendre est un délit puni par les lois coréennes, et je vous serai obligé de me fixer à cet égard, dans tous les cas, ce n'en est pas un, au point de vue des lois françaises.

D'autre part, il n'a nullement été prouvé que Tjyo heung to eût été mis à la torture, si, en dépit de mes prévisions, celui-ci, mal conseillé par certaines personnes qui cherchent à envenimer le litige survenu entre Votre Excellence et moi, veut intenter un procès aux domestiques du Père Vermorel, pour établir cette allégation, il me semble que la Haute-Cour ne serait pas compétente pour l'examiner, mais que l'affaire devait être jugée à Eun-tjin, où tous les témoins pourraient être cités et entendus. Mais comme le magistrat de cette localité ne présente à mes yeux aucune garantie d'impartialité et que j'ai porté plainte contre lui, je réclamerai préalablement son remplacement par un autre fonctionnaire.

Lorsque ce point aura été tranché, je vous prierai de m'indiquer la date à laquelle le procès aura lieu. Vous voudrez bien, en même temps, m'envoyer un passeport et m'escorter pour me permettre de me rendre sur les lieux.

En terminant, je ferai remarquer à Vortre Excellence que dix jours se sont écoulés depuis les débats auxquels j'ai assisté et que le jugement relatif à Tchoi Syeng tjin, Youn syeng ye et Tchyen tjyang ok, reconnus coupables, n'a pas encore été rendu. Je trouve ce retard tout à fait étrange.

Il dépend du Gouvernement coréen de mettre enfin un terme aux mauvaises volontés que le règlement équitable de cette affaire rencontre depuis plus de cinq mois, s'il veut au contraire persévérer dans la voie suivie jusqu'à ce jour et provoquer des incidents plus graves, il ne devra pas être surpris des conséquences que sa détermination est de nature à entraîner pour lui.

Veuillez agréer, Moniseur le Ministre, les assurances de ma très haute considération.

V. Collin de Plancy

Son Excellence
Monsieur Pak Tjyei-Syoun
Ministre des Affaires Etrangères, Séoul.

【漢 譯】(謄 14 冊)

照覆

　　大法辦事公使葛林德,爲照覆事,本月二日發貴照會,於四日到署,內載平理院公文,閱悉之下,理應接叙該文內指意,查金樂文·崔一彦·趙興道·趙興西等案,幷置之勿行追究,此出本使自請,爲平易按事起見,似此從寬辦法,爲杜從新訊供之煩也,曾示鄙見如此,現由平理院,擬尋張敎士泊其雇役之咎,對張敎士所涉之案有此苦請,是本使未解處也,本年四月廿五日洎五月二日鄙照會內,將張敎士做錯處言明,只可控訴趙興道,不宜自行招來等語,以顯本使抱歉之意,此文內已將該事決末,抑爲該敎士有可伸說焉,凡値該敎士每有控請,地方官吏輒置不採,咎由地方官吏怠慢,致此江景事案也,且爲問聞事由招一匹夫,是犯貴國律例,果有懲罰否,按法國無此律條也,請將此示明爲要,至於趙興道全無受刑之據,依鄙見有人造意搆隙于本使及貴大臣之間,慫恿趙興道搖舌,定欲搆訟張敎士之雇役也,此等訟案,平理院似非該管聽理處,由恩津郡開審,可以集會人證訊辦也,但恩津郡守,本使視之,如毫無公平之迹,本使業將該郡守控訴矣,然則煩請貴大臣,另選一員,以代該郡守,然後將開審日期示明,幷爲本使繕送護照一紙,派役護行,以便本使前往該郡,終有一辭提醒貴大臣者存焉,本使叅審平理院審斷,已閱一旬之久,尹成汝·崔星振·千長玉認爲有罪,尙稽結案宣告,似此稽延,不覺詫異也,由貴政府懷抱不好意願,無意公平處辦,至於延宕五閱月之久,一任如前做去,若至生出更大案情,無恠乎其關係由貴政府自任也,請煩貴大臣查照施行可也,須至照覆者,
　　右.
大韓外部大臣　　朴齊純　　閣下
　　　一千八百九十九年九月六日

1165. 江鏡浦民尹成汝等의平理院判決照會件 (謄 14 冊)

[發] 外部大臣　　朴齊純
[受] 法國公使　　葛林德

光武　3年 10月5日
西紀1899年

照會第三十八號

　　大韓外部大臣朴齊純,爲照會事,照得,江鏡浦民人案件,迭經彼此行文在案,該民尹成汝·崔星振處笞一百,懲役十五年之律,千長玉,處笞一百,懲役十年之律,由我平理院業經處辦,相應備文照會貴公使,請煩查照,須至照會者,
　　右照會.
大法辦事公使　　葛林德　　閣下
　　　光武三年十月五日

1167. 群山·馬山·城津三港租界圖會押의件 (謄 14 冊)

[發] 外部大臣　朴齊純
[受] 法國公使　葛林德
光武　3年 10月 6日
西紀1899年

照會第四十八號

　大韓外部大臣朴齊純,爲照會事,照得,城津·群山·馬山各港,作爲外國人通商之處,所有租界章程,業經會同印押在案,玆復將以上三港租界地形派員繪畵,應請貴公使暨各國公使·領事,再到本署公同閱覽,一切印押,擬以本月十日下午二點鍾訂爲會同之期,爲此備文照會貴公使,請煩查照,須至照會者,
　右.
大法辦事公使　葛林德　閣下
　　　光武三年十月六日

1292. 法國人傳敎士의護照發給要請 (謄 16 冊·原 4 冊)

[發] 法國署理公使　盧飛鳧
[受] 外 部 大 臣　朴齊純
光武　4年 9月 11日
西紀1900年

　敬啓者,本國傳敎士等,擬前往慶尙·全羅·黃海·平安四道,護照二紙送呈,請煩卽爲盖印還交爲荷,此頌台安.
　　　一千九百年九月十一日　　　　　盧飛鳧　頓

1293. 同上法國人傳敎士의護照發給件 (謄 16 冊)

[發] 外 部 大 臣　朴齊純
[受] 法國署理公使　盧飛鳧
光武　4年 9月 11日
西紀1900年

　覆啓者,玆奉來函,悉爲貴國傳敎士等,擬前往慶尙·全羅·黃海·平安四道,請領護照一事,准將該護照二紙盖印還交,尙望照諒轉給可也,覆頌秋安.
　　　九月十一日　　　　　　　　　　朴齊純　頓

1318. 法國敎士家에擅入하여敎人을捉去한巡檢에對한懲辦要望件 (謄 16 冊·原 4 冊)

[發] 法國署理公使　盧飛鳧
[受] 外 部 大 臣　朴齊純
光武　4年 10月 27日
西紀1900年

　敬啓者,頃據木浦居法國曺敎士報稱,向於本人出外時,警務官金順根,派送巡檢于本人家內,捉去敎人等語,准此,查巡檢之擅入外國人家拿人,係是犯章,請煩貴大臣嚴查懲辦,以杜後弊可也,此頌台安.
　　　十月二十七日　　　　　　　　　盧飛鳧　頓

1329. 法國敎士家에서敎人을捉去한巡檢의懲責要望件에對한回信 (謄 16 冊)

〔發〕外部大臣　朴齊純
〔受〕法國署理公使　盧飛鳧
光武　4年 12月13日
西紀1900年

敬覆者, 前奉台函內開, 木浦居曺敎士報稱;向於本人出外時,警務官金順根派送巡檢于本人家內,捉去敎人等語,准此,查巡檢之擅入外國人家拿人,係是犯章,請煩嚴查懲辦等因,准此,當經訓飭務安監理,玆據監理報開,奉到訓文,行飭本港警務官,與曺敎士代言人會同質卞,則該署總巡河相駿署理在任時,民人對該敎徒控訴,理應質查,派巡拿引,本非擅入曺敎士寓所等語,據此,查金警務官初無派拿之事,該署總巡并不拿人於曺敎士家裏,此案無用再查,爲此函覆,並頌寒安.

十二月十三日　　　　　　　朴齊純　頓

1407. 法國傳敎士의三南地方遊歷을爲한護照發給依賴 (謄17冊·原5冊)

〔發〕法國公使　葛林德
〔受〕外部大臣署理　崔榮夏
光武　5年 4月30日
西紀1901年

敬啓者,法國傳敎士三人,擬前往如左各道留住,該護照三紙送呈,請煩貴署理大臣卽爲盖印還交爲荷,此頌台安.

四月三十日　　　　　　　葛林德　頓
慶尙道·忠淸道,　慶尙道·全羅道濟州,　忠淸道·全羅道.

1408. 上件에對한應信 (謄17冊)

〔發〕外部大臣署理　崔榮夏
〔受〕法國公使　葛林德
光武　5年 4月30日
西紀1901年

敬覆者,頃准函囑,法國敎士護照三紙盖印繳交,尙望查收,覆頌台安.

四月三十日　　　　　　　崔榮夏　頓

1484. 智島敎人被害事件에관한照會 (原5冊)

〔發〕法國公使　葛林德
〔受〕外部大臣　朴齊純
光武　5年 9月6日
西紀1901年

Séoul, le 6 septembre 1901

Monsieur le Ministre,

J'ai l'honneur de vous communiquer le télégramme suivant que Monsieur Mutel a reçu hier du P. Deshayes en résidence à Mokpo.

"Le 4 septembre, mon suivant a été battu et traîné devant la porte du mandarinat de Gi-to, mon mapou a été frappé cruellement, mon servant est mourant, deux chrétiens emprisonnés sont en danger de mort et j'ai été moi-même frappé et blessé.

Je prie Votre Excellence de demander par le télégraphe des renseignements au sujet de cette affaire au Kamni de Mokhpo, qui, se trouvant à proximité de l'ile de Gi-to, pourra facilement prendre des informations et savoir comment le sous-préfet de cette localité n'a pas su protéger le missionnaire français et les gens à son service.

Veuillez agréer, Monsieur le Ministre, les assurances de ma haute considération.

V. Collin de Plancy

Son Excellence
Monsieur Pak Tjyei-Syoun
Ministre des Affaires Etrangères,
etc. etc. etc.
　　　Séoul.

【漢譯】(謄 18 冊)
照會

　大法全權大臣欽命出使大韓駐劄大臣葛林德,爲照會事,昨日閔主敎接到駐木浦曺敎士電開,九月四日,我之從人被打被曳于智島郡官門前,我之馬夫被打危重,我之服事一人命在死境,敎人二名被囚,亦在死境,我亦被打被傷等因,准此仰佈,請煩貴大臣發電于智島附近木浦監理,探問此事顚末爲盼,該監理力能容易探知裡許,及緣何智島郡守不知保護敎士及其從人之委折也,相應備文照會者,
　　右.
大韓外部大臣　朴　閣下
　一千九百一年九月六日

1486. 智島敎人被害事件의調査指示件 (謄 18 冊)

[發] 外部大臣　朴齊純　　　　　　　　光武　5年 9月11日
[受] 法國公使　葛林德　　　　　　　　西紀1901年 9月11日

照覆第

　大韓外部大臣朴齊純,爲照覆事,照得,本月十六日,接到貴第十九號照會,以曺敎士在智島郡被傷一事,當經電飭務安監理亟行査究,俟該監理報到,再行辦理,先此備文照覆貴公使,請煩査照,須至照會者,
　　右.
大法全權大臣欽命出使大韓駐劄大臣　葛林德　閣下
　　光武五年九月十一日

1490. 智島敎人被害事件의 調査結果通報 (謄18冊)

[發] 外部大臣　朴齊純
[受] 法國公使　葛林德

光武 5年 9月24日
西紀1901年 9月24日

照覆第四十三號

　大韓外部大臣朴齊純,爲照覆事,照得,本月六日,接到貴照會內開,駐木浦曹敎士電開,九月四日,從人被打被曳于智島郡官門前,我之馬夫被打危重,我之服事一人命在死境,敎人二名被囚,亦在死境,我亦被打被傷,准此,請煩發電木浦監理,探問此事顚末,及智島郡守不知保護委折等因,准此,電飭木浦監理迅行査報,並設法保護,玆據該監理報稱,曹敎士到港,請願與智島郡鄕長·書記·通引等裁判歸結,據此,提解該人到案,迺該敎士謂急發京行,不願裁判,本監理無以行査等情,査該敎士不待審判,遽爾作行,必視以此案無甚關係,彼此自可息事,除另飭該地方官,遇有外國人游歷境內,加意保護,以盡禮接外,相應備文照覆貴公使,請煩査照,須至照會者,

　右照覆.

大法全權大臣欽命出使大韓駐劄大臣　　葛林德　閣下
　　光武五年九月二十四日

1492. 智島敎人被害事件에 對한 裁判要請및 同事件被害顚末書 (原5冊)

[發] 法國公使　葛林德
[受] 外部大臣　朴齊純

光武 5年 9月28日
西紀1901年 9月28日

Séoul, le 28 septembre 1901

　　Monsieur le Ministre,

　Vous avez bien voulu me communiquer, le 24 de ce mois, la réponse du Kamni de Mokhpo relativement aux incidents survenus à Tji-to. Ce magistrat dit que le P. Deshayes, étant très pressé de partir pour Séoul, il n'a pas pu juger les accusés qu'il avait fait arrêter.

　Je dois faire connaître à Votre Excellence que ce missionnaire reveuu de Tji-to à Mokhpo, le 5 septembre, n'en est parti que pour venir se faire soigner à Séoul. Le Kamni de Mokpho avait donc le temps en 13 jours de commencer l'interrogatoire des accusés et il pourra le continuer quand le P. Deshayes sera de retour à Mokhpo.

　J'envoie d'ailleurs à Votre Excellence un exposé des faits. Elle verra que ce n'est pas là une affaire sans importance et qui puisse s'aplanir d'elle-même.

　Veuillez agréer, Monsieur le Ministre, les assurances de ma haute considération.

　　　　　　　　　　　　　　　　　　V. Collin de Plancy

Son Excellence
Monsieur Pak Tjyei-Syoun
Ministre des Affaires Etrangères, Seoul.

【漢譯】(謄18冊)

照會第二十三號

　大法全權大臣欽命出使大韓駐剳大臣葛林德,爲照會事,本月二十四日,接准貴照會內開,木浦監理,將智島生事一案答報,謂該敎士謂急發京,不願裁判,無以行查所拘諸被告等情,准此,查曹敎士於九月五日自智島到木浦,自十八日發行,擬到京治療,其間日子爲十三個日,該監理開訊諸被告優爲有暇也,待曹敎士回還木浦後,又能連續裁判也,附呈曹敎士逢辱始末一紙,貴大臣覽此,可知此案不是無甚關係,自可止息之事也,相應備文照會者,
　右.
大韓外部大臣　朴　閣下
　一千九百一年九月二十八日

　木浦曹敎士逢辱始末

　曹敎士所管智島郡慈恩島敎人等,去七月分,來告於本敎士,矣等島民,每年稅錢收納于本島執綱,而本年稅條亦已畢納,捧置尺文矣,今者官隸輩稱有納稅未畢條萬餘兩,逐戶督捧,穀與農牛無難奪取,荒年殘氓兼此暴虐,非徒堪耐莫得,且實無路聊生云,連次懇救,敎士憫其情景,先到該島,探其事實,果如所告,取其文簿與尺文往見智島郡守,爲慈恩島民說其苦況,郡守以有今年稅納未捧條爲答,敎士出示文簿與尺文,則郡守即以已爲誣告者所欺自服,且請今已日暮,以明朝妥辦爲言,故翌日敎士如約更入官,則不知何故,郡守比前頗有厲色,然而郡守宣言,島民旣已納稅,則的知其無罪,當捉致其誣告者懲治矣,書傳令以給之際,通引故踏敎士名喊紙,露出褻慢之狀,敎士隨從李琪煥在座,拾名片示郡守曰,名片即禮物也,棄置席間,使人踐踏,是亦褻瀆其人,此非郡守大人禮遇外人之道也,郡守大發怒氣曰,爾非大韓人而敢欺我耶,智島將爲濟州矣,吾恐爾輩出此官門時,被殺於郡人耳,忽焉變場,一邊通引輩將李琪煥強欲牽出,一邊敎士家僮金福守立於房門前,被蹴墮倒于屑堆下,以石亂投之中,幸而逃走,得脫死地,伊時鄕長黃健周出立於大廳上,高大聲氣,分付刑吏,使即招聚官隸,待洋人出來,打殺其隨從李琪煥,其怒號指揮之說,令人膽寒,敎士及隨員李琪煥見此光景,懇請郡守禁制官屬,彼終聽若不聞,只說智島亦爲濟州矣,敎士見其無意保護,且不可久坐,不得已與隨員李琪煥別郡守出門外,纔過官廳,衙隸五六十名或杖或椎齊出亂打李琪煥,亂軍中聲言曰,殺之殺之,吾輩豈不及濟州人乎,此時敎士家人林德聖,在近處酒店聽此喧鬧,來救李琪煥,亦即傷倒,敎士親自勸解,受杖幾次,雙手破裂,慌甚危甚,帶血回官,懇請救命,郡守故作不信之態,少無救急之心,再出視之,李·林兩人血流淋漓,已仆在地,奄若死人,急招在內敎人幾名,將李林兩人身舁入官庭,纔其時郡守如有驚愕之狀,責官吏輩曰,誰人如此酷打耶,當急使治療,乃謂敎士曰,吾曾不言智島將爲濟州乎,敎士請治犯人,則郡守答以其不知犯者爲誰,敎士曰,首犯即郡守及官吏也云,則郡守只以柔和之說輕責官吏輩,不知何罪,反囚慈恩敎人成德元·成君信兩人,而促裝發行于光州府,而大抵偕敎士來人盡爲被囚耳,敎士持帶政府護照而無罪之場,有法之地家僮幾致喪命,隨從諸人盡被押囚,身亦被打受傷,豈不寃哉,無端仇視,故意加害之境,不得不討法求護,

故玆據實仰佈,幸須將此情節照知于外部,按照情誼妥爲調處,且在囚四人,數電告急,使彼無辜速得放出,千萬爲望.

1495. 智島敎人被害事件犯人의收監審判要望 (謄18冊·原5冊)

[發] 法國公使　葛林德
[受] 外部大臣　朴齊純

光武 5年 10月 4日
西紀1901年

敬啓者,現聞智島作弊首犯黃建周·金雲明·羅瑞慶·李東實四名,向由木浦監理捕監者,已經放釋云,請煩貴大臣發訓光州觀察使拘拿該犯等,審判此案可也,此頌台安.

十月四日　　　　　　　　　　　　葛林德　頓

1498. 智島敎人被害事件의光州觀察使에게의移管反對件 (謄18冊)

[發] 外部大臣　朴齊純
[受] 法國公使　葛林德

光武 5年 10月16日
西紀1901年

敬覆者,前接來函,以智島郡黃建周等拘拿審辦一事,查該名等由務安港裁判所提拿,緣曺敎師不願對查,姑停裁判,如欲更請審查,亦應由該港裁判所隨卽辦理,無須訓飭光州觀察使,移易其案,妨碍其職權,所有未副之處,尙求原諒,此覆,並頌台安.

十月十六日　　　　　　　　　　　朴齊純　頓

1509. 智島敎人被害事件의處理促求件 (原5冊)

[發] 法國公使　葛林德
[受] 外部大臣署理　閔種默

光武 5年 11月11日
西紀1901年

Séoul, le 11 novembre 1901

Monsieur le Ministre,

Votre Ministère ne m'a pas encore fait connaître les dispositions qu'il avait prises pour prévenir le retour de faits graves comme ceux qui se sont produits dans l'île de Tji-to. Comme vous le savez, le magistrat de cette localité a fait frapper le missionnaire et les gens qui l'accompagnaient.

Malgré la plainte que j'ai formulée, je n'ai pas appris que le procès des coupables ait été instruit et que votre Gouvernement ait prit des mesures sévères à l'égard du magistrat de Tji-to.

Je vous prie de me donner à ce sujet une prompte réponse.

Veuillez agréer, Monsieur le Ministre, les assurances de ma haute considération.

　　　　　　　　　　　　　　V. Collin de Plancy

Son Excellence

Monsieur Min Tjyong-Mouk
Ministre p. i. des Affaires Etrangères,
　　　Séoul.

【漢譯】(謄 18 冊)
照會第二十八第
　大法全權大臣欽命出使大韓駐劄大臣葛林德,爲照會事,智島郡生出案情重大,迄未見貴部設法以警來弊之擧,貴大臣可悉該郡守指使廠打傅敎士及其從人,雖經本大臣控告此案,尙未聞究辦諸犯,亦未見貴政府嚴處該郡守,請煩貴大臣將此至迅賜覆可也,相應備文照會者,
　　右.
　大韓外部大臣臨時署理　　閔　閣下
　　　一千九百一年十一月十一日

1510. 同上智島敎人被害事件의 處理促求에대한 回信 (謄 18 冊)

〔發〕外部大臣署理　閔種默
〔受〕法　國　公　使　葛林德
　　　　　　　　　　　　　　　　　　光武　5年　11月12日
　　　　　　　　　　　　　　　　　　西紀1901年

照覆第四十八號
　大韓外部大臣臨時署理農商工部大臣閔種默爲照覆事,照得,本月十一日接到貴照會,以智島一案,査朴大臣任內,九月二十八日貴照會謂,曺敎士回還木浦後,又能連續裁判等語,朴大臣已將該案委任務安監理審判,想曺敎士已到木浦,請該監理提解案內各人對査歸結,該監理亦應迅速辦理,此非本政府視爲汗漫也,俟該監理査明報來,智島郡守是否指使,自可和盤托出,爲此備文照覆貴公使,請煩査照,須至照會者,
　　右.
　大法全權大臣欽命出使大韓駐劄大臣　　葛林德　閣下
　　　光武五年十一月十二日

1514. 智島敎人被害事件의 處理促求件 (謄 18 冊 · 原 5 冊)

〔發〕法　國　公　使　葛林德
〔受〕外部大臣署理　閔種默
　　　　　　　　　　　　　　　　　　光武　5年　11月16日
　　　　　　　　　　　　　　　　　　西紀1901年

　敬啓者,聞木浦監理新差,從速赴任云,請煩貴大臣另訓該監理,將智島事案火速決處爲盼,曺敎士一遭虐待以後,來駐漢京治療,已爲兩個月餘之久,現幾平復前赴木浦也,尙祈照亮爲荷,此頌台安.
　　　　十一月十六日　　　　　　葛林德　頓

1515. 同上智島敎人被害事件의 公正辨理訓飭事回答（謄 18 冊）

[發] 外部大臣署理　閔種默
[受] 法國公使　葛林德

光武　5年11月19日
西紀1901年11月19日

敬覆者,昨奉來函,以智島一案,除訓飭務安新任監理,俟曹敎士赴港,提解各人到案質查,秉公辦理外,合先函覆,並頌台安.

十一月十九日　　　　　　　　閔種默　頓

1561. 燈塔·燈桿建立處의 擇定通知件（謄 19 冊）

[發] 外部大臣署理　兪箕煥
[受] 法國公使　葛林德

光武　6年3月26日
西紀1902年3月26日

照會第十五號

　大韓外部大臣臨時署理鐵道院總裁兪箕煥,爲照會事,沿海各處,建造燈塔·燈桿,放置浮樁等事,均屬急切之務,由海關稅項內,每年撥款二十萬元,以藉需用,現已擇得最要之處,應先建置燈塔·燈浮,庸特開列於左,爲此備文照會,貴公使查照,須至照會者,

　　右.
大法全權大臣欽命出使大韓駐箚大臣　葛林德　閣下
　　光武六年三月二十六日

　　　　計開
一,大同江口之海面水道,建兩燈塔.
　一,在姊妹島建造兩燈塔.
　二,在西島建造燈塔一座.
一,黃海道之西海面水道,建一燈塔一座.
　一,在小靑島建造燈塔一座.
一,仁川港至小靑島之海道中間置一燈浮.
　一,仁川港至小靑島之海道中途,于三碼深之暗沙上,放置燈浮一座.
一,仁川港口外海面水道,建八燈塔.
　一,在小月尾島建造燈塔一座.
　二,在八尾島建造燈塔一座.
　三,在北長子島建造燈塔一座.
　四,在白巖建造燈塔一座.
　五,在鴛鳥[島誤]建造燈塔一座.
　六,在長安嶼建造燈塔一座.
　七,在格列飛島建造燈塔一座.
　八,在甕島建造燈塔一座.
一,群山港口外之海道引船,建兩燈塔.
　一,在港口沙上南邊建造燈塔一座.

二,在有父島建造燈塔一座.
一,木浦港口外之海道,建三燈塔一燈浮.
　一,在老鹿島建造燈塔一座.
　二,在港口至老鹿島海道中途於暗沙上,放置燈浮一座.
　三,在港口外之礁石上,建造燈塔一座.
　四,在尖頂島建造燈塔一座.
一,南方海面內外水道共建八燈塔.
　一,外水道,在西巨次島建造燈塔一座.
　二,　　在九針巖建造燈塔一座.
　三,　　在巨文島建造燈塔一座.
　四,內水道,在篩子島建造燈塔一座.
　五　　在三角島至僧冠之海道中途,建造燈塔一座.
　六,　　在龍端建造燈塔一座.
　七,　　在佐沙里島建造燈塔一座.
　八,　　在小竹島建造燈塔一座.
一,釜山港口內外海道,建三燈塔.
　一,口外水道,在生島建造燈塔一座.
　二,口內水道,在鵜瀨,建造燈塔一座.
　三,　　在古舘建造燈塔一座.
一,元山港口海面水道,建兩燈塔.
　一,在麗島建造燈塔一座.
　二,在葛廓端建造燈塔一座.
一,城津港口海面水道,建一燈塔.
　一,在城津浦嘴尖上建造燈塔一座.

1573. 燈塔·燈桿·浮椿建立計劃書閱悉件 (原 6 冊)

[發] 法　國　公　使　葛林德
[受] 外部大臣署理　兪箕煥

光武　6年 4月22日
西紀1902年

Séoul, le 22 avril 1902

　Monsieur le Ministre,
　Votre Excellence a bien voulu me transmettre, avec sa dépêche No. 15, la liste des phares et balises que le Gouvernement Coréen avait décidé d'établir sur les côtes de Corée.
　Je La remercie de cette communication.
　Veuillez agréer, Monsieur le Ministre, les assurances de ma haute considération.
　　　　　　　　　　　　　　　　V. Collin de Plancy
　Son Excellence
　Monsieur You Keui-hoan
　Ministre des Affaires Etrangères,
　　Séoul.

【漢譯】(謄 19 冊)

照覆第二十一號

　大法全權大臣欽命出使大韓駐劄大臣葛林德,爲照會事,接到貴第十五號照會內開,沿海各處,由韓政府建造燈塔·燈桿·浮椿左開等因前來,閱悉之下,理應備文照覆,須至照覆者,

　　右照會.

大韓外部大臣署理　俞箕煥　閣下
　　一千九百二年四月二十二日

1574. 智島事件에對한早速判決要望 (原 6 冊)

〔發〕法 國 公 使　葛林德
〔受〕外部大臣署理　俞箕煥

光武　6年 4月22日
西紀1902年

Séoul, le 22 avril 1902

　Monsieur le Ministre,

　Les évènements qui se sont passés dans l'île de Tji-to en septembre 1901 vous sont connus, et j'ai eu l'honneur d'en entretenir votre Ministère par mes communications des 6 et 28 septembre, 4 octobre et 11 novembre dernier.

　Le 12 du même mois, M. Min tjyong-mouk me faisait savoir que ce Kamni de Mokpho avait reçu des instructions pour terminer promptement l'instruction de cette affaire.

　Or, au lieu de les juger, le Kamni a fait remettre les coupables en liberté et jusqu'à présent le procès n'a pas eu lieu.

　Je désirerais que Votre Excellence donnât l'ordre à ce fonctionnaire de terminer au plus tôt l'examen de la cause dont il s'agit.

　Veuillez agréer, Monsieur le Ministre, les assurances de ma très haute considération.

V. Collin de Plancy

　　Son Excellence
　　Monsieur You Keui-hoan
　　Ministre des Affaires Etrangères,
　　　Séoul.

【漢譯】(謄 19 冊)

照會第二十二號

　大法全權大臣欽命出使大韓駐劄大臣葛林德,爲照會事,一千九百一年九月日,在智島所生案,係是貴大臣洞悉者也,於九月六日,二十八日,十月四日,十一月十一日,由本大臣將此事疊煩照會貴部,於十一月十二日,接准閔種默氏照覆內開,委任務安監理,迅速辦理此案等因前來,不意該監理不但不行審判,反將該犯放送,迄未見提訊此案,請煩貴大臣訓飭該監理,火速究訊此案判決可也,須至照會者,

右.

大韓外部大臣署理　兪箕煥　閣下
一千九百二年四月二十二日

1575. 法國宣敎師嚴宅基護照盖印還交要望件 (牒 19 冊·原 6 冊)

〔發〕法　國　公　使　　葛林德
〔受〕外 部 大臣 署 理　　兪箕煥
光武　6年 4月23日
西紀1902年

敬啓者,法國宣敎師嚴宅基,將行慶尙·全羅兩道及濟州島,該護照一紙繕送也,請煩貴大臣卽爲花押還交爲荷,此頌台安.

四月二十三日　　　　　　　葛林德　頓

再,舊護照伴呈,照亮爲要.

1577. 法國宣敎師嚴宅基護照盖印送交件 (牒 19 冊)

〔發〕外 部 大臣 署 理　　兪箕煥
〔受〕法　國　公　使　　葛林德
光武　6年 4月24日
西紀1902年

敬覆者,昨奉來函,聆悉嚴宅基請領護照,准將該護照照例盖印送交,尙望査收轉發,以便游歷,再,護照舊件繳到銷案也,覆頌台安.

四月二十四日　　　　　　　兪箕煥　頓

1633. 濟州·智島·咸昌·牙山事件의 早速한 解決과 法國人賠償金支拂要請 (原 6 冊)

〔發〕法　國　公　使　　葛林德
〔受〕外 部 大 臣 署 理　　崔榮夏
光武　6年 9月1日
西紀1902年

Séoul, le 1er septembre 1902

Le Ministre de France soussigné, n'ayant pas reçu de réponse à la note qu'il a eu l'honneur d'adresser, le 19 août dernier, à Son Excellence Monsieur le Ministre des Affaires Etrangères, se voit obligé de recourir à la même forme de communication pour lui rappeler qu'en dehors de la question soulevée par la note susmentionnée, les affaires suivantes n'ont pas encore été réglées:

1. L'engagement avait été pris par le Gouverneur de Quelpaërt vis à vis du Commandant des forces navales envoyées à Tjyei-Tjyou, en mai 1901, d'attribuer un terrain pour la sépulture des victimes des massacres. Cette promesse n'a pas été tenue, et le Commandant du navire de guerre français qui s'est rendu dans l'île, le mois dernier, a fait savoir que le Gouverneur lui a donné de nouveau l'assurance qu'il serait fait droit à cet engagement. Il serait nécessaire que des ordres soient donnés à ce fonctionnaire pour que cette fois la promesse ne fût pas éludée.

2. L'affaire de Tji-to n'a pas eu jusqu'à présent la solution qu'elle comporte. Des instructions sévères doivent être envoyées au surintendant du commerce à Mokhpo

pour que les inculpés soient jugés sans délai.

3. Des sommes importantes sont dues à des citoyens français par le Gouvernement Coréen. Le Ministre des Affaires Etrangères en trouvera la liste sous ce pli. Le soussigné le prie de vouloir bien se concerter avec les administrations compétentes pour que le total s'élévant à 28,065 yen 41 sen d'une part et à 468 piastres en nickel 18 cents d'autre part, lui soit versé le plus tôt possible.

En terminant, le Ministre de France soussigné croit devoir rappeler l'attention de Son Excellence Monsieur Tchoi Yong-Ha sur les faits récents qui se sont passés à Han-Tcheng et à Asan et qui dénotent chez les magistrats de ces localités un état d'esprit de nature à entraîner les plus graves conséquences.

Le soussigné saisit cette occasion pour renouveler à Son Excellence Monsieur le Ministre des Affaires Etrangères les assurances de sa très haute considération.

V. Collin de Plancy

【漢譯】(膽 19 册)

錄單

法國公使畫押於左開錄單,頃於八月十九日,送錄于外部大臣,查送錄體制,比送公文尤爲過重,迄未承覆,深抱訝譖,不得已玆庸更送錄單,除前錄內所揭事件重複開陳外,幷言未決諸事如左,

一,一千九百一年五月日法國兵艦見派濟州時,濟州牧使,對法艦長許一墳墓地段,俾葬被戮諸骨,嗣後尙不實施,去月法國兵艦更往該島,知會法公使內開,該島牧使重申前約,謂以必踐乃已等因,准此,查宜自外部發訓該牧使,毋或更事違越.

二,智島事件,尙未歸正,宜發嚴訓于木浦監理,使之刻卽將該被告諸漢提訊,毋或再事遷延.

三,大韓政府於法國人處所欠之款,其數不輕,法公使煩請外部大臣,與該管府部長官議商,將伴呈淸單內所開合銀二萬八千六十五元四十一錢及銅貨四百六十八元十八錢,卽速償淸可也.

再者,以近日咸昌郡及牙山郡內所生事案觀之,該兩郡守所爲,明顯釀出重大事案也,所以法公使幷懇崔榮夏大人,深加注神於此事可也,幷頌台祺.

1638. 法國敎士書函의 眞僞査明依賴件 (膽 19 册)

[發] 外部大臣署理　崔榮夏
[受] 法　國　公　使　葛林德

光武　6年9月22日
西紀1902年

敬啓者,玆據全羅北道泰仁郡守兼均田監理孫秉浩報稱,接准法國敎士尹士勿及河牧師函開,金溝·金堤·全州·古阜等四郡均田舍音,以鄭海斗卽爲差出,此是主敎堂分付,如或遲滯,必有後慮等語,查該函帶來者卽鄭海斗也,外國敎士·牧師應無干囑之理,且其遣辭藉托要挾,殆無顧忌,確是鄭海斗贋造文字,玆

將該函二道呈備鑒核等因,據此,查鄭海斗奸僞莫掩,理應嚴行究辦,除飭該監
理,查拿該名外,先將二函送請,察照示覆可也,此致,並頌台安.

　　　九月二十二日　　　　　　　　　　　　崔榮夏　頓

1640. 法國敎士書函의僞造事照覆 (膽19冊・原6冊)

〔發〕法國公使　葛林德
〔受〕外部大臣署理　崔榮夏

光武　6年　9月26日
西紀1902年

敬啓者,本月二十三日,接致台函,泊法敎士尹沙勿及河牧師送于泰仁郡守
兼均田監理孫秉浩函角兩度附來,閱悉之下,本大臣將該函角兩度視爲僞造,
請煩貴大臣發訓,使之照法嚴懲該犯可也,玆將該函兩度繳呈,查納爲盼,至以
河牧師名送函一事,須由貴大臣將此函明于美國公使可也,爲此并頌台安.

　　　九月二十六日　　　　　　　　　　　　葛林德　頓

1647. 智島曺敎士의損害賠償請求件 (原6冊)

〔發〕法國公使　葛林德
〔受〕外部大臣署理　崔榮夏

武光　6年　10月11日
西紀1902年

Séoul, le 11 octobre 1902

　　　Monisieur le Ministre,

　Je viens de recevoir le texte du jugement rendu par le Surintendant du Commerce
de Mokhpo à l'égard des sieurs Hoang keun tjyou, Kim ouen myeng et Na to kyeng,
inculpés dans l'affaire de Tjito.

　Le Père Deshayes gravement maltraité dans cette circonstance, demandait: 1° Que les
trois coupables présents fussent punis comformément aux lois, 2° Que les trois autres
accusés en fuite fussent jugés par contumace, 3° Que les dommages-intérêts fussent
attribués tant à lui qu'aux gens de sa suite pour les dépenses entraînées par leur
maladie et autres frais qu'ils avaient eu à supporter.

　La sentence du Kamni n'a réglé que le premier point. Le sieur Hoang a été condamné
à 2 ans et demi de travaux forcés et les sieurs Kim et Na à deux ans de la même
peine, celle-ci pour les trois coupables ayant été abaissée d'un degré. Je suis pour ma
part surpris que, en présence de la gravité du délit, le juge ait cru devoir diminuer le
châtiment, mais je ne veux pas insister à cet égard, s'il est bien entendu que les
condamnés ne pourront pas la racheter à prix d'argent.

　En ce qui concerne les trois coupables, si la procédure par contumace n'existe pas
dans les lois coréennes, c'est là une regrettable lacune. Il serait temps que le code de
votre pays fût mis en harmonie avec ceux de tous les pays civilisés. Je ne saurais donc
que vous demander de prescrire la recherche des criminels qui sont en fuite et d'appeler
l'attention de votre Gouvernement sur la nécessité de hâter la révision de votre Code.

　Sur le troisième point, le Kamni a déclaré au Père Deshayes que le Code coréen ne parlant ni d'indemnité ni de domages-intérêts, il ne pouvait trancher la réclamation dont il était saisi par lui.

Votre Excellence n'ignore pas que dans tous les pays la justice est basée sur ce principe que quiconque a causé un domage à autrui est tenu de le réparer. Il m'a paru invraisemblable que le Code des Ming, sur lequel est basée la jurisprudence coréenne, si défectueux qu'il soit, n'ait pas établi cette règle. Si le Surintendant du Commerce l'avait étudié avec plus d'attention, il y aurait trouvé dans plusieurs passages, aux livres 19 et 20, l'obligation de payer des indemnités pour le meurtre, l'homicide par l'imprudence et les blessures graves. Or, si dans ce dernier cas, le Code stipule que le coupable donnera la moitié de ses biens à la victime, le juge est fondé par voie de conséquence à fixer la quotité qui revient au plaignant, quand les blessures ont été plus légères.

Il est impossible qu'il n'en soit pas ainsi, car dans l'hypothèse contraire, quand il s'est agi d'étrangers coupables d'un acte identique à l'égard de Coréens, des dommages-intérêts ont été réclamés. Si vos tribunaux nous refusaient d'examiner une plainte de ce genre et d'y donner suite, nous ne pourrions qu'agir de réciprocité à votre égard.

J'ajouterai que du moment que la légistration de votre pays serait reconnue imparfaite et n'assurerait pas à nos nationaux la justice qui leur est due, la résponsabilité incomberait alors au Gouvernement. Si les tribunaux refusaient de se déclarer compétente pour connaître—d'une requête en dommages-intérêts, je devrais m'adresser à votre Ministère pour obtenir réparation du dommage subi par le Père Deshayes.

En résumé je demande à Votre Excellence: 1°—Que les 3 condamnés ne puissent racheter leur peine. 2°—Que les trois accusés en fuite soient activement recherchés. 3°—Que le Kamni de Mokhpo soit invité à régler la question des dommages-intérêts. 4°—Que les mesures soient prises pour faire afficher le jugement dans l'île de Tji-to et à Mokhpo.

Veuillez agréer, Monsieur le Ministre, les assurances de ma haute considération.

            V. Collin de Plancy

Son Excellence
Monsieur Tchoi yong-ha
Ministre des Affaires Etrangères p.i.
  etc. etc. etc.
   Séoul.

【漢 譯】(謄 19 冊)

照會第四十五號

　大法全權大臣欽命出使大韓駐劄大臣葛林德,爲照會事,以全羅南道智島郡黃健周·金元明·羅道卿案件,現接務安港監理判決書,查此案內書敎士於伊時受辱重大,將左開諸條,請于該港監理處辦.

　一,已拿三犯,案照國律懲辦.

　二,在逃三犯,應行缺席裁判.

三,該敎士及從人等治療費與他諸費賠償事也.

本大臣查,該監理但將第一條判決,處黃健周懲役二年半,處金元明及羅道卿懲役二年,此係各減一等也,查該犯等罪犯重大,反減其等,本大臣甚抱驚惑,雖然如此旣經裁決,不欲更煩,但請該犯等不許收贖免役,第二條,在逃三犯,依貴國律,如無缺席裁判例云,則豈非欠事,甚涉可惜,想將貴國律例與文明諸國律旨相符,實爲幸甚,今可只請貴部,一面轉飭將該逃犯等查拿,一面請于貴政府注神,將貴國律例迅速改定爲要,第三條,據聞,該監理對曺敎士言明,大韓律文內,無賠償及損害費等條例,故不能將所請償款處辦云,貴大臣洞悉各國立律大旨,勿拘何樣損害,摠以賠補爲本,查貴國律例本出於大明律,此律雖係不甚精備,然若曰不在賠補條例,則是必無之理,若該監理注神披閱大明律,第十九及二十卷內有云,凡殺人,或過失傷人或重傷人者,應當賠補之句非止一二處,本大臣查,有重傷人者,將犯人財產一半斷付被傷之人句語,則其被傷輕者,亦由法官酌量應補之數,多少定給被傷者,寔爲公平,是係不易之理,假如外國人致傷貴國人,應由貴國人請償賠款,如由貴國法官,將本大臣所控此等事案推避聽理,則從今以後,本大臣將貴國人所控此等事案亦當推避不理也,且若由於貴國律例不全之故,不行應要保護於法國人,則其責自歸于貴政府矣,若貴國法官謂以懲給賠款之事非係該裁判所當管之事云,則本大臣應向貴部直請將曺敎士所受損害賠補也,玆將撮要左開,請煩貴大臣將此辦理爲要.

一,已判三犯,不許收贖免役事.

一,在逃三犯,刻期詗拿事.

一,發訓務安監理,將賠補之款辦決事.

一,設法將該判決宣告書抄揭,告示于智島及木浦事.

須至照會者,

　右.

大韓外部大臣　　趙〔崔譯?〕　　閣下

　一千九百二年十月十一日

附1. 智島事件被告人等의判決宣告書 (謄19冊·原6冊)

光武　6年9月22日
西紀1902年

判決宣告書

　　　全羅南道智島郡鄕長　　被告　黃健周　年四十
　　　　　　　　　　吏房　　被告　金元明　年三十三
　　　　　　　　　　刑房　　被告　羅道卿　年三十七

右被告를智島郡鄕吏等에對ᄒ야,駐本港法敎士與服事被打ᄒᆫ事件에,因該敎師來槶與外部訓飭ᄒ야,此를審査ᄒ니,法敎師所言이,其時下手毆打눈雖非汝等이나,鄕長黃健周ᄂᆫ立于衙上ᄒ야呼聲擧動이分明指使라ᄒ고,以外吏屬輩도觀

其擧動이莫非爲從而指使라ㅎ느디,汝等이身爲郡民之頭領ㅎ야,作梗下手者를
不捉待문머리,且於平時操束을苟能恪謹이면,迨此外賓交接之日에致有此作梗
가,汝矣느難免原謀指使之律이니,此를大明律鬪毆編毆制使及本官長官條,凡係
制命出使而官吏毆之,杖一百,徒三年律,及同律同編,同謀共毆傷人者,各以下手傷
重者爲重罪,原謀出減一等律에照ㅎ야,黃健周느懲役二年半에處ㅎ고,金元明·羅
道卿은以原謀爲從으로,減一等ㅎ야懲役二年에處ㅎ노라.
　　　光武六年九月二十二日
　　　　　務安港裁判所判事　閔

附 2. 同上件大明律例謄書 (謄 19 册 · 原 6 册)

大明律例謄書
　　屛去人服食條
　凡以他物置人耳鼻及孔竅中,若故屛去人服用飮食之物而傷人者,杖八十,致成
癈廢疾者,杖一百,徒三年,令至篤疾者,杖一百,流三千里,將犯人財産一半,給付篤疾
之人養贍,至死者,絞.
　　過失傷人條條例
一,應該償命罪囚遇蒙赦宥,俱照大明令,追銀二十兩,給付被殺家屬,如果十分貧難
　者,量追一半.
一,收贖過失殺人絞罪,追鈔三十三貫六百文,銅錢八貫四百文,與被殺之家營葬,共
　折銀十二兩四錢二分.
　　鬪毆條
　瞎人兩目,折人兩肢,損人二事以上,及因舊患令至篤疾,若斷人舌,及毁敗人陰陽
者,幷杖一百,流三千里,仍將犯人財産一半,斷付被傷篤疾之人養贍.

1649. 法國人崔昌根護照의盖印還交要望 (謄 19 册 · 原 6 册)

　〔發〕法 國 公 使　　葛林德　　　　　　　　　　　　　光武　 6年
　〔受〕外部大臣署理　崔榮夏　　　　　　　　　　　　　西紀1902年 10月 14日

敬啓者,法國人崔昌根,將行慶尙·全羅兩道,該護照一紙繕送也,請煩貴大臣
卽爲畵押還交爲荷,此頌台安.
　　　十月十四日　　　　　　　　　　葛林德　頓
　再,舊護照件呈,照亮爲要.

1650. 同上護照盖印還送의件 (謄 19 册)

　〔發〕外部大臣署理　崔榮夏　　　　　　　　　　　　　光武　 6年
　〔受〕法 國 公 使　葛林德　　　　　　　　　　　　　西紀1902年 10月 15日

敬覆者,昨奉台函,悉爲貴國人崔昌根將行慶尙·全羅兩道護照畵押一事,遵

將護照一紙蓋印奉繳,尙望査收轉給可也,覆頌勛安.
　　十月十五日　　　　　　　　　　　　崔榮夏　頓

1654. 智島事件被害者曺敎士와現地官吏와의面商處判指示件 (謄19冊)

　[發] 外部大臣署理　趙秉式　　　　　　　　　光武　6年 10月22日
　[受] 法　國　公　使　葛林德　　　　　　　　西紀1902年

照覆第四十三號
　　大韓外部大臣臨時署理宮內府特進官趙秉式,爲照覆事,案准本月十一日貴照會內開,全羅南道智島郡黃健周·金元明·羅道卿案件,現接務安港監理判決書,此案內曺敎士於伊時受辱重大,將左開諸條,請于該港監理處辦.
　一,已拿三犯,案照國律懲辦.二,在逃三犯,應行缺席裁判.三,該敎士及從人等治療費與他諸費賠償事也.
　該監理但將第一條判決,處黃健周懲役二年半,處金元明及羅道卿懲役二年,此係各減一等也,查該犯等罪犯重大,然旣經裁決,不欲更煩,但請該犯等不許收贖免役,第二條在逃三犯,依貴國律,如無缺席裁判之例,則一面查拿逃犯,一面將律例改定爲要,第三條,該監理對曺敎士言明,大韓律文無賠償及損害費等條例,不能將所請償款處辦云,貴大臣洞悉各國立律,勿拘損害,總以賠補爲本,貴國律例本出於明律,明律有云,凡毆人,或過失傷人或重傷人者,應當賠補之句,非止一二處,本大臣查,有重傷人者,將犯人財產一半,斷付被傷人之句語,則其被傷輕者,亦由法官酌量賠補之數,多少定給被傷者,寔爲公平等因,准此,査來文中第一條黃健周等處判一事,本國律例,有共毆傷人,下手傷重者爲首,原謀者減一等之文,黃健周等非下手者,則不得不以原謀減一等,本國律例又有隨從減等之文,黃健周爲原謀之首,則金元明·羅道卿,以隨從減黃健周一等,均據律文處辦,非故意減也.來文中,第二條在逃三犯缺席裁判一事,不可以一件事改正普通之律,只可設法譏訶,隨獲處判,來文中第三條賠補一事,明律,犯人財產一半,斷付被傷人等語,各有襯當之處,有非一法官酌量比附者也,惟貴國敎士被害狀況不可不念,除飭務安監理,將右開諸條另加注意,面商該敎士,秉公辦理外,相應備文照覆貴公使,請煩查照,須至照會者,
　　右照覆.
大法全權大臣欽命出使大韓駐劄大臣　　葛林德　閣下
　　光武六年十月二十二日

1716. 法國宣敎士全學俊·杜啓昌等의護照發給依賴 (謄20冊·原7冊)

　[發] 法國公使　葛林德　　　　　　　　　　　光武　7年 4月27日
　[受] 外部大臣　李道宰　　　　　　　　　　　西紀1903年

敬啓者,本國宣敎士全學俊及杜啓昌等,前往京畿·江原·咸鏡·慶尙·全羅五道旅行,護照二紙玆繕送,請煩貴大臣卽爲花押還擲爲荷,此頌台安.

四月二十七日　　　　　　　　　葛林德　頓
　內附護照二紙

1717. 同上宣敎士全學俊·杜啓昌等의護照發給의件 (謄20冊)

〔發〕外部大臣　李道宰
〔受〕法國公使　葛林德
光武　7年
西紀1903年 4月28日

敬覆者,昨奉貴函,悉爲宣敎師全學俊及杜啓昌等護照一事,准將該二紙盖印還交,尙望査收轉給可也.此覆,幷頌台安.

四月二十八日　　　　　　　　　李道宰　頓

1752. 法國人德亘의護照發給依賴 (謄20冊)

〔發〕法國公使　葛林德
〔受〕外部大臣　李道宰
光武　7年
西紀1903年 7月16日

敬啓者,本國人德亘,前往遊覽于十三道,護照一紙繕送,而該員發行日字甚是促急,請煩貴大臣卽速花押還交爲荷,此頌台安.

七月十六日　　　　　　　　　葛林德　頓
　內附護照一紙

1753. 同上法國人德亘護照發給의件 (謄20冊)

〔發〕外部大臣　李道宰
〔受〕法國公使　葛林德
光武　7年
西紀1903年 7月16日

敬覆者,玆接台函,悉爲德亘遊歷十三道,將該護照盖印繳交外,相應函佈,手覆,幷頌暑安.

七月十六日　　　　　　　　　李道宰　頓

1828. 高山地方에서의賊黨出沒로因한法國敎士保護要請 (原7冊)

〔發〕法國代理公使　馮道來
〔受〕外部大臣署理　李夏榮
光武　7年
西紀1903年 11月24日

Séoul, le 24 novembre 1903

No. 41

      Monsieur le Ministre,

    D'après des nouvelles que je reçois de la province du Tjyen-la-to, une bande de brigands infesterait les environs de Kosan et menacerait le P. Mialon qui réside dans cette ville.

    Je m'empresse de vous communiquer cette information, ne doutant pas que Votre Excellence ne fasse prendre les mesures nécessaires pour mettre la vie de ce Français à l'abri de toute tentative.

    Veuillez agréer, Monsieur le Ministre, les assurances de ma très haute considération.

                                                       Fontenay

Son Excellence
Monsieur Yi Ha-yong
Ministre des Affaires Etrangères p.i, Séoul.

【漢譯】(謄 20 冊)

照會第四十一號

    大法代理公使馮道來,爲照會事,照得,玆據全羅道來傳,則夥衆賊漢,出沒高山邑近地串通作鬧,且將此邑居敎士孟錫浩行欲兇勢逼迫,必來頭不好,爲此照會,貴署理大臣費神設法,防護該敎士,得以安接,俾無受累,望切施行,須至照會者,

    右.

大韓外部大臣臨時署理　　李夏榮　閣下

    一千九百三年十一月二十四日

1901. 法國宣敎士呂東宣의護照發給依賴 (謄 21 冊·原 8 冊)

[發] 法國代理公使　馮道來
[受] 外部大臣署理　金嘉鎭
　　　　　　　　　　　　　　　　光武　8年
　　　　　　　　　　　　　　　　西紀1904年 4月19日

    敬啓者,本國宣敎士呂東宣,擬往全羅·慶尙兩道遊歷,玆將護照一紙附上,仍希貴大臣,飭令蓋印還擲是荷,此頌大安.

    四月十九日　　　　　　　　　　　馮道來　頓

1902. 同上宣敎士呂東宣의護照發給 (謄 21 冊)

[發] 外部大臣署理　金嘉鎭
[受] 法國代理公使　馮道來
　　　　　　　　　　　　　　　　光武　8年
　　　　　　　　　　　　　　　　西紀1904年 4月19日

    敬覆者,頃奉台函,悉爲貴國宣敎士呂東宣擬往全羅·慶尙兩道,請發護照一事,玆將護照一紙蓋印送交,尙望查收轉致爲盼,此覆,幷頌勛安.

    四月十九日　　　　　　　　　　　金嘉鎭　頓

2026. 法國人裵敎師의 全北觀察使에 대한 控案鈔送件 (謄22冊·原9冊)

[發] 法國公使　葛林德
[受] 外部大臣　李夏榮

光武　9年
西紀1905年 3月1日

敬啓者, 玆照法國人裵敎師呈遞本署之控案鈔送台閱, 溯查該案誠屬細事, 行旅間因小故口角種種有之, 究其全州觀察之所爲, 固屬不可泯默之處, 倘貴大臣將本使錄交題敎二紙, 覽其觀察使顚頂擅作之事, 則案中一切情節瞭然可燭矣, 甚至於裵敎師捉待之發令, 竊料該道李觀察往在貴部亦有年所, 應知約章之所載不爲不深, 而尙此全昧, 未知爲何如物, 本使竊以謂觀察使之任, 何以察職而去也, 望切貴大臣照亮, 對此行爲如何措處, 示悉爲荷, 此頌大安.

三月一日　　　　　　　　　　葛林德　頓

另附錄紙一 訴狀一

2030. 法國人裵敎師의 控告案에 대한 顚末報告指示件 (謄22冊)

[發] 外部大臣　李夏榮
[受] 法國公使　葛林德

光武　9年
西紀1905年 3月3日

敬覆者, 昨接大函, 以裵敎師控告一案, 閱悉壹是, 當經嚴飭全北觀察使查報顚末, 除俟該報再行佈達外, 合先函覆, 尙求查照, 仍頌台安.

三月三日　　　　　　　　　　李夏榮　頓

2044. 法國人裵敎師의 控訴에 대한 全北觀察使의 報告書抄送 (謄22冊)

[發] 外部大臣　李夏榮
[受] 法國公使　葛林德

光武　9年
西紀1905年 3月31日

敬啓者, 以貴國裵敎師控案一事, 業經訓詢我全北觀察使, 現據該使報辭抄錄呈閱, 諒邀覽照, 查該觀察素著令望, 遇事愼重, 獨於裵敎師一案償誤至此, 本大臣決不信之, 尙望貴公使詳覽委悉, 平恕寬容, 肅此謹佈, 順頌台安.

三月三十一日　　　　　　　　李夏榮　頓

附. 同上件報告書槪要 (謄22冊)

全北觀察報辭槪要

　二月二十四日, 府下居美國信敎人崔大珍訴稱, 矣身이 過金溝地라가, 路逢法國人裵敎師ᄒᆞ되, 而不爲避路이다 馬上裵敎師及其從者與馬夫가 裂破矣身之衣冠ᄒᆞ고 無數毆打ᄒᆞ야, 面部額角이 重傷流血ᄒᆞ오니, 裵雖外國敎師나 隨從及馬夫ᄂᆞᆫ 我韓人也라, 以我韓人으로 無故打於我韓人이 尤極痛忿이오니, 諸其審查洩忿云云이다온, 讓路之美風은 尙矣라, 反致鬧端이 事甚駭歎키로, 使狀民으로 率來被告事題送矣러니, 其翌日崔大珍이 更來呈訴曰, 被告가 留在於府下法國人尹敎師寓所云, 而第往其所則不見其人ᄒᆞ고, 反爲在下他人輩之敺逐而還來云, 故로 裵敎師ᄂᆞᆫ

不爲擧論ᄒᆞ고,只以其馬夫及隨從押來事로定送巡檢이온바,巡檢이持題往彼,則馬夫隨從는倂無其形,而自尹教師로恐喝無比ᄒᆞ고,奪取狀題,而逐送巡檢ᄒᆞ야,又爲空還이다ᄒᆞ올기,說明其理由ᄒᆞ야,公函於尹教師,而仍爲置諸勿問이온바,蓋此顚末이無過乎如斯,而崔訴之本事을旣不能審查이온즉,路上之是非도亦未知如何이올고,巡檢之往于尹教師寓所也에,若多發巡檢에無難作梗이오면,胡至見奪狀題,而被逐空還이올지,以此推之면明是傳之也誤이오나,以有欠公體의致此外詰이,不勝悚歎이ᄋᆞᆸ기,玆에報告ᄒᆞ오니,查照ᄒᆞ심을望喜.

2148. 法國宣敎士權裕良의護照發給依賴件 (謄22冊·原9冊)

〔發〕法 國 公 使　　葛林德　　　　　　　　　　光武　9年
〔受〕外部大臣署理　朴鏞和　　　　　　　　　　西紀1905年9月27日

敬啓者,法國宣敎士權裕良,擬往慶尙·全羅兩道遊歷,玆將護照一紙送呈,尙望照亮,飭令蓋印惠投爲荷,此頌大安.

　　九月二十七日　　　　　　　　　　葛林德　頓

2149. 同上護照捺印繳送의件 (謄22冊)

〔發〕外部大臣署理　朴鏞和　　　　　　　　　　光武　9年
〔受〕法 國 公 使　　葛林德　　　　　　　　　　西紀1905年9月27日

敬覆者,刻接瑤函,欣悉一切,准將權裕良遊歷護照乙帋捺印繳交,尙望査收轉給,此覆,並頌金安.

　　九月二十七日　　　　　　　　　　朴鏞和　頓

간행 후기

『구한국외교문서 법안(法案) -전라도 교안(敎案)-』은 원래 2010년 호남교회사연구소에서 고려대학교 한국사학과 조광 선생 정년 기념 자료집으로 간행하려고 준비했던 책이다. 호남교회사연구소의 김진소 신부와 평생 학문적 동지의 관계를 유지해 온 조광 선생께서는 호남교회사연구소의 설립과 운영에 많은 도움을 주셨을 뿐만 아니라, 김진소 신부가 1994년부터 지역 학문의 발전을 위해 연구소를 개방할 때 제자들이 연구소에서 고전 번역의 작업을 진행할 수 있도록 주선해 주셨다. 그 결과 호남교회사연구소는 『대한계년사』·『여지도서』·『추안급국안』·『포도청등록』을 번역하는 산실로 거듭났다. 이러한 조광 선생의 학덕을 기리기 위해 호남교회사연구소에서 2010년 정년 기념 논총을 간행하면서 연구소를 드나들며 번역 활동에 참여했던 연구자들을 중심으로 『구한국외교문서』「법안(法案)」에 수록되어 있는 전라도 교안의 한문 자료를 번역하여 정년 기념 자료집으로 간행하고자 하였다.

그러나 전라도 교안 자료집은 번역과 교열 등 여러 어려운 문제가 있어 제때 간행되지 못하였다. 빨리 보완하여 간행하려 했던 일이 차일피일 연기되어 어느덧 7년의 세월이 흐르고 말았다. 시간이 많이 지나다 보니 간행하려던 본래 취지가 많이 퇴색되고 출판 동력도 상실되었다. 그러던 중 전주대학교 한국고전학연구소가 2014년 한국연구재단 중점연구소지원사업에 선정되어 '근현대 지역공동체 변화와

유교 이데올로기'라는 주제로 근현대 지역공동체 주도 세력의 변화, 새로운 종교 및 사상의 유입과 전통 지식의 융합, 근현대 법과 지배 및 생활공간의 변화, 근대 법령 체계와 지역 지배 정책에 대한 연구를 진행하게 되었다. 이러한 전주대 중점연구소의 주제는 전라도 교안 자료집과도 잘 맞았다. 그래서 조광 선생, 김진소 신부, 번역에 참여한 여러 선생들께 양해를 구하여 이번에 전주대 한국고전학연구소 번역 자료집으로 간행하게 되었다. 선뜻 동의해 주신 여러 분들께 감사의 말씀을 전한다.

2017년 3월 20일

편자 서 종 태

찾아보기

ㄱ

강경 군수	46
강경포	31, 32, 33, 34, 35, 36, 37, 38, 39, 42, 46, 47, 50, 51, 52, 53, 54, 57, 59, 61, 62, 63, 64, 65, 69, 70, 71, 72, 75, 77, 78, 79, 82, 83
강원도	271, 272, 278, 280, 281, 282, 288, 296, 298, 300, 308
강중길(姜仲吉)	185
강진(康津)	203, 206
강태수(姜太洙)	200
개시조규(開市條規)	255
개항시(開港市)	251
거문도(巨文島)	263
격렬비도(格列飛島)	262
결석재판(缺席裁判)	109, 115, 116
경군(京軍)	165
경기도	271, 272, 282, 286, 288, 295, 298, 300, 308
경상도	140, 141, 274, 275, 276, 278, 286, 298, 300, 301, 302, 303, 304, 306, 307, 308, 311, 312
경상도 관찰사	179, 180
경의철로	223, 224, 225
고부(古阜)	203, 206, 210
고산읍(高山邑)	176, 212
고영희(高永喜)	248, 249
공노경(孔魯京)	180, 183, 185
공주(公州)	144, 145
공주 지방대(公州地方隊)	35
공주 판관(公州判官)	145, 149
관문(關文)	126, 130, 131, 144, 145, 149
관유지(官有地)	201, 206, 251
광주 관찰사(光州觀察使)	97, 98
광주부(光州府)	96
광주 지방대(光州地方隊)	203, 206
군산(群山)	251, 253, 257, 260, 263
군산포(群山浦)	247, 250, 254, 255
균전 감리(均田監理)	210, 211
그리자르 신부	298
그릴	223, 224, 226, 227, 249, 250
금강(錦江)	145, 147, 148, 149, 151, 152, 157
금구(金溝)	210, 216
기낭 신부	288, 289

412 구한국외교문서 법안 -전라도 교안-

김개남(金開男)　171, 175
김경언(金京彦)　40, 72
김경언(金景彦)　73
김낙문(金樂文)　44, 50, 62, 75, 76, 80, 81
김복수(金福守)　95
김순근(金順根)　208, 209
김안권(金安權)　180
김양서(金良西)　130
김여홍(金汝弘)　179
김운명(金雲明)　97
김원명(金元明)　109, 112, 114, 115, 116
김윤식(金允植)　144, 148, 152, 175
김장숙(金長淑)　185
김치문(金致文)　36, 38, 39, 40, 42, 43, 44, 46, 59
꼴랑드 블랑시　31, 41, 46, 54, 60, 64, 70, 73, 76, 78, 81, 89, 93, 99, 106, 109, 183, 189, 196, 198, 202, 204, 223, 229, 232, 233, 236, 241, 248, 250, 253, 257, 258, 264

ㄴ

나도경(羅道卿)　109, 112, 113, 114, 115, 116
나바위　36, 38, 39, 40, 48
나서경(羅瑞慶)　97
나운경(羅云京)　50, 52
노록도(老鹿島)　263

ㄷ

대동강(大同江)　262
대명률(大明律)　110, 112, 113, 115, 116
대성동(大聖洞)　127
덕원(德源)　240
독판(督辦)　278, 280, 282, 284
동래(東萊)　240
동학(東學)　140, 141, 142, 162, 168, 169, 170, 172, 177, 180, 183, 185
두세 신부　279, 280, 281
드게트 신부　274, 275, 276
드뇌 신부　307, 309
드망즈 신부　298, 299
드비즈 신부　286, 287
드예 신부　89, 90, 91, 92, 93, 94, 98, 103, 104, 105, 109, 110, 111, 115, 181, 184, 185, 197, 198, 199, 201, 202, 204, 205, 206, 208, 209, 210

ㄹ

라푸르카드 신부　273
러시아　223, 224, 225, 226
로베르 신부　274, 275, 276
르각 신부　298
르메르 신부　277, 278, 279
르장드르 신부　306, 307
르페브르　65, 144, 150, 161, 165, 174, 178, 289

리굴로 신부 300, 301

ㅁ

마라발 280, 281
마산(馬山) 251, 253, 257, 260
마산포(馬山浦) 247, 250, 254, 255
만국공법(萬國公法) 172, 173
목포 89, 91, 93, 103, 104, 111, 197, 198, 201, 202, 205, 208, 209, 223, 224, 226, 228, 229, 230, 231, 232, 233, 234, 236, 237, 238, 239, 254, 255, 256, 257, 259, 263
목포 감리(木浦監理) 90, 91, 92, 93, 97, 104, 108, 202
목포항(木浦港) 243
무안 감리(務安監理) 91, 103, 105, 106, 111, 117, 198, 200, 204, 206, 209, 242
무안(務安) 239, 240, 243
무안항(務安港) 98, 112
무안항 감리(務安港監理) 109, 114
무안항 재판소 98, 113
문재신(文在信) 200
뮈텔 주교 31, 33, 89
미국 공사(美國公使) 238, 277
미알롱 신부 189, 192, 194, 197, 212, 295
민종묵(閔種默) 103, 106, 228, 230, 234

ㅂ

박돈양(朴敦陽) 189, 190, 192, 193, 196
박동안(朴東安) 130
박수성(朴秀成) 130, 131, 133
박제순(朴齊純) 52, 57, 62, 71, 74, 77, 79, 83, 90, 91, 194, 201, 205, 251, 254, 255, 256, 259, 260
박창우(朴昌佑) 149
백암(白巖) 262
베르모렐 신부 32, 33, 34, 35, 36, 37, 38, 39, 40, 41, 42, 43, 44, 46, 47, 48, 49, 50, 51, 52, 54, 57, 59, 73, 80, 81, 82, 281
병거인복식(屛去人服食) 113
보두네 신부 34, 123, 125, 126, 127, 135, 136, 157, 158, 159, 161, 164, 165, 166, 168, 171, 172, 173, 174, 175, 178, 210, 211, 277, 278, 279
부산(釜山) 264
북장자도(北長子島) 262
불한조약(佛韓條約) 200
불한화약(佛韓和約) 190, 193
비도(匪徒) 140, 141, 142, 203, 206, 207, 208, 290, 291

빌렘	288, 289	옹도(甕島)	262
빙표(憑票)	163, 164, 173	완주성	142
		우도 신부	180
ㅅ		원도(鴛島)	262
삼각도(三角島)	263	원산(元山)	223, 224, 225, 226, 264
생도(生島)	264	원주(原州)	271, 272
서거차도(西巨次島)	263	유기환(兪箕煥)	179, 261
서도(西島)	262	유부도(有父島)	263
서울재판소	62, 63	윤성여(尹成汝)	44, 45, 50, 62, 75, 80, 82, 83
섭지초(葉志超)	149, 151, 152		
성군신(成君信)	96	은진군(恩津郡)	34, 36, 37, 38, 45, 82
성덕원(成德元)	96		
소월미도(小月尾島)	262	은진 군수	36, 37, 42, 49, 51, 52, 73, 82
소죽도(小竹島)	263		
소청도(小靑島)	262	이강하(李康夏)	149
손병호(孫秉浩)	210, 211	이기태(李基泰)	149
수반공사	233, 234	이기환(李琪煥)	94, 95, 96
순변사(巡邊使)	143, 169	이대현(李大鉉)	179
승관(僧冠)	263	이덕화(李德華)	153, 154
식자도(飾子島)	263	이도재(李道宰)	33, 36, 54, 240, 249
		이동실(李東實)	97
ㅇ		이완용(李完用)	226, 249
아산군(牙山郡)	108	이헌영	149
안흥서(安興瑞)	130, 131	인천항(仁川港)	230, 231, 262
압록강(鴨綠江)	225	일본	170, 171, 199
앙드레 신부	271, 272	일본 대사	223, 226
양호 순변사(兩湖巡邊使)	143	임덕성(林德聖)	96
양호 초토사(兩湖招討使)	142		
여도(麗島)	264	**ㅈ**	
여산군(礪山郡)	34, 38	자매도(姉妹島)	262
영사(領事)	163, 170, 178, 232, 233, 234, 237, 242, 252, 253, 254, 260	자은도(慈恩島)	94, 96
		장성(長城)	130, 131, 133

장성 군수	180, 183	제주도	107, 304
장안서(長安嶼)	262	제주 목사(濟州牧使)	107
전라 감사	129, 136, 158, 161, 166	조계 장정(租界章程)	240, 255, 260
전라 감영	139, 146, 157, 158, 159	조계도(租界圖)	239
		조병규(趙秉奎)	180
		조병식(趙秉式)	114
전라도	35, 75, 123, 126, 132, 141, 146, 147, 157, 161, 162, 170, 176, 189, 192, 194, 208, 212, 228, 230, 271, 272, 274, 275, 276, 278, 280, 281, 284, 286, 288, 295, 296, 298, 300, 301, 302, 303, 304, 306, 307, 308, 310, 311, 312	조병직(趙秉稷)	253
		조성규(趙聖圭)	44
		조조 신부	151, 152, 157
		조흥도(趙興道)	36, 38, 39, 40, 42, 43, 44, 45, 47, 48, 49, 50, 52, 54, 62, 75, 80, 81, 82
		조흥서(趙興西)	40, 47, 73, 75, 76, 80, 81
		조흥이(趙興伊)	44, 50, 62, 75, 76
		좌사리도(佐沙里島)	263
		주교(主敎)	141, 163, 165, 178
전라도 관찰사	140, 147, 148, 168, 169, 171, 180, 193, 194	줄리앙	312, 313
		증남포(甑南浦)	228, 229, 230, 231, 232, 233, 234, 236, 237, 238, 239, 254, 255, 256, 257, 259
전라북도	34, 36, 194, 210, 247		
전라북도 관찰사	196, 203, 206, 214, 215, 216	지도군(智島郡)	89, 90, 91, 92, 94, 98, 99, 109, 111, 112, 114
전주	50, 127, 128, 135, 136, 139, 140, 157, 161, 165, 166, 169, 171, 173, 175, 178, 210, 271, 272, 273	지도 군수	90, 92, 94, 104
		진산군(珍山郡)	192, 194
		진산 군수	189, 190, 192, 193, 194, 196, 197
전주 진위대	34, 35	진상언(秦尙彦)	242
정읍(井邑)	203, 206	집강(執綱)	94
정해두(鄭海斗)	210, 211		

ㅊ

참찬(參贊)	64
천장옥(千長玉)	44, 62, 72, 73, 75, 76, 80, 82, 83
천주교(天主敎)	39, 40, 42, 44, 50, 177, 190, 191, 192, 195
첨정도(尖頂島)	263
첩정(牒呈)	168
청나라	145, 149, 163, 170, 171
청병(淸兵)	145
청의서(請議書)	247
최대진(崔大珍)	216, 217
최봉석(崔鳳錫)	128
최성진(崔成眞)	42, 43, 44, 45
최성진(崔星振)	31, 33, 34, 35, 62, 63, 75, 80, 82, 83
최성진(崔星眞)	50
최수존(崔收存)	136, 138
최일언(崔一彦)	44, 50, 62, 72, 73, 75, 76, 80, 81
최호남(崔好男)	145, 149
충청 감사	148, 149, 151, 152
충청 감영	152, 157, 158, 159
충청남도	34, 36, 37
충청도	35, 36, 149, 157, 278, 280, 281, 284, 286, 288, 295, 296, 300, 303
칙령(飭令)	136, 278, 280, 282, 284, 295, 298, 311, 312

ㅋ

코스트 신부	282, 283
쿠데르 신부	286, 287

ㅌ

타케 신부	304, 305
탁지부(度支部)	173
탁지아문(度支衙門)	161
탑정리(塔亭里)	130, 131, 133
태벌(笞罰)	179, 181, 184
태인(泰仁)	203, 206
토적(土賊)	162, 163, 170, 171
투르뇌 신부	310, 311
투르니에 신부	307, 309

ㅍ

팔미도(八尾島)	262
패지(牌旨)	181, 184
페네 신부	213, 214, 215, 216, 217, 300, 301
평리원(平理院)	69, 74, 75, 76, 77, 78, 79, 81, 82, 83
평안도	228, 230, 288, 298, 301, 302
평양(平壤)	251, 253, 254, 255
평양부(平壤府)	247, 250
품보(稟報)	171
프랑댕	135
프랑스 공사	79, 80, 107, 108, 144
피브샐 회사	223, 226

ㅎ

하정숙(河淨淑)	194, 195, 196
하상준(河相駿)	210
한불조약	53, 54, 57
한성(漢城)	148, 166, 170, 178
한성부(漢城府)	69, 71
한성부 재판소	71, 72, 73, 74, 77
함경도	280, 281, 288, 298, 308
함여좌(咸汝佐)	128
함창군(咸昌郡)	108
해관세(海關稅)	261
허용석(許用石)	179
호조(護照)	124, 166, 189, 192, 194, 204, 207, 271, 272, 273, 274, 275, 276, 277, 278, 279, 280, 281, 282, 283, 284, 285, 286, 287, 288, 289, 290, 291, 295, 296, 297, 298, 299, 300, 301, 302, 303, 304, 305, 306, 307, 308, 309, 310, 311, 312, 313
화학(畫學)	129
황건주(黃健周)	95, 97, 98, 109, 111, 112, 114, 115, 116
황경직(黃京直)	40, 72, 73
황산(黃山)	44, 50
황산포(黃山浦)	38
황해도(黃海道)	262, 288, 298, 301, 302
홍덕(興德)	203, 206